中国产业与流通系列研究报告 · 2010

中国零售业

监测与分析报告

中国人民大学商学院贸易经济系
王 强◆著

REPORT ON CHINA RETAIL BUSINESS MONITORING AND ANALYSIS

2010

中国经济出版社
CHINA ECONOMIC PUBLISHING HOUSE
北 京

图书在版编目（CIP）数据

中国零售业监测与分析报告.2010/王强著.—5版.
—北京：中国经济出版社，2011.1
ISBN 978-7-5136-0051-4

Ⅰ.①中… Ⅱ.①王… Ⅲ.①零售商业—经济发展—研究报告—中国—2010 Ⅳ.①F724.2

中国版本图书馆CIP数据核字（2010）第136099号

责任编辑　崔清北
责任印制　石星岳
封面设计　巢新强

出版发行　中国经济出版社
经 销 者　各地新华书店
承　　印　北京市地矿印刷厂
开　　本　889mm×1194mm　1/16
印　　张　17.5
字　　数　410千字
版　　次　2011年1月第1版
印　　次　2011年1月第1次印刷
书　　号　ISBN 978-7-5136-0051-4/F·8428
定　　价　78.00元

中国经济出版社 网址 www.economyph.com 社址 北京市西城区百万庄北街3号 邮编 100037
本版图书如存在印装质量问题，请与本社发行中心联系调换（联系电话：010-68319116）

目　　录

第一章 绪论

一、本报告的撰写

《中国零售业监测与分析报告 2010》已经编写完毕，今年的这份年度产业监测报告，主体上仍然延续了《中国零售业监测与分析报告 2009》的编写思路和主要内容，但是全书的结构体系有一定程度的调整。

首先，今年的产业年度监测报告，监测思路和核心内容延续了去年的设计，保证了监测报告的主体连续性。全书仍然是监控中国零售产业在 2009 年的发展情况、特点、问题和趋势，涵括的领域主要涉及宏观经济、消费发展、地区发展、零售业态、零售管理、零售经营、政策法规和公共事务。今年新增加的内容是海外概览，这一部分考察和介绍了主要发达国家的消费和零售业概况，可以作为中国零售业发展的很好参照。

其次，今年的产业年度监测报告在体系结构上有了比较大的调整，去年的监测报告采取了篇章体系结构，全书一共分为五篇，包括消费、业态、运营、地区和综合，其中共包含了 32 章，体系比较庞杂。今年的报告对上述体系进行了调整，一是取消了篇的结构，直接采取章节体系，这样就和本系列报告的其他几本报告相一致；二是章节的数量进行了压缩，减少到了 14 章。其中变动比较大的部分是：原消费篇压缩成为中国的宏观经济和社会消费一章；原业态篇合并组合，压缩为目前的综合零售业态、专业零售业态、无店铺与新兴业态三章；原地区篇压缩成中国零售业地区发展综述一章；原运营篇调整压缩为 4 章内容；原综合篇调整压缩为 3 章内容，另外增加海外零售业概览一章。

最后，应该指出的是，编写零售业年度监测报告一个比较庞大的工程，既要全面地反映中国零售业的年度发展特点，又要避免成为年鉴或者大事记，同时还要体现对中国零售产业分析研究的成果，任务艰巨。我们目前仍然处于探索最佳模式的过程中，所以出现了编撰体系的变化，预计明年的年度报告可能仍会有一定的体例调整，由此给读者和关心中国零售业发展的人士带来的不便，作为作者，我们非常抱歉，敬请大家原谅。我们也会尽全力编写高质量的年度监测报告。

二、中国消费的发展和思考

（一）中国的收入和消费发展

根据我们的监控，中国的城乡居民收入和消费从较为长期的年度数据来看，总体保持了比较快速的增长，总量已经相当可观。

但是，从年度情况看，由于国际金融危机和中国自身经济转型的双重冲击和影响，2009 年我国就业形势依然十分严峻，其中农民工和大学生就业困难尤为突出，失业率、隐性失业和工资水平都不容乐观。

中国居民的最终消费率，多年以来持续偏低，无论是自己的纵向比较，还是和国际上主要国家、发展中国家相比较，消费率都处于较低水平，而且还有一定的恶化的趋势。

造成这种恶化的原因很多，首先，政府消费的绝对金额和相对比重，始终保持较高水平。凯恩斯主义的经济刺激以及政府开支是双刃剑，中国的巨额政府消费以及其背后隐藏的低效率和资源、市场、竞争等的不公平更是有可能损害中国长期增长的潜力。

其次，中国的社会保障体系建立的步伐比较缓慢，包括养老、医疗、社保、教育等在内的综合改革，在全国层面今年来虽然有一定程度的改善，但是距离能够真正解除居民后顾之忧，释放消费，还是距离较大。

再次，中国近年来的房地产市场，出现了全国层面的价格上涨，其中既有城市化的必然趋势，又有极其严重的社会不公和财富再分配。目前，已经在事实上形成了对居民消费和储蓄的挤出效应，严重影响和恶化了城市中产阶级的消费。

最后，中国的居民收入和工资水平增长情况不容乐观，一方面是大面积的低收入，另一方面是少数部门和行业的严重社会不公。2009 年以来连续出现了多起工人罢工争取工资上涨的事件。从发达国家经验看，中产阶级的形成，工人阶级生活条件的改善是和工业化、现代化进程中的此起彼伏的工人运动密不可分的，没有大量有组织的工人运动就不会有工资收入的增长、消费的繁荣和现代化的实现。

（二）中国的消费促进

根据我们的追踪监测，虽然中国的消费发展喜忧参半，但是作为政府，在面对金融危机和前述一系列问题的时候，连续出台了一系列的促进消费的政策，在实践中也起到了一定的作用。

在上年的报告中，我们曾经详细分析了中国的社会消费、消费促进，特别是各种下乡、消费券等政策，研究了它们的出台、效果和社会评价等。严格地说，最近五年来，特别是 2008 年以来，由中央政府及其相关行业主管部门颁布或者联合颁布出台的促进消费的产业政策，从数量上讲是比较密集的，在实践中也起到了一定的效果。

预计未来，以商务部为核心的行业主管部门，将会继续深化各种下乡政策、以旧换新政策、农村市场体系建设政策。并且，在未来 3 ~ 5 年中，将有可能和其他部门一起解决诸如商业企业融资、公平竞争政策与立法、供销社改革等系列问题，这些努力将会创造一个比较良好的消费环境和商业环境。

三、中国零售业的发展与思考

（一）零售业的行业增长仍然比较乐观

根据目前监测的数据，2010 年一季度中国的社会消费品零售总额增速 17.9%，这是 2008 年四季度以来的增速新高，其中，限额以上企业商品零售额增长 29.6%，增速较快的商品品类有：汽车类增长 39.8%，家具类增长 37.6%，家用电器和音像器材类增长 29.6%。同时监控的全国百家重点零售企业增速为 24%，这也是 2008 年以来的相对高速。

支持中国零售业行业增长的因素主要来自于经济增长和消费增长。从 GDP 增长来看，2010 年一季度经济增速高达 11.9%。一季度最终消费对 GDP 的增长贡献率为 52%，拉动 GDP 增长 6.2 个百分点；资本形成对 GDP 的增长贡献率为 57.9%，拉动 GDP 增长 6.9 个百分点；进出口对 GDP 的增长贡献率为 -9.9%，拉动 GDP -1.2%。从目前情况看，内需是经济增速回升向好的关键，在内需中消费贡献相对较为稳定。

另外，2010 年以来，中国经济出现的温和通胀越来越明显，目前在 2% ~3% 区间，预计下半年将会在 3% ~4% 区间。从经验数据看，这种相对温和的通货膨胀，是有利于零售行业发展的。特别是百货和超市行业，温和通胀会带动高档服装、化妆品等奢侈品价格的温和上涨，进而改善百货公司销售收入和毛利率的提升，超市公司固定毛利率的产品则有可能在温和通胀格局下增加毛利，带来门店收入提高和企业赢利能力提高。

（二）零售业的主要业态在发展基础上继续分化

根据国际上主要发达国家的历史经验，零售业态的产生、发展、繁荣以及衰退，与一国的经济发展水平和消费水平之间具有一定的相关性。我们在之前的研究中曾经对这个相关性进行过考察，但是问题是中国的经济增长和消费发展具有很大的特殊性。

首先，虽然中国的居民收入和消费发展存在前述的诸多问题和困难，但是需要指出的是，由于中国的庞大的人口基数，造成了中国消费在总量上的繁荣，这种繁荣体现在改革开放以来，几乎所有发达国家曾经出现过的零售业态，都可以在中国找到，并且总体上发展不错。其根本原因在于从总量上衡量的中国消费，几乎在各个层次上都可以支持相关业态的发展，这就造成了今天这种多业态混杂在同一个名义经济基础之上的局面，而且这种局面将以各业态的持续发展为特点。

其次，中国零售业业态发展将在上述增长的基础上出现分化，这种分化体现在不同业态的增长速度、增长方式、增长区域和龙头企业会出现分化。2002 年以来中国零售业最大的特点是专业店的兴起和发展，其风头盖过了超级市场和百货商店，从发达国家经验看，这种发展表面上超越了经济发展阶段，但是从我们监控的数据来看，专业店和专卖店的快速发展仍将在中国更多地区全面展开。

最后，部分业态在中国的发展，会受制于外部条件和消费者消费习惯的双重制约。以仓储式商店和购物中心为例，仓储式商店在中国的发展受制于消费习惯，预计仍然需要一个比较长的时间来适应；购物中心作为目前发展速度较快的一种商业集合业态形式，受制于中国的城市规划、土地制度和汽车社会实现的步伐，仍然有待观察。

（三）零售业的地区扩张前景广阔

一方面，2009 年中国的国家发改委审批区域发展规划和政策性文件数量之多、时间之密集、影响范围之广泛是前所未有的。包括北部湾经济区、关中-天水经济区、长江三角洲区域、京津冀都市圈、成渝经济区等在内的多个区域发展规划已经或者正在研究制定。

另一方面，从我们监控情况来看，以省级单位来衡量，中国 31 个省市自治区城镇居民人均收入全部高于10000元，除去5个边疆地区以外，其他所有地区全部超过13000元，已经基本上达到2002年北京、上海的人均收入水平，扣除物价因素外，也基本上能够达到2000年的水平，可以说，已经基本上在全国层面达到了消费和零售大突破、大变革的临界点，而且这种突破和变革实际上已经在各省市自治区的核心发达城市展开。

无论是零售企业开店情况的监控，各业态的发展动向，还是代表性企业的行动，都已经显示了中国零售业的地区扩张前景广阔。从普遍意义上来说，二线城市目前是零售业竞争的主要区域，几乎所有的主要零售商，不论是全国性零售商，还是区域性零售商，都已经意识到地区扩张的重要性，在沿海发达地区、四线城市，甚至是农村的中心村镇，也开始被零售商的竞争所覆盖。

目前，竞争的主要制约因素集中在资金、店面、人才和商品管控等方面，物流和供应链体系的落后，也制约了零售商延伸零售网络的步伐。相信随着中国的交通运输事业的发展和物流行业的良性竞争，特别是制度环境的改善，这些问题将会逐步解决，中国零售业的明天将会更加美好！

（王强）

第二章 中国的宏观经济与社会消费

宏观经济形势与社会消费情况是零售业赖以存在和发展的经济基础，直接决定着零售业的发展水平和发展轨迹。作为流通业的重要组成部分，零售业的发展也对宏观经济形势和社会消费水平产生重要影响，尤其在当前条件下对我国“扩内需”、“促消费”具有重大意义。

2009年在国际金融危机的持续影响下，我国经济形势面临严峻挑战。为了应对国际金融危机的冲击，自2008年第四季度以来，党中央、国务院及时调整宏观经济政策，实施积极的财政政策和适度宽松的货币政策，提出“保增长、调结构、扩内需”的基本方针，并先后实施了包括4万亿投资刺激计划、十大产业振兴规划等在内的一揽子经济刺激政策。在全球经济复苏态势极不明朗的背景下，我国一揽子经济刺激计划取得显著成效，经济增速下滑得以较快扭转，整个国民经济企稳回升的态势不断巩固；政府财政投资成为拉动经济增长的主导动力，宽松的货币信贷环境极大地激发了经济活力；在严峻的就业压力下就业形势整体好于预期，居民收入持续增加；物价水平呈“前低后高”走势，整体相对平稳。

一、国民经济“V”形反转，企稳回升

2009年一揽子经济刺激计划对国民经济的提振作用显著，经济增速下滑的趋势得以较快扭转，经济形势整体向好。稳定上行的经济形势为零售业提供了良好的发展环境，同时，作为社会消费的重要载体，零售业也从刺激消费的政策中获得了前所未有的发展机遇。

全年我国实现国内生产总值335353亿元，同比增长8.7%，顺利实现经济增长“保八”的目标，但比上年回落0.9个百分点。分季度看，经济增速逐季提高，呈现坚定的上行线：第一季度经济增长触底，同比增速降到6.1%的历史低点，比2008年第四季度下降0.7个百分点；此后经济增速上行，第二季度同比增长7.9%，第三季度同比增长9.1%，第四季度同比增长10.7%。自2008年以来我国经济增速整体呈现“V”形反转之势（如图2－1），今年第一季度触底后，经济逐渐复苏，企稳回升态势不断巩固。

分产业看，三次产业增加值同比增长率逐季递增，全年第一产业实现增加值35477亿元，同比增长4.2%；第二产业实现增加值156958亿元，同比增长9.5%；第三产业实现增加值142918亿元，同比增长8.9%。工业生产增速明显回升是经济回升势头增强的缩影，全年规模以上工业增加值同比增长11.0%，较上年回落1.9个百分点，一季度增长5.1%，二季度增长9.1%，第三季度增长上升至12.4%，四季度增长18.0%。第三产业在国民经济复苏过程中呈现较强的发展势头，增长速度始终保持在GDP之上，“扩内需”系列政策对第三产业的刺激效果较为明显，进而对整个国民经济产生了一定的拉动作用。

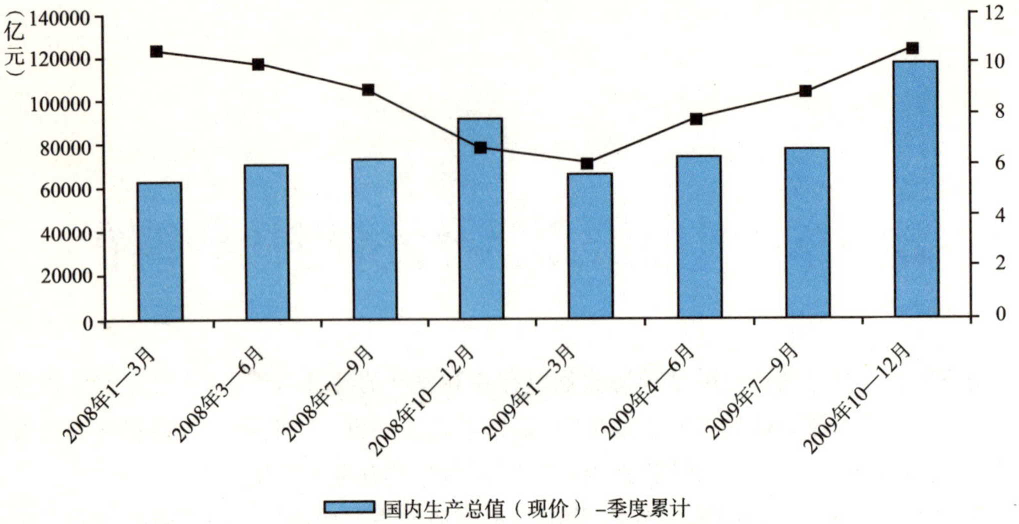

图2－1　2009年国内生产总值季度增长趋势

数据来源:中经网统计数据库。

在国民经济整体呈“V”形反转态势的背景下,还必须看到我国经济社会发展仍然面临不少困难和挑战。从外部环境看,全球经济复苏是一个缓慢曲折的过程,诸多不确定因素可能影响我国经济复苏过程。从国内经济看,经济回升基础还不稳定,经济结构不尽合理,产能过剩问题突出,流动性管理难度加大。在稳定经济回升趋势的关键时期,必须正确处理好保持经济平稳较快发展、调整经济结构和管理好通胀预期的关系。年底,中央经济工作会议提出,将长期经济发展方式转变与短期刺激计划相结合,并将2010年经济发展基调定为促进发展方式转变。鉴于本年度一揽子经济刺激计划取得的显著成效、宏观经济政策的坚定取向和政策思路的深入调整,对我国未来经济形势可以持乐观态度,这为未来零售业的进一步繁荣发出了积极信号。

二、城镇化水平继续提升,农村消费潜力凸显

城镇居民具有庞大的消费需求和很强的消费能力,是我国消费的主体,也是活跃零售市场的主要消费群体。由于经济效率的差异,城市居民收入水平显著高于农村居民,提高城镇化水平有助于增加居民收入,进而扩大社会消费需求,并促进零售业的快速发展。

2009年我国城镇化水平进一步提升,年末城镇化率提升到46.59%。由于遭受国际金融危机的冲击,近两年我国城镇化进程有所放缓,2008年较2007年提高了0.74个百分点,2009年较2008年提高了0.91个百分点,远远低于1996—2003年期间年均提高1.4个百分点的增长速度。但由于人口基数大,我国城镇人口规模增长显著,2009年城镇总人口达到62186万人,接近1996年城镇人口的1.7倍。随着城镇化水平的不断提高,国内零售市场规模也相应地不断扩大。据有关学者研究,到2020年我国城镇化水平将达到50%～55%。届时,我国零售业将面临广阔的发展空间。城镇化水平的提高也向国内零售业提出了新的要求,零售业必须跟随城市化的步伐,注重内部结构优化和品质提升,从而满足全社会不断升级的消费需求。

农村市场也是零售市场不可忽视的重要组成部分,蕴藏着巨大的消费潜力。2009年农村消费潜

力进一步释放，农村家庭现金支出达到人均5695元，其中与零售业密切相关的生活消费支出达到人均3504元，占农村家庭现金支出总额的61.54%，所占比重达到近10年来的最高点。农村消费规模的显著扩大得益于我国为应对国际金融危机所采取的一系列惠民生、促消费政策措施，如家电下乡、汽车下乡等优惠政策。这也说明，随着我国社会主义新农村建设的不断深入推进，农村居民的消费能力和消费需求显著提升，农村消费潜力不可低估。加快推进城镇化进程是启动农村消费的有效途径，有利于将农村潜在消费需求转化为现实需求。因此，扩大内需、促进零售业发展必须大力推进城镇化。

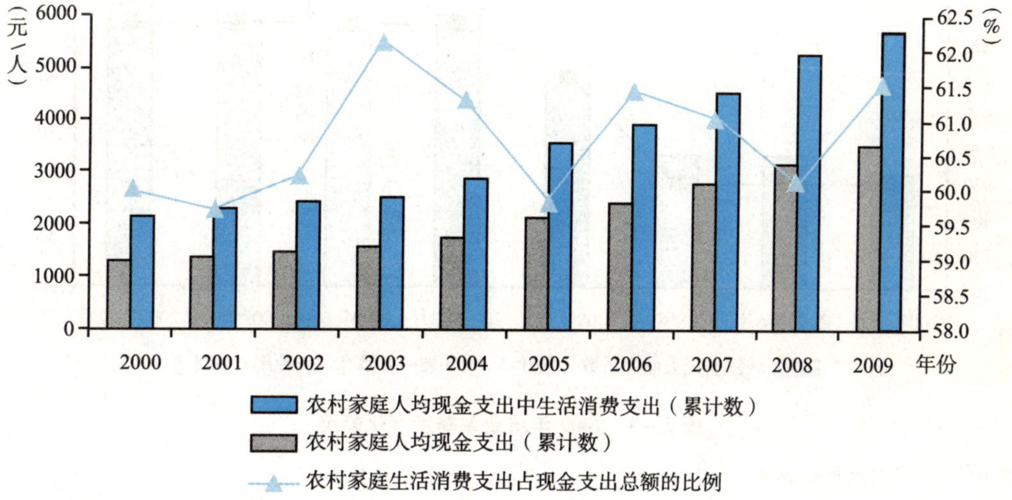

图2-2　2009年我国农村居民家庭现金支出中的生活消费支出情况

数据来源：中经网统计数据库。

三、就业形势总体稳定，居民收入继续增长

收入是消费的直接源泉，居民收入水平直接影响居民消费需求，并与零售市场的繁荣密切相关。当前我国居民收入主要来源于劳动报酬，因此就业形势对居民收入水平具有决定性影响，与就业形势相关的收入预期进一步对消费水平和零售市场需求产生重要影响。

由于国际金融危机的冲击持续深入，2009年我国就业形势依然十分严峻，其中农民工和大学生就业困难尤为突出。从失业率来看，2009年处于近三年最为严重的时期，但就业形势总体较为稳定、好于预期。第三、四季度末，城镇登记失业人数累计分别为915万人、921万人，较上年同期分别增加了85万人、35万人，就业情况下滑趋势较去年同期有所减缓。2009年，城镇登记失业率较为稳定，始终保持为4.3%，比2008年年末上升了0.1个百分点，整体好于预期。农村和城市均未出现上年预期的大量空闲农民工，大学生就业市场也基本稳定。受就业市场影响，居民平均工资收入水平有所下降，其中大学毕业生初职平均工资水平下降较为明显。

2009年城乡居民收入继续增加，转移性收入增长较快。城镇居民人均收入增长速度在第一季度达到11.2%的高点，比上年同期提高7.8个百分点；第三季度城镇家庭人均实际月收入累计14213.1元，其中城镇居民人均可支配月收入12973元，同比增长9.3%，扣除价格因素，实际增长10.5%，比上年同期快3个百分点，但比前两季度累计增速回落0.7个百分点；第四季度城镇家庭人均可支配月收入同比增长9.8%，达到17175元。农村家庭人均现金收入全年累计达到5153元，增长速度在8.5%附近波动，整体低于上年同期增长速度；第三季度同比增长9.2%，比上年同期低1.8个百分点，但比前两个季度累计增速提高了1.1个百分点，到第四季度累计增长8.5%。在城乡居民人均收入中，前三季度城镇居民家庭人均转移性收入增长15.7%，农村居民人均转移性收入增长26.4%，远远高于其他收入增长速度。

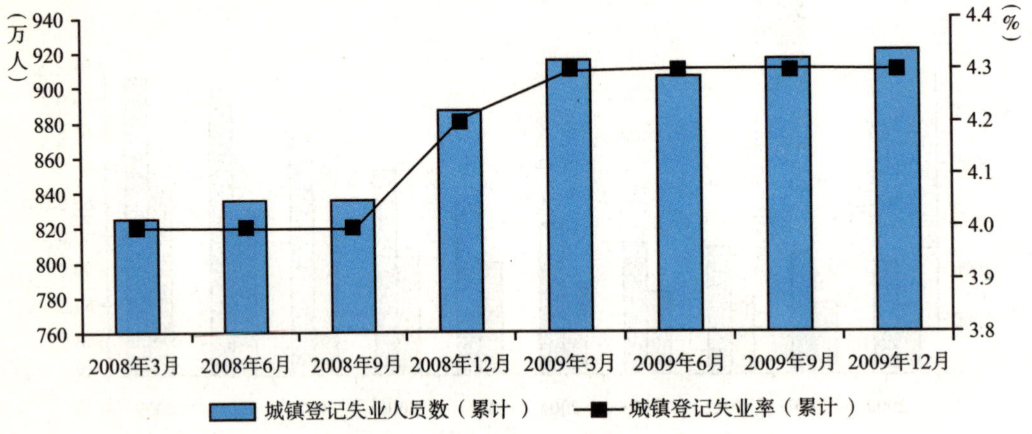

图2－3　2009年就业率季度变化趋势

数据来源：中经网统计数据库。

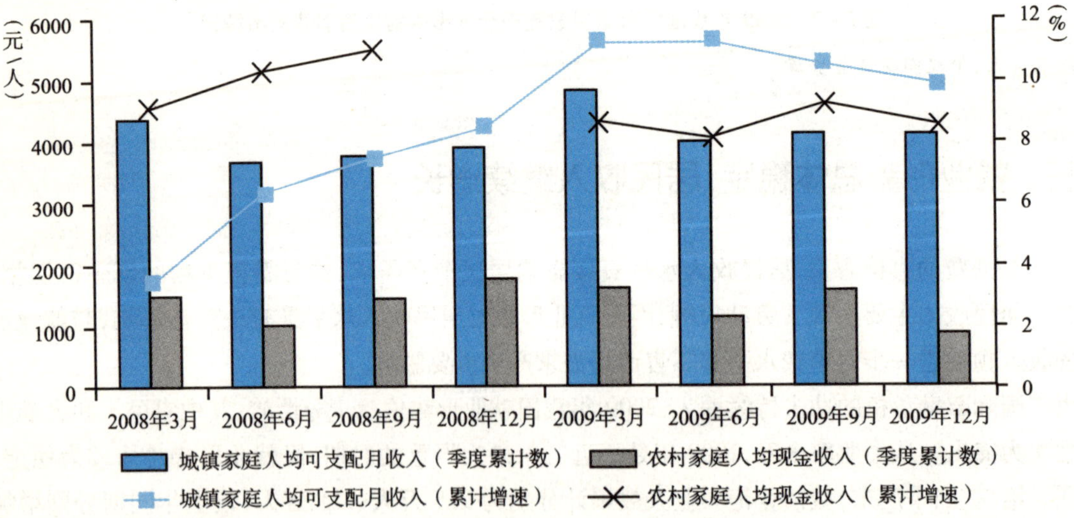

图2－4　2009年城乡居民收入水平季度变化趋势

数据来源：中经网统计数据库。

根据中央经济工作会议精神，2009年我国经济工作把改善民生作为保增长的出发点和落脚点，国务院和有关部门为稳定和扩大就业、推进医疗改革、加强社会保障等方面制订和实施了一系列政策措施，同时加大转移性支付的力度，对提高居民实际收入发挥了较大作用。上半年股市强劲反弹带来的财富效应也是居民收入增长的一个重要原因。但由于4万亿财政投资主要偏向基础设施等大型项目建设，大量信贷资金主要流向国有大型企业、政府主导的投资项目，中小企业从财政投资和宽松的信贷政策中获益有限，中小企业的劳动力需求提升不大，就业压力仍然较大，居民预期收入并不乐观，可能限制国内消费需求的进一步扩大。

四、物价水平整体回落，前低后高

在市场经济中，价格机制发挥着调节供给和需求的重要作用，一方面直接影响居民的消费需求和全社会的生产规模，另一方面通过需求和供给间接影响衔接生产和消费的流通产业。在流通领域，零售业直接连接居民消费，零售需求对价格水平尤为敏感。

2009 年我国物价水平整体回落，呈"前低后高"走势。居民消费物价指数（CPI）与工业品出厂价格指数（PPI）同比持续下降，2 月开始出现负增长，三、四季度降幅逐步收窄，环比由降转升。

上半年物价水平同比降幅在震荡中有所扩大，全年 CPI 较上年下降 0.7 个百分点，PPI 下降 5.4 个百分点。7 月 CPI、PPI 同比降幅均达到本年度最大值，其中，CPI 同比下降 1.8 个百分点，PPI 同比下降 8.2 个百分点；此后降幅逐步收窄，价格水平走出低谷，12 月 CPI 同比上升 1.9%，PPI 同比上升 1.7%。

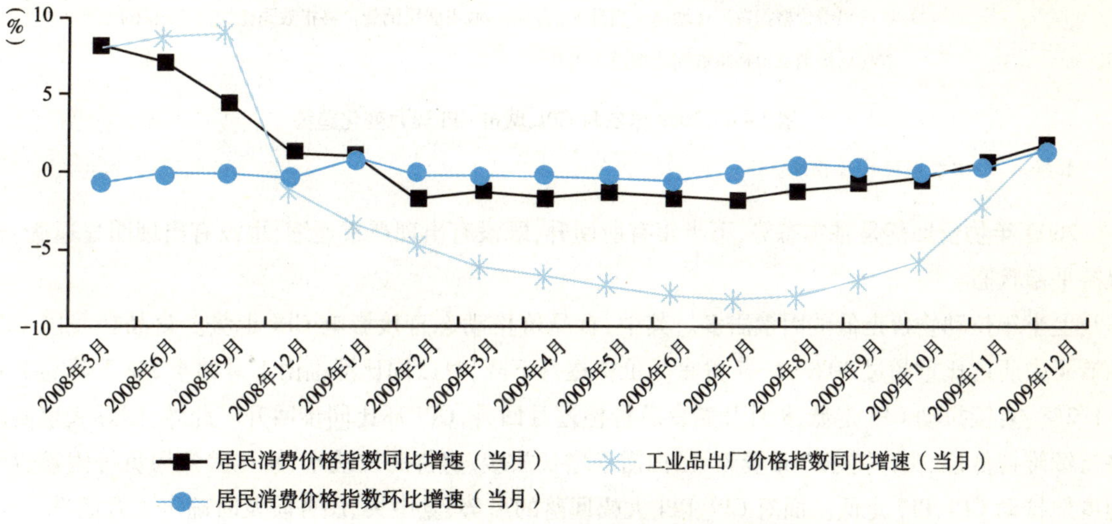

图 2-5　2009 年 CPI、PPI 逐月变化趋势

数据来源：中经网统计数据库。

具体来看，农村居民消费价格指数、城市居民消费价格指数变化趋势与总体居民消费物价指数一致，其中农村居民消费价格指数同比降幅小于总体水平，城市居民消费价格指数同比降幅大于总体水平。

分类来看，八大类商品中四涨四落。烟酒及用品上涨 1.5%，医疗保健和个人用品上涨 1.2%，食品上涨 0.7%，家庭设备用品及维修服务上涨 0.2%；居住下降 3.6%，交通和通信下降 2.4%，衣着下降 2.0%，娱乐教育文化用品及服务下降 0.7%。其中食品月度消费价格指数同比由下降转为上升，7 月同比下降 1.2%，8 月开始比上年同期有所增长，12 月同比增长 5.3 个百分点。家庭设备用品及服务月度消费价格指数同比由上升转为下降,6 月同比上升 0.1%,7 月开始同比下降,12 月同比下降 1.1%。医疗保健和个人用品月度消费价格指数同比持续上升,升幅持续放宽,12 月同比上升 2.2%。其他五类商品月度消费价格指数同比均有所下降,但后半年降幅不断收窄,其中居住消费价格指数 7 月达到最大降幅 5.8%,11 月降幅减小为 1.2%,12 月转为上升 1.5%。纵观全年,医疗保健和个人用品消费价格指数环比增速始终保持正向增长,食品、烟酒及用品、衣着、娱乐教育文化、居住等主要商品消费价格指数环比增速均由负转正。

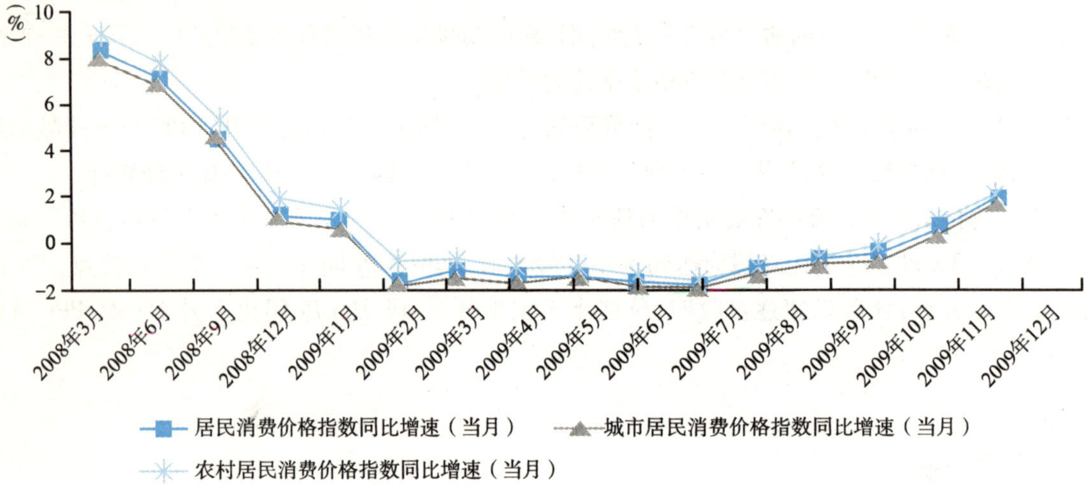

图 2-6　2009 年农村 CPI、城市 CPI 逐月变化趋势

数据来源:中经网统计数据库。

2009 年物价回落是基本态势,下半年有所回升,既没有出现严重通缩,也没有出现明显通胀,整体保持平稳状态。

上半年拉动物价走低的因素居多。其中,食品价格动态直接影响 CPI 走势。食品在我国 CPI 商品篮子中所占比重超过 30%,2—7 月食品价格逐月下降,月度同比涨幅由 1 月的 4.2% 下降为 7 月的 -1.2%,直接拉动 CPI 走低;8 月开始食品价格逐月回升,CPI 环比同步回升。此外,国际大宗商品价格持续维持低位、出口需求严重萎缩、国内需求增长放缓、房价高位跳水、翘尾因素为负等因素也不同程度地拉动 CPI、PPI 走低。面对 CPI、PPI 大幅回落的形势,党中央、国务院及时确定 4 万亿投资计划,通过扩大内需的十大措施成功抑制了通货紧缩的发生。

下半年推动价格上扬的因素占主导地位。其一,全球流动性条件总体宽松,基础货币供应量充足,粮食、石油等大宗商品价格增长较快。其二,国内适度宽松的货币政策在具体执行时过于宽松,贷款余额和货币存量大幅提高,流动性管理难度加大,国内市场物价不同程度上扬。其三,随着经济加速回升,工业产出缺口由负转正,市场供求关系已经发生逆转。其四,11 月以来暴风雨雪天气在短期内进一步加剧食品价格上涨。在这种背景下,社会公众通胀预期进一步强化。为了避免通胀预期转化为现实价格上涨的压力,国务院明确提出要把处理好保持经济平稳较快发展、调整经济结构和管理好通胀预期的关系作为宏观调控的重点。到第四季度,我国物价水平并未出现明显的通货膨胀,但上升趋势基本确定,下一年度控制通胀将成为物价工作的重点。

五、社会消费品零售总额规模与结构

(一)社会消费品零售总额规模

2009年我国国内市场消费增长速度较上年有所回落,但整体增长平稳。全年实现社会消费品零售总额125342.7亿元,累计增长15.5%,扣除价格因素实际增长16.9%,是1986年以来增幅最大的一年。从月度数据看,2月份受金融危机深化的影响,我国社会消费品零售总额降到年度最低谷,比1月份减少了1432.8亿元,同比增长11.8%,此后随着整个国民经济企稳回升,社会消费品零售总额逐月稳步增长,12月同比增长17.5%,达到年度最高值。

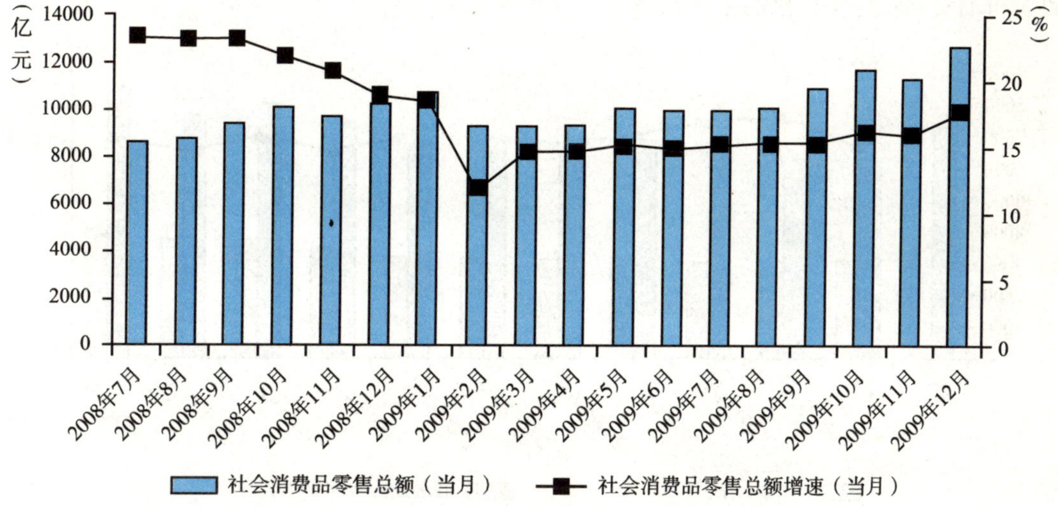

图2-7　2009年我国月度社会消费品零售总额及增速

数据来源:中经网统计数据库。

统计数据显示,金融危机对我国国内消费的负面影响于年初达到谷底,此后回稳态势已十分明朗,这主要得益于我国一系列强有力的扩内需、促消费政策。同时,第四季度尤其是12月的高增长除了受年末厂家促销的推动以外,也在一定程度上包含了货币因素的影响。

(二)社会消费品零售总额结构

1. 城乡结构

城市消费历来是我国国内消费的主力,但在全球经济危机深度冲击的背景下,城市消费增长渐显疲软趋势。自2008年以来,我国采取了一系列刺激农村消费的政策措施,农村消费环境得到较大改善,"家电下乡"、"农机下乡"、"汽车、摩托车下乡"等政策措施在启动农村消费潜力上取得了显著成果。因此,未来农村消费可能成为内需增长的新亮点。

2009年我国城市(即市级)社会消费品零售总额累计实现85133.1亿元,同比增长15.5%,占社会消费品零售总额的比重接近68%,城乡社会消费品零售总额的比例结构基本与2008年相同。分月来看,城市名义社会消费品零售总额的增长速度在2月份达到10.1%的低谷后逐渐回升,9月份超过县及县以下社会消费品零售总额的增长速度,12 月增速达到全年最高点 18.6%。总体而言,2009 年随着我国经济的企稳回升,城市消费也呈现明显的回升趋势,尤其在第四季度,城市消费增长超过农村。年内以城市为主要市场的奢侈品消费十分引人注目,我国成为仅次于日本的世界第二大奢侈品消费市场。在相关鼓励政策的作用下,汽车、房地产及建筑装潢等相关消费上升成为拉动城市消费的主要力量,后半年 CPI 的快速回升也是城市名义消费增速持续上升的重要原因。

县及县以下社会消费品零售总额累计实现 40209.6 亿元,占社会消费品零售总额的比重继续维持在 32% 左右。2009 年农村消费的增长速度累计达到 15.7%,超过城市消费增幅 0.3 个百分点,主要是由于今年以来国家全面推广家电下乡,并继续丰富和完善农村消费刺激政策的一系列举措极大地激发了农民的消费热情。分月来看,农村消费增长速度逐月放缓,其中 11 月份达到 14.4% 的低点,将全社会消费环比增速拉低 0.4 个百分点。第四季度 CPI 的快速上升和必需品消费价格的快速上升是导致农村消费增长势头回落的主要原因。

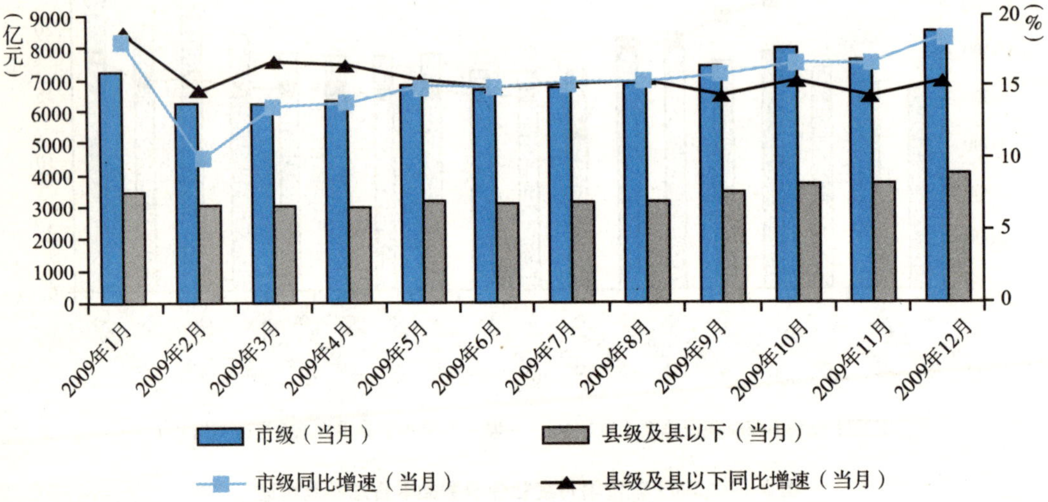

图 2-8 2009 年我国城乡社会消费品零售总额及增速

数据来源:中经网统计数据库。

2. 地区结构①

2009 年我国东部地区 12 个省(市、自治区)实现社会消费品零售总额 79661.8 亿元,同比增长了 17.5%,较 2008 年增幅下降了 4 个百分点;占全国社会消费品零售总额的比重达到 60%,比 2008 年下降了 0.4 个百分点。中部地区 9 个省(自治区)实现社会消费品零售总额 35624.1 亿元,同比增长 19.4%,较 2008 年增幅下降了 3.8 个百分点;占全国社会消费品零售总额的比重为 26.9%,较 2008 年提高了 0.3 个百分点。西部地区 10 个省(市、自治区)实现社会消费品零售总额 17392.7 亿元,同比增长 19.6%,较 2008 年增幅下降了 2.3 个百分点;占全国社会消费品零售总额的比重为 13.1%,较 2008 年提高了 0.1 个百分点。可见,我国东部地区在国际金融危机中首当其冲,社会消费受到的打击

① 东部地区包括北京、天津、辽宁、河北、上海、江苏、浙江、福建、山东、广东、广西、海南等 12 个省(市、自治区);中部地区包括山西、内蒙古、黑龙江、吉林、安徽、江西、河南、湖北、湖南等 9 个省(自治区);西部地区包括重庆、四川、贵州、云南、西藏、陕西、甘肃、青海、宁夏、新疆等 10 个省(市、自治区)。

最大，中部、西部地区社会消费受到的冲击相对较小。东、中、西部地区社会消费的相对比重基本与过去两年持平，其中中部地区社会消费品零售总额增长率自2007年以来连续三年超过东部和西部地区，所占比重持续上升，东、中、西部社会消费规模的差距继续呈缩小趋势。

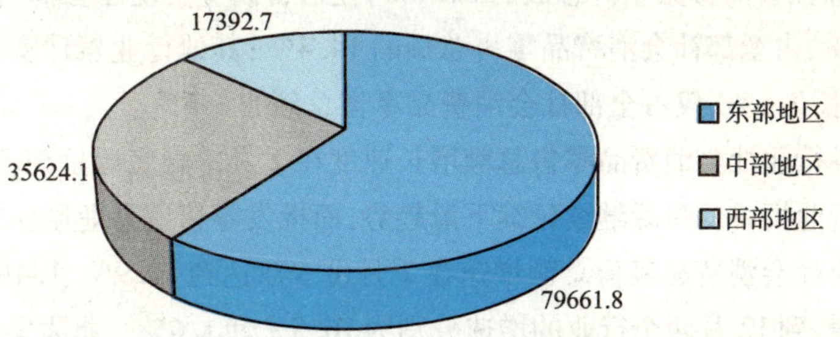

图2-9　2009年我国东、中、西部社会消费品零售总额(亿元)

数据来源：中经网统计数据库。

具体来看各省(直辖市、自治区)的社会消费情况：

从社会消费规模排序来看，除新疆由于受"7·5"事件的不利影响排名后退两位以外，其他省(市、自治区)的相对顺序与2008年一致，广东、山东、江苏、浙江、河南、湖北、辽宁、河北、四川、北京仍稳占社会消费品零售总额的前十位。其中排名第一位的广东省社会消费品零售总额达到14891.8亿元，排名最后一位的西藏自治区社会消费品零售总额为156.6亿元，各省之间差距悬殊。

从增长速度来看，2009年除西藏、四川、甘肃的社会消费品零售总额增长速度较2008年分别上升6%、0.4%、0.7%以外，其他28个省(市、自治区)社会消费品零售总额增速均有不同程度的减缓，其中新疆由2008年的21%下降到14.8%，陕西、吉林、北京三省均下降了5个百分点以上，江西、江苏、安徽、河北、重庆、河南、海南则下降了4个百分点以上。2009年只有天津、内蒙古、重庆、四川、贵州、西藏6个省(市、自治区)的社会消费品零售总额实现了20%～23%的增长速度，其他各省(市、自治区)社会消费品零售总额增长幅度均在20%以下。

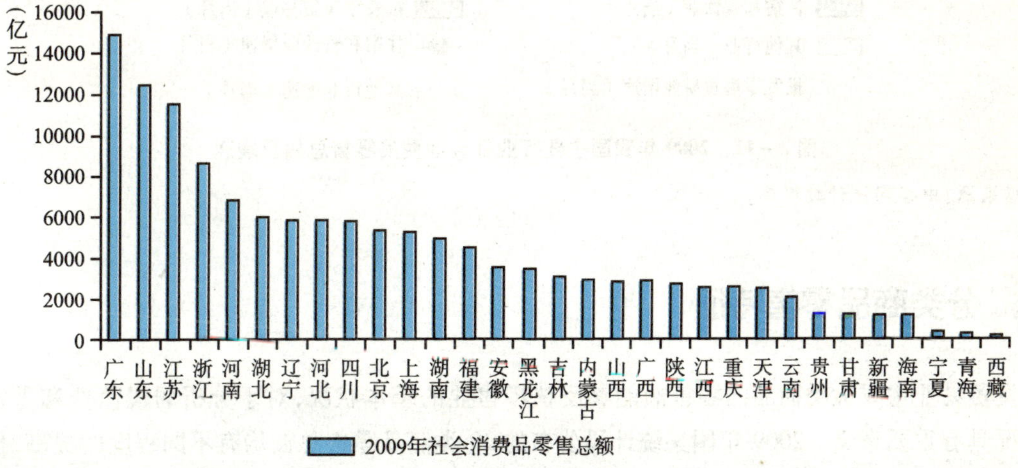

图2-10　2009年我国各省(市、自治区)社会消费品零售总额

数据来源：中经网统计数据库。

3. 行业结构

从主要行业来看，批发零售贸易业是我国社会消费品零售总额的主要源泉，住宿和餐饮业、其他行业的贡献相对较小。2009 年我国批发零售贸易业累计实现社会消费品零售总额 105413.2 亿元，累计增长 15.6%，占全部社会消费品零售总额的 84.1%；住宿餐饮业实现社会消费品零售总额 17997.5 亿元，累计增长 16.8%，占全部社会消费品零售总额的 14.4%；其他行业累计实现社会消费品零售总额 1932 亿元，累计增长 2.5%，仅占全部社会消费品零售总额的 1.5%。

从月度数据看，各行业社会消费品零售总额增长速度在 2 月份触底后呈现不同的变化趋势，其中住宿和餐饮业、其他行业短暂反弹后继续延续下滑趋势，而批发零售贸易业则保持缓慢回升态势。住宿和餐饮业、其他行业社会消费品零售总额增速在 2 月份双双达到 15.9%、1.4% 的低谷，3 月份小幅反弹，但此后继续放缓，到 12 月两个行业的增速分别为 16.5% 和 1.6%。批发零售贸易业消费品零售总额 1 月份增长 18.2%，较 2008 年月均 21% 左右的增长速度已有所降低，至 2 月份受宏观经济形势的影响进一步降至 11.1% 的低谷，从 3 月份开始缓慢回升，至 12 月回升到 18.1%。批发零售贸易业第四季度较高的名义增长率包含了部分价格上涨因素，但仍能代表在我国经济企稳回升大背景下批发零售贸易业整体回暖的趋势。

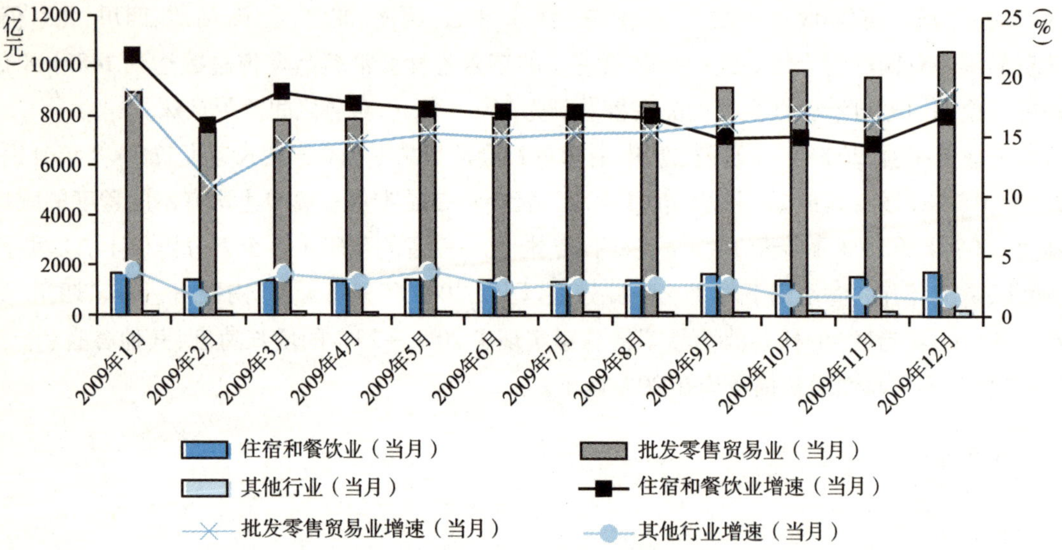

图 2-11　2009 年我国主要行业社会消费品零售总额及增速

数据来源：中经网统计数据库。

六、分类商品零售特征

批发贸易业主要大类商品的零售额能够反映零售业的基本状况，对于分析居民消费和零售业的发展情况具有重要意义。2009 年国家统计局公布的 29 类商品零售总额均有不同程度的提高，但从全年累计增长速度看，其中 21 类商品零售总额增速较上年有大幅回落，仅 8 类商品零售总额增长速度有不同幅度的提升。为便于分析，本报告综合考虑各类商品的属性、基本功能、价格弹性、消费者偏好等因素，将国家统计局监测的商品类别进一步合并为 6 个大类，即基本生活消费品、衣着类消费品、选择性消费品、文娱商品、消费电子商品、居住及其他类商品。

(一)基本生活消费品

基本生活消费品包括食品、饮料、烟酒类(含肉禽蛋类、粮油类、饮料类、烟酒类),中西药品类(西药类、中草药及中成药类),日用品类(含洗涤用品类、儿童玩具类)。

从零售总额看,2009 年基本生活消费品零售额总体实现一定程度的增长。年初,我国经济经历了金融危机以来最严重的冲击,与元旦、春节期间大规模促销活动交互作用,使基本生活消费品零售额出现较大波动。1 月份,受元旦、春节前后节日采购和大规模促销的影响,基本生活消费品零售额迅速增长,较上年同期增长了 36.4%;2 月金融危机深入冲击,国民经济跌入谷底,基本生活消费品零售额受到较大影响,仅比上年同期增长 1.6%,比 1 月份下降了近 35 个百分点,达到年度最低点;3 月基本生活消费品零售额开始随宏观经济形势一同好转,呈平稳上升趋势,5 月开始月度同比增速始终保持在 20% 以上。

食品、饮料、烟酒类商品在基本生活消费品中占有较大比重,是导致基本生活消费品零售总额增速下滑的主要部分。其中肉禽蛋类、烟酒类商品零售总额增速分别比 2008 年下降了 14 个百分点、12 个百分点;粮油类商品价格全年同比增长 13%,增幅比上年下降了 9.7 个百分点。食品、饮料、烟酒类商品零售额增长速度下降在一定程度上与价格上升有关,其中烟酒类商品消费需求价格弹性较大,年内烟酒消费税的不同程度提高对相关消费起到了明显的抑制作用;我国居民对肉禽蛋类商品价格较为敏感,后半年由于受季节、暴风雪天气等因素的不利影响,肉禽蛋类商品价格回升,在一定程度上压低了零售额。

日用品类商品消费全年增长 15.6%,增长幅度比上年下降 1.5 个百分点。其中洗涤类用品增长 16.6%,儿童玩具类商品增长 15%,分别比上年下降了 2.5 个百分点、7.6 个百分点。

中西药类商品与以上两类商品不同,零售额增长幅度比上年提高了近 7 个百分点,这主要是由于 2009 年 5 月开始,我国受到甲型 H1N1 流感疫情的影响,相关药品消费随之大幅增加。

表 2-1　　2009 年批发零售贸易业基本生活消费品零售总额及增速　　单位:亿元,%

月份	基本生活消费品零售总额(当月)				同比增速(当月)			
	食品、饮料、烟酒类	日用品类	中西药品类	基本生活消费品	食品、饮料、烟酒类	日用品类	中西药品类	基本生活消费品①
1 月	648.5	141.1	170.5	960.1	39.0	24.6	10.1	36.4
2 月	488.3	122.9	161.7	772.9	-7.7	0.3	30.1	1.6
3 月	425.8	117.5	168.1	711.4	6.8	8.5	15.5	15.3
4 月	414.0	114.3	175.6	703.9	9.2	13.7	17.8	18.1
5 月	448.1	125.0	181.1	754.2	16.0	15.4	18.7	22.8
6 月	433.1	129.7	186.3	749.1	15.2	18.5	25.8	21.5
7 月	440.8	126.4	180.1	747.3	13.3	16.3	19.5	21.7

① 该组数据未剔除价格因素。

续表

月份	基本生活消费品零售总额(当月)				同比增速(当月)			
	食品、饮料、烟酒类	日用品类	中西药品类	基本生活消费品	食品、饮料、烟酒类	日用品类	中西药品类	基本生活消费品
8月	459.9	135.8	192.6	788.3	12.9	15.6	27.8	25.5
9月	505.7	139.2	214.4	859.3	10.0	11.4	23.6	23.3
10月	508.5	144.8	193.2	846.5	19.0	23.5	21.6	27.9
11月	470.1	137.8	199.2	807.1	16.3	16.5	22.6	25.4
12月	515.7	153.3	218.1	887.1	17.3	18.7	27.6	24.9

数据来源:中经网统计数据库。

(二)衣着类消费品

衣着类消费品包含服装类、鞋帽类、针纺织品类。

2009年我国衣着类消费品零售总额与批发零售贸易业商品零售总额平均变化趋势基本一致。1—3月衣着类商品零售总额月度同比增速波动较大,1月份同比增长34.1%,2月份下降到-3.9%,3月开始逐渐回升,下半年增速回升较快,持续稳定在20%以上。下半年衣着类消费品零售总额快速回升主要是价格水平上涨所致,据联商网测算,"2009年上半年,零售量增长对零售额增长的贡献率为54.8%,而下半年单价增长对零售额增长的贡献率上升至56.8%,其中7、9、11月份的贡献率均超过了50%,9月份更是高达95.55%"。①

衣着类商品销售具有较强的季节性特征。从环比增速来看,服装销售旺季2、3、4月国内衣着类消费品零售额反而出现负增长,其中2月环比下降34.3%,3、4月分别环比下降6.6%、1.3%。这主要是由于2月份国际金融危机对我国的影响全面且深入,居民的收入预期不乐观,服装消费相应回归理性,消费着物美价廉的服装类别,缩减服装开支。6、7月份衣着消费进入淡季,衣着类消费品零售额分别环比下降8%、4.9%。其他月份衣着零售额均保持正向增长,其中1月、10月由于元旦、春节、国庆黄金周等假日促销影响,环比增幅分别达到25%、20%。

从年度累计增长幅度来看,衣着类消费品零售总额增幅较2008年回落了6个百分点,但好于食品、饮料、烟酒类、金银珠宝类等大部分商品类别。2007年以来,衣着类商品零售额增长势头始终快于商品零售平均水平,在一定程度上反映了我国消费升级的趋势。

(三)选择性消费品

选择性消费品包括汽车类、金银珠宝类、化妆品类,其中汽车类、金银珠宝类商品是目前国内消费热点,即使在国际金融危机背景下,选择性消费品零售额的增长速度也远远高于其他商品类别。

2009年我国汽车产业迎来了巨大的发展机遇,汽车零售总额的增长格外引人注目。全年汽车零售总额同比增速逐月大幅上升,年底零售总额累计达到11536.5亿元,同比增长32.3%,较上年提高7

① 引自联商网《2009服装消费市场回顾及2010市场趋势预测》。

个百分点，全国汽车销量达到1360万辆。汽车消费的迅速繁荣主要得益于政府的一系列消费刺激政策。1月份，国务院颁布《汽车产业调整和振兴规划》，充分肯定了汽车产业在拉动消费、带动就业等方面的重要作用。此后，包括汽车、摩托车下乡，1.6升排量及以下的乘用车车辆购置税减半，汽车以旧换新等在内的一系列刺激汽车消费的优惠政策相继出台。另一方面，汽车消费迅速升温也反映了我国居民收入水平显著提高，消费结构相应升级。可以推断，随着国民经济的进一步发展和居民收入水平的持续提高，中国汽车消费市场潜力巨大，是未来扩大内需的重要领域之一。

表2-2　2009年批发零售贸易业衣着类商品零售总额及增速　单位：亿元，%

月份	衣着类商品零售总额（当月）				衣着类商品零售额同比增速（当月）			
	服装类	鞋帽类	针、纺织品类	衣着类	服装类	鞋帽类	针、纺织品类	衣着类
1月	374.4	90.7	58.4	523.4	35.8	33.8	24.6	34.1
2月	242.9	63.6	37.4	343.9	-2.9	-2.6	-11.7	-3.9
3月	227.2	58.6	35.5	321.2	10.0	6.3	7.3	9.0
4月	224.1	60.3	32.4	316.9	14.0	13.6	14.0	13.9
5月	247.4	73.4	36.0	356.8	22.1	19.8	17.9	21.2
6月	228.7	65.6	34.1	328.4	21.7	21.6	16.2	21.1
7月	220.5	59.9	32.0	312.4	19.6	19.5	15.3	19.1
8月	230.0	61.6	32.7	324.3	23.3	17.3	18.6	21.6
9月	250.9	66.8	36.5	354.2	20.6	15.4	15.9	19.1
10月	303.1	79.1	44.1	426.3	22.7	23.9	18.5	22.4
11月	338.7	82.1	55.5	476.3	25.8	20.7	24.1	24.7
12月	376.4	90.7	59.3	526.5	23.9	17.2	16.4	21.8

数据来源：中经网统计数据库。

随着人们收入水平的提高，我国居民消费逐渐向享受型转变，金银珠宝类商品成为继房地产、汽车之后的第三个消费热点。2009年金银珠宝类商品零售额累计达到808亿元，同比增长15.9%，较上年下降了22.7个百分点。这主要是由于受国际金融危机影响，我国居民实际收入水平和预期收入均有不同程度的下降，对奢侈品的消费回归理性，金银珠宝类商品零售额较上年同期增长幅度明显下降。但与同期其他商品类别零售额相比，金银珠宝类商品仍取得了不俗的零售业绩。纵观全年，金银珠宝类消费先后出现三个小高峰，1、5、12月分别同比增长32%、28.7%、25.4%。在我国，金银珠宝市场受节日消费和婚庆消费影响十分显著，1、12月元旦和圣诞节期间商家开展多种形式促销活动，金银珠宝类商品迎来了节日消费高峰，而5月历来是我国婚庆集中月份，黄金、钻石、铂金等婚庆销售尤为红火。此外，国际金融危机期间，人们对具有保值、增值功能的黄金类商品格外青睐，黄金首饰、金条销售旺盛，在一定程度上拉升了金银珠宝类商品的零售业绩。

与金银珠宝类商品类似，化妆品类商品也属于享受型消费。2009年化妆品类零售总额累计达到740亿元，同比增长16.9%，较2008年下降5.2个百分点。由于金融危机影响了居民的购买力，化妆品零售额增长速度明显放缓。从月度数据看，除1、5、10月化妆品零售额同比增速较上年有所提高外，其他月份零售额增速均低于2008年同期，其中2月同比增长0.8%，比上年下降了20.7个百分点。11月份开始进入往年冬季化妆品消费旺季，但2009年11、12月化妆品销售情况仍不容乐观，同比增速分别比上年下降了2.3个百分点、11.3个百分点。

表2-3　　2009年批发零售贸易业衣着类商品零售总额及增速　　单位：亿元，%

	选择性消费品零售总额（当月）			同比增速（当月）		
月份	化妆品类	金银珠宝类	汽车类	化妆品类	金银珠宝类	汽车类
1月	64.2	85.3	782.1	29.7	32.0	4.2
2月	55.1	68.1	707.2	0.8	1.3	15.5
3月	59.1	57.6	820.2	15.7	1.4	17.5
4月	54.5	56.3	880.9	18.2	10.4	18.5
5月	58.8	69.5	905.9	21.7	28.7	23.8
6月	55.8	58.7	979.2	18.4	16.2	30.1
7月	55.4	58.1	959.1	20.3	18.4	32.0
8月	59.2	67.8	973.5	22.0	15.0	34.8
9月	65.2	66.5	1041.0	13.7	12.1	44.5
10月	70.8	75.4	1026.2	18.2	15.6	43.6
11月	68.6	63.3	1095.6	14.0	11.6	61.5
12月	73.1	79.7	1365.5	13.4	25.4	57.7

数据来源：中经网统计数据库。

（四）文娱商品

文娱商品包括体育娱乐用品类、书报杂志类、文化办公用品类，属于发展型消费。近年来，随着我国消费结构升级，发展型消费品零售额获得了较快增长。2009年书报杂志零售额在金融危机背景下逆势增长，全年实现零售额537.8亿元，同比增长14.3%，较上年提高了10个百分点。从月度运行数据看，文娱商品全年维持了在波动中稳步上升的趋势。年初、年末受书报杂志征订季节性和体育娱乐用品消费快速增长的影响，文娱商品1、12月同比增速分别实现20%、31.8%，高于全年其他各月增速。受宏观消费缩减影响，发展型消费品的消费波动较商品零售总额波动有一定的滞后性，因此第一季度文娱类商品总体呈现同比增速下滑的趋势，并在4月份增速跌至年度最低的10.7%，二、三季度商品增速波动基本维持稳定。受2008年奥运会后体育、娱乐用品消费出现小高潮的翘尾因素影响，2009年9月份的文娱类商品同比增速出现短暂下滑，但随着宏观经济企稳回升的趋势，我国居民对发展型消费品的需求逐步恢复，文娱商品消费在第四季度迅速上扬，实现季度零售额497.1亿元的新高。

文化办公用品类具有明显的季节性消费的特点，春秋季学期前后一般均会出现较大的增幅，从2009年全年增幅波动看，2009年2月和8月分别出现了文化办公用品消费的小高潮。随着经济形势的好转，加上年末文化办公用品消费的周期性更新换代，三、四季度的文化办公用品消费的同比增速不断升高。

体育娱乐用品属于居民较高层次生活水平下的消费，收入弹性大，因此2009年面临全球金融危机的冲击，相较于其他发展型商品全年运行出现了较大程度的波动，2月份同比增速从1月份的29.3%下滑至-2.2%，但随着整体经济形势的走好，该项商品的同比增速逐渐恢复上升的趋势，增幅维持在约14%，尚未达到1月份的小高峰。未来经济形势的好转将在较大程度上推动该项消费零售额的快速上扬。

在满足了物质生活的同时，我国居民逐渐过渡到精神消费的时代，其中书报杂志消费占其中主要部分，2009年该项消费仍然维持了明显的季节性特征，2、12月均出现了消费高峰，书刊征订时期集中。与2008年相比，本年度书刊杂志消费额有了明显增长，全年增幅超过上年近10个百分点，居民对精神文化类消费品的需求潜力逐步释放。

表2-4　　2009年批发零售贸易业文娱商品零售总额及增速　　单位：亿元，%

	文娱商品零售总额（当月）				同比增速（当月）			
月份	文化办公用品类	体育、娱乐用品类	书报杂志类	文娱商品	文化办公用品类	体育、娱乐用品类	书报杂志类	文娱商品①
1月	64.1	23.4	29.6	117.1	5.1	29.3	8.4	20.0
2月	60.2	17.4	42.3	119.9	11.9	-2.2	39.3	19.3
3月	64.1	17.1	45.5	126.7	3.8	0.4	18.0	16.3
4月	60.7	17.8	42.2	120.7	1.9	5.0	13.7	10.7
5月	65.0	20.0	40.3	125.3	2.6	6.9	10.8	13.9
6月	67.2	17.8	40.8	125.8	-6.6	7.6	11.6	18.7
7月	68.4	20.2	30.3	118.9	3.8	10.3	3.1	15.5
8月	73.8	20.3	32.0	126.1	8.7	7.7	16.7	18.0
9月	75.0	19.9	48.2	143.1	7.7	2.5	5.4	12.9
10月	77.3	22.1	56.6	156.0	9.2	10.8	8.8	21.7
11月	77.2	19.6	56.4	153.2	13.4	12.9	9.0	24.6
12月	93.4	20.5	74.0	187.9	15.3	14.8	26.9	31.8

数据来源：中经网统计数据库。

（五）消费电子商品

消费电子商品包括电子出版物及音像制品类、家用电器和音像器材类、通信器材类。相对于2008年，消费电子商品的销售额增幅出现了小幅度的下滑，全年消费电子商品基本保持了与批发零售贸易业商品销售增幅变动一致的趋势，但波动幅度较大，同比增速也低于全部商品零售总额的平均增速。一季度，家用电器和音响器材的消费下滑，带动消费电子商品消费的同比增速在2月份跌至谷底，仅

① 该组数据未剔除价格因素。

实现 -10.1%，二季度起消费电子商品的消费逐渐恢复，10 月份，家用电器和音响器材的零售额实现 349.6 亿元，35.4% 的高零售额增速迅速拉动消费电子商品的同比增速实现波峰水平。

消费电子商品中除通信器材类商品全年消费增速比 2008 年下降 2.7 个百分点，实现负增长外，音像制品类、家用电器和音像器材类商品的 2009 年消费同比增速均超过 10 个百分点。其中电子出版物及音像制品类商品全年各月零售额基本维持稳定，下半年零售额有所攀升，第三季度各月零售额均超过 6 亿元，我国居民对精神文化的消费稳步提升。家用电器和音像器材、通信器材商品的消费季节性特征明显，2009 年 1、5、10 月这两类商品在商家的大力促销下均出现了消费小高潮。就全年各月消费同比增速而言，一方面，逐步好转的经济形势下我国主要家电制造企业迅速扩大产量，全年洗衣机、电冰箱、彩电产量同比增速较 2008 年分别增长 1.9、16.7、3.6 个百分点；另一方面，“家电下乡”、“以旧换新”等扩大城乡居民消费的政策更加完善，截至 2009 年家电下乡产品品种已由试点时的 3 类扩大到 9 类 12 个品种、6700 个规格型号。同时，各大卖场环保绿色家电、新技术产品不断推陈出新，城乡居民对家电更新换代的需求有所上升，因此家用电器、通信器材下半年的同比增速较上半年明显提高，家用电器和音像器材商品在 10 月份出现 35.4% 的同比增速高峰，通信器材类则在年底出现全年零售额同比增速最高点 11.5%。

表 2-5　　2009 年批发零售贸易业消费电子商品零售总额及增速　　单位：亿元，%

月份	消费电子商品零售总额（当月）				同比增速（当月）			
	电子出版物及音像制品类	家用电器和音像器材类	通信器材类	消费电子商品	电子出版物及音像制品类	家用电器和音像器材类	通信器材类	消费电子商品
1 月	5.6	298.4	56.1	360.1	12.0	12.5	-5.6	13.4
2 月	5.9	200.0	49.9	255.8	8.0	-9.0	-13.2	-10.1
3 月	5.8	217.3	51.1	274.2	11.3	-1.0	-3.0	5.4
4 月	5.7	207.6	43.2	256.5	21.8	0.6	-8.4	5.4
5 月	5.7	311.2	53.2	370.1	24.6	12.0	-7.8	12.5
6 月	5.7	260.2	50.9	316.8	13.6	9.6	-4.4	12.1
7 月	5.6	270.1	53.3	329.0	12.5	8.0	1.3	13.1
8 月	6.3	244.6	56.1	307.0	2.2	10.9	-0.8	15.1
9 月	6.8	256.5	58.7	322.0	-0.4	12.4	4.3	15.7
10 月	6.2	349.6	60.3	416.1	7.7	35.4	2.5	32.1
11 月	5.9	253.7	51.7	311.3	0.9	24.9	6.9	25.3
12 月	6.9	281.5	55.0	343.4	10.5	25.2	11.5	24.8

数据来源：中经网统计数据库。

（六）居住及其他类商品

居住及其他类商品包括家具类、五金电料类、建筑及装潢材料类、煤炭及制品类、石油及制品类。2009 年，该类商品各月同比增速变动趋势基本与所有商品变动趋势一致，其中居住类商品出现大幅增长，建筑及装潢材料类商品年增速上升近 40 个百分点，实现 26.6%，家具类商品年增速也大幅实现

35.5%，主要的生产资料商品消费增速受经济环境影响较大，增速出现下滑，煤炭、石油及制品的零售额年增速均下滑超过30%，但下半年石油及其制品类的各月同比增速开始出现上行趋势，年末实现全年最高增速27.9%。

居住类相关的产品与我国房地产市场的变化紧密相关，2009年在国家宽松的货币政策、相关的经济刺激政策和通货膨胀预期等因素的影响下，我国房地产市场迅速升温，前三季度商品住宅销售面积增长46.4%，商品房销售总额同比增长73.4%。房产市场的升温带动居住类相关商品消费的快速攀升，下半年，家具类、建筑及装潢材料类商品的消费同比增速逐步提升，居民居住类商品需求随房地产市场趋势而跟随上扬。

生产资料类的商品零售受宏观经济景气程度影响最大，石油及制品类商品在经历了前两个季度的震荡调整后，增长迅速，各月零售额均超过700亿元。煤炭及制品类商品全年零售额同比增速基本维持一致，下半年的零售额虽然有所下降，但同比增速依然维持稳定，宏观经济形势的企稳回升将迅速推动生产资料类商品流通速度的加快。

表2－6　2009年批发零售贸易业居住及其他类商品零售总额及增速　单位：亿元，%

月份	居住及其他类商品零售总额						同比增速（当月）					
	五金电料类	家具类	煤炭及制品类	石油及制品类	建筑及装潢材料类	居住及其他类商品	五金电料类	家具类	煤炭及制品类	石油及制品类	建筑及装潢材料类	居住及其他类商品
1月	15.0	24.4	13.7	519.8	24.9	597.8	8.7	25.8	39.8	－1.2	9.7	6.4
2月	15.0	26.3	12.7	483.6	24.3	561.9	13.9	28.4	31.9	2.8	39.0	9.2
3月	15.7	27.7	11.9	541.2	30.4	626.9	12.4	19.8	34.4	－2.6	16.8	5.1
4月	16.1	31.1	10.3	584.2	31.5	673.2	15.8	22.8	13.7	0.3	10.8	7.1
5月	17.9	37.1	12.6	634.8	37.7	740.1	9.9	33.3	33.7	5.0	12.6	13.4
6月	18.2	35.6	13.8	660.2	41.7	769.5	10.8	33.9	28.6	5.5	19.4	11.9
7月	18.0	36.5	11.7	684.4	39.0	789.6	2.0	42.5	24.8	1.1	25.8	10.2
8月	17.6	36.3	13.1	734.6	40.1	841.7	4.7	41.6	37.1	6.8	36.6	17.1
9月	18.7	39.0	12.9	731.8	39.8	842.2	9.0	34.0	24.8	8.6	30.2	18.0
10月	18.5	44.2	14.1	740.0	45.9	862.7	8.1	45.8	33.1	10.2	26.2	19.8
11月	19.1	44.3	14.6	722.2	45.6	845.8	10.2	41.0	13.5	16.4	43.3	31.6
12月	22.7	46.9	22.8	774.1	47.0	913.5	17.0	37.6	37.4	27.9	53.9	39.8

数据来源：中经网统计数据库。

七、家庭支出结构分析

（一）城镇家庭消费性支出结构

随着城镇居民收入水平的提高，城镇居民人均消费性支出实现了大幅增长，2009年达到12264.6

元，为2003年的1.9倍。

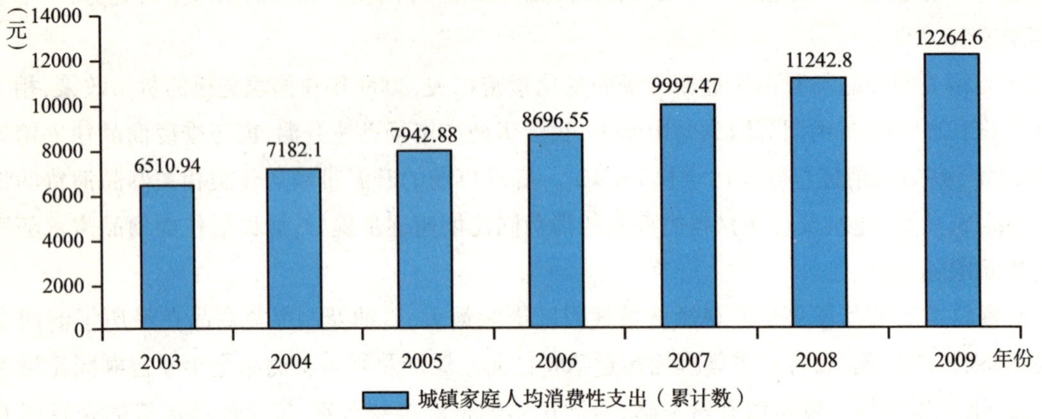

图2-12 2003—2009年我国城镇家庭人均消费性支出增长趋势

数据来源：中经网统计数据库。

从支出结构来看，目前食品支出、教育文化娱乐服务支出和交通通信支出是城镇居民主要的三种消费支出项目，此外居住、衣着支出也各占10%左右。食品支出比重（恩格尔系数）有所下降，从2003年的37.1%下降到2009年的36.5%。根据联合国粮农组织提出的标准，恩格尔系数为30%~40%代表富裕阶段，我国城镇居民生活水平已进入富裕阶段，并继续提高。衣着支出、家庭设备用品及服务支出、交通和通信支出、杂项商品和服务支出均呈现上升趋势。相反，医疗保健支出、教育文化娱乐服务支出、居住支出呈现下降趋势。以上变化趋势表明，随着收入水平的提高，我国城镇居民消费结构不断升级，城镇居民对家庭耐用消费品及服务的需求日益增加，我国医疗改革、教育改革以及住房改革三大民生改革有效降低了城镇居民的相关消费支出，从而对提高其他项目消费水平、促进消费结构的升级调整发挥了巨大的推动作用。值得特别指出的是2009年城镇居民居住支出面临强大的膨胀推力。2009年我国房地产市场出现严重泡沫，3月份开始全国70个大中城市房屋售价环比上升，5月份重点城市房地产市场“量价齐升”，房价涨势一发不可收拾，城镇居民居住消费支出不可避免地受到影响。

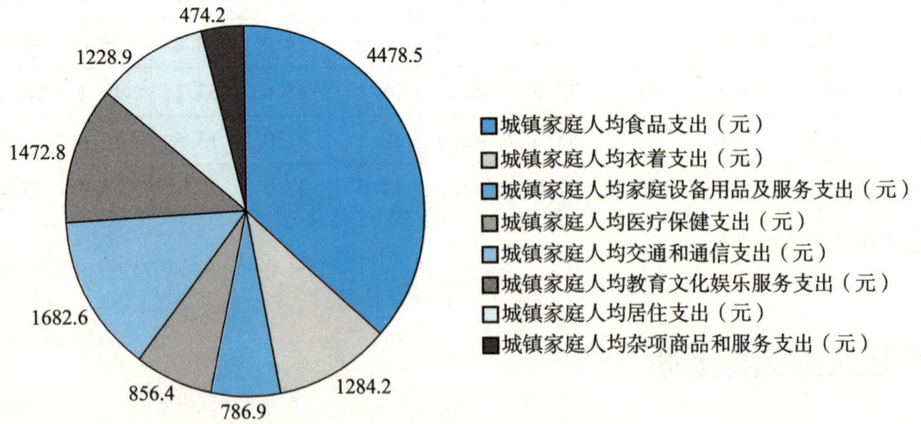

图2-13 2009年我国城镇家庭消费性支出中食品支出、居住支出、交通和通信支出

数据来源：中经网统计数据库。

(二)农村家庭支出结构

近几年农村家庭人均生活消费现金支出稳定上升,由2000年的1284.7元/人增加到2009年的3504.8元/人,连续多年占现金支出的61%左右。

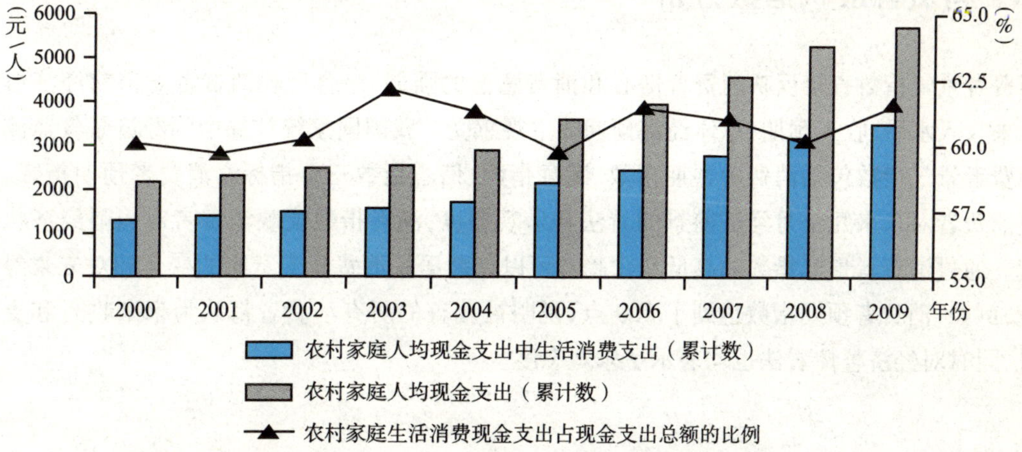

图2-14　2000—2009年我国农村家庭生活消费性支出情况

数据来源:中经网统计数据库。

从支出结构来看,2007年之前食品支出、居住支出、教育文化娱乐服务支出是农村家庭生活消费支出的三个大项,2008年开始交通和通信支出所占比重超过教育文化娱乐服务支出,成为第三大生活消费支出项。食品支出持续下降,2009年为33.7%,比2000年下降了2.4个百分点,说明农民生活水平显著提高。教育文化娱乐服务支出、杂项商品和服务支出占生活消费支出的比重也有所下降,分别从2000年的14.5%、4.1%下降到2008年的9.7%、2.4%,其中教育文化娱乐服务支出所占比重的下降主要得益于农村义务教育全面免除学杂费的改革。医疗保健支出、交通和通信支出、居住支出占生活消费支出的比重均有所上升,2009年分别占8.2%、11.5%、22.0%,分别比2000年上升了1.4个百

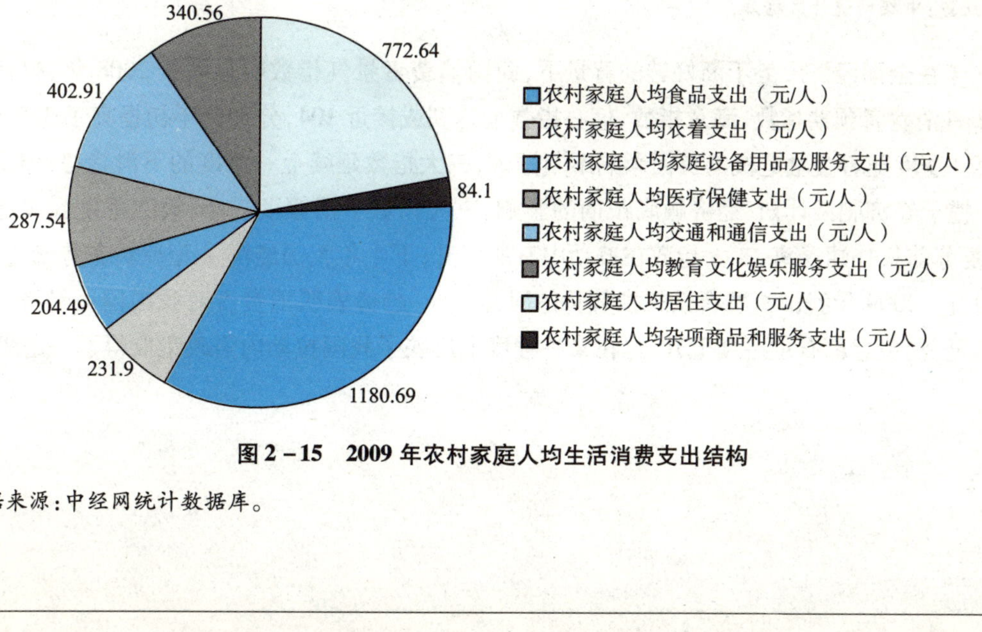

图2-15　2009年农村家庭人均生活消费支出结构

数据来源:中经网统计数据库。

分点、4.3个百分点、9.2个百分点。衣着支出、家庭设备用品和服务支出比重波动较小，基本维持在6.7%、5.5%左右。2008年以来“家电下乡”等促进农村消费的政策成果在家庭设备用品和服务等相关支出项目的数据中很少得到反映。

八、消费者景气指数分析

消费者景气指数直接反映消费者信心和消费意愿的强弱，综合反映消费者对当前经济形势评价和对未来收入水平、收入预期、总体经济预期的主观感受。我国国家统计局中国经济景气监测中心监测的消费者景气指数包括消费者预期指数、满意指数、信心指数三个指标。消费者预期指数、信心指数反映消费者对未来几个月经济前景的看法和乐观程度，满意指数反映消费者对当前经济状况的满意程度。通过消费者景气指数的高低变化趋势可以判断居民消费开支意愿的变化和对未来经济的乐观程度，例如，消费者预期指数达到了100点，说明被调查的所有消费者都认为未来收入和支出水平将上升，同时对经济整体看法也均表示了乐观态度。

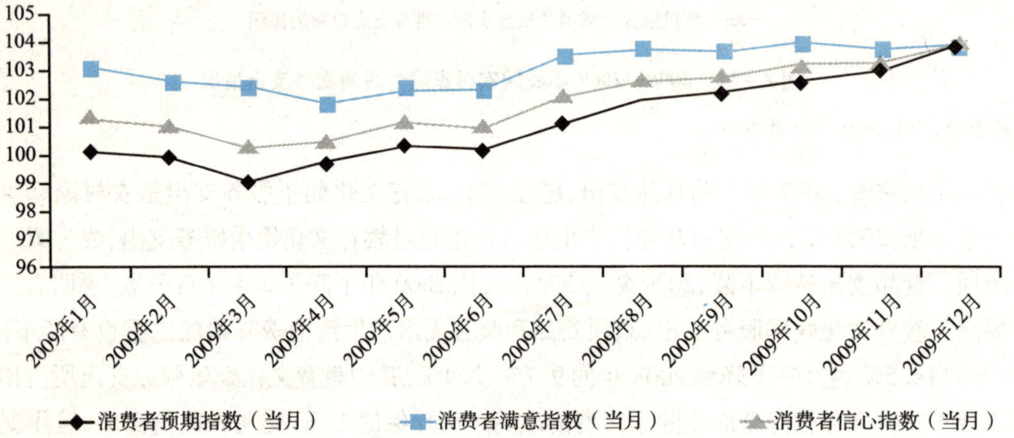

图2－16　2009年我国消费者景气指数

数据来源：中经网统计数据库。

2009年在全国经济形势不断好转的背景下，我国消费者景气指数明显高于2008年，整体呈上升趋势。12月消费者预期指数、满意指数、信心指数均达到或接近104，分别比年初提高了3.9、0.8、2.6个点。第一季度随着金融危机的负面影响不断深入，三大指数延续上一年度的下滑趋势，但受我国扩内需等一揽子经济刺激计划、经济触底预期的影响，三大指数下滑幅度较小；第二季度我国经济形势好转，但复苏前景扑朔迷离，三大指数在波动中有所回升；下半年我国经济V型反转态势确定，三大指数持续回升。2009年我国消费者景气指数整体回升，这一趋势表明消费者对我国国民经济复苏前景的信心充足，消费意愿有望持续上升，也在某种程度上反映了我国拉动内需政策取得了一定成效。

（夏青）

第三章　零售业地区发展综述

一、地区发展宏观经济概况

2009 年面临全球金融危机带来的普遍经济衰退，我国在中央一揽子经济刺激政策的带动下，从三、四季度起经济形势逐渐向好，全年国内生产总值实现 335353 亿元，按可比价格计算，比上年增长 8.7%，增速比上年回落 0.9 个百分点，经济增长速度有所放缓。

从全国六大地区发展情况看，各地基本都呈现出 V 型增长的趋势。其中，华北地区经历了二季度地区生产总值同比增速快速下滑的阶段后，三、四季度迅速回升至 29.61%，仅次于西北地区增速，显示出华北地区未来经济发展的巨大潜力；东北老工业基地与经济规模最大的华东地区面对金融危机下的外需减少，快速反应，积极调整经济结构，推进产业结构转型，一季度后经济均保持了稳定增长，全年增速稳步上升；中南地区经济规模仅次于华东地区，但地区基础设施建设、政策法规完善程度尚处于发展阶段，因而自二季度地区生产总值增速跌破 2 个百分点后，整体增速在三、四季度才逐渐恢复；西南、西北地区受地理位置制约，地区经济总规模在六大地区中居于最后两位，但也为其应对全球经济减速提供了发展的契机。纵观西南地区全年经济发展，前三季度经济同比增速均位列六大地区首位，西北地区由于地区经济基础薄弱，二季度出现地区生产总值负增长后，四季度地区经济增速迅速回升至 32.66%，居六大地区之首，成为未来经济增长的潜力地区。

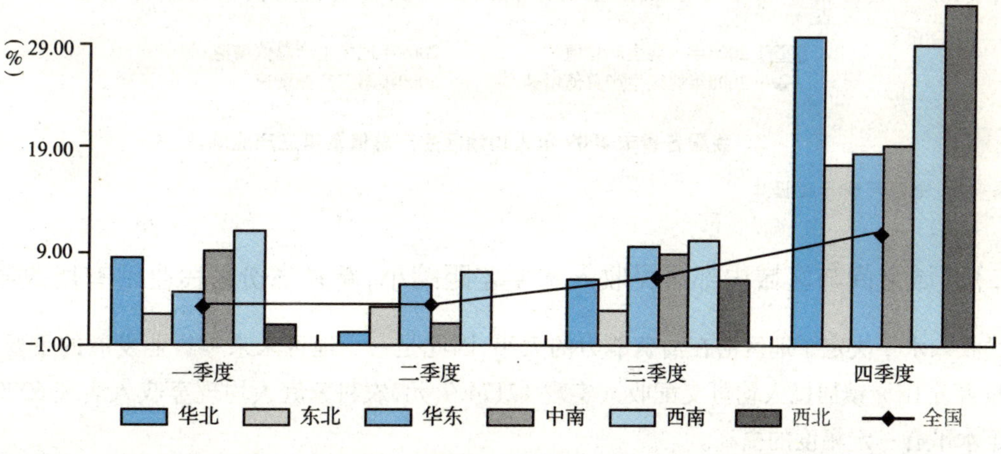

图 3－1　我国六大地区 2009 年地区生产总值季度增速

数据来源：中经网统计数据库。

(一)发达地区经济增长速度整体放缓,新兴地区第三产业推动经济快速增长

截至2009年年底,数据显示全国六大地区间仍然存在较为显著的差异,华东地区经济规模占据全国经济总量达40%,且相比上年同期有所上升,中南地区占全国经济规模超过25%,其余四大地区经济总量仅占全国份额的35%左右,各区域在经济规模上差距明显。

从经济增速的角度看,经济体量较大的华东、中南地区增长速度有所放缓。一方面,华东、中南地区对外部需求依赖性强,金融危机带来的外需规模缩小使得这两个地区整体经济增速放缓,2009年,华东地区各省市经济增速仅维持在10%上下,中南地区经济增长最快的湖南省经济增速仅达15.9%,华东地区的江西省则以与上年经济增速持平的17.11%成为地区内增速最快的省份;另一方面,华东、中南地区区域内发展不均衡现象明显,地区内发达省市的三次产业发展早,市场渐入成熟期,增速逐渐放缓,发展中省份第三产业的发展尚未发力,增长缓慢,2009年除江西、湖南的第三产业增速超过25%外,其余省份均表现不佳,发达省份对周边省市的辐射带动作用尚不明显。

相对而言,华北、西南、西北地区在2009年的增长幅度较为突出,北京、内蒙古、宁夏的地区生产总值增速都基本与2008年保持一致,重庆甚至超过2008年经济增幅5个百分点,地区内传统的工农业大省第三次产业的比例与规模增长显著,天津、内蒙古、贵州、陕西、宁夏的服务业增速均超过30%,成为推动全年经济增长的主要动力。

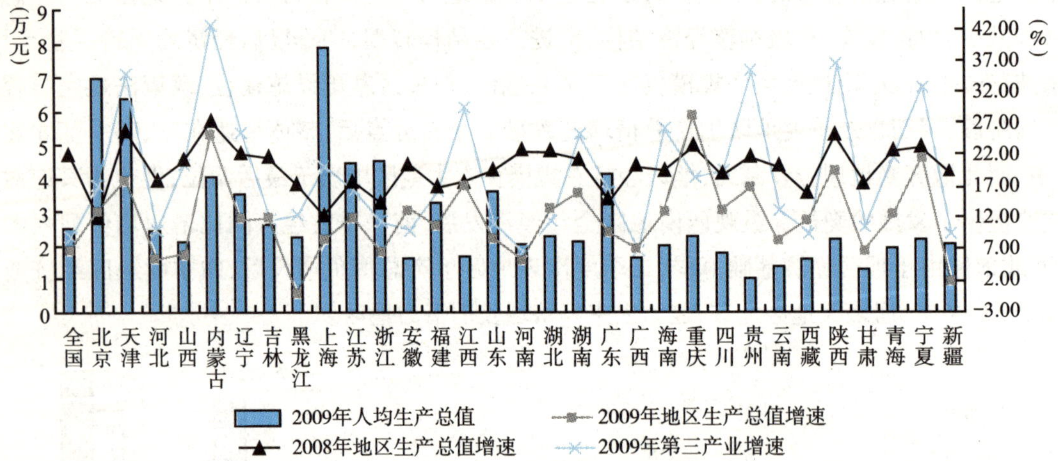

图3-2 我国各省市2009年人均地区生产总值及第三产业增速

数据来源:中经网统计数据库。

(二)区域之间与区域内部居民收入水平差距缩小,新兴省份居民生活有所改善

居民收入水平决定了地区潜在消费能力的大小,因此是一个地区未来零售业发展的重要影响因素。2009年全国城镇居民人均可支配收入实现17174.7元,农村家庭人均现金收入实现6270.2元,均较上年水平有一定幅度的提高。

从各地区居民收入水平的比较来看,无论是区域内还是区域间都存在着相当程度的差距。六大地区中华北、华东、中南地区居民收入水平显著高于其他地区,华北、华东地区甚至超过全国平均水平

近20%左右。从地区内部各省市对比而言,区域内经济发展的不平衡也使得居民收入水平存在一定的差距,以华东地区为例,上海市城镇居民人均可支配年收入实现28837.8元,高出江西省近一倍。

但相较2008年,我国地区间居民收入不平衡现象已逐渐改善,东北、中南、西南地区2009年城镇居民收入增速均超过9个百分点,高于全国平均水平。西北地区农村家庭人均现金年收入增速甚至成为全国各大地区之首,而华北、华东地区的城镇居民收入增长幅度则出现了放缓的趋势。区域间居民可支配收入水平差距改善的主要推动力一方面来源于发展中地区内传统增长极省市在2009年的辐射带动作用进一步增强,东北地区的辽宁省,西南地区的重庆市、四川省,西北地区的陕西省均实现了城镇居民可支配收入9个百分点以上的增速,拉动地区整体居民收入水平迅速上升。另一方面,发达地区内部新兴省份的发展提速,华北地区2009年居民可支配收入增速居前两位的省份分别是天津、内蒙古,江苏、山东也以近10个百分点的居民可支配收入增速成为华东地区经济增长的主要推动力,这两个地区中传统经济规模较大的北京、上海则明显表现出增速逐渐放缓的趋势。

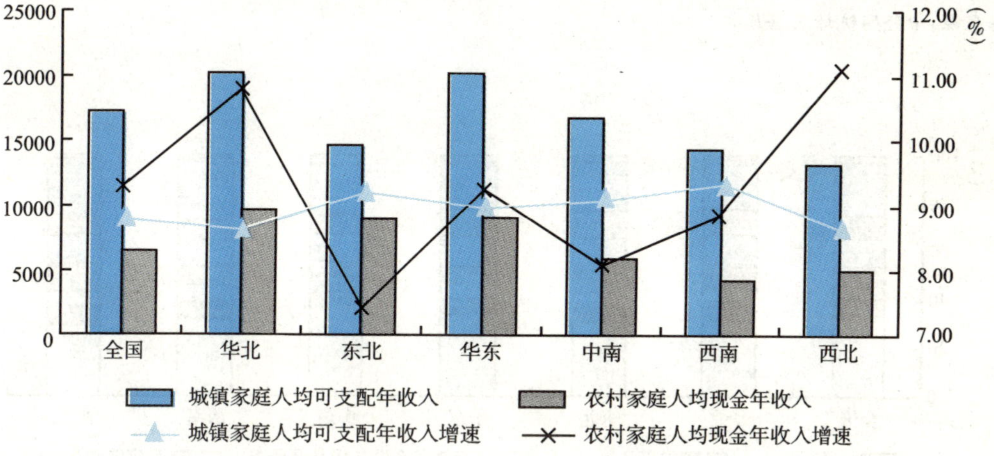

图3-3　我国2009年六大地区城乡居民收入对比

数据来源:中经网统计数据库。

(三)发达地区交通通信成消费热点,发展中地区居民服务性消费全面升级

各地区经济发展阶段不同,因而居民消费不仅在规模,而且在消费结构上存在差异。对比我国六大地区居民消费结构,华北、华东、中南地区的城乡居民消费层次较高,2009年食品、粮食、衣着的消费比重均低于全国平均水平,居民消费基本转入以服务性消费为主导的结构。在居民的服务性消费中以交通通信消费比重最大,且相较2008年上升的幅度最快。教育文化娱乐消费在服务性消费中所占的比重居于其次的位置,相比2008年基本维持稳定。医疗保健消费方面以华北地区支出比重较大,华东、中南地区居民此项消费比重则较小。居民消费层次转型已基本过渡到以精神文化消费为主的消费结构。

相对而言,东北、西南、西北地区居民消费目前仍然以食品、粮食、衣着等生活必需品消费为主,服务性消费比重小于50%。在服务性消费中,交通通信、教育文化娱乐服务占了主要的居民消费比重,且明显小于华北、华东、中南地区的居民消费规模。居民消费仍然以满足日常生活需求为主,未来服务性消费的结构升级在较大程度上还将依赖于各地区经济的快速增长和居民生活的改善。

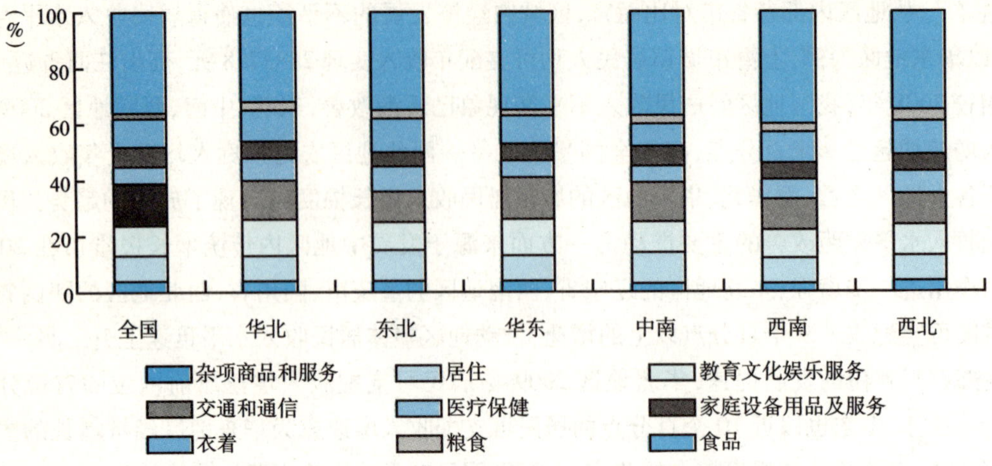

图 3－4　我国 2009 年六大地区城市居民消费结构

数据来源：中经网统计数据库。

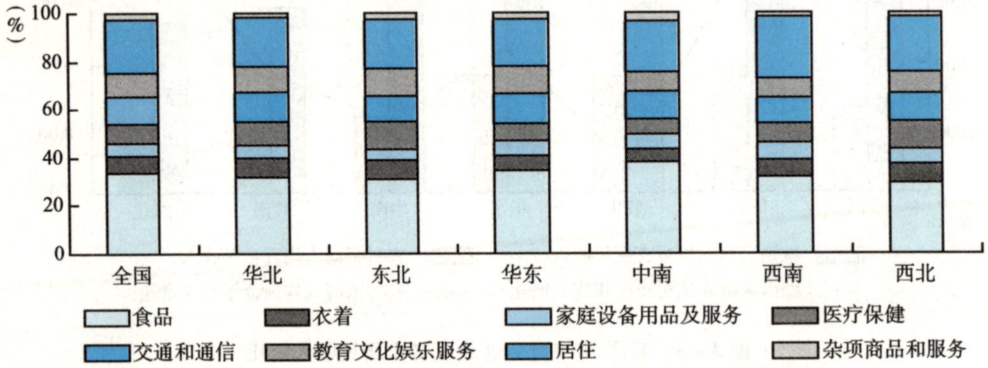

图 3－5　我国 2009 年六大地区农村居民消费结构

数据来源：中经网统计数据库。

(四)发达地区农村居民消费发力，城乡居民生活差距逐步缩小

在“家电下乡”、“万村千乡”等构建农村商品流通渠道、开拓农村商品市场政策的刺激下，2009 年我国农村居民消费规模有了大幅增长，消费潜力开始逐步发挥，城乡差距减小趋势明显。

从收入角度考察，我国主要发达地区城乡居民收入在规模上存在相当的差距。华北、华东、中南地区城镇家庭人均可支配年收入与农村家庭人均现金年收入在 2009 年差距达 10000 元，但华北、华东地区的农村家庭人均现金年收入增幅均明显高于城镇家庭人均可支配年收入增幅，城乡居民收入差距逐步缩小。在东北、西南地区，尽管农村居民收入增幅还低于城镇居民可支配收入增幅，但城乡居民年收入差距相对较小。

从居民消费水平角度考察，2009 年除西南、中南地区城乡居民消费性支出差距高于全国平均水平外，华北、华东、东北、西北地区城乡居民消费性支出差距均低于全国平均水平。同时，西南、华北地区 2009 年农村家庭人均现金支出增速远远高于城镇家庭人均消费性支出增速，城乡居民消费差距减小的趋势明显。

因此，相对于2008年，我国发达地区农村居民收入、消费支出均相应增长迅猛，发展中地区城乡居民收入消费支出差距较小，收入消费支出增速存在一定差距，但随经济总体的增长，城乡居民收入、消费支出差距将逐渐缩小。

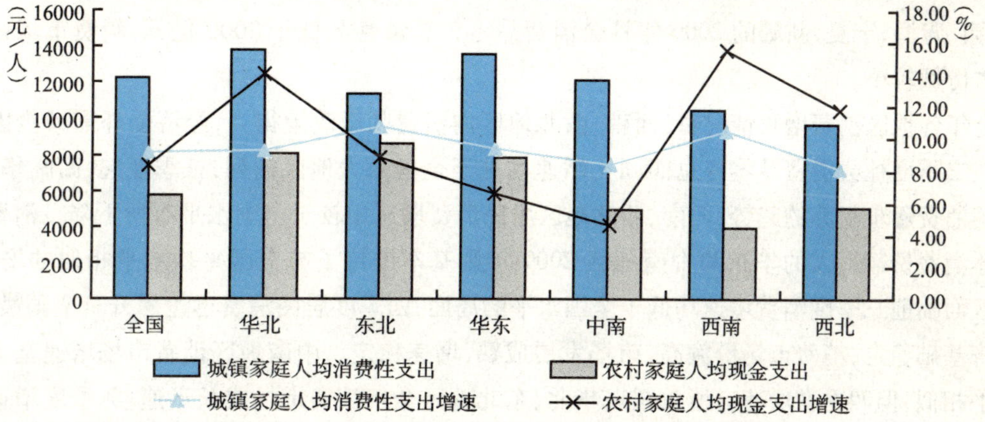

图3-6　2009年我国城乡居民支出水平对比

数据来源：中经网统计数据库。

二、地区消费市场分析

2009年，全国社会消费品零售总额实现125342.7亿元，比上年增长15.54%，增幅下降6个百分点。各省市消费市场规模较2008年相应出现了不同程度的下降，华东、华北、中南、东北等中东部地区受外部经济因素冲击较大，消费市场增幅出现了大幅下降，而四川、重庆、西藏、甘肃等西北、西南地区省市则利用金融危机这一契机，迅速扩大内需，实现了地区社会消费品零售总额增速的新高。

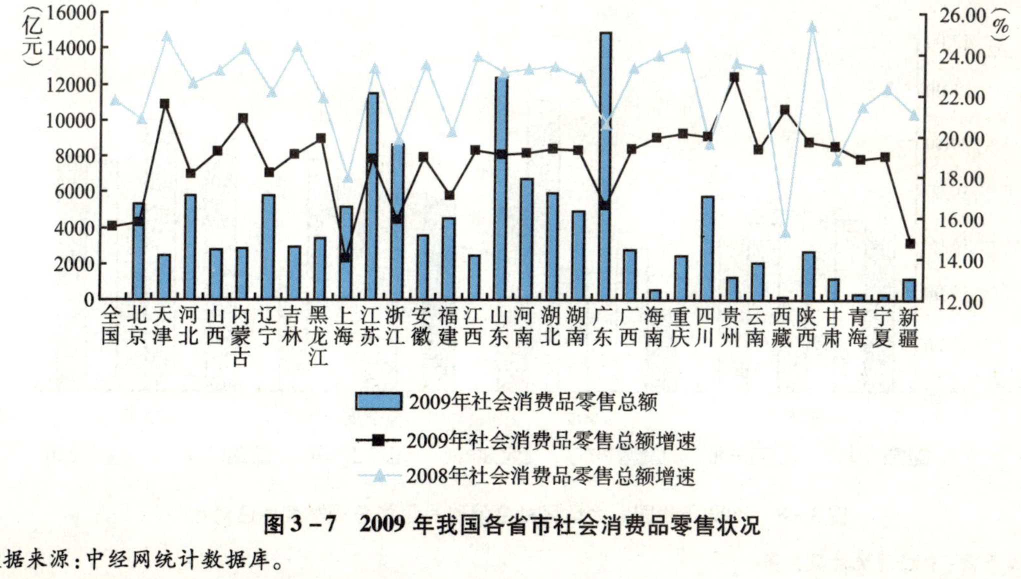

图3-7　2009年我国各省市社会消费品零售状况

数据来源：中经网统计数据库。

从六大地区消费市场规模对比而言，华东、中南地区仍然是我国消费市场的主力地区，广东省、山东省、江苏省、浙江省、河南省社会消费品零售总额均超过6000亿元，位居全国前五位；华北地区、东北地区消费市场规模居其次地位，北京、河北、辽宁的地区社会消费品零售总额均超过4000亿元，地区消费稳步上升；西北、西南地区的消费市场仍然在规模上与四大主要的消费市场存在相当的差距，除四川省2009年地区社会消费品零售总额超过4000亿元外，其余省市均低于3000亿元，海南、贵州、西藏、甘肃、青海、宁夏、新疆的2009年社会消费品零售总额甚至低于2000亿元，消费市场在全国范围内所占份额较小。

从全年各地区消费增长情况看，西南、西北地区内消费刺激政策得当，经济受外需减少因素影响较小，一、二季度社会消费品零售总额同比增速均处于全国六大地区前列，三季度起，面临华北、东北等地区的消费逐步复苏的趋势，西南、西北地区居民消费增速相较于全国水平有所下降。消费市场占我国整体消费份额最大的华东和中南地区2009年则基本维持了与全国平均水平相似的增长趋势。华东地区面临前三季度消费增速均低于全国水平的局面，四季度居民消费迅速攀升至全国最高水平，地区经济基础稳定，消费市场份额高，市场发展成熟，增速稳定。中南地区消费市场增速基本与全国平均水平相似，但四季度增速有所放缓。华北、东北地区全年消费市场成长迅速，各季度增速均明显高于全国水平，二季度起消费品零售总额增速迅速攀升，地区居民消费潜力发挥充分。

比较各地区消费市场规模的发展趋势，中东部地区依然是地区消费的主力，人口稠密、经济发达奠定了沿海地区居民消费实力的基础，市场规模在稳步扩张的同时已趋于平缓，其中消费规模最大的华东地区增速稳定，但增长动力较新兴地区已有所减弱，地区内各省市2009年消费品零售总额增速均未超过20%，消费市场面临从量到质的转变；中南地区居民消费基本维持了全国平均的稳定增速，消费份额逐步上扬。新兴的西南、华北地区部分省市承接发达省市的经济辐射，产业转移，居民生活得到了快速改善，社会消费增长迅速，2009年天津、内蒙古、贵州、西藏的地区消费品零售总额增速超过21%，远远高于全国平均增速，成为拉动各自地区消费增长的主要动力。西北地区经济基础薄弱、市场份额长期处于较低水平，但在周边西南、华北增长地区的带动下，消费市场的发展已逐步步入正轨。

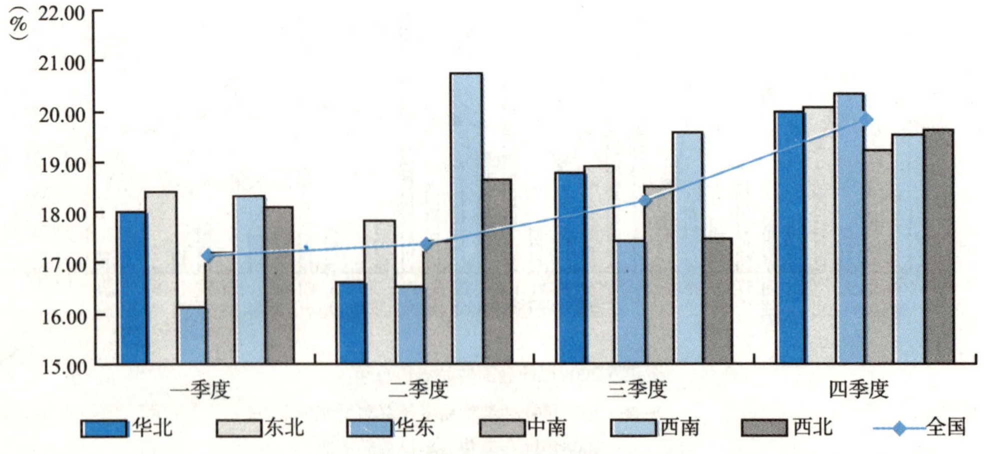

图3-8 2009年我国六大地区社会消费品零售总额季度增速对比

数据来源：中经网统计数据库。

三、地区零售业发展分析

(一)发达省份零售企业数目增速平稳,新兴省份零售企业扩张迅猛

2008年限额以上零售企业在全国的分布仍然集中在华东、中南地区。华东地区零售法人企业数达17202个,占全国限额以上零售企业的41.44%,中南地区零售法人企业数达10632个,占全国比重达25.6%,远远超过其他地区。

从地区发展趋势看,东北、华东、西南地区零售法人企业数增速较快。华东地区凭借地理位置的优势,长期以来均是各零售企业集中扩张的首选,其中江苏、安徽以近一倍的增速居于地区零售企业扩张前列。东北地区与西南地区零售企业基数低,宏观经济增长的良好态势为零售业的发展创造了良好的宏观环境。西南地区2008年零售企业数目增速实现80.45%,其中贵州、西藏地区零售企业基数小,进驻企业数目多,零售法人企业数增长近两倍。华北、中南、西北地区的零售业扩张则显得较为谨慎,分别实现零售法人企业数增速37.38%、38.74%、47.53%。其中天津、湖南、陕西省的零售企业扩张迅速,增速约实现80%。因此分省市看,传统发达地区的一线省市零售业市场环境优良,法人企业数目多,但增长速度已逐渐减慢,各地区内新兴省市增长速度明显超过发达省市。

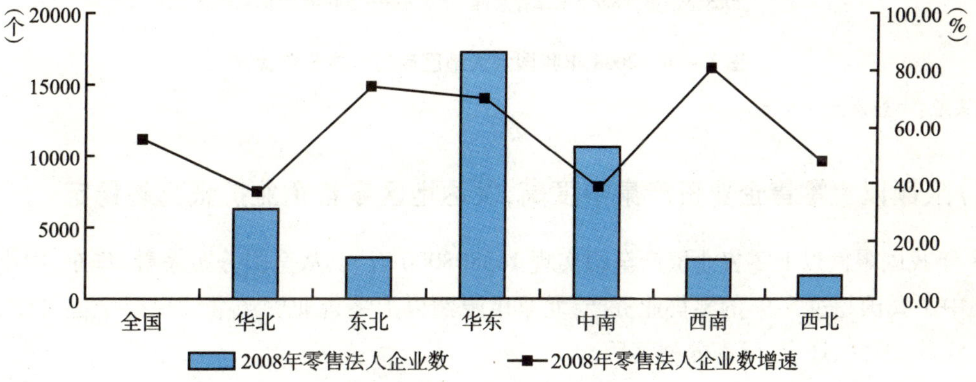

图3-9 2008年我国六大地区限额以上零售法人企业分布状况

数据来源:中经网统计数据库。

(二)东部地区商品流转效率稳定提高,中西部地区流转规模仍待提高

从限额以上批发零售企业的商品购销总额看,北京、上海、江苏、浙江、山东、广东的商品购销总额依然处于全国前列,2008年商品购进总额、销售总额均超过10000亿元,江西、湖南、广西、海南、贵州、云南、西藏、陕西、甘肃、青海、宁夏等西部地区省份的商品流转规模明显低于东部省份,甚至不足3000亿元。相对于2007年各地区商品流转规模,华北、东北、华东地区商品流转量增速最高,超过中南、西南、西北三地区近一倍有余,地理区位占优的东部沿海省份依然是商品流通的重镇,而中西部的中南、西南、西北地区商品流转规模不仅偏小,商品流通基础设施建设也有待完善,商品流转规模与东部地区的差距可能将进一步拉大。

从批发零售业商品流转效率看,中南、华东、东北地区的商品销售总额与年末库存总额比值明显

高于全国水平，商品流转效率较高。由于2008年经济形势的影响，全国水平上商品流通效率出现了一定程度的下滑，其中中西部地区商品销售总额增幅放缓使得中南、西南、西北地区商品流通效率相对于2007年出现了波动性的下降，华北、东北、华东地区虽然面临经济形势的不利因素，但在较完备的商品流通基础设施支持下，仍然保持了与2007年基本稳定的水平。

因此，从全国水平比较上可以看出，东部地区仍然是商品流转的集中地，且地区商业流通网点基础设施建设较为完善，应对外部经济因素冲击能力较强。而中西部地区的商品流转在规模稳步增长的同时更需要质的提高，进一步挖掘未来商品流通扩大的潜力。

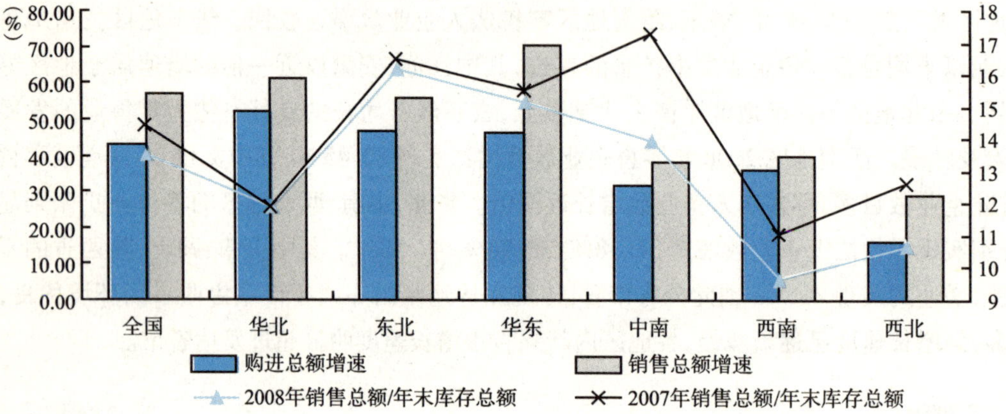

图3-10　2008年我国六大地区商品流转分布状况

数据来源：中经网统计数据库。

（三）限额以上零售企业资产集中度高，发达地区零售企业扩张更趋稳定

2008年我国限额以上零售业资产全国实现163808000万元，从全国分布来看，华东、中南、华北地区仍然集中了我国超过57%的零售业资产，北京市限额以上零售业资产继续保持全国首位，广东、山东、上海、江苏、浙江、辽宁、河南分列其后。

各地区对比而言，华北、东北地区的零售企业资产较为集中，北京、辽宁在华北、东北地区的零售企业资产所占份额均接近60%，大型零售企业分布集中；华东、中南、西南地区的零售企业资产则集中于山东、广州、四川境内；西北地区的零售市场发展刚刚起步，企业分布较为分散，地区内零售业最发达的陕西省零售业资产占西北地区比重不足40%。

与2007年相比，全国限额以上零售业资产同比增长38.71%，其中湖南省零售企业资产增速最快，实现102.27%，西南、西北地区的重庆、四川、贵州、云南、宁夏增速也较为显著，西南地区整体增速甚至达到74.24%，成为全国六大地区之首。华东、华北地区则突出表现为新兴省市发展速度明显加快，天津、河北、山西、安徽、江西的零售业资产增速均超过45%。

从我国零售业资产负债率看，2008年限额以上零售企业发展的稳健性增强，资产负债率较2007年下降近4个百分点。各地区比较而言，零售企业资产分布较少的西南、西北地区资产负债率也较低，零售企业还处于初级发展阶段；华北、东北、华东地区的零售业资产负债率基本均超过70%，高于全国水平，零售业快速扩张的趋势不减，其中，华北地区北京、天津、河北、山西继续保持了2007年稳健扩张的速度；东北的吉林、黑龙江则出现了地区资产负债率升高的现象，当地零售企业扩张速度加快;中南地区零售企业的发展则逐步转向稳定,地区限额以上零售业资产负债率下降近10个百分点。

当前我国大型零售企业仍然以发达地区居多,且发达地区的主要商业省份集中了大量的零售企业资产。从零售企业扩张的趋势来看,发达地区零售企业稳定扩张,资产负债率有所下降,发展中地区零售企业的发展还处于初级阶段,扩张的趋势不明显。

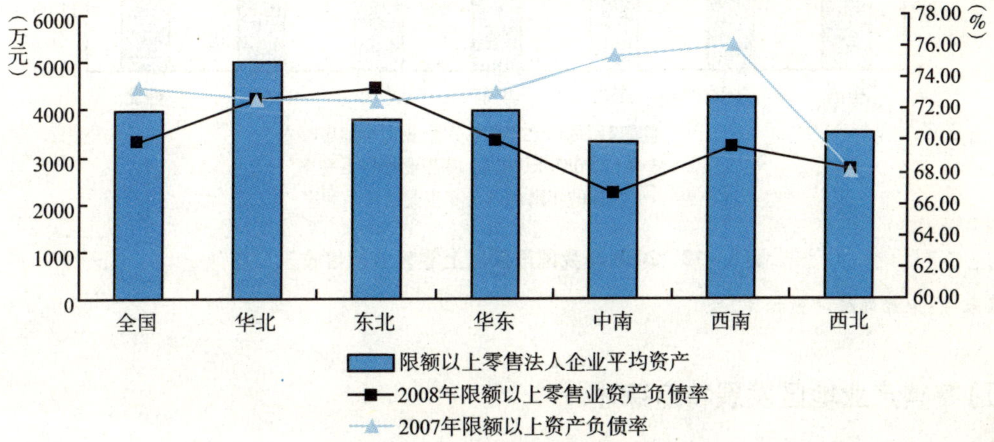

图3-11　2008年我国限额以上零售业资产分布

数据来源:中经网统计数据库。

(四)发达地区零售企业运营模式逐步转型,发展中省市零售企业销售规模迅速扩张

华北、华东、中南地区的消费市场规模大,限额以上零售企业销售收入明显高于其他地区。一方面,发达地区如华北、华东地区的单个零售法人企业的运营效率高,法人企业平均销售收入居于全国前列。另一方面,发达地区集中了众多全国性零售巨头的企业总部,一大批全国性的本土零售企业从华东、华北、中南地区崛起,外资零售巨头进驻中国的总部也多选址在此,为发达地区零售市场的快速扩张奠定了基础。

从零售企业销售收入增长趋势来说,西部地区的零售企业销售规模增长已开始逐渐超越中东部地区。2008年,西南、西北地区分别实现限额以上零售企业销售收入70.64%、58.95%的增幅,居全国六大地区前列。西南地区的限额以上零售法人企业平均销售收入仅次于华北地区,零售企业单体的销售规模效益明显。随着零售业的发展和经济形势的转好,零售业销售收入将迅速增加。

从单个零售企业的运营效率来说,2008年东北、华东、西北地区的零售业销售毛利率成为全国零售业销售毛利率最高的地区,相较2007年,华北地区零售企业平均销售收入高,但运营效率出现明显下降,销售毛利率水平降至11.49%,其他地区零售企业运营效率均出现了不同程度的上升,在经济发达的华东地区销售毛利率甚至上升了近3个百分点,地区内零售业的发展逐渐由扩张式的粗放增长转变为管理创新式的精细化增长;零售市场还处于较为初级阶段的西北地区,零售业发展初期的快速扩张则带来了零售毛利率的大幅上升,零售企业发展态势良好。

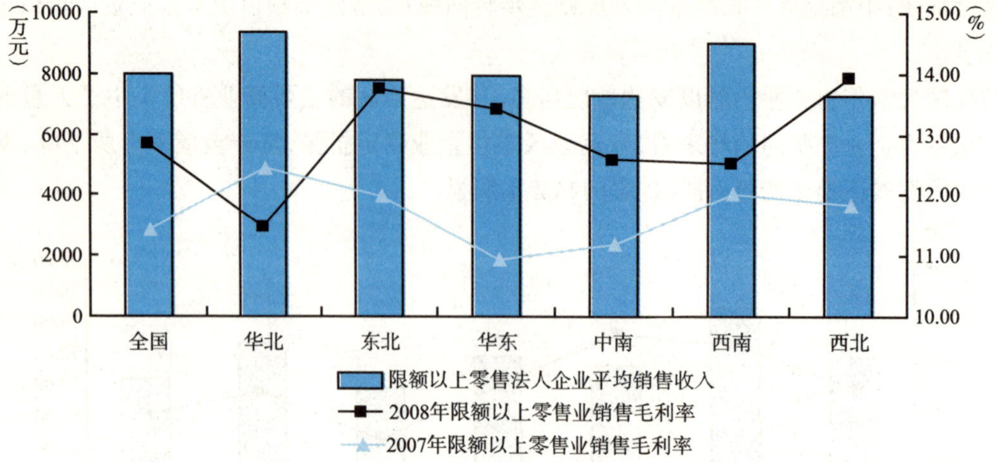

图 3-12 2008 年我国限额以上零售业销售收入分布

数据来源:中经网统计数据库。

(五)零售产业地区发展特点综述

基于以上分析,可以看出我国零售业在各地区的发展情况具有以下特点:

商品流通发达的东南沿海华东、中南地区零售业发展起步早,扩张速度快,法人企业数、企业资产、销售收入在全国分布中占有较大比例。在相对于 2007 年基本维持了稳定增长的同时,地区增长主要动因已从粗放式的总量扩张逐步转为精细化的效率提升。

商品流通稳定发展的华北、东北地区在全国商品流转、零售业销售份额中所占的比例有所上升,但流转效率、销售毛利率改善幅度不大,零售业增长还主要依靠单纯扩张规模的方式,零售商品流转模式、零售企业管理模式亟待创新转型。

商品市场刚刚步入发展阶段的西南、西北地区显示出了良好的发展趋势。一方面,西南、西北地区商品流转规模、零售企业资产、企业销售收入均出现了大幅提高,另一方面,两地区的商品流转效率、企业运营效率也相应有所改善。但从总体的零售业销售、资产规模与其他地区相比,仍然受整体经济因素制约,处于较低的水平,可以预见随着经济制约因素的减弱,西部地区零售业规模可能会进入大规模的扩张阶段。

四、零售业地区竞争格局分析

零售企业直接面向最广大的消费者,其发展受各地区居民消费特点影响较大,呈现明显的区域性特点。依照前文对全国六大地区的划分,分别对各地区内零售业竞争的水平进行如下分析。

(一)华东地区竞争格局分析

华东地区长期以来良好的经济发展形势和最先开放的市场环境为地区商业发展奠定了深厚的基础,因而该地区也成为零售企业的集中地。不仅外资零售进入中国市场时青睐于华东地区,本土的零售企业更是纷纷抓紧有利时机扩张,进行跨省跨区域的布点。

1. 内外资零售商向二三线城市大举扩张,竞争日趋白热化

外资零售企业方面,华东地区仍然是各主要外资零售商抢占的主要地区。2009 年,浙江省新开沃尔玛 3 家,家乐福 2 家,大润发 3 家,乐购 4 家,欧尚 1 家,麦德龙 2 家;江苏省新开沃尔玛 7 家,家乐福 3 家,大润发 6 家,欧尚 1 家,麦德龙 2 家;上海新开沃尔玛 1 家,大润发 2 家,乐购 1 家;山东新开沃尔玛 1 家,大润发 3 家,乐购 2 家;安徽新开沃尔玛 1 家,家乐福 1 家,乐购 1 家,欧尚 1 家;福建新开沃尔玛 2 家;江西新开沃尔玛 3 家。从各大外资零售企业在华东地区的选址来说,一线省市的商业网点密集,运营成本较高,因此 2009 年主要的外资企业纷纷将店面开进了二三线城市,家乐福安徽门店选址在淮南,江苏店选址则在盐城和无锡;乐购在浙江新增的 4 家门店分别位于温岭、宁海、台州。除众多早期就已经进入华东地区,并在核心城市已拥有相当网点的外资零售巨头,不少新进中国区的外资零售企业仍然把华东地区作为进入中国市场的首选,2009 年新进华东地区的外资零售企业同样也明显表现出对二三线城市的青睐。新加坡最大的英武百货进入中国的首家门店就落户无锡,一方面看中无锡近年来经济快速发展的趋势和日益增长的消费需求,另一方面也避开了一线城市众多百货零售商的激烈竞争,发掘二三线城市的消费潜力,抢占未开发地区的消费先机,培养当地居民的消费习惯;泰国中央百货也表示 2010 年将在杭州开业,计划先在二三线城市迅速开出门店,发展区域规模实力,待时机成熟后再进驻上海等一线城市。

首先,从外资在华东地区扩张的手段看,资本运作成为外资零售在华东地区扩张的新手段,乐天集团击败物美集团成功收购本土的江苏时代超市,从而实现 75 家门店,意图加快在中国区的区域扩张。其次,外资零售独资化倾向开始逐步体现,乐天集团 2009 年在青岛投资的 2 家门店均为独立投资,随着市场的深入开放,外资零售企业在华东地区的扩张可能更倾向于独资化经营,以发挥自身管理、物流、规模优势。最后,金融危机冲击下的外资零售逐渐开始改善与供货商的关系,以维护自身在区域内的领先地位,家乐福与德意志银行合作推出的“扶持中小企业融资计划”项目率先在江苏启动,所有合作的中小供应商均能凭家乐福供货发票在德意志银行申请贷款,外资零售借与供货商抱团作战保持区域内的核心竞争优势。

各地区本土零售企业方面,区域性的龙头零售企业除继续在本地扩张门店数目外,逐步过渡到异地扩张阶段。合肥百货 2009 年投资蚌埠、巢湖百大购物中心,抢占异地商业资源;山东银座除在济南新增 5 家门店外,省外扩张计划也随之全面启动;联华超市借江苏木渎店开业表示将继续通过超市加百货的经营模式,加快抢占外省的商业网点资源。而在经营策略上,2009 年华东地区零售企业突出表现为区域内的重组并购进行得更为深入,上海百联集团下属的资产整合进展顺利,联华完成对华联的收购,组建百联集团超市航母,实现两者资产的协同发展,统一采购平台、物流平台,实现规模效益最大化。

相较于本地企业温和的扩张方式,地区外零售商在华东地区的扩张则显得迅速而准确。2009 年除华润万家收购无锡永安超市,迅速扩张了在江苏的网点外,大连万达集团的万达广场也在青岛 CBD 开业,京东网上商城甚至在上海成立了华东地区物流配送中心,以提升对华东地区整体的物流配送服务水平。

就华东地区 2009 年内外资零售企业的竞争状况而言,一线城市的竞争激烈,新增零售网点数目有限,不少企业因经营不善而不得不闭店撤出,华联超市上海赤峰店、全家福超市晋江店、海普超市济南三店、协亨手机连锁温州店、南京中央商场泰州店等内资零售企业均闭店关张,易初莲花南京店则因为面临当地超市的过度竞争，非本地化采购带来的管理成本过高而不得不退出。在各地区二三线城市，由于外资企业和区域外企业的大举扩张，竞争也日趋激烈，例如，2009 年青岛本地的利群、维客、北方国贸、利客来累计在青岛市区和县级市投资建设了 8 处大型购物中心，家乐福、大润发、佳世客、沃尔玛等外资企业也纷纷在青岛开出新店，岛城零售商业体量迅速扩大，城市各大商圈竞争不断升级。

2. 华北地区新兴便利店业态发展迅速，传统百货、专业店业态进入调整阶段

从地区业态发展的角度来说，华东地区零售业发展程度高，业态也相应丰富，2009 年，地区内零售业态更进一步完善，其中便利店在华东地区的发展逐渐兴起。7－11 便利店上海店开业，并计划进一步拓展本地网点；永旺在中国的首家便利店也落户青岛，拟依靠自身丰富的便利店经营经验与现有的供货渠道和物流网络快速占领刚刚兴起的便利店业态份额，避开超市卖场业态的激烈竞争。

百货业方面，华东地区受金融危机影响，百货业态竞争激烈，传统纯折扣式的营销模式带来百货业商品价格的提升和利润的下降，高端百货则受国际奢侈品牌直营店的需求挤压，生存艰难，各大百货企业的发展亟待创新。2009 年，华东地区已出现了相当一部分企业的创新方式，一些企业选择逐步走向业态融合，如上海百联加大了购物中心占比，计划将百货作为购物中心的元素进行开发，另一些企业则开始尝试革新传统百货的赢利方式，南京新百计划对现有的主营业务进行变更，从百货业务的经营转为利用现有物业经营商业地产业务，以提升公司赢利能力。随着华东地区未来各大百货的进一步发展，百货业态的整合改善还将继续并逐步稳定。

专业店方面，金融危机带来的房市震荡也间接波及到了建材专业店的发展，华东地区经济基础牢固，建材超市在前几年发展迅速，然而 2009 年百安居合肥瑶海店、美特好合肥店、美特好南京店的关张却给建材专业店的快速扩张敲响了警钟，建材超市所主打的价格竞争优势、区域配送优势和一站式购物优势与本地消费基础不匹配，未来建材超市的发展还需要进一步的转型和革新。

总之，华东地区作为我国零售商业发展较为成熟的地区，零售业发展效率高，竞争充分，优良的市场环境和居民消费基础仍然使得该地区成为众多零售企业的兵家必争之地。面临目前一线城市的商业网点饱和局面，华东地区二线城市将逐渐成为各大零售企业的争夺热点。地区内的零售业态也将进一步丰富和改善，部分竞争过度的业态和城市在金融危机的冲击下可能会进入短暂的调整期，地区零售业的发展将更依赖于结构变迁。

（二）中南地区竞争格局分析

中南地区的零售业份额仅次于华东地区，从中南地区的零售企业分布来看，本土的区域性龙头企业在地区内的市场份额较高，外资零售的布点相对于 2008 年进一步加强。地区一线城市的竞争逐渐进入白热化。

1. 本土企业二三线城市扩张加速，一线城市内外资竞争升级

外资零售业方面，中南地区仍然是外资零售布点的重点，主要外资大卖场一方面继续在中南地区一线城市完善布点，同时开始缓慢地涉足二三线城市。2009 年，河南省新开沃尔玛 1 家；广东省新开沃尔玛 9 家，家乐福 2 家，大润发 4 家，乐购 2 家，卜蜂莲花 2 家；湖南省新开沃尔玛 2 家；湖北省新开沃尔玛 2 家，家乐福 1 家；广西新开沃尔玛 1 家。其中，广州市新开大润发 2 家，乐购 1 家，郑州市新增沃尔玛 1 家，外资零售网点进一步丰富；二三线城市中山、肇庆、益阳、常德等地均首次迎来沃尔玛这一零售巨头，东莞地区新开的3家沃尔玛门店甚至已布局镇级市场。在市场开放较晚的广西、海南，外资零售的扩张也悄然开始，广西桂林新增1家沃尔玛门店，DFS全球免税店则看中了海南岛国际旅游前景，计划全面进入海南市场。除超市大卖场在中南地区的扩张进一步深化外，中南地区外资百货进入的战役也逐渐打响。广州本土百货企业零售网点密集，长期以来少有外资百货进入，2009年玛莎百货签约进入广州太古汇广场，意图扩张东南地区店面。

中南地区本土零售企业发展起步早，成长速度快，在区域内占有相当的地位，2009年面临金融危机带来的外需减少，本土零售企业抓住时机迅速扩张，转型发展。与外资零售对地区内二三线城市的扩张相比，本土零售企业更熟悉本地消费环境和居民购物习惯，加上地区内一线城市近年来零售业竞争的日趋激烈，为了充分实现自身的区域规模优势，本土零售商2009年在中南地区二三线城市的扩张比主要的外资零售商显得更为突出。武汉的武商量贩在恩施、宜昌、孝感开出7家新店，东莞嘉荣超市则新开了10家门店，实现了对当地32个镇区的全覆盖。同时，本土零售企业在省外的扩张也进一步加强，湖南步步高连锁将下一步扩张的目标定位在江西省二线城市，广东华润万家则完成了在华东、华北地区的多起收购，区域网点迅速扩张，深圳天虹百货北京、苏州店面也相继开张。

从本土零售企业成长的手段上来说，2009年中南地区企业突出表现为依靠资本运作、与外贸企业联合、筹备跨区域扩张的趋势。一方面，本土零售企业加速了对区域内一定实力同业企业的收购，在迅速扩张地区内网点分布的同时，也避免了同业恶性竞争。华润万家2009年收购深圳民润百余家店，地区内实力进一步增强，武商集团收购了十堰人民商场，老百姓大药房收购湖南湘潭海诚大药房，广州百货整合新大新公司以实现未来两者的错位经营。另一方面，本土零售企业借金融危机对外贸企业冲击的契机，与外贸企业联合，拓展新兴业态以实现对外的区域扩张，湖南步步高连锁则借经济回暖趋势，联合广东、江浙的外贸厂商，在湘潭开出首家平价百货，重点布局三线城市；东莞天福便利店则看好与东莞大量转型内销的服装、玩具企业合作，收购吉之郎妇婴连锁超市，拓展业务领域。

中南地区成熟的市场氛围也吸引了国内其他地区零售巨头的目光，2009年区域外内资零售商在中南地区的扩张继续保持了有条不紊的态势。进驻河南市场超过5年的大连大商新玛特郑州总店开业，郑州、开封、许昌三地9店联合促销，大商在河南本地的品牌知名度迅速提高，同时，苏宁在河南新增的4家连锁店也在同一天开业，省内22家门店联合促销，力图挖掘河南地区的消费潜力。

因此，2009年中南地区内资零售企业的成长更为成熟，他们的本土化优势和区域规模化优势使得外资零售在进入本地区时面临了强大的竞争压力，郑州2009年新增沃尔玛、大润发等多个外资大卖场，为抢占市场份额，不少超市纷纷采取“零租金”补贴供应商、向顾客承诺“5倍补差”等多种措施力拼商品低价，思达、家乐福甚至采取返券促销的方式拉拢客源；广州外资百货的再次进入也为广州内外资百货的未来竞争埋下了伏笔。

2. 百货、超市业竞争压力加大，差异化定位经营趋势显著，专业店扩张有所减缓

从业态发展的角度说，中南地区各业态目前还处于扩张阶段，各业态内部企业为了应对越来越激烈的竞争，纷纷采取各种手段实行蓝海战略，特色化经营。超市业方面，郑州内外资大卖场的加速入驻使得价格战成为竞争的必然；武汉各大超市则实行差异化的经营，推出特色化的门店服务，以错位竞争。在百货店领域，面临传统百货业的竞争，面向高端消费日渐成为趋势，不仅国际性的奢侈品牌在2009年入驻中南地区的速度有所加快，高端的百货商店也开始在中南地区崭露头角，北京华联“超市+百货”的高端品牌BHG在武汉开业，武汉摩尔城也为定位时尚高端而开始扩建，中南地区奢侈品消费的潜力逐步显露。

面临金融危机的冲击，中南地区2009年家电专业店的销量有所下降，两大家电连锁巨头国美、苏宁在中南地区的门店均有所减少，国美关闭了在东莞地区的3家门店，将经营重点调整到门店结构优化、单店质量提升上。

总之，中南地区一线城市商业网点基本饱和，二三线城市的零售发展还具有较大空间，地区内各零售企业2009年的表现在大力扩张之外更显得具有理性，各业态均出现了不同手段的差异化经营，地区内零售企业的竞争格局将逐步升级。

(三)华北地区竞争格局分析

华北地区发达省市如北京、天津等开放时间早，零售市场成熟程度高，因而地区内零售企业竞争也较为激烈。面对2009年全球金融危机带来的经济下滑趋势，华北地区内发达省份仍然凭借长期积累的零售业发展基础成为了众多内外资零售企业的兵家必争之地。

1. 外资零售扩张收缩至一线城市，本土零售商竞争力稳步提升

外资零售企业方面，门店扩张逐渐向传统发达地区收缩，2009年家乐福在北京新增4家门店，欧尚在北京新增1家门店，大润发旗舰店、宜家北京第二店也落户北京。一方面，一线城市商业网点密集，竞争激烈，外资进入的脚步有所放缓，主要集中于尚处于开发阶段的城市郊区，乐天玛特第一家北京店选址在北京城南，看中京津唐消费前景，家乐福、Tesco也均表示有在此地开出新店的意向。另一方面，地区内激烈的竞争也迫使零售企业不得不逐步转向高端，北京2009年全年新引进的外资品牌专卖店达223家，占引入外资零售店铺的66.8%，世界三大奢侈品集团之一的历峰集团也前往天津考察，意图占领高端市场。

地区内的本土零售企业则在2009年保持了稳健而逐步扩张的发展态势，王府井百货、京客隆商业、美特好超市等16家华北地区本土连锁经营企业位列全国连锁经营百强，各零售企业应对金融危机措施得当。与外资零售企业的收缩战略类似，本土零售商也更加重视在北京等一线城市的战线巩固，不少零售企业开始将战略重点转移到老牌商业核心地区。已在14座大中型城市拥有20家大型百货店的全国性连锁王府井百货，继13年未在北京开店后表示将在北京加快商业网点布局，西单百货朝青店的开业也表明了其京内百货业扩张的决心；北京华联则收缩在异地的大部分百货战线，退出重庆地区，主打北京地区的开发。同时，本土零售商多年来扩张的实力也逐渐有所显现，区域内龙头商业的并购重组动向表现积极。北京物美集团2009年收购天津易初莲花4家门店，加快了天津地区的扩张，商贸民企泰沃德企业集团更是借金融危机中的契机迈出国际扩张的步伐，收购了美国威斯康星州的米尔沃基大型购物中心，意图打造“中国商品北美交易中心”，将中国制造直接引入美国市场。而且，华北地区二线城市本土商业企业尚处于发展阶段，仍面临较大发展空间，2009年本土的商业企业扩张之路依然迅猛，河北国大连锁商业2009年一季度新开30家门店，内蒙古维多利商业公司不仅在包头、鄂尔多斯分别开出新商场，而且开始涉足锡林浩特的商业街项目，表示未来商业体量将继续扩张。山西美特好超市则携手本土大同华林超市、阳泉龙华超市等全省11个市的本地零售业龙头，共同加入SPAR山西，抱团强化内部供应链管理，挖掘企业内部优势，以图区域内的进一步发展。

华北地区良好的商业环境和市场潜力早已吸引了来自周边区域的众多连锁零售商，2009年周边区域内资零售商纷纷看好华北地区二线城市，抢占发展中地区先机，除福建东百集团试图跨省经营，将竞购石家庄城市广场外，山东银座也低调进驻石家庄，实行缓慢渗透战略。

因此，2009 年华北地区的内外资竞争基本维持稳定的状态。外资企业在华北地区的扩张有所收缩，但一线城市的零售业开放程度依然继续深化，相比较而言，本土零售企业不仅扩张速度稳定，更是借应对金融危机的契机，积极采取有效措施提高管理效率，理性应对零售市场的激烈竞争，市场竞争力有所提高，地区内内外资企业竞争正逐步升级。

2. 百货、超市业内部创新不断，便利店、网上购物等新兴业态快速成长

从零售业态发展的角度来看，2009 年华北地区各省市零售业态得到进一步的完善，百货、综合超市等竞争激烈的业态内部创新不断，便利店、网上购物等较新兴的业态规模快速成长。

百货业方面，在传统商业区，百货商场、购物中心的竞争愈加激烈，北京望京商圈的新世界百货、华堂商场等零售卖场品牌同质化现象严重，尽管体量上已超过许多著名商圈，但因为同质化竞争而导致品牌撤柜现象严重，年末又有多家商场因招商困难而不得不放弃开业。值得注意的是，华北地区的百货商场已经开始逐步转变单一业态、同质品牌经营方式，更加注重创新营销带给顾客的价值创造，许多百货商场开始采用加强门店装饰、举办主题活动等多样化的方式代替原有的降价折扣等方式，另外，各百货企业也相继提出与供货商抱团过冬，通过“补贴租金”、“降低销售指标”、“减免推广费”等方式联合供货商应对消费水平下降的趋势。在新兴商业区，百货业圈地行动在 2009 年又有了新的增长点，首先一线城市天津、北京的奢侈品消费在全球经济增速放缓的态势下成为亮点，奢侈品全球性的折扣促销引发了一线城市居民的乐观消费，天津各类奢侈品消费比上年同期增长了 30% ~80% 不等，其次一线城市的不断扩张也为百货业提供了未来发展的方向，因此华北地区百货业在 2009 年迅速转向了潜力增长区，北京 2009 年全年郊区的百货增量超过市区百货，市区高端百货商场翠微、华堂、当代等均将门店开到新兴住宅区附近，主打新兴白领生活区。

华北地区超市发展较为成熟，除外资巨头家乐福、沃尔玛、易初莲花等，本土的北京超市发、河北保龙仓、山西美特好连锁等均已成为区域内主要领头企业，2009 年，华北地区超市业突出表现为创新管理体制，提高管理效率，降低管理成本，联合供应商应对金融危机。一方面，零售商纷纷出新招降低自身运营成本，物美租下华北最大的物流中心，节省成本达 15%；许多有班车的超市则表示将合并相邻近门店的班车线路，提高利用率，降低运营成本。山姆士则与北京超市达成战略合作，进行员工培训、岗位重新设置，立足人才，以智力资本应对金融危机。另一方面，零售商与供应商关系得到改善，零供合力拉动消费，北京物美集团与北京首都农业集团合作的物美东郊物流配送中心启用，零供联手扩张物流配送中心，而针对采购部门长期存在的种种不良问题，物美集团则在营运部门设立督导员，维护供应商利益。

便利店方面，一线城市的便利店逐步进入扩张竞争阶段，全家便利店已表示将进入北京，而二三线城市的便利店仍然处于定位模糊，赢利水平较低的状况，河北省众多小型社区便利店在大型综超的挤压下，销售额降幅明显，2009 年前三季度全省便利店零售额下降 8.92%，仅有定位于学生和白领的 36542 便利店受到的影响较小。

网上商店方面，面对越来越激烈的电子商务模式零售的冲击，华北地区商务部门在相关信息科技部门的配合下，大力支持企业发展电子商务，区域内网络零售平台发展迅速，业务规模成长惊人。北京市商委联合相关部门、企业开办了具有老字号商品销售和文化展示功能的电子商务平台“老字号网店”，不仅为消费者提供了一个购买的平台，更通过网站这种多媒体形式帮助老字号企业进行了文化营销。天津市不仅利用"生活服务网"对商业信息进行有机整合,形成了门类多样、诚信安全、快捷便利的居民生活服务体系,实现便民便利服务的创新,还建成开通了"客来宝"网上商城,网上销售额两个月就达4.08亿元。

总之,从2009年华北地区零售业的发展趋势看,一线城市购物中心、百货、大型综超等业态的商业体量发展充分,便利店、网上商店等业态正在逐步成长。二线城市的主要零售商还处于扩张与兼并重组期,商业体量还需进一步发展。

(四)西南地区竞争格局分析

西南地区人口稠密,2009年地区内的消费环境优越,社会消费品零售总额、零售法人企业数目增速、零售企业资产增速、零售企业销售额增速均位居全国六大地区前列,地区内零售业发展态势良好。

1. 外资零售企业在西南地区重点城市扩张加快

2009年,外资零售企业在西南地区的扩张相对于往年来说有所增加。其中,云南新开沃尔玛1家,家乐福1家;贵州新开沃尔玛2家;重庆新开沃尔玛5家,家乐福1家;四川新开沃尔玛1家,家乐福1家。从地域选择上说,外资零售企业在西南地区的扩张显得更为广泛,外资零售在各省会城市中加快了扩张的进程,沃尔玛年内在重庆开出5家门店,远远超过以往4年之和,英国乐购、日本永旺、美国希尔斯、韩国乐天均表示有意进驻成都,甚至对于经济处于较低发展水平的贵州省,家乐福则表示有计划进入贵阳。在二三线城市的扩张上,众多外资零售也表达了相应的意愿,家乐福年内与四川6个二三线城市签约,沃尔玛则与四川商务厅签订了近2400万美元的增资协议,计划2010年在达州、乐山等二三线城市开出店面,同时在四川设立第四个物流中心,大润发表示将在贵州安顺市投资兴办两个大型超市。

本土零售企业方面,主要的零售商通过资本运作,强化了自身的经营管理,挖掘自身特色经营以图完成区域内快速扩张的计划。重庆商社旗下资产整合更进一步,重百收购新世纪超市,避免了同业竞争,各主要业态定位于不同的消费群体;四川美好家园并购了云南民升商贸有限公司,计划以昆明为中心在云南全省建立连锁网点,从而实现云贵川地区的全面扩张。在特色转型方面,新世纪百货签约了路易威登,计划转型精品百货,提供介于高端百货与大众百货间的服务,挖掘西南地区市场的高端消费能力;云南中农有机超市则主打有机健康食品品牌,以拓展云南地区的超市份额。

西南地区长期以来处于区域内不平衡的发展状态中,重庆、四川的经济发展程度明显高于其他省市,因此长期以来我国主要的内资零售商将进攻的重点均置于重庆、四川两地。2009年,随着西南地区重点一线城市商业网点分布的逐渐密集,区域外零售商在这些一线重点城市的扩张速度有所减慢,其他省份重点城市则成为全国性零售巨头扩张的重点。其中北京华联2009年撤出了重庆市场,开始收缩异地的战略,将重点转向北京,而云南昆明最核心的商圈则迎来了北京王府井百货,其另一处百货商场也被新世界百货收购,昆明整体百货业水平将面临质的提升。

因此,相对于其他各大地区而言,外资零售对西南地区的青睐程度极高,内陆地区重点一线城市的开发未来将成为外资零售业务拓展的核心。而这些外资零售企业的进入一方面对本土零售商存在一定程度的冲击,另一方面也从一定程度上提升了本地的零售经营效率,为了应对外资零售商的冲击,本土零售企业不断创新、整合自身资源提高效率,积极迎战外资企业,未来可能还存在较大发展的空间。

2. 超市业集中度缓慢提升，百货业竞争加剧趋势明显

西南地区零售市场相对于中东部地区份额较小，结构上也处于较初级的阶段，主要业态仍然以大型超市和百货店为主。从2009年各大零售企业的动向看，超市业的发展已逐渐步入成熟期，各大零售商不仅加快了自身在本区域内的布点状况，更是采取各种特色化经营的方式拉拢客源，同时超市业内部企业并购事件不断，超市业的集中度有升高的趋势，企业对规模收益的要求愈显。

百货业方面，西南地区未来良好的消费趋势吸引了来自各方的企业进入，伊藤洋华堂、中国台湾新光三越、王府井百货均签约进入。中国香港西武百货虽撤出成都，却表示将另择他址，另一家百货美嘉森名店则接手其原先物业。随着西南地区经济的进一步发展，地区内百货业竞争状况将逐步升级。

新兴业态方面，便利店业态在西南地区的萌芽已经出现，积极开拓24小时便利超市的空白消费市场将成为未来西南地区各零售企业发展的战略之一。随着2009年WOWO便利进驻重庆，便利店在西南地区的后期拓展还将缓慢进行。

总之，西南地区良好的消费环境和消费前景已经使其成为众多外资零售商在华布的关键一子，本土零售商在外资零售尚未展开大举进攻前还有相当长的自身成长时间，地区零售业竞争尚未进入白热化，业态发展还需要进一步完善，部分业态可能在不久的未来面临激烈竞争。

(五)东北地区竞争格局分析

东北地区在我国地理上存在一定的独立性，区域发展虽然以第二产业为主，但随着我国东北重工业基地发展转型计划的逐步实施，流通业在带动其他产业的发展中越来越凸显出其重要作用。在东北三省大力发展流通领域各项政策的支持下，东北地区本土零售企业快速发展壮大，加上本身所具有的独特地缘优势，东北地区本土零售企业在与外资零售企业的竞争中表现突出。

1. 本土零售企业地区内成长迅速

2009年外资零售进入东北的脚步显得较为平稳，其中辽宁新开沃尔玛3家，家乐福2家，大润发1家，乐购2家；吉林省新开家乐福1家。主要的选址仍然集中在东北地区几个经济发展水平较高的城市，如大连、沈阳等。同时在金融危机与本土零售商的共同夹击下，部分外资零售企业因经营不善也不得不撤出这一市场。2009年，家得宝沈阳店因面临沈阳本土的建材超市竞争和缺失的本土化品牌宣传而关闭。

本土零售企业方面，地区内扩张更显突出，辽宁兴隆大家庭2009年新开店面比上年增加68%，是辽宁省增长比例的3倍、全国比例的4倍。在进一步扩张省内地盘的同时，各零售商更倾向于挖掘市场空白，着力新兴业务的发展。欧亚超市看中社区超市空间，计划以社区超市的形式迅速扩张；大商超市则联合正源房地产公司开出精品社区超市，面向社区中高档消费者；恒客隆超市则建立了二手旧物交易市场以拓展自身的业务领域。

相较于本土零售商在本地的强大势力，区域外本土零售企业在东北地区的拓展则显得更为艰难。2009年，华联吉买盛因为在东北地区单店经营成本高，无法发挥自身的规模优势而不得不撤出长春，沈阳世纪华联的两家门店则被华润万家收购，区域外本土零售企业在东北地区的开疆辟土谨慎而缓慢。

因此，从2009年东北地区内外资零售企业的发展动向看，东北地区本土区域性零售龙头企业的实力不可小觑，它们掌握着核心的地区性资源，加上成长周期较长，地方市场环境开放，规模目前还处于较为有限的状态，行业竞争激烈，区域外零售企业和外资零售企业在东北地区的拓展面临单打独斗的尴尬局面，经营成本中存在较大劣势，因此未来东北地区内外资的竞争还将维持稳定，本土零售企业发展空间较大。

2. 超市、百货业竞争逐渐激烈，新兴业态缓步发展

东北地区主要零售商业态分布合理，覆盖了综合超市、购物中心、百货、专业店等多种业态，因而区域内零售业态的结构完善。2009 年在各方零售企业的共同参与下，主要业态出现了竞争升级的态势。

超市业方面，外资零售在东北三省的布局深化与本土零售商的区域扩张成正面冲突，本土零售商在激烈的竞争下利润有所下滑。因此为了维护自身的区域性地位，本土超市利用地理优势加大了扩张的力度，试图填补新旧城区的空白，同时扩大了自身的服务范围，计划实现居民日常缴费的一站式服务，特色化经营。

购物中心、百货业的同质化趋势明显，沈阳东舜百货因为与周边购物中心的模式过于类似而在 2009 年倒闭，为解决该问题，零售企业纷纷积极探索新的模式以提高百货利润，如万达集团成立万千百货作为万达购物广场的主力店加以推出，从而实现了商业地产与商业企业的联动。

新兴的便利店业态和网上购物方面，便利店还未在东北全面普及，网上商店在东北地区的发展已顺利开始，淘宝在哈尔滨开始推广线下便利店，以覆盖更多的社区人群，实现线上线下互动，未来发展的态势良好。

总之，东北地区强大的本土零售商势力使得区域外零售企业的进驻均面临相当的压力，在地区消费规模有限的情况下，该地区内各业态的竞争压力将长期稳定存在。而本土零售商拥有独一无二的地理区位优势、物流配送优势，在外资、区域外零售商扩张的压力下，仍有较大的发展前景。

（六）西北地区竞争格局分析

作为我国六大地区中经济基础最为薄弱的地区，西北各省市在金融危机对沿海省市冲击的情形下，力图抓住这一契机大力发展流通服务业，地区内无论是零售企业数目的增长还是销量的增长均位于全国前列。然而西北地区尚未开发的消费潜力在面临中东部地区零售业快速扩张的局面下愈发成为各零售企业关键战略布点，2009 年，地区内本土零售商与外资零售商竞争激烈。

1. 本土零售商成新进零售商收购兼并主体

西北地区整体经济发展水平较低，因此地区内外资零售进入较少，2009 年陕西省新开沃尔玛 1 家，大润发 1 家，百盛百货筹备西安吉祥店，开出兰州店。外资零售对进驻城市的选择仍然集中在陕西与甘肃的一线城市。

相应的，在西北地区范围内，陕西省本土零售企业的发展也较早，然而 2009 年，陕西本土零售超市在一轮轮的并购重组浪潮中已逐渐退出了竞争的队伍。在华润万家收购西安爱家超市，海航商控完成对晶众家乐超市的重组，购宝收购海星超市后，陕西地区内本土的零售超市卖场已经全部消失殆尽。同时，深圳人人乐也将商业物流中心项目落户在西安地区，意图拓展西北地区网点数目。在地区内其他省市，外资零售企业、区域外内资零售企业进驻的规模还处于较低的水平，本地零售企业在 2009 年继续在省内重点城市扩张。

因此，从 2009 年西北地区内外资竞争状况看，地区内长期以来存在的本土零售企业缓慢发展的单一格局将被打破，外资零售、区域外内资零售企业均已逐步进入该地区。本土零售商受这些全国性连锁企业的冲击压力大，在无法快速过渡到跨区域的扩张战略、谋求更高利润时，不得不选择退出本土市场，生存状况堪忧。

2. 超市业步入调整期，百货业扩张正当时

西北地区的零售业态结构以最初级的超市和百货为主，随着陕西地区超市业并购重组的震荡，地区内超市行业竞争可能将面临升级调整的局面，区域外超市卖场向西北地区的扩张将由此全面展开。

百货业方面，西北地区居民的消费能力还将继续被开发挖掘，各大百货企业均在2009年加快了地区内的扩张。民生百货并购兴正元百货，计划继续在陕西、山西、甘肃、宁夏和青海五省区开设至少30家门店；开元百货则计划开出西梢门、咸阳、安康、宝鸡店；国芳百货西宁也开出一家新店。同时，非本土的百货企业也纷纷表示了对西北地区的青睐，浙江银泰继进驻西安中环广场后，计划在西安再开出3家门店；大洋百货在西安开出第12家分店。百货业的快速扩张一方面将迅速提升地区内零售业经营效率，另一方面也意味着未来地区内百货业的竞争可能会进一步升级。

总之，西北地区经济基础薄弱，本地零售企业的成长受先天经济环境和后天管理水平因素的制约，发展相对落后，区域性的龙头企业和规模化效益均未实现，在面临区域外零售企业大举入侵的时候受冲击明显。随着未来中东部地区零售企业的快速扩张，西北地区已逐渐成为众多全国性零售企业的扩张目标，因此西北地区潜在的竞争压力将不断加大，地区内竞争格局在一定时间内可能会出现较大调整。

（七）我国地区未来竞争格局展望

从全国六大地区的零售业竞争格局对比而言，未来我国各地区零售业发展将具有以下特点：

外资零售面临金融危机带来的全球性经济衰退，更加看好中国的消费市场，因而在中国的扩张步伐将进一步加剧。其中在发达的华东、中南地区，地区消费市场规模较大，外资零售的扩张以深入二三线城市，密集布点为主，而华北地区的外资零售布点将从集中于几个发达的重点一线城市推进到相适应的周边城市，在维持区域内核心竞争优势的同时缓慢扩张。东北、西南地区外资零售的进入仍然以重点的省会城市为主，外资零售对西北地区的扩张将显得谨慎而逐步深入。

金融危机带来的冲击也为本土零售企业的生存增加了竞争的压力，盲目扩张与恶性价格竞争虽然在一定程度上还会存在，但各大地区零售企业将表现得更为理性，提高管理效率，精细管理水平，重视单店质量，创新经营模式越来越成为各地零售企业未来探索的重点。在零售网点扩张方面，发达省份的消费潜力将被进一步挖掘，激烈的竞争压力和规模化效益的要求将迫使各大零售企业继续展开布点大战，华东地区、中南地区的本土零售业在加大区域内扩张的同时，区域外布局的序幕也将逐渐拉开，华北地区本土零售企业则可能将战线收缩到核心城市，以维持地区内的垄断优势。东北、西南本土零售企业成长较早，在地区内拥有一定实力，未来在各自区域内的布点将稳步进行。西北地区本土零售业成长脆弱，在面临区域外零售企业的抢占时，本土零售企业受冲击严重，未来地区内的竞争可能会以外省零售业巨头为主导。

从各业态竞争水平来说，发达地区业态发展较为成熟，传统的超市大卖场、百货业的竞争压力较大，业态平均收益水平有所下降，未来业态改善的重点将落在内部结构和经营模式的调整上。网上购物、便利店等新兴业态的规模迅速扩大，新兴支付手段和多样化服务将促使居民消费潜力进一步快速发挥。发展中地区的各种业态还处于逐步成长阶段，超市、百货的竞争水平随企业的快速扩张迅速上升，各大企业竞争手段可能仍将停留在单纯的价格战基础上，业态内部的重组兼并不断，新兴业态的发展处于萌芽状态。

总体上就未来各地区竞争状况对比而言，华东地区的零售业竞争压力已从一线城市逐步扩张到二三线城市，中南、华北地区一线城市的竞争强度将继续上升。东北、西南地区的零售业竞争基本维持稳定的格局，但随着各地零售网点的扩张，竞争加剧的趋势明显。西北地区目前尚未形成较为激烈的竞争格局，本土零售企业与区域外零售企业的经营管理水平存在较大差距，地区内潜在竞争强度较大，发展空间充分。

五、我国各地区未来零售业发展趋势展望

2009 年我国各地区的零售产业在面临金融危机后全球经济衰退的威胁下，受各地区政府拉动消费、扩大内需等相关政策的指导，零售企业积极寻求各种途径改善经营管理、扩大业务范围、创新零售经营形式，零售产业市场规模、市场效率均较 2008 年有所提高，成为拉动我国经济增长的关键因素。综合评价我国六大地区零售业发展水平，华东、中南地区不仅在零售市场规模、居民消费规模上在全国范围内占有较大优势，零售商品流转效率、销售收入也独占鳌头，属于我国零售产业较为发达的地区。华北、东北地区的消费市场规模居于其次地位，其中华北地区商品流转规模突出，东北地区商品流转效率在全国水平上处于前列，地区发展潜力可观。西南、西北地区的零售市场规模小，但增长势头迅猛，地区零售市场正处于快速扩张阶段，居民消费将与零售市场规模同步增长。

表 3－1　　我国六大地区零售产业发展状况综合比较①

	社会消费品零售额指数	购进总额指数	销售总额指数	流转效率指数
全国	1	1	1	1
华北	0.14	0.23	0.22	0.88
东北	0.09	0.07	0.07	1.20
华东	0.36	0.43	0.44	1.12
中南	0.27	0.19	0.18	1.03
西南	0.09	0.05	0.05	0.71
西北	0.04	0.04	0.04	0.79

数据来源：根据中经网统计数据库计算整理。

根据以上基本判断推测各地区未来的发展趋势，宏观层面上，发展中地区经济增长的不断加速将迅速启动地区内居民消费潜力，带动居民消费结构升级，从而主导消费市场规模不断扩张，发达地区的经济规模将逐渐步入稳定期，城乡居民消费差距的减小将在相当程度上促进农村居民消费潜力的发挥，因此我国中西部发展中地区的居民消费将出现较快增长，但东部发达地区的消费规模仍会在较长时间内维持全国范围内的高比重；零售产业层面上，零售商品流转规模占全国较大比重的东部沿海

① 列表中各项指数以全国水平数据为基准计算。

地区将逐步转向效率主导型的商品流转结构性升级，中西部地区随着区域内交通、物流等基础设施的完善和市场环境的稳定，商品流转规模还存在相当的提高空间；零售企业竞争层面上，东部发达地区的零售市场竞争格局在本土全国性零售巨头和外资零售巨头的抢夺下，已基本由白热化的恶性竞争进入稳定布局的阶段，一线城市新兴业态、多样化服务层出不穷，零售企业竞争逐步从量的比拼转向质的较量，中西部发展中地区的零售市场在零售网点上的竞争将继续增加，各零售企业间兼并重组下市场竞争格局将在动荡中逐渐稳定。

（吴旻）

第四章　综合零售业态

一、中国百货店发展报告

(一)百货店发展全景

百货店是较早在我国出现的一种业态,自20世纪初期就存在于我国上海等大城市。改革开放初期,居民生活水平得到一定提高,消费能力得到提升,百货店作为消费终端的主力业态,经营商品种类丰富,满足居民吃穿住用各个方面的需求。进入20世纪90年代后,伴随着市场经济体制的确立,我国掀起了百货店投资热潮,但在90年代后期低迷的经济形势和激烈的行业竞争的影响下,百货店纷纷倒闭,进入了一段瓶颈期。21世纪初期,伴随着对外开放力度的加强,居民消费能力和消费方式的转变,百货业经历了大的变革,传统百货向精品百货、主题百货纷纷转变,并且更加注重服务功能在百货业中的作用。

2009年,在连锁经营百强中,百货店占据了25个席位,较2008年增加2个,占连锁经营百强的1/4。这25家百货店2009年销售额总计2811亿元,较2008年增长16.6%,门店数总计为3372家,较2008年增长19.4%,销售额增幅低于门店增幅。

从2003至2008年百货店的发展情况来看,百货店门店、从业人员和零售额增速均由快减慢,2008年的增速分别降为-37.3%、-4.6%和6.7%。百货店在各项绝对指标增速上的减慢,一方面是2008年金融危机的影响,另一方面是由于百货店发展日益成熟,市场逐渐饱和,竞争更加激烈。而从百货店的各项相对指标上来看,2008年坪效、单店零售额和人均零售额分别为14538.0元/平方米、4242.6万元/店和87.3万元/人,在各项效率指标上都取得了一定进步。

百货店经营的商品主要为服装鞋帽、化妆品、金银珠宝、箱包等时尚或高档商品,因此可以从具体商品类别的销售状况来间接反映百货店的经营状况,本处选择服装鞋帽和针织、化妆品、金银珠宝三大类商品。2009年服装鞋帽和针织、化妆品、金银珠宝三类商品的全年月销售额同比增速呈现前低后高的局面。2月份,由于2008年基数较高以及受金融危机影响,百货类商品月销售额同比增速全年最低,三大类商品的同比增速分别为-3.9%、0.8%、1.3%,之后各类商品销售额同比增速逐渐回升。服装类商品在第四季度销售良好,于12月达到全年月销售总额的最高值,为526.5亿元,月同比增速均超过20%;化妆品和金银珠宝类商品在5月份达到全年月销售同比增速的最高值,分别为21.7%和28.7%。因此,可以看出百货店受金融危机影响比较明显,2月份各类商品销售额和增速都较低;同时百货店明显受到节假日消费的推动作用,商品销售在1、5、12月份分别达到阶段性的高点。

表4-1 2003—2008年连锁百货店基本情况

年份	门店数（个）	门店增速	从业人员数（万人）	从业人员增速	零售额（亿元）	零售额增速	坪效（元/平方米）	单店零售额（万元/店）	人均零售额（万元/人）
2003	2090	—	12.0	—	533.7	—	12048.6	2553.6	44.4
2004	2637	26.2%	13.9	15.7%	663.8	24.4%	10863.5	2517.3	47.7
2005	3438	30.4%	18.2	30.6%	993.1	49.6%	12509.7	2888.5	54.7
2006	5149	49.8%	20.2	11.2%	1298.6	30.8%	12564.8	2522.1	64.3
2007	6064	17.8%	19.4	-3.9%	1512.7	16.5%	13883.1	2494.6	78.0
2008	3805	-37.3%	18.5	-4.6%	1614.3	6.7%	14538.0	4242.6	87.3

数据来源：中国贸易外经统计年鉴。

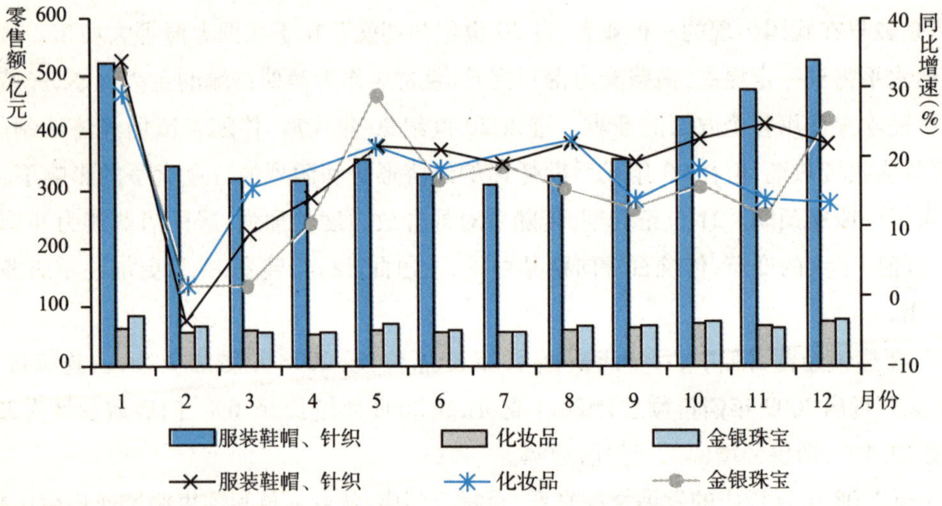

图4-1 批发零售贸易业商品零售总额及同比增速

数据来源：中经网统计数据库。

(二)百货店发展分析

1. 奢侈品品牌纷纷进入中国，并取得了较好的销售业绩

在金融危机的影响下，各个国家的需求都受到了较大的抑制。与欧美发达国家在金融危机影响下奢侈品消费纷纷下滑的情形相反，2009年中国奢侈品市场在金融危机下逆势而上，中国一举成为全球第二大奢侈品消费国。中国奢侈品消费在世界奢侈品消费市场上地位的迅速上升，一方面是由于中国富人阶层数量迅速增多，并且呈现年轻化趋势，消费能力得到大大增强；另一方面是由于中国消费观念和生活方式的巨大变化，追求高质量生活方式、追求个人成就感的价值观念逐渐在消费群体中占据主流。

在欧美发达国家奢侈品销售业绩纷纷下滑的背景下，外国大量奢侈品品牌纷纷进入中国，并且在中国取得了很好的销售业绩。高端百货作为消费者接触并购买奢侈品的主要渠道，在2009年的百货业中发展态势强劲。2009 年,Armani 在上半年的短短几个月内,在中国扩大了 20% 的业务;LV 和 Gucci 也将各自的销售网络从一级省会城市扩展到二级省会城市。在经济危机时期,Louis Vuitton 仍然在青岛开出一家新店,这是该品牌在青岛的第二家专卖店。根据世界奢侈品协会发布的《2009—2010 全球年度报告》,2009 年 12 月,中国奢侈品消费总额实现 94 亿美元,在全球占 27.5%,首次超过美国,直逼日本,稳居世界奢侈品消费大国亚军宝座。

2. 部分百货业向代表"品牌 + 折扣"的奥特莱斯转型

在金融危机下,大量产品销售不畅,积压了很多库存,我国大量出口产品也被迫转为内销,奥特莱斯为这些名牌产品的销售提供了一种渠道。同时,中国百货业的发展培养了消费者越来越强的品牌意识。在低迷的经济形势下,代表"品牌 + 折扣"的奥特莱斯自然迎合了广大厂商和消费者的意愿。百货业作为销售高端名牌商品的主要业态,本身也有参与奥特莱斯的意愿,具有实力的大型百货集团纷纷向奥特莱斯进军。

2009 年,北京赛特奥莱、北京活力东方奥特莱斯、上海美兰湖奥特莱斯纷纷开业,奥特莱斯已然成为商业新业态的流行趋势。北京晨曦百货也作出了向奥特莱斯转型的尝试。百联集团将其第二家奥特莱斯落地海宁,定于 2010 年年中开业。奥特莱斯在中国的发展是百货业发展到一定阶段的结果,代表了消费者对品牌和实惠的双重追求。

3. 百货店促销成为常态,销售净利率下降

促销原本就是商企节假日营销、释放库存的惯用武器,只是自 2009 年下半年以来已经慢慢开始发生了变化:促销已不再是库存品的"专利",大量新品或者新品牌也成了常客;促销原来主要是选择节假日期间,现在几乎是每周都有。百货店的疯狂促销虽然使得销售业绩一路飘红,但是却使百货业的净利率连续下降。在低迷的经济形势下,促销对于促进消费及维持百货业的发展起到了重要作用,但是却让百货业的竞争更加白热化。

4. 百货店发展受购物中心的影响加大

随着社会的发展,人们追求更加宽松、便捷、休闲的购物环境,购物中心作为一站式购物的代表在现代城市中迅速发展起来。购物中心在商品品类和质量上能够和百货店相抗衡,同时在餐饮、娱乐等功能上又胜出百货店。2009 年,购物中心在各个地区的发展非常迅速,这是与城市综合规划开发的力度逐渐加强紧密相关的,房地产开发企业纷纷进入购物中心的地产开发建设领域。购物中心对于百货业的影响体现在百货业逐渐趋于购物中心化,百货业的功能逐渐丰富,业态间的边界逐渐模糊。

5. 百货店纷纷向二三线城市进军

随着城市化进程的加快,金融危机下国家对于启动内需的政策推动,二三线城市以及农村地区的消费潜力得到一步步挖掘。伴随着二三线城市需求的释放和需求能力的增长,各省龙头百货企业纷纷迈出了深入本地二三线市场的步伐。武汉中商宣布与湖北十堰东方华宇置业有限公司各出资 3000 万元,组建湖北中商华宇投资有限公司,计划在十堰黄金商业地段发展"百货 + 超市"的综合卖场,增强自身竞争实力;福建零售连锁经营龙头企业新华都,在福建二三线城市展开的频频扩张也颇为引人注目。同时,百货公司的异地扩张也在向纵深发展,各地百货几家独大的局面正在悄悄发生变化。

(三)代表性百货企业监控与分析

1. 国内代表性百货企业监控与分析

本报告对部分国内代表性百货企业进行了追踪监控,如表 4-2 所示。

表 4－2　　2009 年国内部分代表性百货企业监控情况

百强序号	企业名称	地点	始建时间（年）	上市时间（年）	店面分布	销售规模（万元）	增幅（%）	门店总数（个）	增幅（%）	新开门店（家）
5	大商集团有限公司	大连	—	1993	11 省 50 多个城市	7053590	12.8	160	6.7	10
16	山东省商业集团总公司（银座集团）	济南	1996	—	山东省、河北省石家庄市、河北省邢台市及河南濮阳等地	2564116	37.0	206	25.6	42
22	文峰大世界连锁发展股份有限公司	南通	1996	—	上海市，江苏省泰州市、盐城市、连云港市以及南通市周边地区	1566457	11.1	978	7.2	66
26	长春欧亚集团股份有限公司	长春	1953	1993	东三省及六市（长春、沈阳、济南、四平、通化、白城）	1347068	11.0	30	66.7	12
27	北京王府井百货（集团）股份有限公司	北京	1955	1994	北京、广州、武汉、成都、包头、重庆、呼和浩特、洛阳、长沙、西宁以及乌鲁木齐	1327000	10.6	19	18.8	3
33	天虹商场股份有限公司	深圳	1984	—	深圳、东莞、惠州、福州、厦门、南昌、长沙、嘉兴、苏州、杭州及北京等地	1161990	22.7	37	15.6	5
41	金鹰商贸集团有限公司	中国香港	1996	2006	江苏为主，上海、西安、南宁等	936000	33.9	17	30.8	4
45	银泰百货（集团）有限公司	浙江	1998	2007	遍布北京、武汉、西安、杭州、宁波、温州、金华、义乌等城市的商业中心	758659	34.9	22	46.7	7
46	郑州丹尼斯百货有限公司	郑州	1995	—	河南省	710000	16.2	50	8.7	4
48	北京新燕莎控股（集团）有限责任公司	北京	1992	—	北京	690988	12.4	10	0.0	0
51	广州市广百股份有限公司	广州	2002	2007	主要分布在广州	643690	9.7	19	58.3	7
52	辽宁兴隆大家庭商业集团	盘锦	1993	—	辽宁	639159	16.6	15	36.4	4
60	南京中央商场股份有限公司	南京	1936	—	主要分布在江苏，山东、河南各有一家门店	450000	18.4	7	0.0	0
66	广州友谊集团股份有限公司	广州	1959	2000	广州 3 个，南宁 1 个	320000	6.7	4	0.0	0
67	北京市顺义国泰商业大厦	北京	1993	—	北京	316000	25.1	12	20.0	2

续表

百强序号	企业名称	地点	始建时间（年）	上市时间（年）	店面分布	销售规模（万元）	增幅（%）	门店总数（个）	增幅（%）	新开门店（家）
69	北京翠微大厦股份有限公司	北京	1997	—	翠微店（购物中心）、牡丹园店、龙德店、翠微广场（购物中心）、翠微家园超市	311214	11.7	3	0.0	0
75	北京西单友谊集团	北京	1930	1996	北京、新疆、兰州、成都	294137	5.9	222	16.2	31
76	湖南佳惠百货有限责任公司	怀化	1999	—	湖南、贵州	288000	13.1	200	4.2	8
77	邯郸市阳光百货集团总公司	邯郸	—	—	邯郸	272404	23.9	60	130.8	34
84	深圳岁宝百货有限公司	深圳	—	—	深圳	250085	8.1	11	22.2	2
94	广西南城百货股份有限公司	南宁	1992	—	广西	191250	28.5	17	112.5	9
96	成商集团股份有限公司	成都	1953	1994	四川	172224	20.8	11	22.2	2
97	深圳市百佳华百货有限公司	深圳	1995	2007	广东、广西	171595	14.8	18	20.0	3

（1）百货店区域优势明显

从代表性百货店面的区域分布来看，百货企业区域特征非常鲜明。大型百货集团的店面分布辐射面广，大多以公司注册地点为本部，逐渐向外扩张。大商集团、银座集团、王府井百货等百货企业通过区域扩张已经覆盖到全国大多数省市，成为全国知名百货业品牌，辐射范围不断扩大。排名相对靠后的百货集团则主要立足于本地，以发展成为本地龙头零售企业为目标，跨区域的扩张业务相对较少。总体来看，中国目前百货店的区域优势非常明显，一般以本地一家或几家大型百货企业为主，百货业区域扩张的趋势正在形成，但还远远没有达到百货业在全国范围内完全竞争的阶段。

（2）百货店扩张速度加快

通过对国内大型百货店的监控分析，从百货店2009年新开门店的数量和增幅来看，大型百货店开店速度加快，增幅较2008年有所上升。虽然我国零售业在2009年年初仍然遭受金融危机的影响，但是大型百货店纷纷逆势而上，加快扩张的步伐，加速在全国范围内的门店布局。大商集团2009年新开店10家，超过2008年的8家；银座集团新开店42家，超过2008年的11家；文峰大世界更是一年新开门店66家，为连锁百强内百货开店数最多的企业。金融危机下居民中高端消费意愿下降，但是在大型百货店加速在全国布局的情形下，各百货企业在激烈竞争中都不敢放慢扩张的脚步。

（3）百货店销售规模增速减缓

受金融危机影响，2009年各大型百货企业的销售规模增速有所放缓。大商集团2009年销售规模为705.4亿元，排在我国百货业内首位，增幅为12.8%，相比2008年24.6%的增幅下降近12个百分点；长春欧亚集团2009年销售规模增幅为11%，相比2008年21.3%的增幅下降10个百分点。总体来看，在统计的23家百货企业中，仅有银座集团、文峰大世界等6家企业增速较2008年加快。

(4)百货店的全国分布呈现东强西弱,京沪穗竞争激烈

从连锁百强中23家大型百货店的地域分布来看,大连、济南、南通、深圳等东部沿海城市的大型百货店分布较多,而内陆地区进入百强的百货店仅有成都、邯郸几家。从大型百货店在各城市间的分布来看,京沪穗一线城市大型百货店竞争较为激烈,北京拥有王府井百货、西单百货、燕莎百货等,广州拥有广百、广州友谊,深圳拥有天虹、百佳华等,上海由于组建了百联集团,对百货行业进行了整合,但实质上也是存在几家大型百货店并存的情形。而其他二三线城市多为一家独大的竞争态势。

(5)百货店纷纷实行跨区域扩张战略

虽然目前我国百货业的发展还没有进入全国范围内激烈竞争的阶段,但是从各大百货企业制定的发展战略来看,区域扩张的战略分别成为各大企业未来发展的重点。文峰大世界将经营发展的触角逐步延伸至苏南、皖东、鲁南等地区,天虹商场将立足珠三角、拓展长三角、辐射闽三角、面向全中国,浙江银泰百货将巩固浙江领导地位、复制区域领先优势、面向全国连锁扩张,而广百实行"立足广州,拓展华南,面向全国"的布局规划。可以预见,在各大型百货店立足本地的基础上,未来百货业的竞争必将扩大到全国范围。

2. 外资代表性百货企业监控与分析

自1992年国内正式批准的第一家中外合资零售企业上海八佰伴成立以来,经过十余年的发展,世界前50家最大零售商大多已在我国设立独资或合资企业。本报告对部分代表性外资百货企业进行了追踪监控,如表4-3所示。

表4-3　　2009年部分代表性外资百货企业在中国发展

国家	公司	进入中国时间	中国分店总数(个)	2009年新店数(个)	分店分布城市	投资方式	备注
日本	伊势丹	1993	4		上海、天津、成都、沈阳	直接投资独资	将于2010年年底至2011年春季在天津开第二家伊势丹
	永旺	1996	21	3	北京、天津、青岛、深圳等	直接投资独资	—
	伊藤洋华堂	1997	13	1	北京9家、成都4家	合资	2010年1月新十里堡店开业
	西武百货	1993	4	—	深圳2家、成都沈阳各1家	独资	西武成都店经营困难
	高岛屋	计划2012年开业	无	—	上海	直接投资独资	—
韩国	乐天百货	2008	1	—	北京王府井	与中国银泰合作	乐天银泰经营惨淡,50%股份低价出售
马来西亚	百盛	1994	44	4	全国18个省27个主要城市	合资独资为主	—
新加坡	英武百货	2009	1	1	无锡	收购	—
泰国	中央百货	计划2010年开业	无	—	杭州、上海	直接投资租赁	—
英国	玛莎百货	2008	1		上海	直接投资独资	2010、2011年在上海分别开出第二家和第三家店

(1)外资百货业进入中国程度不及超市,亚洲百货业居于领先位置

不同于外资超市大量进入中国内地市场并且占据较大市场份额的情况,外资百货业进入中国程度不深,在中国的网点布局并不密集,中国百货业仍以内资百货业为主。目前,在中国网点布局较多的外资百货仅有百盛、永旺和伊藤洋华堂,其中只有百盛的市场范围扩大到中国大部分地区。其他外资百货则基本处于刚刚进入中国的阶段,连锁经营并未开始。从外资百货的国别分布来看,亚洲百货在中国发展明显优于欧美百货,而日本百货在亚洲百货中又居于领先位置,进入时间较早,店面分布广泛。

(2)外资百货进入中国速度逐渐加快

20 世纪 90 年代初是外资百货进入中国相对密集的时间段,而在随后的 90 年代末期和 21 世纪初期外资百货进入中国处于停滞阶段。到 2008 年以后,外资百货业又掀起一轮进入中国的热潮。金融危机并没有影响到外资百货海外扩张的步伐,从近两年外资百货在中国开店的情况来看,外资百货的国别范围逐渐加大,进入速度逐渐加快。

(3)外资百货逐渐向二三线城市扩张

近两年来,外资百货登陆中国的地点并不仅仅停留在一线城市上,而是更加注重理性分析,进入范围逐渐向二三线城市扩张。新加坡英武百货将进入中国的首店落户无锡,泰国中央百货则将首店定在杭州。与一线城市百货业布局基本饱和、租金高昂的激烈竞争环境相比,二三线城市存在着高端百货发展相对不足、经营成本相对较低的优势,所以外资百货逐渐将目光投向二三线城市。

(4)部分外资百货在中国经营困难

外资百货在进入中国的过程中会由于水土不服、定位不准,从而导致经营困难局面的出现。乐天银泰在开业一年后仍旧缺乏人气,亏损巨大;成都西武百货也宣布在 2009 年年底停止营业。外资百货在中国经营困难的局面主要是由经营定位不准所造成的,乐天银泰和西武百货都是以高端百货为主,但是在品牌规划和楼层招商上并不明确,导致了经营定位模糊的问题。

(四)百货店发展的主要问题

1. 百货店促销常态化,营销手段单一

在金融危机影响下,居民的消费意愿受到抑制,严重影响了百货店的销售业绩,而同时百货店的快速扩张又加大了行业之间的竞争程度,为了促进销售,百货店在 2009 年推出了大量的促销活动,其时间跨度不仅包括传统节假日,甚至在每天都能见到促销打折的活动。促销虽然增加了百货店的销售,但是却严重降低了销售的毛利率,从而出现了销售见长但利润不见长的情况。同时,由于促销手段单一,一般仅以价格战为主,百货店之间的竞争日趋白热化,给业内企业带来了很大的负担,也不利于百货店核心竞争力的培育。

2. 新业态之间竞争激烈

现代百货业作为以经营服装箱包、珠宝首饰、化妆品等中高档商品为主的业态,在专业性和全面性上处于居中的位置。在专业性上,百货店无法与专卖店相比;在全面性上,百货店无法与购物中心相抗衡。因此,从百货业自身的定位来看,百货业受到其他不同业态的压力是巨大的。而且,近几年来,代表“品牌 + 折扣”的奥特莱斯快速发展,其不仅能够提供百货店所经营的高档商品,而且在价格上具有很大的优势,大大分流了百货店顾客资源;同时,购物中心在商业地产的带动下作为地标性建

筑在二三线城市快速扩张，也给予了百货店很大的压力。面对各种业态的挤压，要想成功地从激烈的竞争中突围，百货业需要构建自身核心竞争力，找出差异化的发展道路。

3. 赢利模式单一，业态内部竞争同质化

现在百货店大多采用"品牌联营"模式，它已经成为我国百货业态的主流赢利模式，联营比例一般都占到百货店总销售额的80%以上。因为联营模式的长期存在，百货商店自营商品的经营能力退化，缺少人才的储备。现在的百货店无法从自身定位出发，选择所需要的商品类别和品牌，体现自身的核心竞争力，仅仅机械盲目地招商，在"品牌联营"模式下，各百货店在经营的商品类别和品牌上差别不大，造成了百货店业态内部的同质化竞争。联营模式使得百货店仅仅成为品牌供应商的小店面，赢利模式以收取租金、分享利润为主，显得过于单一。

(五)百货店发展的思考

1. 找准自身定位，构建核心竞争力

从百货业的业态特征上来看，百货业介于专业性和全面性之间，在这一点上无法与专业店和购物中心竞争。百货业的发展如果始终居于二者之间而没有任何其他突破，则很难在激烈的业态竞争中生存。从当前百货业的发展趋势来看，可以分为两个方面，一方面是向小型购物中心发展，在娱乐、餐饮等功能上不断完善自己，趋于全面化；另一方面向主题百货、精品百货发展，在经营的商品类别上有自己特有的管理方法，寻求百货业之间的差异化。因此，当前百货业在发展过程中要找准自身定位，构建自身核心竞争力，避免陷入同质化的竞争模式当中。

2. 提高服务水平，创造无形价值

百货业在近几年的发展中业内竞争越来越激烈，吸引顾客的方式也越来越单一，基本上靠促销打折，从而陷入了销售额增长而利润却下降的怪圈。百货业作为时尚、精品、高档商品的代表，带给顾客的购物体验应当是舒适、优雅的，而不仅仅应当从价格上来吸引顾客。因此，百货业的发展应当从努力提高自身的服务水平上下工夫，在明确自身客户对象的基础上，加强企业服务文化和理念的建设，营造温馨、舒适、整洁、安全的购物环境，建立完善的服务流程和服务体系，从而为顾客带来完美的购物体验。通过服务水平的提高，百货业可以创造自身的无形价值，为顾客带来差异化的感受，形成差异化竞争。

(六)百货店总结

百货店在近几年的发展中受到两方面的竞争，一方面是百货业业态内部的同质化竞争，另一方面是购物中心、专业店、奥特莱斯等业态之间的挤压竞争。百货店要在激烈的竞争中突围，应当从全面性和专业性上找到一个合适的平衡点，找准自身的定位，构建核心竞争力，既能够区别于其他业态，降低挤压竞争带来的负面影响，也能够区别业内其他百货店，避免同质化竞争。百货店的定位应当在明确自身顾客对象的前提下从丰富、流行、便捷、快速、廉价五个要素上进行取舍。

不同于超市、家居建材、专业店、专卖店等业态在全国范围内形成几家独大的连锁经营局面，百货店在全国范围内还没有形成寡头垄断的局面。但是，从中国百货业的发展趋势来看，大商集团、银座百货和王府井百货等已经形成了在全国范围内布局的态势，未来中国百货业的区域融合趋势更加明显，竞争范围将扩大到全国。

从区域发展策略上来看，未来百货店的发展重点将逐渐向二三线城市转移。全国一线城市的百货店布局已经基本饱和，百货业内部和同其他业态之间的竞争已经非常激烈。而二三线城市的百货业特别是高端和精品百货仍有较大发展空间，竞争环境相对缓和，居民消费能力对于百货业生存发展的支撑作用也比较稳固。因此，在消费在国民经济增长中地位逐渐加强，中国城市化进程逐渐加快的情况下，未来二三线城市将为百货业提供较大的发展空间。

二、中国超级市场发展报告

（一）超级市场发展全景

超级市场业态以经营食品、日用生活品、针纺织品为主，还兼有大众洗护用品，少量的家电、文体用品等，其中大部分商品具有刚性需求。

从2003—2008年连锁超市的发展情况来看，超市的门店增速、从业人员增速和零售额增速变动幅度较大，但是仍然处于正的增长阶段。不同于百货店在2008年的负增长状况，超市在2008年的增长较2007年有较大提升，受金融危机影响很小。而从反映相对值的效率指标来看，超市行业的坪效、单店零售额则处于下降的阶段，特别是单店零售额下降较快，从2007年的1323万元/店下降到2008年的975万元/店，说明了大型超市发展空间不足，而中小型超市发展较快，导致了单店销售规模的下降。人均销售额则一直处于增长阶段，由2003年的37.4万元/人增长到2008年的48.0万元/人，反映了随着管理水平提高和先进技术的采用，人工效率在不断提升。

表4-4　2003—2008年连锁超市基本情况

年份	门店数（个）	门店增速	从业人员数（万人）	从业人员增速	零售额（亿元）	零售额增速	坪效（元/平方米）	单店零售额（万元/店）	人均零售额（万元/人）
2003	13494	—	38.6	—	1442.6	—	12791.2	1069.1	37.4
2004	14073	4.3%	51.1	32.3%	2007.2	39.1%	12589.8	1426.3	39.3
2005	15421	9.6%	56.2	10.0%	2376.0	18.4%	12759.6	1540.8	42.3
2006	23233	50.7%	68.7	22.3%	3034.4	27.7%	12436.0	1306.1	44.2
2007	25185	8.4%	70.7	2.9%	3332.1	9.8%	12202.4	1323.0	47.1
2008	38312	52.1%	77.8	10.0%	3736.1	12.1%	11375.6	975.2	48.0

数据来源：中国贸易外经统计年鉴。

超市是经营食品和日常用品的零售业态，本处选择食品饮料烟酒、日用品和洗涤用品三大类商品2009年的销售状况来反映超市行业2009年的经营状况。从具体分商品类别的角度来看，除了1、2月份变动较大外，2009年食品饮料烟酒、日用品和洗涤用品的月零售额基本上保持稳定，同比增速的趋势也保持一致。受春节所在月份时间不同的影响，2009年春节在1月份，2008年春节在2月份，食品和日用品的消费在1、2月份呈现出较大波动，1月销售额和同比增速最高，2月同比增速全年最低。进入4月份后，食品和日用品的走势基本保持稳定。可以看出，超市行业的发展受经济形势影响较小，全年走势相对平稳，但会受到春节假期的影响，由于置办年货的原因，会形成食品和日常用品的批量购买，从而造成消费在时间上的波动性。

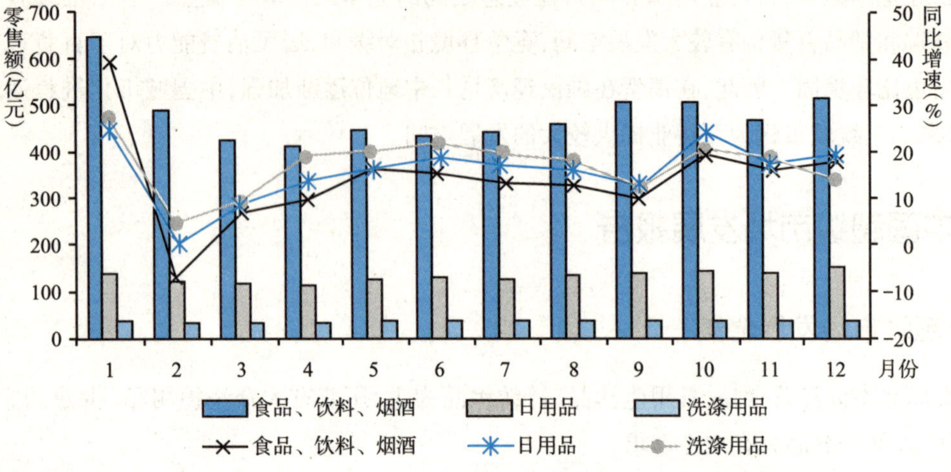

图 4-2　2009 年批发零售贸易业商品零售总额及同比增速

数据来源：中经网统计数据库。

(二)超级市场发展分析

1. 农村小型超市取得较快发展

近些年，国家提出扩大内需的战略方针，并且出台一系列优惠政策扩大农村消费。同时，在万村千乡市场工程和双百市场工程政策的推动下，广大农村的流通网络特别是农家店的发展取得了较大进展。以山西为例，2009 年年底，山西农家店总数已达 2 万个，实现销售额 72 亿元，占农村社会消费品零售总额的 7% 左右；新增销售额 24 亿元，带动农村消费增长 3.4 个百分点。

在大型零售商加速全国各地扩张的背景下，各大城市以及二三线城市的超市布局都已经非常密集，行业竞争非常激烈。在自然条件和经济条件的制约下，农村零售行业仍然存在着较大空白，消费市场潜力巨大。因此，在经济发展和政策推动的双重作用下，可以预测未来农村零售业特别是小型超市的发展将会提速。

2. 大型超市响应农超对接，加强农产品产地直采力度

2008 年 12 月 5 日，商务部、农业部等联合发布关于开展实施农超对接试点工作的通知。通知指出要加大农产品产地直采的力度，减少农产品流通环节，保护农民利益，提高超市鲜活农产品经营比例，并确定了 9 家企业作为首批试点主体。农超对接政策实施以来，各大试点主体企业纷纷宣布自己的农超对接实施计划，一些非试点主体也主动加入到农超对接计划中，深入农产品基地进行产品直采。

农超对接试点工作的开展，降低了流通成本，既保护了农民的利益，又使得农产品在销售时能够有一部分的利益让渡给消费者。但是，从实施的情况来看，大量农民纷纷加入到计划中来，但由于一些农产品在产品质量标准上并不能符合标准，农民利益受到损害，不能达到预期标准，也给超市的日常经营带来影响。从长期来看，农超对接工作是符合农民、超市、城市居民消费者三方利益的举措。

3. 大型零售商试水高端超市

2009 年 10 月,百佳旗下高端超市品牌 international 华南地区首店落户于广州;12 月,华润万家高端超市 Olé 也开进上海。随着经济的不断发展,人们收入水平的提高,定位于城市高端生活消费品的高端超市不断涌现。近几年来,在北京、上海、广州、深圳等一线城市纷纷出现了许多高端超市品牌,如北京华联推出的高端超市品牌 BHG、和记黄埔推出的高端超市品牌 Taste、中国香港高端超市品牌 City Super 以及韩国超市 C-mart 等。

从高端超市的出现来看,这是业态细分寻求市场空白的结果,其出现有其一定的道理。但是,从目前高端超市的经营状况来看,并不是特别理想。一方面是由于高端超市在商品品类上大多以进口商品为主,而且目前网点较少,并不能很好地满足本土居民的消费需求;另一方面是由于现阶段经济发展水平并不足以支撑高端超市取得赢利,虽然毛利润高,但是人流量少,每日面临较大的经营成本压力。所以,高端超市的出现是经济进步的结果,但取得成功仍需一定时间的培育。

4. 大型超市开始实行低碳经济

自 2009 年 12 月哥本哈根全球气候会议召开以来,全世界对气候问题更加关注,以沃尔玛为首的外资零售企业率先行动,首次在零售业内推出低碳超市。截至 2009 年,沃尔玛已在北京、广州开设两家高效节能旗舰店,通过采用 LED 灯照明等高效环保设备,与普通门店相比,节能店能节约 40% 的用电量。同时,一些内资企业也开始采取行动,实施低碳经济,以完善企业形象,改善企业经营。

5. 外资零售巨头主导大型超市

无论是规模还是经营效益,外资大型超市都明显强于内资。自 2004 年我国零售市场全部开放后,外资在超市业态中占据越来越重要的地位,并主导大型综超子业态。2009 年,外资零售巨头沃尔玛和家乐福分别开店 53 家和 25 家,开店速度均为历史最高。店面分布已经遍布全国各大区域,对中国整个超市零售业均有较大影响作用。10 月,韩国乐天以 6.35 亿美元收购江苏时代零售,进一步扩大了外资超市在中国零售业中的份额。

6. 食品安全问题更加重视,食品监管力度加大

2009 年 6 月 1 日《中华人民共和国食品安全法》开始实施,推行“从农田到餐桌”的食品安全全程控制,形成以一个监管部门为主、其他部门履行相关职责并相互配合的监管模式。《中华人民共和国食品安全法》的出台,也使得各大超市从观念到行动上更加重视食品安全问题,纷纷作出食品安全的承诺,或者发布食品安全白皮书。同时,各地政府监管部门也加大了食品监管力度,开展定期专项检查或者不定期的突击检查,以促使超市保证食品安全。

(三)代表性超级市场企业监控与分析

1. 国内代表性超市企业监控与分析

本报告对部分国内重点代表型超市进行了追踪监控,如表 4-5 所示。

(1)中国现代超市业的发展起源于 20 世纪 90 年代初

从超市企业的成立时间来看,除了那些由国有商业改制而来的超市,我国超市行业发展的起源为 20 世纪 90 年代初,联华成立于 1991 年,物美为 1994 年,新一佳为 1995 年。超市业的起步时间要晚于百货业,但早于便利店行业。同时,最初成立的大型超市都集中在北京、上海和深圳等一线大城市,而其他省会城市超市业的起步稍晚,因此,超市业的发展也是从经济发达地区起步,随着经济发展,逐渐向其他城市扩散。

表 4－5　　2008 年部分国内代表超市企业监控情况

企业名称	注册地点	始建时间（年）	上市时间（年）	店面主要分布	门店总数（个）	增幅（%）	新开店面（家）	销售规模（万元）	增幅（%）	备　注
联华（含华联）	上海	1991	2003	华东地区	5599	－4.7	－276	6716978	3.2	全面收购华联超市，成立世纪联华
苏果超市	南京	1996	—	江苏	1852	2.8	50	3323600	9.5	进入湖北、江西市场
安徽徽商农家福	合肥	2002	—	安徽	1918	6.2	112	184490	4.9	—
物美控股集团	北京	1994	2003	北京、天津、河北、上海、浙江	2333	16.1	324	3270000	6.7	2009 年 9 月，全资控股美廉美；2010 年 1 月，收购天津卜蜂莲花业务
江苏新合作常客隆	常熟	1996	—	江苏	816	22.5	150	172115	12.8	—
农工商超市	上海	1994		上海、浙江	3331	0.0	0	2673800	0.2	12 月，便利通网上商城开业
新一佳	深圳	1995	—	—	109	3.8	4	1723600	－2.0	成都双流店、东莞厚街店、西安新庆路店停业；酝酿向时尚百货的战略转型
武汉中百集团	武汉	1937	1997	湖北、重庆	674	7.0	44	1685519	18.4	试水金融便利店
永辉集团	福州	1998	—	福建为主，北京、重庆、安徽	268	30.7	63	1021800	45.6	家电下乡流通企业，进军安徽
山东家家悦	威海	1995（前身 1974）	—	山东半岛，集中县级市	489	7.2	33	1012021	18.6	农产品流通，进军济南
北京京客隆	北京	1995	2006	北京	247	1.6	4	1006410	1.9	亿元投资生鲜食品配送中心，保障食品安全
人人乐	深圳	1996	2010	广东	90	25.0	18	1003779	13.8	进军华东市场
步步高	湘潭	2003	2008	湖南、江西	123	11.8	13	572400	10.0	定位于二三线城市，出口转内销推出首家平价百货，在长沙建首家购物中心
家润多	长沙	2004	2009	湖南	15	25.0	3	147099	2.4	在 A 股市场中小板上市
成都红旗连锁	成都	2000		四川	980	14.2	122	502938	7.0	—
山西美特好	山西	1997	—	山西、河北、山东、内蒙古	27	28.6	6	306800	14.2	—
河北保龙仓	石家庄	1999	—	河北、山东	14	7.7	1	302000	14.8	—

（2）超市的地域分布相对均衡

从目前我国内资大型超市的地域分布来看，不同于便利店和百货业，我国超市业的地域分布相对均衡。在连锁经营百强中，一线大城市和其他省会城市，东部沿海地区和中部甚至西部地区，都有本地的超市企业入围。我国超市业的发展已经进入成熟阶段，这点是与便利店有着显著区别的。

（3）内资超市的全国连锁还未形成，区域扩张仍在继续

从我国内资超市的门店分布来看，还没有形成网点遍布全国的大型超市集团。联华、物美、苏果等超市都有上千店面，但都集中在一个区域。目前内资超市的连锁已经进入区域连锁的阶段，而外资超市如沃尔玛、家乐福已经形成了全国连锁。从各超市集团的发展动向来看，2009 年苏果超市进军湖北、江西市场，永辉集团进入安徽，山东家家悦进驻省会城市济南，未来超市行业的区域扩张仍将继续。

（4）内资超市整合并购趋势未减

2009 年，联华超市全面收购华联，完成百联集团的内部整合；物美集团全资控股美廉美，并于 2010 年 1 月收购易初莲花在天津的业务。大型超市集团的整合并购趋势仍在继续，使得超市行业对龙头地位的竞争日益激烈。

2. 外资代表性超市企业监控与分析

本报告对 2009 年部分外资代表性超市发展情况进行了追踪监控，如表 4－6 所示。

表 4－6　　2009 年部分外资代表性超市企业在中国的发展

企业名称	国家或地区	销售规模（万元）	增幅（%）	门店总数（个）	增幅（%）	新开门店（家）	2009 年动向
康成投资（中国）有限公司（大润发）	中国台湾	4043169	20.5	121	19.8	20	超越家乐福，与欧尚在中国香港合并上市受阻
家乐福（中国）管理咨询服务有限公司	法国	3660000	8.2	156	16.4	22	在成都试水购物中心
沃尔玛（中国）投资有限公司	美国	3400000	22.2	175	45.8	55	全面收购好又多延期
好又多管理咨询服务（上海）有限公司	中国台湾	1650000	0.6	104	0.0	0	取消会员制，配合沃尔玛整合
TESCO（中国内地）	英国	1330000	15.7	79	29.5	18	在中国扩张提速，购物中心乐都汇进驻中国
易初莲花	泰国	1300000	0.0	77	1.3	1	易初莲花退出天津，物美接手
欧尚（中国）投资有限公司	法国	986000	21.0	35	12.9	4	从单一超市业态向超市与购物中心并举转变
百佳超市（中国区）	中国香港	358196	－9.5	39	－9.3	－4	百佳首家高端超市 taste 登陆广州中华广场
易买得	韩国	350000	9.4	20	11.1	2	将进军商业地产，在沪开设购物中心

（1）欧美超市在中国占据重要地位，韩国超市加速进入

从进入中国大陆的外资超市的地区来源来看，目前欧美超市在中国大陆的超市行业中占据重要地位，这一点不同于便利店和百货业的外资分布状况。家乐福和沃尔玛世界两大零售巨头一直占据外资超市的前三位，英国 Tesco 也加速在中国的区域扩张。韩国超市在 2009 年加快了在中国的扩张步伐，乐天玛特收购江苏时代超市，在中国大陆的卖场数量增至 75 家，韩国零售企业进军中国势在必行。

（2）大润发超越家乐福，龙头地位竞争日趋激烈

2009 年大润发在内陆销售额达到 404.4 亿元，超过家乐福的 366 亿，一举成为中国内地外资超市在销售规模和单店销售规模两项上的第一。伴随着外资超市第一位置的易主，外资超市龙头地位的竞争日趋激烈。

（3）外资超市加速在中国扩张速度

2009 年外资超市排名前三位的大润发、家乐福和沃尔玛分别在大陆地区新开了 20 家、22 家和 55 家门店，增幅分别达到 19.8%、16.4% 和 45.8%，大大超过往年的门店扩张速度。另外，Tesco 的门店增幅也达到 29.5%。好又多由于存在要与沃尔玛整合的问题，在 2009 年没有新开门店。

（4）外资超市纷纷实行多元化战略，试水购物中心

中国超市行业的竞争日趋激烈，生存空间日益狭小，特别是在一线城市，超市行业的发展逐渐趋于饱和。为了巩固或提高各自优势地位，外资超市纷纷实行多元化战略，即自主购买地产兴建购物中心，家乐福、Tesco 和易买得纷纷开建了其在中国的首家购物中心。通过自建购物中心，外资超市可以提高商业聚集度，提升人气，从而促进销售。

（5）外资超市并购整合趋势加剧

随着外资超市第一位置竞争的日趋激烈，外资超市通过并购整合争夺行业第一的势头更加强烈。大润发计划 2010 年与欧尚在中国香港合并上市，沃尔玛计划 2010 年实现对好又多的全面收购，乐天玛特 2009 年击败物美全面收购江苏时代超市，一系列的并购整合事件反映了外资超市行业激烈的竞争态势。

（6）外资超市在中国门店分布呈现不均衡性，但区域调整战略正在实施

从 2009 年外资超市门店在中国的地区分布的情况来看，华东地区的门店分布数最多，西北地区最少。沃尔玛、家乐福等逐渐平衡自身的门店分布，区域调整重心逐渐向西部转移。而欧尚、易买得等排名相对靠后的外资超市，其门店分布目前主要集中在华东和华北地区。

表 4－7　2009 年部分外资代表性超市企业在中国的门店分布

国家或地区	公司	进入中国时间（年）	分店情况		门店分布						
			新开门店（家）	现有门店（家）	华东	华北	华南	华中	东北	西南	西北
美国	沃尔玛	1996	53	178	38	18	53	21	17	27	4
法国	家乐福	1995	25	157	49	24	25	16	21	18	4
台湾	大润发	—	19	123	64	17	19	6	15	—	2
英国	Tesco 乐购	1997	19	76	42	12	8	—	14	—	—

续表

国家或地区	公司	进入中国时间(年)	分店情况		门店分布						
			新开门店(家)	现有门店(家)	华东	华北	华南	华中	东北	西南	西北
韩国	乐天玛特	—	3	76	65	11	—	—	—	—	—
泰国	卜蜂莲花	1997	2	73	38	9	14	6	—	3	3
法国	欧尚	1999	4	35	29	4	—	—	—	2	—
韩国	易买得	1997	5	23	17	6	—	—	—	—	—

(四)超级市场发展的主要问题

1. 外资超市逐渐获得国内零售控制权

2009年超市领域内最大的并购事件当属韩国乐天收购江苏时代零售,这是典型的外资超市对国内民营超市的并购案例。自2004年年底我国全面放开外资零售业以来,外资超市快速进入我国,占据了很大部分的零售市场份额,在流通领域拥有了很大的话语权,并且以此对我国广大的中小生产企业形成了较强的控制作用。超市作为满足居民日常生活的零售业态,在国民经济中具有基础性作用。当前,在外资超市快速的进入和收购兼并活动中,内资零售超市的生存环境愈加艰难,中小生产企业的活力空间更加狭窄。因此,国内本土零售业的安全问题必须得到关注。

2. 内资超市核心竞争力不够突出

针对国际零售巨头快速进入中国市场的情况,国内大型超市也纷纷加快了自身的扩张步伐。但是,与外资超市相比,中国本土超市核心竞争力仍然不够突出,主要体现在自有品牌、信息化和物流水平上。国外大型超市自有品牌发展程度较高,家乐福、沃尔玛都有自己的自有品牌,能够形成自身的核心竞争力,而中国本土超市虽然也在积极开发自有品牌,但是在满足消费者需求、形成差异化从而提升核心竞争力的能力上有很大不足。另外,在大型超市的连锁化过程中,信息化、物流水平不足也是制约超市走向规模化、标准化的重要因素。

3. 农村连锁超市规范化水平有待提高

商务部对"万村千乡"市场工程和双百市场工程的推广,使得农村零售业在近几年来有了快速的发展,农村流通网络日趋完善,农村消费日趋便利。但是,在农村零售快速发展的过程中,农村超市的规范化问题在商品采购配送、日常经营、售后服务等各个方面不可避免地显现出来。受制于农村自然地理环境,农村连锁超市在商品集中统一采购配送上成本较大,因而在连锁经营过程中有较大困难。在日常运营上,受制于农村消费能力,农村连锁超市在门店管理、商品陈列、价格管理以及客户服务上存在着一些不规范问题。

4. 食品安全问题仍然让人担忧

近几年,食品安全问题的频频发生让各超市企业加强了对食品安全问题的管理力度,国家也从法规层面上进行了规定和限制。但是,尽管如此,食品安全问题还是再三出现,宁波家乐福出现发霉食品,华润万家出现过期馅料的面包,熊猫乳品含有三聚氰胺,以及2010年年初的雪碧汞中毒事件。这一些列事件说明了从供应商到零售商中仍然存在着唯利是图或者管理不力的问题。

（五）超级市场发展的思考

1. 提升内资超市的核心竞争力

在外资零售快速扩张的情形下，内资零售超市需要主动提升自身的核心竞争力。在主要城市超市发展日趋饱和的情况下，内资超市应当从差异化战略出发，构建自身的核心竞争力，提高目标客户的忠诚度。核心竞争力的提升应当从自有品牌、连锁配送、信息技术等各个方面来进行培育。

2. 在政府推动下，不断提高农村零售规范化水平

农村市场作为未来零售业的主要发展方向，作为农村零售主体的连锁超市应当不断提高自身规范化水平，在提高自身经营管理水平的同时，更好满足广大农村居民的消费需求。政府在农村零售发展的开端，应当加强对连锁超市的标准化规定，引导连锁超市向规范化方向发展。零售企业也应当从长远发展出发，努力提高日常经营管理水平，提高采购配送的集中化水平，提高客户服务水平。

3. 社会各主体共同努力，推进企业社会责任的发展

食品安全问题的解决不仅仅需要政府部门的监管、零售企业自身的约束，还需要社会各主体的共同监督。在食品安全、绿色健康环保问题日益受到关注的今天，企业社会责任显得尤为重要。企业应当以更长远的眼光看待企业社会责任，不能仅仅关注眼前的利益。社会各主体也应当发挥自身的力量，从各方面推动企业履行社会责任。

（六）超级市场总结

超市作为满足居民基本生活需求的零售业态，在国民经济中发挥着基础性作用。超市从20世纪80年代末90年代初进入我国以来，在我国经历了快速的发展。目前，超市在我国城市地区的布局基本完善，在广大农村地区仍然有很大的发展空间。在拉动农村消费、改善农村生活的政策引导下，未来农村地区连锁超市的发展仍将有很长的路要走。

内资超市在与外资超市的竞争中处于不利的地位，在目前超市竞争日趋激烈的环境下，培育超市核心竞争力显得尤为必要。超市行业的发展应当随着信息技术、物流技术的进步，向现代零售发展，提高超市企业的信息化水平，优化超市企业采购配送能力，提升企业竞争能力。

在企业社会责任备受关注的今天，超市作为关系居民基本生活的业态，更应当将自身的企业社会责任提升到一个新的高度。这不仅仅是居民健康优质生活的保证，也是企业培育自身核心竞争力提高赢利能力的途径。

三、中国购物中心发展报告

购物中心是多种零售店铺、服务设施集中在由企业有计划地开发、管理、运营的一种建筑物内或一个区域内，向消费者提供综合性服务的商业集合体。购物中心可以分为社区购物中心、市区购物中心和市郊购物中心。

中国购物中心的起源追溯到20世纪80年代末，当时兴建的一些综合性商业设施通过出租或出售的方式进行引进一些商户，但是还没有进行统一管理，服务功能不够完善，还不是真正意义上的购物中心;90年代中期,以广州天河城的建立为标志,现代意义上的购物中心正式进入发展阶段;进入21世纪,外资和民营资本纷纷进入购物中心,地产投资开发、购物中心的招商运营能够有机结合起来,中国购物中心的发展进入快速发展阶段①。

(一)购物中心发展综述

1. 脱离核心商圈进驻社区

一线大城市购物中心在核心商圈的过度集中,造成了购物中心内部、购物中心与大型百货店的激烈竞争,为了避开竞争,购物中心逐渐脱离核心商圈进驻社区。从2009年已经宣布开业计划的商业项目的情况看,脱离核心商圈向社区渗透成为了购物中心新的发展趋势。大悦城在北京的第二个商业项目——朝阳大悦城将在2010年年中开业,该商场就植根社区,成为社区型购物中心。即将在2010年5月整体开业的华熙乐茂高调签约国际大牌Burberry,就是为了辐射区域内具备较高消费能力的社区居民。

2. 购物中心逐渐下沉二三线城市

随着经济的增长,二三线城市的消费市场渐趋稳定,消费能力快速提升,一站式、集休闲娱乐购物于一体的购物中心成了越来越多消费者的消费选择。从2009年新开购物中心以及宣布的商业计划的情况来看,江苏盐城的金鹰国际购物中心开业,SM集团在苏州、淄博的购物中心正在建设当中,铜锣湾广场宣布入驻湖北孝感,并将其扩张重点集中在二三线城市。购物中心进入二三线城市已经成为一种趋势,但消费者消费习惯培养、购物中心品牌招商仍然是购物中心下沉二三线城市的较大阻力。

3. 主题型、娱乐型购物中心加速发展

购物中心在一线大城市的扩展速度过快,部分城市已经呈现饱和状态。而且由于管理模式的问题,购物中心在经营形态和特色上呈现出极大的雷同现象,同时,百货店在规模和功能上的不断扩充,使购物中心面临的竞争环境更加恶劣。因此,为了实现差异化竞争,主题型、娱乐型购物中心开始加速发展。2009年,北京世纪金源引进了全国最大的儿童mall,新华南mall建设了东莞最大的羽毛球场地,多家大型购物中心纷纷承办一些美食节活动吸引人气。购物中心通过扩充和完善商业功能,明确和突出主题,逐渐走出一条差异化的发展道路。

(二)代表性购物中心企业监控与分析

1. 国内代表性企业监控与分析

本报告对2008年代表性内资购物中心在中国发展的情况进行了追踪监控,如表4-8所示。

(1)大型购物中心成立时间大多为21世纪初期

从购物中心成立的时间来看,广东天河城广场是我国现代意义上购物中心的开端,成立于1996年。而大部分购物中心的成立则要推迟到21世纪初期,北京世纪金源成立于2004年,深圳铜锣湾广场

① 中国购物中心产业资讯中心产业研究部发布的《2008—2009中国购物中心发展报告》显示,从2003年到2009年的7年中,全国购物中心商业建筑面积对社会消费品零售总额的贡献占比,已从0.3%上升到超过1%,增幅超过3倍。购物中心的商业建筑面积从2003年的约3000万平方米上升到2009年的超过1.2亿平方米,由于购物中心商业建筑面积的大幅增加,购物中心对提升社会消费的作用越发明显。

表 4－8　　2009 年部分内资代表性购物中心监控情况

名　称	首家购物中心地址	首家成立（开业）时间（年）	面积（万 m^2）	分店数（个）	分店分布	特色	2009 年动向
新华南 mall	东莞	2005	占地 51，商业面积 47	—	—	健康、快乐、异域风情、务实消费	5 月，推出两大全新游乐休闲项目——飘雪乐园和 4D 影院；7 月，东莞最大羽毛球场开业；8 月，加拿大海鲜美食节
世纪金源集团	北京	2004	总建筑面积 70.8	3	北京、重庆、昆明，正在建设中的（长沙、合肥、贵阳）	—	投资 400 亿开发南京城市综合体，年底启动；全国最大儿童 MALL 开进北京金源时代
广东正佳广场	广州	2005	商业面积 30	—	—	以体验式主题购物乐园为设计定位；网上商城	23 届广州国际美食节
广东中华广场	广州	2000	商业面积 17	—	—	—	投资方昌盛集团遭遇财务危机，海印获得广场 14 年经营权
广东天河城广场	广州	1996	建筑 16，商业面积 13	—	—	—	天河城集团投 21 亿欲在天津复制天河城
中粮地产	北京	2007	建筑 20.5	3	西单、朝阳、安定门、天津、沈阳	—	20 多个大悦城将在国内大中城市布局，天津大悦城启动，2011 年亮相
北京中关村广场购物中心	北京	2006	建筑 20，商业面积 14	—	—	—	—
杭州大厦购物城	杭州	2009	建筑 18	—	—	集购物、美食、休闲娱乐、会议展览、住宿、办公写字楼为一体	杭州大厦购物城开业
东方新天地	北京	2000	12	—	—	—	—
金鹰国际购物中心	南京	1996	营业面积 4.5	16	江苏、上海、西安、昆明	—	1 月，盐城金鹰国际购物中心开业
万达广场	—	—	—	37（13 家已开业）	全国	独创城市综合体，集购物、休闲、餐饮、文化、娱乐等多种功能于一体	2 月，南京万达广场开建
中信城市广场	深圳	2002	7.18	—	—	中信地铁商城，购物更加便利	—
铜锣湾广场	深圳	2000	—	—	深圳、北京、太原、天津、武汉、长沙、重庆、南京、大连、沈阳等	—	首度进驻长沙；铜锣湾入驻湖北孝感，主要入驻城市将以二三线为主

于2000年开业。购物中心业态是对百货业、超市、餐饮娱乐等多种业态的整合与统一，是随着经济发展适应消费者消费方式转变而产生的，购物中心在我国仍然是一种新兴的商业业态。

(2)大型购物中心分布地区主要集中在一线大城市

从目前大型购物中心的地区分布来看，大型购物中心主要集中在北京、上海、广州等一线大城市。虽然在二三线城市也出现了很多购物中心，但是大部分在商业规模和功能上距离真正的购物中心尚远，不能算做是真正意义上的购物中心。购物中心的发展需要有较强的经济基础和现代化的消费方式作支撑，因此，大型购物中心在我国的发展主要集中在一线大城市。

(3)购物中心连锁化程度低，大多处于单体经营阶段

从购物中心的分店数来看，目前大多数购物中心属于单体经营，没有进入连锁化经营阶段。购物中心由于单体规模大，建设时间周期长，资金投入高而回收慢，因此，购物中心大多作为各地区的地标性商业设施，具有很强的地域性，连锁化程度低。

(4)购物中心的功能不断扩充和完善

从购物中心的特色和发展动向来看，购物中心的功能不断扩充和完善，已经包含购物、休闲、餐饮、娱乐、文化、酒店、展览等多种功能。大连万达首次提出城市综合体的概念，并且在全国范围内不断推广，截至2009年年底已经有37家开业或在建的万达广场，大大加速了购物中心功能扩充的步伐。其他大型购物中心也纷纷通过承办美食节、修建体育休闲设施、举办娱乐活动等完善自身功能，提高核心竞争力。

2. 外资代表性购物中心监控与分析

本报告对代表性外资购物中心在中国的发展进行了追踪监控，如表4-9所示。

表4-9　　2009年部分外资代表性购物中心在中国的发展情况

名　　称	首家购物中心地址	首家成立（开业）时间（年）	面积（万m^2）	分店数（个）	分店分布	特色	2009年动向
华润万象城	深圳	2004	建筑18.8	2	深圳、杭州、沈阳、成都	—	启动成都城东华润万象城
新世界大厦	—	—	—	—	华北、华中、华东	—	大连新世界大厦开业
正大集团	上海	2002	建筑25	—	—	现代家庭娱乐及购物中心	拟在河南投资26亿开发正大广场
菲律宾SM集团	厦门	2001	建筑12.6	3	厦门、晋江、成都	—	苏州、重庆、淄博三处建购物中心
星摩尔购物广场	沈阳	2010	建筑32.6	—	—	集购物、展览、休闲、娱乐、办公、五星级酒店于一体的大型高端综合商业项目	—

(1)外资购物中心在21世纪初进入大陆地区

外资购物中心首次进入中国大陆地区的时间基本都集中在21世纪，20纪90年代的外资进入很

少。厦门SM在2001年成立,上海正大广场在2002年建成,深圳华润万象城在2004年开业,在时间上与本土购物中心的发展时间基本一致,但落后于外资超市、便利店等进入中国的时间。

(2)外资购物中心在中国的布局选择范围更加广阔

从外资购物中心进入中国所选择的地区来看,与超市、百货和便利店不同,外资购物中心的布局不仅仅集中在一线大城市,而是更加理性地选择了更加广阔的地区。SM集团首次选择了厦门,星摩尔购物广场的第一家也选在沈阳。而且从各购物中心的发展动向来看,其未来的区域扩张范围也更加多样化,正大集团拟在河南开发正大广场,SM集团在苏州、重庆和淄博三处建设购物中心。

(3)外资购物中心加快在中国布局的步伐

从外资购物中心2009年的发展动向来看,各购物中心在2009年都有开业或谋划建设的购物中心,例如成都华润万象城的项目正式启动,星摩尔购物广场即将建成。同时,从各大外资超市的发展动向来看,Tesco、家乐福等纷纷开启了各自在大陆地区的购物中心之路。因此,在目前中国购物中心发展格局未定,竞争尚不十分激烈的情况下,外资购物中心正在加快在中国布局的步伐。

(三)购物中心发展的主要问题

1. 发展过快,规模和结构存在偏差

配合着商业地产的开发,购物中心在近几年经历了快速的发展,特别是在经济发达地区的大城市。在地区分布上,购物中心主要集中在北京、上海、广州等一线城市,这是由购物中心需要较高的经济基础支撑决定的,但是,目前购物中心在一线城市的快速扩张却呈现过度发展的情形。在城市内部,购物中心大多聚集在商业中心区,市区购物中心和市郊购物中心发展相对较慢,呈现城市内部分布的结构性偏差。在规模上,购物中心大多作为地标性建筑来建设,没有考虑到城市居民的实际消费能力,普遍存在规模过大的问题。

2. 定位不当,行业竞争激烈

当前购物中心虽然具备满足消费者一站式购物需求的功能,但是在功能上仅限于百货店的延伸,缺乏自身的经营特色。购物中心在规划和招商上缺乏统筹安排,进驻的零售商雷同现象严重。纵观全国各大地区,购物中心的定位普遍追求大,而在目标客户的选择上没有进行细分,主题不够突出。因此,在购物中心快速扩张的情况下,大城市购物中心行业内部呈现竞争激烈的态势。

3. 运作主体分离,缺乏统一管理

购物中心的运作涉及开发、招商和运营三个环节,一般情况下购物中心的开发由地产开发商来完成,而购物中心的招商和运营则是由另外的主体来进行。购物中心作为协同发挥整体作用的业态,需要在业务、规划和战略上实现统一,主体的分离使得购物中心在协同性和统一性上无法得到满足。购物中心由于投资额大,开发主体通常通过分块门店出租或出售的方式进行资金回收,这样购物中心的开发主体失去了对购物中心的所有权,在整体上不能对购物中心进行统一管理,从而使购物中心缺乏在整体上的核心竞争力,不能发挥门店聚集的协同效应。

(四)购物中心发展的思考

1. 规模和布局的选择应当更加理性

购物中心的选址应当在充分分析进驻目标地段商业竞争状况的基础上,进行理性权衡,决定布局

地区的选址。购物中心的规模应当在充分分析目标范围内的居民消费能力的基础上，进行合理设定。消费者的消费能力决定了对购物中心的需求，商圈内商铺数量和规模决定了商业的供给，因此，购物中心的发展应当理性，进行合理的规模设定和布局选择。

2. 生活服务功能应当更加突出

购物中心作为一种新兴业态，是对消费观念和消费方式转变的一种适应和创新。购物中心经营的不仅仅是商品，更多是包含娱乐、休闲、餐饮等的各种生活服务。因此，购物中心功能的开发应当在百货店的基础上有较大的突破，针对不同的目标消费群体，突出不同的生活服务功能，形成更加明确的主题。

3. 开发、招商和运营的过程应当统一

购物中心的地产开发建设、商铺的招商和日常的运营应当进行统一，而不应当割裂开来。购物中心的各相关主体在购物中心不同的建设阶段有不同的目标，由于利益追求的短期性，造成了各相关主体在长期上利益的损失。因此，购物中心建设的各环节应当统一起来，将构建核心竞争力、更好地服务消费者作为最终目标，对购物中心进行统一招商、统一运营、统一管理，发挥购物中心真正意义上的商业集聚功能和协同效应。

(五)购物中心总结

尽管购物中心在中国只有十几年的发展历史，但在近几年展现出很快的发展速度，大有赶超百货店和超市，成为中国商业未来发展方向之势。购物中心是在零售经营要素组合上的又一次提升，在满足消费者消费需求的能力上更加突出，符合消费者消费方式的转变，因此，可以预见，购物中心在中国未来有着非常广阔的前景。

从目前购物中心的发展情况来看，购物中心在规模和布局上存在着一些问题，规模过大、布局过密成为购物中心竞争激烈的主要原因，是影响购物中心发展的不利因素。未来购物中心的开发建设应当更加理性，规划和布局应当更加合理。

购物中心要展现出比百货更强的竞争力，需要在扩充和完善自身功能上做足文章。购物中心作为商品和服务功能的综合体，不仅提供商品，更要提供各种生活服务。如果购物中心能够在整体上进行统一规划运营，完善服务功能，突出目标主体，构建自身的核心竞争力，那么购物中心在未来将展现出更强的生命力。

（喻宗亮）

第五章　专业零售业态

一、专卖店2009年发展报告

(一)专卖店发展全景

专卖店,是以专门经营或授权经营某一品牌商品为主的零售业态,通过固定门店经营,集中商品展示、提升商品品牌、便利客户消费以及提供售后服务。中国的专卖店模式从20世纪80年代初起步,是伴随着我国制造工业及其品牌一起成长起来的,经过了大约30年的发展,经营的产品范围也从最初的服装逐渐推广到IT数码、汽车、家电等几乎各个行业。近10年来,国内品牌专卖店蓬勃发展,成为很多企业营销的一大主力市场,是大型商场中的商品经过市场区分之后再加以细分化的结果。然而,纵观近几年专卖店的发展情况,品牌专卖店的成长并不是一帆风顺的。

表5-1　　2003—2008年专卖店基本情况

年　份	门店数(个)	营业面积(万平方米)	从业人数(万人)	零售额(亿元)	单店销售额(万元)	人效(万元/人)	坪效(万元/平方米)
2003	3105	43.8	2.5	84.9	273.30	33.95	19396.41
2004	4493	39.3	3.3	63.9	142.22	19.61	16242.48
2005	5718	41.4	4.5	110.9	193.88	24.85	26776.58
2006	5572	75.0	6.2	88.9	159.54	14.23	11856.24
2007	20540	169.2	13.5	474.6	231.06	35.16	28049.65
2008	14651	319.6	12.4	705.1	481.26	56.86	22061.95

资料来源:国家统计局。

从2003—2008年我国专卖店的基本情况来看,专卖店门店数2003年仅有3105家,而到了2007年已经突破了20000家,达20540家,2008年受国际金融危机的重大影响,众商家选择了谨慎发展、整合资源的策略,我国专卖店门店数出现了下滑,但仍高于2007年之前的水平。从营业面积来看,这几年来我国专卖店面积保持着增长的趋势,尤其是2007年和2008年增速较快,分别达到了125.6%和88.9%,2008年,我国专卖店门店数减少了,但营业面积却仍保持了高速增长。可见我国专卖店在金融危机的市场环境下,进行了结构调整,整合小型店铺。从业人数上升明显,2003年仅为2.5万多人,到2008年年底总从业人数已经上升为12.4万人，虽然受国际金融危机的影响，比2007年略有下降，但整体来看，我国专卖店的从业人数保持了持续的增长趋势。

从经营绩效上来看，2008年，我国专卖店业态整体零售额较2007年增加了230.5亿元，增长了48.57%。人效增长较快，坪效2008年相比2007年略微下降。单体店销售额2008年得到了显著的提升，增长了108.23%，这说明在整体经济形势下滑，企业遭遇危机之时，专卖店开始注重单店效益的提高，力图做强。

(二)2009年专卖店动态特点

在2009年中国宏观经济回暖、居民消费水平提升的背景下，专卖店整体销售旺盛，行业成长迅速，其发展呈现出以下三个特点：

1. 生产企业纷纷加快自建专卖店步伐

近几年来，随着一些行业市场成熟度越来越高，连锁专卖店顺应渠道扁平化的趋势，快速发展起来。其中，不仅有传统的服装鞋帽生产企业，也包括一些非生活必需品制造企业及新兴行业。例如，拥有百丽、思加图、真美诗、天美意等品牌的百丽作为中国最大的女鞋零售商直接涉足终端，通过自营和加盟的方式使连锁专卖店遍布全国。目前，达到一定规模，且具有一定品牌效应的生产厂商已不单纯依靠传统的超市、商场等销售渠道，而是纷纷开始绕过层层分销渠道，通过自建品牌专卖店更快、更稳地发展壮大。

随着经销商对品牌认同程度的提高和家电企业对渠道的掌控需求，2009年开始，格力、美的、海尔等家电生产企业纷纷加快了自建专卖店的步伐。2009年4月30日，格力在北京的第107家专卖店也在北三环马甸桥附近开业。进入5月份，美的空调在北京的专卖店迅速发展到80多家，并以一周一店的速度扩张。不只是空调企业，近一年来，帅康、方太、樱奇等企业都在积极建设自己的品牌专营店系统。樱奇在全国范围内实施“樱奇绿色厨房”工程，万家乐等品牌也高调推出大开专卖店计划。

除了在传统连锁卖场寻求继续扩大份额之外，更多的企业希望能通过自建渠道，加强同厂商的协作和议价能力。

2. 特色专卖店逐渐兴起

品牌专卖连锁已经成为中国零售行业的重要业态，大到家用电器，小到一包糖果，都采取连锁专卖迅速成长起来，尤其是在2009年，随着消费水平及能力的提升，消费者对专卖产品的需求都极大地推动整个行业的快速发展，一些特色专卖店应运而生。

以汪氏、蜜蜂堂为代表的一批蜂产品专卖店快速成长，以蜜蜂堂为例，从2003年开展加盟业务以来，目前全国连锁加盟店已突破2000家。谭木匠凭一把小小的木梳子在经历了十几年的专卖之路后，做成了市值十几亿的上市企业，在全国拥有800多家专卖店。

在宜昌，一些较有名气的土特产，往年多投放到大型超市销售，但在2009年，地方土特产有名气的产品越来越多，包装越来越精美，催生了土特产专卖店的产生，使土特产的销售有了更专业的渠道。

另外，在中国连锁经营协会日前评选的120家百强企业中，比2008年新增业态13个，零售业新增了冷鲜肉、文具、玩具、户外用品、化妆品、眼镜等品类的专卖店，这些企业的快速发展为中国专卖店的成长注入了新鲜的活力。

3. 品牌逐渐被认可，专卖店快速成长

随着品牌消费逐渐得到消费者的认可，人们的消费方式有向品牌专卖店过渡的趋势，专卖店成长速度加快。

2009年，国际服装专卖连锁巨头在中国的扩张脚步迅速。西班牙的ZARA在中国的门店数量已经超过60家，并有意向哈尔滨、昆明等二线城市扩张；进入中国已7年的MANGO则在2010年开出直营店，高调营销，提升品牌形象；2009年春季，来自瑞典的H&M继在中国香港、上海等地开设14家店后，在北京又新开了两家门店；来自日本的UNIQLO也全力以赴扩充店铺网络，计划在中国每年新开100家店。与此同时，民族品牌李宁在国内市场的大幅突进为其走向国际市场打下了基础，李宁在美国的首家专卖店于2010年1月5日正式开业。

不仅是在服装领域，2009年休闲饰品、副食品的销售业绩也都呈现出前所未有的高速增长态势。年报数据显示，谭木匠2009年营业额达1.398亿元，同比上年增长28.7%；全年实现净利润4592万元，较2008年的2587万元增长了77.5%。据悉，2009年，谭木匠在新增146家加盟店的同时，也不断加快新产品的发展，共推出123款新品，公司面市的产品已经达到2000余款。从事海产品专卖的海晏堂销售额从6660万元增长到了17820万元，门店数也从154家快速增长至294家，业绩大幅上升。

（三）代表性专卖店及竞争情况

表5－2　　2009年部分代表性专卖店监控情况

企业名称	始建时间（年）	上市时间	分店情况			销售额（千万）	2009年大事记及未来动向
			内地分店数（个）	新店（关店）	分店分布		
特百惠	1995		3010	10	北京、广州、上海、成都、西安、长春等全国300多个城市	55	—
谭木匠	1993	2009	870	146	国内外200多个城市	13.98	将在北京、上海、重庆等地新开60家升级店，并开设25家新国际店，以拓展国际市场，打造国际知名的木制家居饰品品牌
好利来	1992	—	800	0	北京市、天津市、辽宁省、黑龙江省、吉林省、河北省等	200	—
探路者	1991	2009	458	66	北京、上海、辽宁、山东、河南、内蒙古、新疆、陕西、江苏、浙江、四川等	29.34	2010年力争实现营业收入4.08亿元，新开店150家，并完成200家店铺的信息系统建设。同时，公司将不断完善内控体系建设，严格防范经营风险；发挥募集资金的使用效益，扩大探路者品牌的市场占有率；加强自主研发实力和供应链管理能力，持续提升探路者品牌的综合竞争力

续表

企业名称	始建时间(年)	上市时间	分店情况			销售额(千万)	2009年大事记及未来动向
			内地分店数(个)	新店(关店)	分店分布		
五芳斋	1998	—	203	95	嘉兴、杭州、绍兴、上海、进化、温州、苏州、宁波、湖州、南通、无锡、成都等城市	68.14	2009年开始进军电子商务新领域,"五芳斋e商城"及"五芳斋淘宝网官方旗舰店"上线,8个月累计创下千余万销售额,正式签约成为2010年上海世博会园区餐饮服务供应商;作为浙江省餐饮企业代表入驻"中华美食街"
李宁	1990	2004	7249	332	全国各主要城市	769.32	2010年年初,李宁在美国开设的第一家专卖店在波特兰低调开业,这意味着李宁在中国市场的销售额超过耐克后,开始将战场延伸至耐克的"大本营"美国市场
美特斯邦威	1995	2008	2863	165	全国各主要城市	521.75	与美国梦工厂动画电影公司、上海美术电影制片厂、日本三丽鸥公司签署战略合作协议,推出MTEE系列,定义为旗下最具创意的一个系列,以此为平台,在系列服饰中,展示动漫、潮流事件、环保、插画等主题,将其打造成国内印花服装的第一品牌。该系列预计未来几年内将推出近万款产品,成为Meters/bonwe品牌又一新的亮点
吴裕泰	1997	—	204	23	北京、天津、河北、山西等	54.02	2009年吴裕泰电子商务网站也正式运营,开始全面拓展新的新销售渠道。另外,吴裕泰与中国南方航空公司强强合作,在头等舱、商务舱开始全面运营"空中茶苑",向茶叶深加工领域进军。2010年,吴裕泰将积极参与上海世博会项目,继续提升品牌价值,开拓外阜市场
南京桂花鸭	2003	—	220	18	南京市、扬州市、南通市、无锡市、宿州市等	97.62	—
缤果动漫	1998	—	732	316	国内主要城市均有分布	35	—
百丽	1992	2006	9169	—	国内主要城市	1073.69	入围2009年中国慈善榜
富安娜	1994	2009	1200	100	国内主要城市	79.18	2009年业绩稳步上升,于深交所上市,计划在西南地区建立生产基地,满足西部市场的需求
百圆裤业	2003	—	1292	204	太原、合肥、哈尔滨、成都、武汉、沈阳等城市	55.52	2009年9月获"十佳百姓喜爱品牌"称号,2010年计划在央视上打广告,全面打开品牌知名度
丑丑婴儿用品	1996	—	601	51	全国主要城市	10.1	在保持原有一线市场适度增长的基础上,着力二线市场,挺进三线市场,并在一年的时间内完成开店1000家的市场门店目标
堡狮龙	1993	—	1178	122	福建、浙江、江苏、河北、四川、重庆、上海、天津、辽宁、黑龙江、河南等	225.4	未来会逐步增加内地所占的比重

在对2009年代表性专卖店监控中,我国全国性专卖店呈现出如下特点:

1. 服装专卖店的竞争愈加激烈

与世界服装发展的历程相近,中国服装的发展,也经历了从地摊升级为服装市场,再由服装市场升级为专卖店市场的过程。到目前为止,服装品牌的成功,广告的功效,但最根本的是消费升级的必然趋势。

一方面,由于服装行业可以满足人们衣食住行中"衣"的基本要求,起步早而发展快的基本态势决定了服装专卖店领域的竞争较一般专卖店更为激烈。特别是在体育运动服装市场上,不仅有国内品牌李宁、中国动向、安踏、特步、361°等在进行激烈的争夺,阿迪、耐克等国际知名品牌也以其独特的资金和品牌优势,快速占领了中国一线城市,并向二三线城市进军。

另一方面,商场节假日,店庆日6折、7折的大幅度促销,对服装专卖店产生了直接冲击,特别是服装销售的黄金节假日,如"五一"、"十一"、"春节"等,消费的人气相当一部分被商场的优惠活动吸引,这也使得服装专卖店的生存更为艰难。

品牌间的竞争加剧,渠道转型升级、终端转型升级也拉开序幕,服装品牌的大店热也就应运而生。近年来,国际服装品牌将旗舰店的概念引入了国内,旗舰店已经融进人们的购物方式。在上海的南京东路商圈,美特斯邦威与雅戈尔的旗舰店相互呼应;西安东大街商圈,50米之内三大品牌美特斯邦威、森马、以纯的专卖店总营业面积达20000万平方米;七匹狼在北京、上海、广州、西安等地发展40家大型"男士生活馆";报喜鸟上市融资后也是首先在一线城市开设大旗舰店。一大批旗舰店的发展更加凸显了服装专卖店愈加激烈的竞争态势。

2. 专卖店细分更加明确

专卖店已经成为厂家与消费者重要的沟通渠道。随着产品数量、种类的快速增加,消费者需求更加细腻和专业化,专卖店内部细分也更加明确。从目前市场出现的专卖店不难看出,专卖店正从传统的行业大类走向具体市场细分的阶段,例如,在传统的服装专卖里出现了运动专卖、休闲专卖、商务专卖等细分专卖店;食品店也被细化成为有机食品专卖、休闲食品专卖、老字号食品专卖等。各式各样的连锁专卖、服务满足了人们的衣食住行各类需求。

专卖店从传统走向细分,对于专卖店经营者来说,也是目前激烈的市场竞争下开拓新的市场领域和新的消费热点的良策。

3. 品牌特许经营加剧市场竞争

特许经营在国外有一百多年的历史,其主要优势是操作简便、成本较低,可以快速扩大营销规模,满足消费者对便利化、规范化服务的需要。以经营特许品牌为主的特许经营体系,从沿海推向内地,从中心城市向中小城市发展,从区域向全国扩散,通过扩大市场领域,更好地满足不同地区高收入群体对中高档商品的需要。

特许经营的发展改变了过去商家受限于资金而发展缓慢的困境,极大地拓展了消费品市场。在监控的代表性企业中,2009年新开店铺中超过50%都是获得特许经营授权的加盟店,例如,探路者2009年新增的66家专卖店中53家是以特许加盟的方式,吴裕泰2009年新增的23家茶叶专卖店也有14家是加盟店。品牌特许经营一方面对于扩大市场领域有着积极重要的作用,另一方面也加剧了专卖店零售领域的竞争。

（四）专卖店现存问题与思考

专卖店作为零售终端的重要组成形式之一，在社会消费品零售中扮演着越来越重要的角色。从短期收益上来看，专卖店的出现带动了我国城市商圈及商业街的繁荣发展，收到了一定的经济效益，但同时也存在一些问题。

1. 专卖店发展遭遇区域瓶颈

连锁、特许专卖在发展的同时，也在面临区域发展瓶颈的问题，例如，在上海广受欢迎的休闲食品品牌来伊份发展至今仍未拓展至北方，而同样作为休闲品牌的座上客也只是占据了北京市场。相比较而言，服装专卖的跨区域发展较为乐观，真维斯、森马、李宁等销售网络基本已经覆盖全国一、二线城市。某些专卖品牌也选择先入驻三、四线城市，利用农村包围城市的策略来逐步推进。其实，我国目前的知名专卖店也都是从区域性品牌成长起来的，这是专卖店成长的必然之路，也是很多专卖店在成长中遇到的最大问题。

连锁专卖的大面积布点，必然需要一个庞大的资金链条系统支撑。企业除了本身的积累外，连锁专卖的模式近年来不断受到风投的青睐，如百丽、谭木匠、富安娜、特步等一大批专卖企业都得到了众多风投的青睐，可见，融资可以为突破区域发展的瓶颈以及整个产业的壮大起到积极的推动作用。当然，专卖店发展遭遇区域瓶颈也有很复杂的文化差异和地方保护主义的原因，但资金无疑是最大的障碍。

2. 专卖店品牌特色不够明显

在城市的核心商圈，美特斯邦威、佐丹奴、森马、真维斯、班尼路、堡狮龙等品牌，经常扎堆开店，定位相近，目标客户群相似，因此消费者大多将它们视为休闲服装类的品牌，对于具体品牌的忠实度并没有多大差别。

虽然已经有不少商家注意到同类产品的差别定位，如前文所述的专卖店细分市场越来越细，但在这一过程中，仍存在着大量的同类定位的品牌，在目前消费者热衷于专卖店规范舒适的购物环境、周到的服务之时能存活下来，其品牌特色不明显仍是专卖店存在的最主要问题之一，绝大多数定位相似的品牌将难以进入下一轮竞争。

3. 特许经营对专卖店品牌的影响

我国的《商业特许经营管理条例》自2007年5月1日起已经实施，这意味着我国的特许经营领域已有法可依，在一定程度上将改变之前国内特许经营市场鱼龙混杂、投资人和潜在加盟商权益无法得到有力保障的局面。但目前仍有一些加盟的专卖店出现质量问题，另外还有一些专卖店是未拿到特许授权的经营者，借某些名牌的号召力出售杂牌产品，这对于专卖店的品牌形象产生了诸多不良的影响。

尤其是一些加盟的专卖店由于品牌意识淡薄，经常会为了追求利润，利用合同疏漏之处而经营一些其他杂牌的相关商品，或是不注重维护品牌价格，随意打折销售，极大地影响了专卖店的品牌形象。

随着市场的不断发展，加盟店与直营店的矛盾越来越明显，如何协调两者的关系成了企业的重要任务。对于挂靠名牌却销售劣次产品的加盟专卖店要规范其登记、审核及监管，形成协调的总部与加盟商的关系，维护品牌形象的统一。

（五）专卖店总结与评述

随着顾客群体消费力的提高，专卖店越来越受到消费者的认可，消费者更愿意去货源清晰、商品真实可靠的专卖店购物，近年来在传统的服装、化妆品之外，更是成长起一批具有特色、定位明确的新兴专卖店。加上特许经营模式的引入，专卖店的市场空间被大大拓展了。我国也由此产生了一些全国甚至少数世界名牌产品，如联想、李宁、谭木匠、吴裕泰等。

由于相关法律规定不健全尤其是品牌意识淡薄，目前我国的专卖店市场仍然有些混乱，但不可否认的是，品牌专卖店是很多企业营销的一大主力市场，也是我国制造企业向下游零售终端发展的一个重要途径，对于品牌的创建与推广有着极其重要的意义。专卖店必须在最基础的品牌定位上创新，寻求差异化和鲜明的特色，竭力推广品牌，在利用特许经营这种集融资与开拓市场于一体的发展模式中，注意加盟专卖店质量与品牌形象的维护，这样才能在竞争日渐激烈的市场中走得更远。

二、2009 年专业店发展报告

（一）专业店发展全景

专业店指专门经营某一门类商品、并且有丰富专业知识的销售人员和适当的售后服务，满足消费者对该类商品选择需求的零售业态。目前，专业店的发展已经成为零售业的新潮流，近年来随着我国经济的快速发展，居民生活水平的提高，消费能力的增强，适应消费者休闲生活的发展需要，专业店的发展规模越来越大，范围也越来越广。

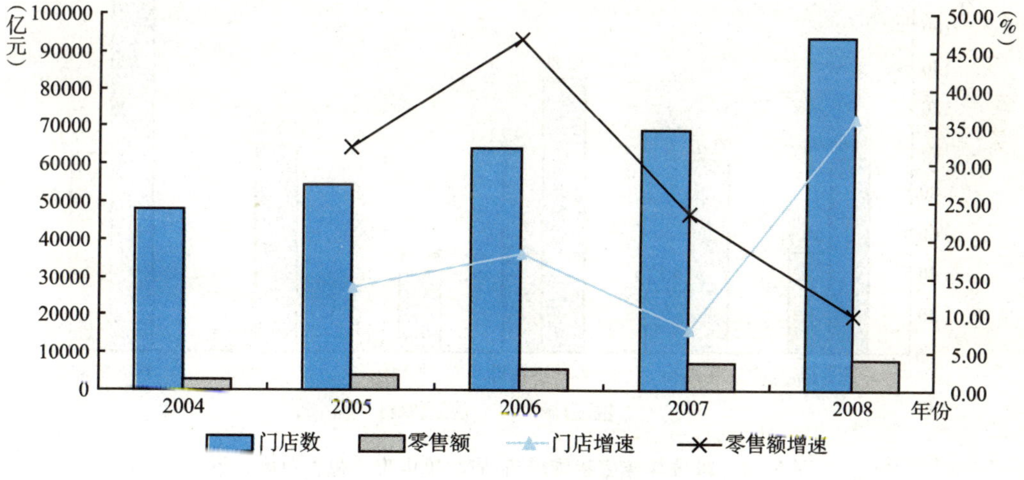

图 5－1　2004—2008 年专业店基本情况

数据来源：国家统计局。

从图 5－1 可以看出，2004—2008 年我国专业店的发展稳步上升，无论是门店数还是商品销售额都保持了逐年增长的趋势。门店数从 2004 年的 47825 个增长到 2008 年的 93656 个，2008 年增速达 35.8%；这五年时间里，专业店零售额也由 2998.7 亿元快速增长为 7882.0 亿元，尤其是在 2006 年专业店销售迎来增长高峰，相比 2005 年销售额增长 46.62%。这表明在我国经济持续增长，消费水平不断升级的背景下，专业店保持了良好的发展趋势。

(二)2009 年专业店发展情况

1. 家电及 3C 专业店

(1)家电及 3C 产业现状

工业和信息化部发布的统计数据显示，2009 年我国微型计算机产量达 1.82 亿台，增长 27.5%，其中笔记本电脑增长 38.8%。对比 2008 年的数据可知，微型计算机产量回升显著。2008 年，我国微型电子计算机产量 1.47 亿台，同比增长 14%，其中笔记本电脑增长 27.1%。2009 年手机产量 6.2 亿部，增长 9.8%；彩电产量 9966 万台，增长 9.3%，其中液晶电视机增长 85.2%。

从国家统计局公布的数据来看，2009 年，我国家用电冰箱累计完成产量 6063.58 万台，同比增长 18.8%；家用冷柜累计完成产量 1258.03 万台，同比增长 23.8%；家用洗衣机累计完成产量 4935.84 万台，同比增长 13%；家用空调累计完成产量 8153.27 万台，同比下降 4.1%；家用电热水器累计完成产量 1989.24 万台，同比增长 15.7%；微波炉累计完成产量 6038.21 万台，同比下降 4%。2010 年 5 个月以来，家电各大类产品产量累计增幅均呈逐月上升态势。

(2)家电消费及保有量情况

随着社会主义新农村建设步伐的加快和家电下乡政策的逐步推进，农村的家电消费也不再是传统的普通电视机，空调、冰箱、平板电视机、数码照相机、电脑等逐渐进入农村市场。从家电产品市场保有量来看，我国城市家电保有量已基本达到了饱和的状态，而我国农村的家电保有量仍远远低于城市，这使得农村消费市场较城市有更大的增长潜力。

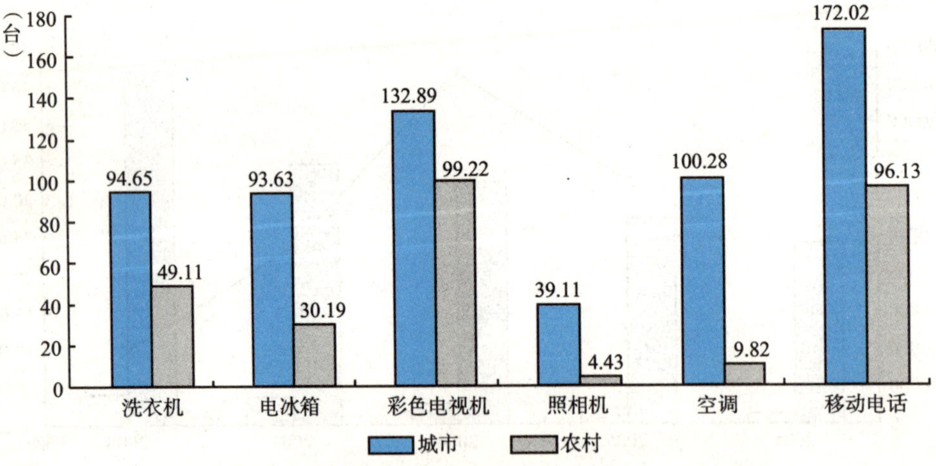

图 5－2　2008 年年底我国城市、农村家电市场每百户拥有量

数据来源：国家统计局。

从图 5－2 中看出，到 2008 年年底，我国城市居民彩电、空调和移动电话保有量已经基本饱和，洗衣机和电冰箱也接近饱和，每百户拥有量分别为 95 台和 94 台。而在农村消费市场，电视机和手机的百户拥有量最高，分别达到 99 台和 96 部，已接近人均 1 台(部)；农村居民空调和冰箱保有量很低，每百户拥有空调 10 台、照相机 4 部，家电产品的保有量之间差别较大，传统实用型家电如彩色电视机保有量最高，而数码照相机、电脑、空调等家电保有量非常低，开拓潜力巨大。移动电话近几年来发展势头强劲，普及率增长较快，据统计，2009 年全国移动电话用户净增 10613.8 万户，达到 74738.4 万户，移动电话普及率达到 56.3 部/百人，比上年年底提高 7.8 部/百人。

(3)2009 年家电及 3C 专业店发展现状

目前，家电类连锁专业店已成为家电销售的主流业态，据估计占到大中城市家电零售市场 70% 以上的份额，并开始向中小城市延伸。2008 年年底的金融危机使家电业整体发展陷入低谷，尤其对于家电出口影响更大。但在 2009 年国家一系列利好政策的推动下，我国家电企业逐步调整自身产业结构，完善国内市场渠道，并通过积极的并购整合，完成了渠道和技术的从无到有，产业规模的从零散到集中，家电行业整体也取得了快速增长。

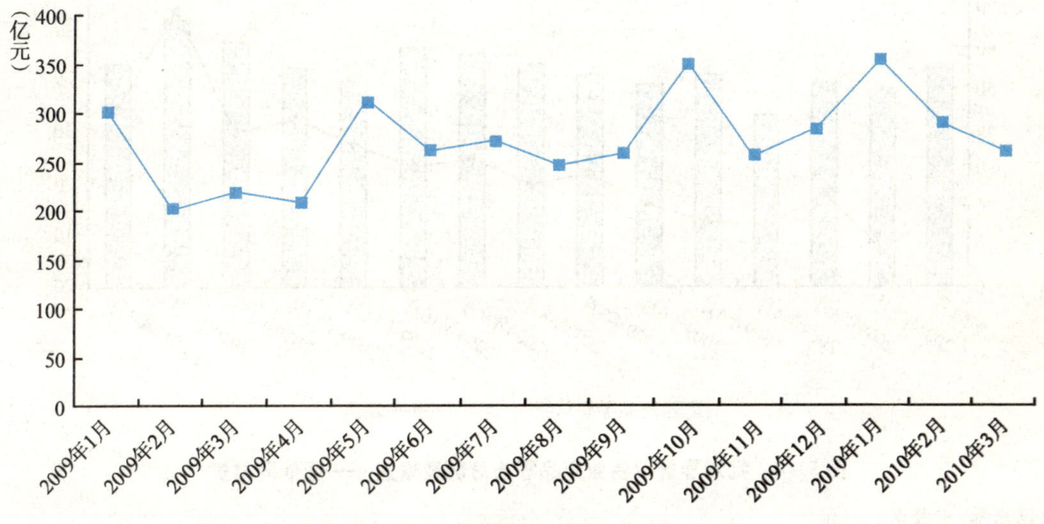

图 5-3 家用电器和音像器材类批发零售贸易业商品零售总额

数据来源：中经网。

2009 年，家电企业的产品销售额节节攀升，特别是在 2009 年 10 月，我国家用电器和音像设备类零售额为 350 亿元，达到销售高峰，同比增长 35.4%（如图 5-3）。进入 2010 年，由于春节消费的带动作用，第一个高峰出现在 1 月份，家用电器和音像器材类产品零售额为 351.7 亿元。从单月零售数据看，2009 年 2 月份同比增幅为负值，但考虑到 2008 年春节在 2 月份，而 2009 年春节在 1 月份，剔除春节因素，将 1 月和 2 月数据加总比较，2009 年 1—2 月家用电器和音像设备类零售额为 498.4 亿元，较 2008 年同期仍然是保持增长的，增幅为 4.62%。① 家电行业零售额增速不断加快。在 2009 年中国连锁百强名单中，我们看到，苏宁电器集团以 1170 亿元的销售规模位居中国连锁百强榜首，国美电器集团以 1068 亿元的销售规模紧随其后，家电专业店的发展较一般专业店更为迅速。

2009 年 2 月，家电下乡政策推广至全国，通过中标生产企业和流通企业的努力，"家电下乡"销售呈现良好态势，促进了整个家电消费市场的繁荣。据家电下乡信息系统数据显示，截至 2009 年 12 月 31 日，累计销售家电下乡产品 3768 万台，销售金额 692.5 亿元。彩电、冰箱、洗衣机、厨卫家电等是较早走入农民生活中的家电产品，在农村已被广泛使用，并且呈现出进一步普及的态势，同时，电脑、数

① 中国政府采购网《2009 家电业跟着政策走 家电销售持续走高》。

码等普及率较低的产品需求开始凸显；家电下乡政策同时刺激了家电更新换代的积极性，加快了城乡居民家电更新换代的速度。销售数据显示，家电以旧换新中，消费者购买的新家电多为平板电视、三门、双开门冰箱、节能空调等中高档家电，更新换代特征明显。具体地，从家电专业店销售的主要产品来看：

①手机

从 2009 年 1 月—2010 年 3 月通信器材类商品的批发零售总额及增速来分析手机这一年来的发展情况，详见下图：

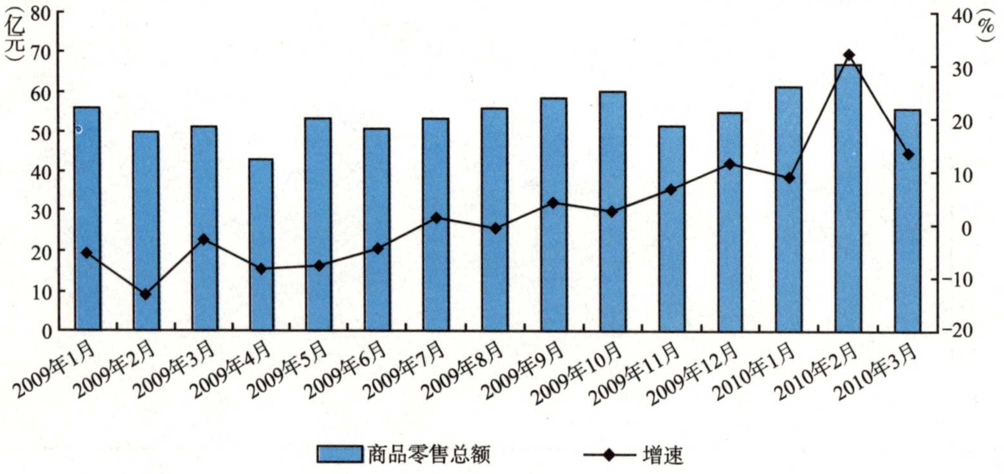

图 5-4　批发零售贸易业商品零售总额及增速——通信器材类

数据来源：中经网。

从图 5-4 中可以看出，通信器材类商品的销售额在 2009 年全年来看波动不大，保持了平稳的增长。与上年同期相比，上半年零售额增长明显低于上年水平，尤其是 2009 年 2 月份，当月增速 -13.2%，为全年最低水平。2009 年 7 月份开始，通信器材类商品当月增速基本为正，行业回暖，直到 2010 年第一季度，仍持续保持着增长的势头，尤其是在 2010 年 2 月，正值春节期间，当月增速高达 32.4%。

由于拓展通信用户的难度增大，3G 便成为电信营运商新的业绩增长点，因此在各家电专业店的显著位置，我们都能看到 3G 手机的身影。中国 3G 手机 2010 年春节期间销售量尤为突出，据相关估计，其今年销量有望达 4000 万部，年增近 7 倍，用户数由上年的 1500 万户增至 7100 万户。

② IT 产品

中国电子信息产业发展研究院数据显示，2009 年中国 IT 市场实现销售额 8710.8 亿元，同比增长 13.2%。2009 年中国 IT 市场主要呈现两个特点：一是消费升级成为市场支撑点，在外需波动的形势下，政府出台了“家电下乡”、“以旧换新”政策，扩大居民消费成为 IT 市场新的支撑点，内需消费成为市场发展的最大推动力；二是技术创新推动应用拓展，IT 产业强大的自我创新能力仍然是推动市场发展的内在动力，以上网本、智能手机、电子书等为代表的新产品新应用不断拓展市场，发展空间。

③彩电

2009年彩电零售市场总体规模为3450万台，同比下降3.2%，销售额1312亿元，同比上升6.8个百分点。其中，液晶电视在零售量上取得了较大的突破，市场零售量在2359万台，占总体市场的68%，比2008年上升一倍。

据奥维咨询的统计数据显示，国内外品牌阵营的销售量比例大约为8∶2。目前，国内品牌在互联网电视方面走在了前列，TCL的MITV与创维的酷开电视都得到了消费者的认可。有市场调研机构预计，2010年互联网电视的增速将超过50%，市场规模将超过300亿元。

据中国电子商会统计，LED电视目前在国内的认知度已高达81%，LED背光技术在液晶面板中的市场占有率将在3年内提升30%，到2010年LED液晶电视在国内的销量可达400万台，中国平板电视的竞争将延续LED电视的竞争。

④电冰箱

在金融危机的影响下，2009年年初，中国冰箱行业产量大幅下滑，市场消费低迷，在国家出台的一系列保增长政策带动下，2009年二季度经济形势出现好转，加上“家电下乡”政策的推进，市场消费好转超出预期，全年累计销售6579万台。①

随着“家电下乡”的深入，带有大冷冻室、节能的冰箱在三四级市场大受欢迎，中国冰箱产品结构两级分化现象明显。2009年，不少冰箱企业的“家电下乡”产品销量已经超过总销量的1/3，有的甚至接近1/2，这在客观上带动了各企业进一步拓展三四级市场的渠道深度。

⑤洗衣机

根据中国市场研究调查中心的数据，2009年全年国内洗衣机总销量达4205万台，与2008年基本持平。2009年洗衣机销售先抑后扬。受金融危机影响，中国洗衣机销量在2009年上半年出现3年来的首次负增长。由国家信息中心和中怡康等数据公司联合发布的《2009年中国洗衣机产业白皮书》显示，2009年1—7月，国内洗衣机总销量为1372万台，与2008年同期相比下降1.2%。② 从8月开始，洗衣机市场开始回暖，连续2个月销量出现同比增长。

在2009年的洗衣机市场中，一二线高端城市及农村中低端市场成为市场热点。洗衣机更新换代的需求以及人们生活水平提高带来的消费观念和生活方式的转变，带动滚筒洗衣机及大容量洗衣机等高端产品销售迅速增长。而与此同时，家电下乡政策使得部分农村市场的洗衣机需求得以释放，并带动大品牌洗衣机企业的销售网络下移，快速扩大农村洗衣机市场规模。

⑥空调

2009年，家用空调全国销售额约为615亿元，同比增长2.5%。尽管家用空调的零售金额仅有小幅增长，但从零售数量来看，2009年国内家用空调零售市场累计销量2565万台，同比增长8.5%，增速高于洗衣机零售市场。这主要是由于空调厂商大幅清理四、五级能效产品库存，造成市场整体零售均价下降，家用空调零售市场的销额增幅低于其销量增幅。

从家电专业店2009年在全国或重点城市的销售情况来看，家电专业店的销售受到金融危机的冲击，经历了低开高走的态势，销售和利润收益仍得到平稳的增长。但随着国家政策的支持，家电下乡

① 摘自国研网《2009年国产冰箱三四级市场大热 出口恢复缓慢》。
② 摘自国研网《2009年中国洗衣机行业分析》。

的开展及我国居民生活水平和消费观念的提升，家电有向乡村普及化和城市高端化的趋势，家电专业店的未来仍然值得期待。

(4)代表性企业

表5-3　　2009年部分代表性家电及3C专业店监控情况

企业名称	始建时间（年）	上市时间（年）	分店情况			销售额（万元）	增幅（%）	发展模式
			总数（个）	新店（关店）（家）	分布			
苏宁电器	1990	2004	941	128	在中国29个省和直辖市、200多个城市	11700267	14.3	强调继续进行较快的门店扩张，并进行营销创新上的变革
国美电器	1987	2004	1170	新店100余家，关300余家	全国近300个大中型城市	10680165	2.1	大规模扩张的阶段已经结束，现在的核心增长点是提高单店质量，2009年6月22日，国美公告称贝恩资本有条件认购约18亿港元转债，引入贝恩资本
江苏五星电器	1998	—	256	0	江苏、安徽、浙江、山东、河南、四川、云南等	2470000	7.4	2006年与全球最大的消费类电子零售商百思买成功合资，以"双品牌"策略拓展中国市场，2009年2月百思买完成了对五星电器的独资
百思买	2003年进入中国	—	7	0	上海6家，北京1家	2570000	—	—
宏图三胞	2000	2009	170	少25	江苏、安徽、上海、浙江、北京、山东，还有华南等地	1593775	-11.2	大规模、标准化、连锁直销模式
迪信通	1993	—	1310	26	全国80多个城市已经，基本覆盖全国省会城市	687255	4.0	全国连锁手机大卖场，已开展特许经营
江苏汇银电器	1993	2010	400	—	江苏南京、常州、苏州、无锡、镇江、盐城、扬州，安徽滁州、宁国等27个地市	—	—	直营连锁、加盟连锁、售后服务连锁和品牌专业店连锁的新农村家电连锁新模式，中国三四线城市家电专业店的领袖

前些年的并购整合造就了我国家电连锁专业店的两大巨头——国美和苏宁，它们已经成为中国家电连锁企业的典型代表，成功将门店开到了全国各主要一二线城市。由于三四线城市的开店成本、物流配送成本高，国美、苏宁等家电连锁在大城市的开店模式无法复制到三四线城市及广大农村，这

使得家电零售市场资源更加集中,竞争更趋于不平衡。

外资方面,2009 年,外资家电零售企业纷纷加快了全国布局的步伐。麦德龙日前已与中国台湾富士康科技合资公司达成协议,旗下的 MediaMarkt 和 Saturn 电子产品连锁店将于 2010 年在上海开出首店,预计 5 年内将在中国开设 100 家此类连锁店。此外,日本最大的家电连锁企业山田电机近日开始为在沈阳开首店做准备。2010 年 4 月底,百思买在苏州开店,与此同时其独资控股的"五星电器"也计划利用一年的时间新开 10 ~ 15 家新店。进入中国多年的百思买迈出全面扩张的关键一步。除苏州百思买之外,杭州百思买也已经落成,目前以百思买品牌落成的连锁店已由之前的 7 家增至 9 家,主要在上海及周边城市。尽管短期内家电格局不会改变,但外资家电专业店资本雄厚、背靠国内高端产品制造商,外资家电专业店加快在华布点将使国内家电零售市场的竞争更趋激烈。

2009 年金融危机之时,家电下乡带动了三四级市场销量大幅的上涨。目前在我国三四线小城市和广大农村的家电市场上,主要有深圳顺电、武汉工贸家电、日日顺电器连锁、河南家裕、安徽国生、合肥百大电器连锁、银川新百东桥家电连锁、牡丹江广汇、扬州汇银电器连锁、浙江百诚等先于或略晚于两大家电连锁巨头成长起来的区域型家电连锁。十年来在与两大家电连锁巨头持久竞争中,他们把市场开拓的重心放在了潜力更加巨大的农村市场。尤其是作为内地家电连锁营运商的汇银家电,十多年来一直耕耘农村市场,初步摸索出了一套适应农村市场的领先策略,"汇银模式"已成为乡镇电器连锁或农村电器连锁的代称,是三四线城市市场中一股不可忽视的新生势力。受益于"家电下乡"、"以旧换新"政策以及农村城镇化进程加快,汇银家电已于 2010 年在中国香港上市,融资渠道拓宽,品牌影响力进一步扩大。

2. 家居建材店

(1)我国家居建材行业现状

工业和信息化部统计数据显示,2009 年 1—12 月,家具制造业销售产值达到两位数较快增长,出口当月同比有所增长,累计仍然呈现下降趋势。

到 2009 年 12 月底,家具制造业工业销售产值累计增长 13.36%,累计产销率 97.94%,同比减少 0.1%;家具产量累计增加 4.9%。各产品产量同比都出现增长,金属家具、木制家具和软体家具涨幅差别不大,在 4.5% ~6.4%之间。

(2) 2009 年我国家居建材店发展现状

从图 5 -5 可以看出,2004—2008 年,家居建材店的发展经历了较大的起伏,2005 年发展迅速,全国门店个数达 94 个,创造了历史新高,比 2004 年的 79 个增长 19%,商品销售额也突破 100 亿元大关,达 102.89 亿元。2006 年和 2007 年,家居建材店出现重大调整,没有延续 2005 年的发展势头,2007 年全国门店数下降为 80 个,商品销售额为 59.59 亿元。进入 2008 年,家居建材店迎来了又一次发展高峰,门店数达 116 个,零售额也上升至 74.2 亿元,增速分别为 45%和 25%,可见 2008 年,在商品交易市场整体平稳运行的主趋势下,家居建材店发展出现回升,门店数已经达到历史最高水平,但由于受全球金融危机的影响,销售额仍小于 2005 年的水平。

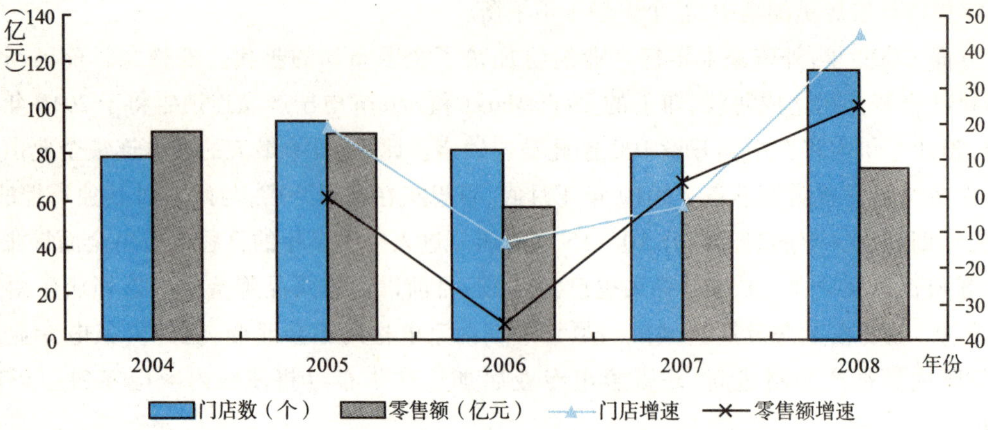

图5-5　2004—2008年家居建材店基本情况

数据来源:国家统计局。

通过2009年1月—2010年3月家居类商品和建筑装潢材料类商品的零售总额和当月增速,反映出家居建材店2009年发展的基本态势:

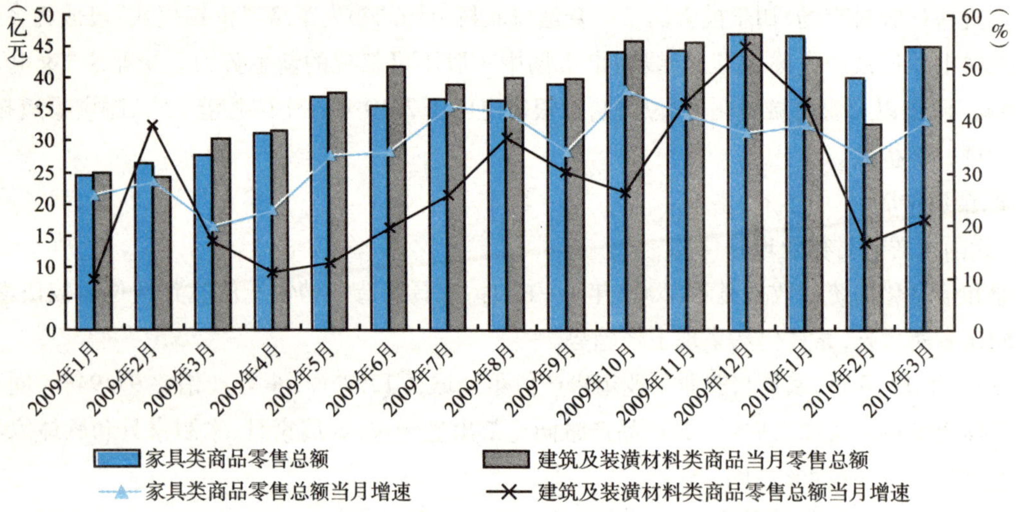

图5-6　批发零售贸易业商品零售总额及当月增速——家居建材类

数据来源:中经网。

2008年年底的全球性金融危机,让迅速发展了十多年的家居市场突然面临巨大挑战。图5-6显示,2009年上半年家具类商品和建筑及装潢材料类商品零售额保持了较为快速的增长,同比增长较快,市场回暖;进入2009年下半年,家具和建筑及装潢材料类商品零售总额环比增速放缓,基本延续了2009年6月的水平,但相比2008年下半年金融危机影响下的市场形势而言,整体销售规模也有了较大的增长,同比增长约30%左右。

(3)2009年家居建材店动态发展特点

2009年,家居建材店总体上发展平稳,与2008年相比表现出一些突出的特点:

①家居建材店逆势扩张

中国日益提速的城市化进程，为家居建材卖场的扩张提供了生存必须的消费基础，也成为大型卖场纷纷扩张的动力之一。金融危机下逆势扩张成为家居建材店2009年最明显的特点。连锁巨头宜家出资30亿在北京打造亚洲最大的旗舰店，国内家居建材卖场的两大领军企业居然之家、红星美凯龙亦紧抓市场机遇，不断跑马圈地。而香河家具城、城外诚、东方家园等成熟卖场以扩展的方式抢占市场先机，2009年，仅杭州市就新开了四家大型卖场，分别是欧亚达家居、宏丰家居城、红星美凯龙古墩店、天亿家居。

2009年7月16日，香江家居连锁机构宣布正式成立，原红星美凯龙华北、东北区总经理沈耀俊出任总裁。按照公司计划，从2010年开始到未来的5年里，香江家居在全国的店面数量要争取达到250家，其中自建的面积为5万平方米以上的商场要达到90个。2009年，7家香江家居店已经整合完毕，2010年将开业的香江家居达10家。

②家居卖场营销创新，提升消费者信心

随着家居卖场运作的不断成熟，商家们的营销手段也不断创新。一方面，家装套餐、橱柜套餐、家具套餐等家居套餐，以低廉的价格成功地吸引了消费者的注意。另一方面，消费券也成为家具行业的营销手段之一。2009年2月21日，南京家具消费券发放正式开始，面额从一二百元到一两千元不等，消费者凭身份证即可领取，目前全国已有不少城市开始发放家具消费券，进一步提升家居卖场的消费。

为吸引消费者，众多家居商场纷纷推出“买断价”等活动，产品售价远远低于其他商场的同类产品。“买断价”形式有两种：其一是商场与家居生产企业合作，商场花费巨额资金买断某一款产品，然后以超低的价格出售，借以吸引消费者的目光；其二是商场与商场内的商家合作，商家以最低的价格销售产品，与进价或正常售价之间的差额由商场出钱补足。无论商场采用哪种形式，与谁合作，最终受益的都是消费者。可见，家居商场也一直在为提振消费者的信心而努力。

③家居卖场开始走向国际市场

中国家具制造业在世界有着举足轻重的地位，家具出口一度位列世界前茅。但直到目前中国仍没有一个世界性的家居零售品牌。我国家居建材店的两大巨头红星美凯龙和居然之家与世界家居零售企业仍有着巨大的差距。

2009年，北京的老牌家居卖场集美家居的发展尤为引人注目。集美家具不仅在京城、天津开设新馆新店，更是一举进入海外市场。经过长期筹划，2009年6月，北京集美家居在法国巴黎买下物业成立市场，成为首个走向国际市场的中国家居流通企业。2009年12月10日，集美巴黎店第一批入驻商户亮相法国，正式与集美签约，预定在2010年开业。根据集美家居规划，集美法国项目将成为连接国外、国内家居市场的中转站和为中国家居企业搭建国际贸易的桥头堡，中国的建材家居产业将在更深广的范围影响世界。

(4)国内外代表性家居建材店及竞争情况

①国内代表性企业及发展情况

表 5－4　2009 年国内代表家居建材店监控情况

企业名称	始建时间（年）	公司关系	家居建材店分店情况			2009 年大事件	未来动向	运行模式
			总数（个）	新店（关店）（家）	分布			
居然之家	1993	国有控股股份制企业，2008 年与红星美凯龙结盟	21	6	北京、太原、重庆、沈阳、武汉、呼和浩特、西安、济南、昆明、哈尔滨、郑州、济南北园、济南泰安店	在鄂尔多斯、沈阳、武汉、郑州等地开出新店，以 7200 万的高价中标央视黄金时段的广告，2009 年 11 月末，居然之家与中国平安牵手，正式接手北京碧溪家居	2010—2012 年，居然之家计划布满全中国省会的城市，还会在地级以下的城市积极探索连锁加盟的方式	全国连锁“一站式”服务
红星美凯龙	1986	隶属于红星集团	60	20	长沙、重庆、徐州、西安、包头、银川、深圳、佛山、泉州、北京、上海、天津、扬州、苏州、杭州等 38 个城市	明星代言、包机采购、举办时尚鲁班会	红星美凯龙 2010 年还将同宜家一起进驻天津天一 MALL，现已开始动工。据悉，在未来的几年内，红星美凯龙还将在北京城区新增 3～4 家新店	大卖场的价格，大商场的服务
东方家园	1997	2008 年年初，引进欧洲瑞寰基金等知名国际基金作为公司的战略投资者	27	2	北京、沈阳、成都、西安、大连、哈尔滨、青岛、广州、长沙、太原、合肥等	获 2009 年度“最具影响力家居卖场品牌”称号	2010 年上半年东方家园将新增以建材、家居生活超市为定位的中型店面和 500～2000 平方米不等的众多社区便利店性质的小店	集专业化建材五金超市、国际化家居体验广场、一站式装潢中心、业界领先的电子商务于一体的全新商业模式
好美家	1998	隶属于百联集团	15	关闭 14 家	上海、北京、成都、武汉等城市	撤出广州、南京、宁波、安徽等地，一年关闭 14 家门店	—	中央采购制度，在总部建立自己的采购体系
靓家居	2001	广州市靓家居建材连锁超市有限公司	11		广州	—	—	“5＋5”模式
好百年　深圳	1999		约 20 家	1 家	深圳、上海、北京、杭州、郑州、长沙、珠海、大连、福州、成都、中山	郑州店开业，好百年家居 ISO 9001 工作启动	推行低碳环保，天津、济南、青岛、北京、福州也在积极筹备中	首创“功能分区”陈列方式，网络商城 HOBALIFE、好百年网络商城采取 B2B、B2C 的电子商务模式

续表

企业名称	始建时间（年）	公司关系	家居建材店分店情况			2009年大事件	未来动向	运行模式
			总数（个）	新店（关店）（家）	分布			
华美乐 东莞	2003	东莞市华美乐建材超市有限公司	12		东莞南城、常平、虎门、塘厦、长安，广州新塘	—	投入800万全面升级旗下南城、常平、塘厦、新塘店四大门店	“超市＋总代理＋多极营销渠道”的模式
曲美家具	1987	北京曲美家具集团有限公司	600余家		全国布局	荣获“2009消费者最喜爱的绿色商标”荣誉称号	开拓低碳生活往多功能家具	从产业链条上游向下游销售终端
香江家居	1990	香江集团	7	7	重庆、沈阳、武汉、长春等	2009年7月16日，香江家居连锁机构在深圳隆重成立，8月欧洲城香江家居MALL盛大开业	计划在5年内创建251家世界一流的家居连锁商场，并朝着世界家居零售品牌进军	首家采用德国SAP先进ERP管理系统的家居零售企业
集美家居	1984	北京集美家居市场集团有限公司	6	1	北京、廊坊	从法国圈地开卖场，携一线品牌进驻顺义，到北苑店开业抢占京城家居市场	法国项目纯外贸业务完成5000万元，天津环渤海的场地在面积扩大后绩效增加10%～20%，天津王蓝庄的大卖场如期开业	—

②国外代表性企业及特点

表5－5　　2009年外资代表性家居建材店中国发展情况

国家	公司	进入中国时间（年）	分店情况			未来动向	备注
			分店总数（个）	新店（关店）（家）	分布		
英国	百安居	1999	41	关闭22家	上海、北京、深圳、广州、中国香港、青岛、杭州、苏州、武汉、南京、昆明、福州、无锡、哈尔滨等	计划投入4000万美元，在2010年年底前完成对41家门店的全部改造	隶属于世界500强企业之一的英国翠丰集团
瑞典	宜　家	1998	7	1	北京、上海、广州、成都、深圳、南京、沈阳和大连	瑞典宜家集团投资6000万美元建设沈阳宜家，此外，英特宜家购物中心集团将在北京市大兴区建立大型购物中心，宜家家居商场将占1/4面积，达5万平方米，成为宜家家居在北京的第一大店	全球化的采购模式，目前宜家在中国的采购量已占到总量的18%，在宜家采购国家中排名第一

续表

国家	公司	进入中国时间（年）	分店情况			未来动向	备注
			分店总数（个）	新店（关店）（家）	分布		
法国	乐华梅兰	2004	2	1家北京	北京	上海和广州计划开店	早在1990年便开始在中国开展采购业务，并于1998年在广州和上海成立两个全球采购中心；2001年乐华梅兰在北京开设办事处筹备在中国发展的各项事宜
美国	家得宝	2006	10	关闭2家	北京、天津、郑州、青岛、沈阳、西安	—	2006年年底，收购天津家世界家居，成功登陆中国市场

③家居建材店竞争状况分析

2009年，中国家居零售行业竞争逐渐深化，在新的市场形势面前，大部分家居建材店选择了进一步扩张，进一步占领市场，做大做强，不可避免的是由于企业经营等原因，个别企业也选择关店等策略进行战略调整，在优胜劣汰过程中，市场格局不断变换。

2009年2月，家居建材流通业巨头红星美凯龙，携手居然之家宣布自2009年起结成战略合作伙伴关系，共同抵制恶性竞争，倡导与维护中国家居流通业健康稳定地发展，就“维护市场公平公正环境”、“抵制行业不正之风”等方面达成协议。2009年4月，红星美凯龙郑州商场、中博家具中心、欧凯龙家具连锁也走到了一起，共同举办了河南省首届家具文化节。家居商场之间的结盟意味着家居行业长期以来的非理性竞争局面逐渐得到缓解，这种强强联合、互帮扶持的“和谐、合作”将引领家居行业朝着健康、有序的方向发展。

一方面，2009年7月，作为香江集团属下企业——香江家居连锁机构宣告正式成立，计划在五年内创建251家世界一流的家居连锁商场，并朝着世界家居零售品牌进军。香江家居连锁机构投入巨资以全新理念切入家居零售市场，提升了现代商业的经营理念，全面拓展了商业空间格局，引导了中国居家文化及意识形态变革，此举将大力推进整个行业的全面升级。

另一方面，国际知名家居零售巨头看好中国市场的潜力，纷纷进军中国，它们庞大的采购、现代化的经营理念可能会使国内一些实力不强、经营理念落后的民族家居零售业淘汰出局。丹麦家居巨头居适家集团（JYSK）已在中国上海开设第一家店，成为其在全球的第1641家连锁店，未来计划在中国开设500家连锁店。居适家产品主推北欧风格的家居用品，包括床垫、羽绒被、纺织品、桌椅、沙发、家居摆设和庭院家具等。瑞典宜家集团也投资6000万美元在沈阳建设亚洲最大、全球第二大的宜家家居商场。虽然2009年百安居和家得宝在中国以关店和瘦身求得发展，但它们纷纷表示要在2010年对现有店铺作出升级和改造，更显示出其深耕中国市场的决心。外资家居零售巨头在中国的进一步扩张和调整，给正在逆势扩张、结盟作战的中国家居建材店带来新的挑战。

3. 加油站

(1)我国石油化工行业现状

为应对国际金融危机,实现“保增长、扩内需、调结构”的战略目标,党中央、国务院及时制订和实施了扩大内需、促进经济增长的计划,出台了《石化产业调整和振兴规划》。回顾2009年,我国石油和化工行业经济出现了企稳回升、总体向好的发展局面。2009年,行业工业增加值占全国工业增加值的12.00%,同比增长10.13%。分行业看,石油石化行业同比增长4.50%,化工行业增长15.90%,表现突出。2009年,全行业规模以上企业3.46万家;实现总产值6.63万亿元,同比增长0.3%;销售产值6.35万亿元,增长0.15%。

据国家发改委统计,2009年国内成品油产量2.14亿吨,成品油表观消费量同比增1.4%,达2.07亿吨,成品油产量高于表观消费量约773万吨。市场供大于求的局面迫使主营单位和社会经销商库存量改变了近年来的平稳局面,全年增长超过30%。

(2)2009年加油站发展现状及特点

近年来,随着中国国民经济的快速发展、交通基础设施的不断改善和机动车保有量的快速增加,加油站已成为民众生活中不可或缺的一部分。截至2009年10月,国内加油站数量达到114860家,较2008年增加3500家,其中民营加油站达到59085家,占总数的50%以上;成品油批发企业数量已超过2000家,其中民营批发企业达到563家。①

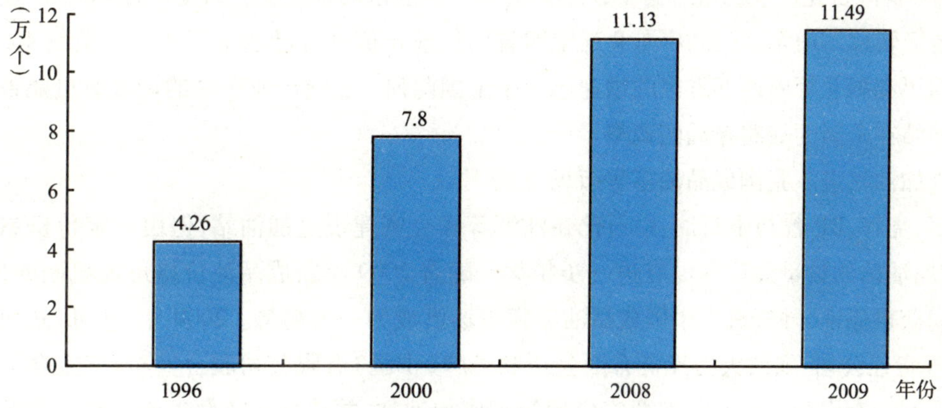

图5-7　近年来我国加油站数量

数据来源:国家统计局。

如图5-7所示,1996—2000年期间,我国出现了一股加油站建设投资的高潮,加油站总数由1996年的4.26万座迅速增加到7.8万座,四年时间增长83.10%。之后,受市场竞争、行业利润等因素影响,我国加油站建设渐渐放慢了步伐。2009年,我国加油站总量比2008年略有增加,增加了约3500座,增速缓慢,这说明,我国加油站日渐进入调整阶段,渐渐实现从数量增长转向质量提升,开始理性发展。

2009年加油站的发展呈现出以下三个特点:

①加油站深化多种经营

随着汽车时代的来临,传统意义的加油站单一加油服务已难以满足广大有车一族的多样化需求,

① 数据来源:2009年中国民营石油化工行业发展高峰论坛。

在加油的同时提供购物、就餐、修车、休闲、娱乐等多功能、综合性、一体化的服务越来越成为人们的迫切愿望。我国加油站经历了从单品种经营向多种经营转化的发展过程,2009 年,加油站继续深化多种经营方面,满足消费者日益多样化的需求。

2009 年 1 月,中石油与肯德基所属百胜餐饮集团中国事业部及美国油猴国际在山东威海联合宣布,全国首家中国石化加油站、肯德基汽车穿梭餐厅、油猴汽车快修一体化综合服务项目在山东威海落成开业。

中国石油加油站 uSmile 昆仑好客便利店也有了长足的发展,加油站及便利店数量与服务迅速增多。2009 年 1 月,攀枝花首家昆仑好客便利店开业,3 月,重庆第一家昆仑好客便利店在重庆销售公司人和加油站开业,为以司驾人员为主的消费群体提供快捷方便的一站式加油购物服务。在云南,昆仑好客便利店还免费为顾客提供旅游咨询服务,为游客提供具有当地特色的小工艺品及食品。中石油辽宁沈阳销售分公司直属的昆仑好客便利店与顶刮呱即开型体育彩票结盟,从 2009 年 3 月起开始销售顶刮呱即开型体育彩票。

②龙头企业引领作用增强,中西部发展速度加快

2009 年,中石油、中石化、中海油、中国中化、陕西延长等五大公司全年主营业务收入 3. 12 万亿元,同比仅下降了 5. 6%;利润总额 2680. 42 亿元,同比增长 8%,成效卓著,为全行业企稳回升发挥了龙头作用。

2009 年,我国石化产业的重心集中在东部沿海一带的格局未发生大的变化,但部分产业正由东部向中西部地区转移。山东、江苏、广东和辽宁四省的行业产值合计已达全行业总产值的 46. 2%;内蒙古、江西、四川和湖北等中西部省区的增速已位于全国前列。石化产业布局的调整有可能带动几大龙头企业加油站在全国的战略布局的调整。

③外资加油站进入我国成品油零售市场

前几年,壳牌、BP 曾与中石油、中石化在江浙等省合资建设过加油站,但由于定价机制未理顺等因素,合资加油站的数量此后并没有进一步扩大。随着 2009 年新成品油价格形成机制的出台,成品油下游利润获得保证,外资进入中国成品油零售市场已成为一大趋势。2009 年 10 月,陕西延长石油(集团)有限责任公司、陕西天力投资有限公司和壳牌(中国)有限公司联合宣布,三方合资成立的陕西延长壳牌石油有限公司已在陕西西安启用第十座加油站,并计划在陕西省建设和运营约 100 座加油站。

3. 代表性加油站

(1)中石油

中国石油天然气集团公司是于 1998 年 7 月在原中国石油天然气总公司的基础上组建的特大型石油石化企业集团,作为中国境内最大的原油、天然气生产、供应商,2009 年,尽管其成品油产量下滑,但是在销量上,中国石油仍取得了增长,销售总量达到 1. 01 亿吨,相比 2008 年的 9027. 8 万吨增长了 11. 9%。零售市场份额也得到了增加,达到了 38. 2%,增长了 0. 7 个百分点。加油站方面则减少了 118 座,减少至 16607 座。单站加油量从 2008 年的 9. 6 吨/日增长至 10. 1 吨/日。

(2)中石化

中国石油化工集团公司是 1998 年 7 月国家在原中国石油化工总公司基础上重组成立的特大型石油石化企业集团,是国家独资设立的国有公司、国家授权投资的机构和国家控股公司。中国石化

2009 年实现净利润为人民币 617.60 亿元，同比增长 116.5%。2009 年实现每股基本净利润 0.712 元，与上年同期相比增加 0.383 元。这也是多年来中国石化年度每股收益首次超过中国石油。到 2009 年年底，中国石化品牌加油站 29698 座，其中自营站 29055 座，特许经营站 643 座。

(3)中海油

中海油是 1982 年 2 月 15 日成立的国家石油公司，2009 年产量增幅表现不错。公司油气净产量达到 227.7 百万桶油当量，同比增长 17.2%，增幅位居同业公司前列。具体来说，2009 年中海油油气销售收入达 839.1 亿元人民币，净利润 294.9 亿元人民币，同比大跌了 33.6%。目前在全国的加油站数量仍然很少，至 2008 年年底仅有 187 座，甚至少于中石油、中石化一个区域销售公司的加油站数量。2009 年，中海油还获得成品油批发资格。这意味着，中海油将可以和中国石油、中国石化一样，在全国从事成品油批发业务。

(4)中化集团

中国中化集团公司成立于 1950 年，为中国四大国家石油公司之一，是国务院国资委监管的国有重要骨干企业，前身为中国化工进出口总公司。2009 年其销售收入超过 2000 亿元，利润总额突破 93.7 亿元，目前正在筹划以山东几家地炼企业为平台，构建全国性的油品销售公司，未来可能强势进入成品油销售市场。

(5)壳牌

英荷(英国、荷兰联营)皇家壳牌集团，早在 19 世纪 90 年代初，壳牌运输贸易有限公司的始创人马科·森默和森姆·森默兄弟，便已开始把煤油输入中国，并在中国香港、上海、广州和厦门建立油库。近年来，壳牌加快了在中国的投资步伐，2006 年收购统一石化，壳牌在中国成立了 30 多家全资或合资公司，员工总人数近 7000 人，其中 97% 以上是中国籍员工。壳牌与中国的三大能源——中石油、中石化和中海油建立了合作关系，目前在中国共有 500 多座加油站，大多是合营加油站。2009 年，公司全球营业收入达 2781.88 亿美元，较 2008 年下降了 39.3%。

(6)BP 石油

BP 由前英国石油、阿莫科、阿科和嘉实多等公司整合重组形成，是世界上最大的石油和石化集团公司之一。公司的主要业务是油气勘探开发、炼油、天然气销售和发电、油品零售和运输以及石油化工产品生产和销售。此外，公司在太阳能发电方面的业务也在不断壮大。BP 还是中国零售加油站网络的最大外国投资者之一，运营着接近 600 个加油站。2009 年，公司全球实现销售收入 2392.72 亿美元。

4. 药店

(1)我国医药行业现状

2009 年，金融危机的纵深发展和新医改方案的渐进推行影响了整个医药产业，而国家一揽子调控提振经济的新举措，又赋予医药经济快速增长的机遇。

从 1978 年到 2008 年，我国医药工业总产值从 79 亿上升到 8700 亿，医药工业占我国 GDP 的比重也从 1978 年的 2% 上升至 2008 年的 3%，①这说明改革开放 30 年来，我国医药行业增长的速度一直在加快，而且高于 GDP 增速。

① 国家药监局《2009 年度中国医药市场发展蓝皮书》。

国家统计局数据显示，2009年1—12月，医药行业累计完成固定资产投资额1462.6亿元，同比增长36.3%，增速比1—11月回落5个百分点，但仍比上年同期加快10.4个百分点。医药行业累计完成工业总产值9403.05亿元，同比增长21.0%，增速比2009年1—11月加快0.8个百分点，但仍比上年同期回落4.2个百分点；其中，2009年12月份，医药行业完成工业总产值982.90亿元，同比增长27.9%，增速比上月回落2.5个百分点，但仍比上年同期加快10.7个百分点。

（2）我国医药市场消费情况

一方面，随着城镇居民基本医疗保险制度试点范围不断扩大，农村新型合作医疗全面推进，新一轮医药卫生体制改革的出台实施，新医改政策逐步推进和落实，我国医药行业的需求进一步释放，呈现出需求旺盛、市场逐步扩容的特点。

另一方面，随着我国居民生活水平的提高，健康意识也不断增强，居民对于药品的需求与日俱增。中国是最快进入老龄化社会的发展中国家，预计2010年65岁以上老年人比例达到8.4%；2040年65岁以上老年人比例达到22%。这些因素都成为推动我国医药市场消费上扬的重要因素。

（3）2009年药店发展现状及特点

2010年3月31日，中国医药商业协会连锁药店分会发布了2009年中国连锁药店百强排名，根据此次参加百强排行的连锁企业2009年全年销售总额统计，2009年药品零售连锁企业销售前100强总额合计581亿元，相比2008年的521亿元，增加了60亿元，同比增长11.5%。

国家统计局数据显示，2009年1—12月，中西药品零售总额为2242亿元，同比增长21.7%，增速比2009年1—11月加快0.5个百分点；其中，2009年12月份，中西药品零售总额为218亿元，同比增长27.6%，增速较上月加快5个百分点。具体来看，2009年我国零售药店的发展中有以下三个特点：

①药店零售稳步增长，市场集中度有所提高

截至2009年，药品零售产业规模已超过1300亿元，占药品整体终端市场的26%以上，其中处方药占比近40%。2006年和2007年，零售药店的数量增长较快，平均增速达20%以上，受奥运监控严格的影响，2008年增长率只有18%，2009年上半年增长达到了19.8%，但是受新医改的影响，预计2009年的增长率和2008年持平或者略低。

根据2009年中国连锁药店百强排名统计，前10强药店零售企业销售总额合计235亿元，占百强销售总额的40.48%，与2008年的38.62%相比，增长将近2个百分点。

②医药零售市场迎来整合阶段

一方面，新医改政策中规定基本药物以"零差率"在医院和社区销售，势必冲击药店零售市场，特别是对基层单体药店和以单一药品销售为主的便利连锁药店的影响更为深远。另一方面，商务部正在制定的《药品流通行业"十二五"发展规划》和《药品流通行业标准》，带来的将是"扶大助强、优胜劣汰"，这将引发医药零售行业自然淘汰，适者生存，为零售药店带来重新洗牌的过程。

③"网上卖药"商务模式兴起

医药领域的企业进军电子商务是国际上的大趋势，但在中国由于网络药品交易刚刚放开，这一领域刚刚兴起。尽管如此，仍有不少商家看中了中国医药电子商务中蕴藏着的巨大商机，开始进入医药电子商务领域。从国家食品药品监督管理局获得的信息来看，目前全国已有43家企业取得"互联网药品交易服务"牌照。药品作为一种特殊商品，对企业的专业性要求也很强，必须有专业资格才能做，即使阿里巴巴、淘宝等网站也不能随便进入，牌照申请难度较大，这一新型商务模式未来进一步的发展有待接受市场的考验。

(4)代表性药店

表5-6　2009年代表性药店监控情况

企业名称	始建时间（年）	上市时间（年）	分店情况			销售额（万元）	增幅（%）	发展模式
			店数（个）	新店（关店）（家）	分店分布			
海王星辰	1996	2007	2867	158	深圳、广州、成都、上海、杭州、苏州、宁波、大连、潍坊、天津、青岛等	310000	10.71	直营连锁
湖南老百姓	2001	—	350	140	湖南、湖北、河南、河北、广东、广西、北京、天津、山东、上海、江西、江苏、浙江、陕西	268000	5.10	平价连锁，直营，2008年，公司成功引入外资8200多万美元
重庆桐君阁大药房	1987	1996	—	—	重庆、四川、天津、北京	252000	22.93	—
湖北同济堂	2000	—	3000余个	—	湖北、江苏等	252353	5.78	
北京同仁堂	1669	2005	800余个	马来西亚1家	全国布点，另外海外合资公司(门店)28家	325021	10.59	老字号连锁
云南鸿翔药业	1982	—	1000余个	—	四川、云南、贵州、山西、广西等	206553	20.79	—
北京金象大药房	2000	—	320	0	北京、天津、四川、山东、河北、山西、内蒙古等	70000	2.94	2007年引入网上药店
上海华氏大药房	1998	—	811	260	安徽黄山、贵阳、重庆、临沂、六安等地	190362.34	34.86	直营加特许
美国美信医药	2003年进入中国	—	200余个	—	北京、上海、哈尔滨、江苏、浙江、福建、广东等	—	—	—
重庆和平药房	1997		2460	60	重庆、四川、贵州、广东、湖北等省市	198000	15.12	直营加特许

药店在我国的发展由来已久，闻名海内外的中华老字号同仁堂已经经过了三百多年的发展，以其独特的品质及品牌号召力占据了药品零售市场的一席之地。近年来药店连锁发展得也很迅速，以区域连锁为主，目前华南、华东、华南、西南、东北、西北都有各自的强势连锁药店：南有海王星辰、中联、老百姓、开心人、大参林，北有国大、成大方圆、天士力，东有复星、南京医药旗下药店，西有云南一心堂等。2010年，随着新医改的实施，零售药店将进入全国性连锁药店发展整合期。

从竞争格局上看，目前我国形成既有单体药店和中小连锁，又有大连锁和平价药品超市，还有专业药店的竞争格局。近几年零售药店的利润越来越薄，各零售商仍然能够生存主要是受益于医院与药店较大的药差价，大量处方的外流给药店带来不少的经营利润。但随着基本药物目录引入社区中心，基层卫生医疗机构实行药品价格“零差率”销售，差价由国家补贴，院店同价，价格被动局面或将进一步扩大，对零售药店形成不小的挑战。特别是按照新医改实施的部署，到2011年，城镇职工和居民基本医疗保险及新型农村合作医疗保险参保率达到90%以上，在医保覆盖逐渐提高的背景下，拥有医保药店的数量将成为各连锁药店竞争的关键。

5. 化妆品专业店

（1）化妆品产业现状

2009年化妆品行业国内生产能力进一步提高。1—12月，我国日用化学产品制造业产量产值继续保持稳定增长，月产量增加较快。截至2009年年底，我国共有4000余家化妆品生产企业，2万多个化妆品品牌。中国作为全球第三大化妆品销售市场，2009年销售规模已超过1400亿元。伴随着人们对高生活品质的追求，众多国际知名化妆品巨头加快了化妆品市场的拓展步伐。综观2009年的中国日化市场，宝洁、联合利华等外资、合资企业在我国化妆品市场中占据了主导地位，有着约80%的市场份额。

（2）2009年化妆品专业店发展现状

5年前，国内化妆品的零售以百货商场专柜为主。近几年，随着屈臣氏、丝芙兰、中国香港莎莎、广州娇兰佳人、上海韩束、杭州柏莱雅等内外资化妆品专营连锁的快速布局，专营连锁成为化妆品零售市场的一支生力军。以娇兰佳人为例，从2005年第一家店开业，到目前已发展拥有300多家门店，销售额超过5亿元，据其官方网站公布数据每天正以20家新店的速度在扩张。

化妆品专业店与传统渠道相比，凭借更加丰富的产品线、更加专业化的服务，以及更加优惠的价格吸引着消费者。据统计，目前国内市场共有大大小小的日化专营店10万余家，并且仍在以年均30%左右的速度增长。这一方面与服装化妆品零售企业的大力促销有关，另一方面也反映了随着城乡居民的消费能力进一步增强，消费已经从生活必需品更多地向选择性消费品、快速消费品转移，消费升级的趋势愈加明显。

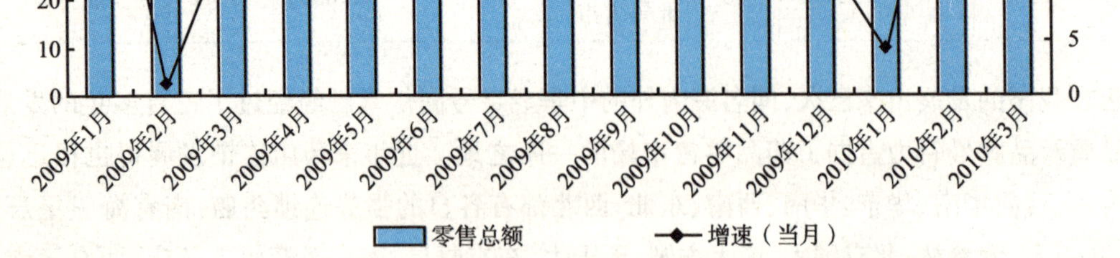

图5-8 批发零售贸易业商品零售总额及增速——化妆品类

数据来源：中经网。

尽管全年来看化妆品店的销售明显增长，但从图5-8可知，化妆品店零售在增长过程中波动仍然较大。2009年上半年，整体来看零售总额在月度之间变化不大，高峰出现在1月春节之时，这说明化妆品店依托节日销售的特性，而与2008年同期相比，2月份是唯一的负增长，这可能与春节后进入淡季，消费骤减有关。进入2009年下半年，特别是9月份之后，零售总额明显高于上半年水平，12月份达到顶峰73.1亿元，与圣诞元旦双节的带动有关。2010年第一季度，化妆品零售总额保持了2009年年末的水平，略有提高，其中1月份同比增长缓慢，较2009年12月份的销售也略有下降，2月份由于春节的关系，零售总额再创新高，达73.8亿元，同比增长29.5%，这主要是2010年春节比2009年推迟一个月所致。

在化妆品专业店领域，专注于现代生活方式并能为客户提供个性化和增值服务的零售商将成为真正的赢家。丝芙兰的优势在于一对一的专业服务，为顾客提供针对性的咨询和建议。如今颇具规模的化妆品专业店经营范围已不仅仅局限于化妆品，个人护理品、美容工具等也被引入。从屈臣氏卖水、万宁卖电池，到千色店卖饰品、内衣，再到众多连锁化妆品店开始引进香水、化妆工具，商品上的崭新尝试将推动店铺定位的差异化。

(3)代表性化妆品专业店及竞争状况分析

表5-7　2009年代表性化妆品店监控情况

企业名称	始建时间（年）	上市时间（年）	分店情况			2009年大事记及未来动向
			内地店数（个）	新店（关店）（家）	分店分布	
屈臣氏	1989	—	500	约150家	南昌、南宁、廊坊、合肥、芜湖、南京、无锡、成都、广州、杭州、上海、北京、武汉、重庆、郑州、天津、福州、哈尔滨、太原、洛阳、济南、宁波、厦门、温州、贵阳、兰州、长春、沈阳、抚顺、呼和浩特等	2009年东北、西南、西北的二三线城市，是屈臣氏新增门店的重点，2010年拟投入8000万美元用于门店扩张，折合5.5亿元人民币
莎莎	1978	1997	14	5	北京、上海、武汉等	于2011年之前，在内地开设门店将超过100家
法国丝芙兰	2005年进入中国	—	64	—	上海、北京、深圳、沈阳、杭州、宁波、广州、苏州、天津等	将全面渗透中国二三线城市，实现在2010年在中国开设100家门店
万宁	1972	—	100	—	北京、上海、重庆、广州、成都、深圳、苏州、无锡、宁波等	重点发展华南地区以外的内地市场，比如华东、重庆、成都、北京
娇兰佳人	2005	—	300余个	—	广州、北京、上海、武汉、杭州、成都、重庆、南京、郑州、厦门等	计划在未来6~9年的时间里，将店铺数量拓展到10000家，年销售300亿元
千色店	1995		100余个		深圳、广州、东莞、珠海、中山、佛山、惠州、成都、重庆等多个大中城市	至2010年预计门店将扩张至500家
百分女人	2002	—	300余个	—	南京、上海、杭州、舟山、宜兴、太原、双流、连云港、宣城等	—
歌诗玛	2008	—	74	—	上海、江苏、安徽、北京、山东、浙江等地	荣获"2009中国最具增长力化妆品连锁店"
美程	1995	—	54	—	天津、鞍山、沈阳、秦皇岛等地	2009荣获"中国化妆品金牌运营商"和"中国美妆产业创富领航杰出连锁机构"

在中国化妆品市场，零售连锁大致可分为三大部分：一是以个人护理用品为核心的外资和港台化妆品连锁店，二是本土化妆品专业店连锁，三是本土化妆品店中超过70%的单店，这三部分化妆品专业店相互补充又相互竞争，是中国化妆品专业店重要的市场主体。

第一部分是以个人护理用品为核心的外资和港台化妆品连锁店，这些企业背景经济实力雄厚，运营模式成熟，以国内一线城市为起点，现已经扩展到部分二线城市，占据着市场绝对领先地位。典型代表企业如中国香港的屈臣氏、万宁、莎莎，中国台湾的康是美和法国的丝芙兰，目标客户是18～45岁的都市时尚女性白领，虽然屈臣氏、万宁、康是美之间在店内的形象布置和货架商品陈列和构成上有着各自的特色，存在着各自的错位竞争，但它们都是以经营药品和化妆品为主营业务的个人护理用品连锁店，都是以吸引女性消费者为主，其市场竞争必然日趋激烈。这其中，屈臣氏经过十多年的经营与探索，经营定位以及商品组织更贴切大陆消费者需求，品牌也更深入民心，而丝芙兰以都市白领为目标客户，主要市场定位于高档化妆品领域，醒目的黑白色店标与高档的装修让店铺显得更加高贵，引人注目。

第二部分是最近几年中发展较为迅速的拥有一定品牌知名度的本土化妆品连锁企业，它们在区域市场拥有较高的市场占有率，但也容易受到外资和港台知名化妆品连锁店扩张的影响。如千色店、娇兰佳人、东大日化、歌诗玛、美程等，均以不同的方式走出自己的品牌连锁拓展之路，拥有较为明确的连锁经营战略，能够跨越传统的中心区域，向外扩张并达到一定数量的连锁店，这些年面对外资化妆品零售店的快速扩张，正在积极调整中，未来要走向全国连锁仍面临着较多的挑战。

第三部分是在本土化妆品店中超过70%的单店，它们避开了商业繁华地段，以便民服务为主，普遍门店产出不高，进入时间不长，自身实力不强，是本土化妆品店的底层力量，市场秩序混乱且竞争激烈。

现在越来越多的化妆品专业店已经意识到未来的发展是服务的竞争，但这恰恰是本土专营店的不足之处。由于缺乏系统的培训和具有竞争力的薪酬，很多本土化妆品专业店甚至大量缺乏专业导购。面对实力雄厚全力扩张的外资专业店，除了调整相应的布局策略和产品策略外，学习外资专营店成功的服务优势有助于我们真正提升自己的核心竞争力，产生可以和外资抗衡的本土化妆品专业店。

（三）专业店发展趋势预测

1. 家电专业店从规模扩张向集约化发展

顺应全球家电产业的结构调整趋势，我国家电零售业正从规模扩张向集约化经营模式全面升级。2009年家电连锁巨头苏宁收购日本老牌家电连锁LAOX公司，4月23日其在日本东京新宿东口开出日本国内最大的手表专卖店——LAOX WATCH。此前苏宁还准备在中国境内门店开设LAOX生活杂货、乐器店中店，国美集团下的国美锐动也准备做体育用品，积极进行产品线和细分市场的拓展。苏宁的精品店ELITE，国美的生活馆都表明国美和苏宁已经结束了大规模扩张的阶段，正积极尝试进行业态创新或门店的改革。

分析其原因，一方面是由于家电零售业面临着国内外越来越激烈的竞争环境，要想巩固行业的领导地位，就必须积极拓展市场，进行相应的结构调整，开创新的局面；另一方面，这也是家电零售企业自身转型升级、结构调整的需要。

目前中国家电连锁业逐渐进入了一个新的发展阶段，从前几年以跑马圈地、地域覆盖为主，向以市场细分为主寻求进一步发展。苏宁的精品店和国美的生活馆都是家电连锁业发展成熟后向细分市场领域拓展和过渡的市场化选择，也是家电连锁企业由最初的粗放式经营开始转型的结果。可以预见的是未来几年，随着竞争的加剧，家电连锁企业会更加注重门店的差异化经营，通过细分市场、客户、产品和服务，逐步从大众型消费向各个细分人群市场逐步延伸，更大地扩展消费者的选择空间。

2. 家居建材店可能成为家电销售的“第二主战场”

目前在国内大中型建材市场，厨卫电器的销售已初具规模，约占整体厨电市场的20%，除了厨电，目前建材超市里家电的品类越来越壮大，有些家电区域被安排在一楼最好的位置，足见家电在建材超市的地位正逐渐上升，家居建材店可能成为家电销售的“第二主战场”。

在百安居，冰箱、空调、洗衣机、吸尘器、加湿器、空气净化器、除湿器、烤箱、微波炉、电磁炉、电水壶等门类都已经出现在家居卖场里，品类多达10多种，入驻家电品牌多达40家以上，像海尔、伊莱克斯、博世、帅康、美的、西门子、史密斯等品牌均进驻其中，而有些品牌的产品型号齐全程度可与家电连锁店相比，成为建材店里的家电超市。广州靓家居建材超市也在近期加强了家电运营的规模，2009年11月初正式开业的靓家居花都店，其家电区域运营面积更是明显上升，达到600多平方米，入驻品牌达20多家。不仅是家电品类的壮大，还有运营规模上的扩营，都开始让家电日益成为建材超市的中坚力量。据百安居数据显示，家电销售平时大概占整个商场的6% ~7%，旺季时会上升到10%左右，这对建材超市上万个品类来说，已算不少的份额。

据了解，目前在建材界销售较好的产品主要是围绕家庭装修展开的家电产品，比如空调、热水器都必须在装修时同时布管、布线，是从家居设计概念的完整化出发的，装修时最好能一起考虑，在建材超市里销售更有优势；另外像加湿器、空气净化器、除湿器则属于空气治理产品，这也是跟家庭装修相关的产品。

3. 加油站竞争激烈，有望变服务站

2009年，我国成品油零售市场整体呈现供大于求的态势，在库存大增的情况下，中石油、中石化、民营加油站都出现了不同程度的降价优惠。激烈的市场竞争使众多加油站未来的发展方向转向了非油品业务。发展非油品业务不仅可以为加油站带来新的利润和效益，提升企业品牌和市场竞争力，对方便消费、扩大内需、增加就业、提升土地和设施综合利用效率也具有重要意义。

随着我国汽车保有量快速增长，加油站非油品服务需求日趋旺盛，石油经营企业的非油品营业收入也实现了较快增长。在非油业务领域，中石油、中石化分别以“昆仑好客”、“易捷”把零售网打造成功能完备、服务精良的综合性服务网络。通过与大型供应商合作，两大巨头也强化了销售能力和管理水平。2010年年初，商务部发布关于促进加油站非油品业务发展的指导意见，提出鼓励新建加油站开设非油品业务，并要求商务部门统筹规划加油站便利店等非油品服务设施，优先考虑在营的、毗邻社区的加油站。未来，国内加油站有望变身为集加油、购物、汽车保养与维修等为一体的综合服务站。“加油站 + 便利店”、“加油站 + 便利店 + 汽车服务中心”等多种组合形式将成为国内加油站发展的主流趋势。

4. 药店连锁加盟、多元化经营是大趋势

经过十几年的成长，中国零售药店的数量已经超过34万家，新医改方案提出要“严格控制药品流通环节差价率”，“鼓励零售药店发展连锁经营”，加之新的定价制度的施行，预示着流通渠道必将越来越短和扁平化，从生产企业经过一家流通配送企业到零售终端已经成为一种趋势。连锁药店具有很强的购进、配送优势，能提高与厂商的采购议价能力，因而相比较中小药店而言，品种更加丰富，价格也适中。

从国际经验来看，连锁经营是国际上的发展趋势。2008 年我国连锁医药零售企业达 1918 家，连锁分店 12 万家，占全国门店总数的 35.8%，而美国约占 60%，因此，连锁药店企业可加快扩张的速度和步伐，包括吸引更多的加盟店加入进来，扩大对中小城市和偏远地区的影响，我国的药店连锁经营仍有较大发展空间。

另外，由于新医改的"缺药"方案将对药品零售行业造成负面冲击，因此在经营方面，单纯依靠卖药赢利的时代已经过去，把药店打造成多元化经营的、大健康相关的零售药店是必然选择。新医改实施后，服务营销、会员制营销、网上药店营销、品类管理营销、文化营销等都有望出现。在业态赢利模式上，未来也可能出现大健康型药店、药诊店、多元化平价药超、社区便利店、标准药超、商超店中店、药妆店、处方药店、网上药店等多种业态赢利模式。

5. 化妆品专业店开拓连锁新时代

伴随中国经济的成长，消费迅速升级，化妆品需求快速放大，化妆品价格迅速提升。在众多本土专营店品牌的协力推动下，原有的大众日化商品的利润格局被打破，化妆品店捕捉到需求市场，进入了黄金发展时期。而在经历了长达 10 年的黄金发展期之后，数目超 10 万计、销售超数百亿的本土化妆品店正遭遇到越来越强的竞争对手和越来越微薄的利润。

在数以十万计的化妆品专业店中，有 70% 停留在单店阶段，20% 是多店形式，5% 是区域连锁，如福建跳蚤屋、云南佳丽、北京冰皙一族、东莞酷酷女人、潍坊三信、青岛喜爱等区域连锁，剩下很少的是千色、娇兰佳人、金甲虫、红太阳、歌诗玛、美程、保定东大、惠之林、百分女人等不到 1% 的跨区域连锁和屈臣氏、丝芙兰等全国性连锁。随着屈臣氏宣布将在 2011 年前于 100 个城市开设 1000 家门店，万宁计划于年底将门店总数再增加至 150 家，康是美也进一步加大开店步伐，而它们扩张的目光不再仅仅集中在一线城市，使得本土化妆品店的转型迫在眉睫。在资本雄厚、全球连锁的外资零售专业店面前，本土化妆品专业店转型的关键定位于连锁经营，只有找准自己的定位，开拓新的市场才能在这激烈竞争的市场中生存下来。

纵观中国零售市场其他专业店的发展我们会发现，在中国拥有的 30 万家药店中，超过半数近 16 万家为连锁药店，在中国家电行业中，仅苏宁、国美就占据超过 70% 的零售份额。可以判定，在中国化妆品市场中，单店主导的局面不可能永远存在下去，连锁是必由之路。2010—2020 年，将是本土连锁化妆品店快速成长的连锁十年，可以预见 10 年后，到 2020 年，中国连锁化妆品店将占到化妆品店总数的 30% ~40%。在迈步连锁十年的进程中，如何迎接挑战，实现持续发展，实现更大的规模，是每一个连锁化妆品店都需要深入考虑的问题。中国正处于消费经济的拐点，消费类产品的需求会呈爆炸式增长，在这种市场形势下，一批具有实力与远见的化妆品店会快速成长起来，迅速推进连锁事业，形成以连锁为主导的化妆品专业店市场格局。

(四) 专业店总结与评述

随着国内行业的迅速成长，某一专业领域具有齐全性，为顾客提供"一站式"购物的专业店也迅速成长起来。2009 年，我国城乡居民消费保持了平稳较快增长的态势，这一背景下，我国专业店为也处于快速成长的阶段。但由于发展历史和消费倾向的不同，不同领域的专业店发展阶段有一定差异，其战略选择也体现出一定的差异性。专业店经营和布局较为灵活，既可以与其他业态一起，布局在综合商业街或购物中心内；也可以与同类专业店集中布局，形成专业商业街或专业集群；个别大型的专业店，如家电专营店、书店、家居建材商店等还可以单独布局，同样具有较强的商业吸引力。家电专业店发展时间较长也较为成熟，因此已经基本结束了快速扩张的阶段，从规模化向集约化发展，而化妆品专业店连锁化程度和市场成熟程度显然较低，因而目前的战略重点仍是连锁化经营。

目前专业店间的竞争越来越激烈，正在进入洗牌和加速整合的阶段，目前国内的专业店，除了家电、医药行业做成具有全国影响力和规模的渠道通路外，多数行业的专业店只是区域性品牌，规模较小。专业店要想在市场竞争中生存下来，必须不断创新，依靠专业连锁经营来抢占市场份额。事实上，我们看到 2009 年中国许多做得成功的专业店正在谋求利用连锁、特许经营等手段快速壮大。

专业店品牌的发展方式是连锁化，将一个成熟的模式通过连锁直营或特许经营的方式迅速向全国渗透，从而快速地做大规模，打出品牌影响力。但在快速扩张中，可能会出现企业管理不善、商品质量问题和特许经营品牌受损问题，需要专业店经营者引起注意。因而，连锁业态需要的并不仅仅是大规模的扩张，而是更需要一个强有力的体系，开拓连锁的新时代。

（成慧）

第六章　无店铺和新兴零售业态

一、中国无店铺零售发展报告

（一）网上商店发展分析

网上商店是指通过互联网络进行买卖活动的零售业态。中国 1994 年接入国际互联网，1997 年正式诞生第一家电子商务企业。在过去的十几年中，中国网上商店经历了萌芽—调整—恢复—崛起—转型这一发展阶段。自 2006 年以来，网上商店经历了高速发展的几年。2008 年下半年金融危机的爆发使得一些外贸型的电子商务企业遭遇了寒冬，进入 2009 年，网上商店的发展进入转型和升级阶段，呈现出一些新的特点。

1. 网上商店发展现状

根据艾瑞咨询发布的《2009—2010 年中国网络购物行业发展报告》，2009 年中国网络购物市场交易规模达 2483.5 亿元，占社会消费品零售总额 1.98%，同比增长 93.7%，预计 2013 年网购交易规模有望突破 1 万亿元。另外，根据易观国际 Enfodesk 产业数据库发布的《中国网上零售市场趋势预测 2009—2012》显示，2009 年中国网上零售市场规模将达到 2526 亿元，B2C 市场增速高于 C2C，规模占比较 2008 年略有提升，达 8.7%。

从网上商店不同的运营模式来看，中国网上零售市场未来数年仍将是 C2C 市场交易规模占据更大的份额，但 B2C 网上零售市场规模的增长速度将远大于 C2C 市场，其规模占比将逐年扩大。传统零售渠道竞争的日趋激烈和网上商店的快速发展，使得大量传统零售企业和生产厂商纷纷建立自己的网上零售渠道，以扩大自身的市场份额，这直接导致了 B2C 市场的快速发展。同时，由于 C2C 交易方式容易受到诚信问题的困扰，不利于 C2C 市场的进一步发展。虽然淘宝网的信用评级体系对诚信问题的解决有一定作用，但是其对新进入的市场主体有一定的阻碍。而且，国家对于网上商店的规范要求不断提高，这对 C2C 市场的扩大也将产生抑制作用。

2. 网上商店发展分析

（1）传统企业大量进入 B2C

在网上商店快速发展、消费者对网络购物这一消费方式逐渐认可的背景下，传统生产企业和流通企业也纷纷将战略眼光由线下转向线上。出于扩宽流通渠道、扩大市场份额、提升品牌形象等考虑，大量传统企业纷纷进入 B2C。2009 年，麦当劳在淘宝开出第一家网上促销店；老字号网店（www.lzheshop.cn）正式开通，包括稻香村、全聚德、同仁堂在内的近百家老字号的 3000 余种商品开始网上销售；百联网上商城开店；中粮推我买网，网上卖粮油；迪士尼联袂淘宝开设网络旗舰店。B2C行业一系列的进入行为将大大增加网上商店的竞争程度。

(2)网上商店涉及产品更加丰富

由于独特的经营方式，网上商店对产品有一些特别的属性要求，比如产品标准化程度高、金额相对较低等等。但是，随着电子商务领域竞争程度的加剧，产品经营范围变得更加丰富。2009年1月，今日资本、熊牛资本等向京东商城联合注资2100万美元，引发国内家电B2C领域投资热。好百年家居于2008年12月28日正式推出好百年家居e购网，简爱家居也定下B2C网购平台制作方案，红星美凯龙的"多度商城"已推出测试版，试水南京市场。

(3)网上商店服务更加多样化

随着各行业、各领域的交叉融合化，电子商务也逐渐向电子服务扩张与升级，以提高自身品牌形象、扩宽增值业务。2009年1月，网易"有道"搜索推出首个面向普通大众提供购物搜索服务的购物搜索服务，随后谷歌(中国)也采取市场跟进策略，推出类似搜索产品，这标志着购物搜索时代的到来；一些网上商店推出网上试衣服务、网上下载、打印优惠券等。

(4)网上商店竞争日趋激烈

随着网上商店发展的日趋成熟，在网上商店行业进入壁垒相对较低、仍然存在赢利机会的背景下，网上商店每年新加入的企业数量飞速增长，从而造成网上商店的市场空间相互挤压，行业竞争日趋激烈。2009年，卓越当当网上价格战，由卓越挑起"图书畅销榜前100名五折促销"的行动立刻得到当当网针锋相对的回应——百种畅销书4.9折；淘宝卖电器火拼京东，物流配送成胜负关键。网上商店经营商品的种类逐渐丰富，经营同种商品的网店主体也逐渐增多，网上商店竞争范围更加广阔，竞争领域更加细化，竞争程度更加激烈。

(5)电子商务企业向线下实体平台进军

一些大型电子商务企业在取得成功后，随着规模的扩大，经营模式也开始由线上扩张到线下，用实体业务支撑线上业务。2009年，淘宝低调进军线下，全国试推实体加盟店；京东商城、当当网等B2C企业纷纷加大物流投入，建设自身的配送网点，支撑网上业务的运营，扩宽自身的赢利点。

(6)网上管理趋于规范化

从网上商店主体提供的服务来看，其服务标准更加规范，服务范围得到延伸。例如，京东商城推延保服务，延保服务首次登录互联网，消费者网购只需付出很小比例的延保费用，即可延长生产厂家承诺的产品售后时间和扩大保修范围，很大程度上解决了消费者的后顾之忧。淘宝网宣布首批5000网店推出客服业务；淘宝网对报复消费者卖家实行永久封店等。

从政策层面来看，国家工商总局规范网上管理的三条原则包括：首先，确立网店管理的任务是保护其良性发展，而非为其增加负担；其次，将着手建立网络交易诚信体系；最后，将加大网络交易维权力度。

3. 代表性网上商店监控与分析

本报告对2009年主要B2C、C2C网上商店进行了监测追踪，如表6-1所示。

表 6－1　　2009 年部分网上商店监控情况

企业名称	创建时间（年）	公司性质	主要业务	公司特点	2009 年主要动向
京东商城	2004	由京东公司 2004 年 1 月创立，正式涉足电子商务领域	是中国 B2C 市场最大的 3C 网购专业平台	拥有强大的物流体系	京东商城陆续在 29 座重点城市建立了城市配送站
新　蛋	2001 美国南加州	依托著名的美国新蛋网而创立的新一代专业电子商务消费服务网站	在线销售 IT 数码配件及相关产品	让购物成为享受，致力于为用户提供丰富的商品、便捷的购物方式和完善的售后服务	新蛋网首获政府“家电以旧换新”牌照
卓　越	2000	总部位于北京，卓越亚马逊是亚马逊在全球的第 7 个站点	经营图书、音像、日用品、数码产品	“精选品种、全场库存、快捷配送”的卓越模式	—
当　当	1999	由科文公司、美国老虎基金、亚洲创业投资基金等共同投资成立	提供图书、影视、数码产品的综合购物网站	“鼠标＋水泥”的运营模式	在国内首次推出手机当当网，并推出革命性的手机购买功能
凡客诚品	2007	在北京创办	涵盖至男装、女装、童装、鞋、家纺五大类	选择自有服装品牌网上销售的商业模式	VANCL 货到付款城市达到 862 个，位居国内同行前列，物流全面升级
麦　网	1996	是中国第一家获得政府批准的从事邮购业务的三资企业	—	—	麦考林启动加盟业务，三年欲开 2000 家门店
红孩子	2004	全国领先的目录多渠道销售企业，由北京红孩子互联科技有限公司运营	面向家庭的网上购物平台，主要经营母婴用品、健康产品、化妆品、家居用品、礼品等	—	红孩子集团签约 SAP，信息化建设逆势而上
淘　宝	2003	由阿里巴巴集团投资创立	包括通信、数码、服装、化妆品、书籍音像、运动用品、游戏装	第三方支付平台支付宝	设立 2000 万保障基金，年内启动全网购物保障计划
易　趣	2006	eBay 和 TOM 在线携手组建一家合资公司	提供电脑配件、手机数码、服装饰品、古玩收藏、游戏账号及二手货的在线拍卖	第三方支付安付通	
拍　拍	2006	腾讯旗下知名电子商务网站	拍拍网目前主要有女人、男人、网游、数码、手机、生活、运动、学生、特惠、母婴、玩具、优品、酒店等几大频道	建立了第三方支付平台财付通	
有　啊	2008	百度旗下电子商务交易平台	IT 数码、办公器材、游戏电玩、男女装、饰品、书籍、床上用品、食材、酒、运动休闲等	“百付宝”的付款发货方式	

(1)B2C 企业成立时间普遍早于 C2C 企业

从网上商店成立的时间来看,我国网上商店起源于 20 世纪中后期。而且 B2C 企业普遍早于 C2C 企业,B2C 企业在 20 世纪中后期便成长起来,而 C2C 企业则在 21 世纪初,特别是在近几年才发展起来。在 B2C 企业中,近几年以凡客诚品为代表的年轻公司得到了快速发展。

(2)网上商店商品经营范围逐渐由专一走向综合

从网上商店经营的商品范围来看,网上商店竞争日趋激烈,为了扩大自身的市场范围,网上商店逐渐从过去的专业型走向综合化,特别是 C2C 企业的综合化程度非常高。卓越、当当的经营范围都从书籍音像扩大到了数码产品等多种产品,淘宝也开通了电器商城。

(3)大型 B2C 企业自建物流体系

从大型 B2C 企业 2009 年的动向来看,网上商店自建物流体系,逐渐脱离第三方物流成为一种趋势。京东商城在 29 座城市建立了自己的物流配送站,凡客诚品也对自身的物流体系进行了全面升级。随着 B2C 企业规模的扩大,为了扩大配送范围,增强自身的经营能力,提高赢利水平,自建物流体系成为一种趋势。

(4)C2C 企业完善第三方支付体系

从 C2C 企业网上支付的方式来看,各大网上商店纷纷完善自己的第三方支付体系,提高网络安全。C2C 企业由于经营主体分散,交易存在着很大的不规范性,因此网络交易安全一直是网上购物的一大问题。淘宝、易趣、拍拍和有啊分别建立了自己的第三方支付工具,确保网络交易的安全性。

4. 网上商店发展问题与思考

(1)B2C 网上商店高速扩张下风险问题突出

电子商务的成功需要一个成功的模式,但是模式的成功并不能保证一个新兴电子商务企业的成功。电子商务企业需要在成本控制、品牌营销、渠道管理之间作出平衡。2009 年,PPG 彻底关闭,凡客诚品也显露出一些危机,这折射出这类电子商务企业在高速扩张下暗藏的危机。电子商务企业在一种新的运营模式取得成功后,往往会大量吸引风投从而步入快速扩张的道路,但由于没有把握好成本控制、品牌营销和渠道管理之间的平衡,风险将可能被快速放大。

(2)传统企业进军网上商店仍显盲目

在全球经济滑坡的形势下,大力发展电子商务更是被业界视为拉动内需、刺激消费的良策。2009 年,传统零售企业,特别是一些大型百货店,纷纷开展了自己的网上零售业务。但是,从经营效果来看,这些网上商城人气不高、流量较低、业绩普遍不理想。因此,传统零售企业在开展网络零售业务时,应当充分考虑自身的资源能力、可能存在的渠道冲突等问题,谨慎进入,而不是盲目开展。

(3)网上商店的规范程度有待加强

网上商店由于没有实体店铺作支撑,与消费者没有直接接触,因此在没有消费者实际监督的情况下网上购物的一些不规范行为就会频繁涌现。电子商务的诚信、安全与立法问题是阻碍这个行业快速发展的一大问题。目前网上商店特别是 C2C 组织化程度低,个别商家只注重短期赢利,或者是骗取钱财,扰乱了网上商店的市场秩序。因此,为了降低消费者的交易成本,促进网上购物的发展,网上商店的规范程度应当继续加强。

5. 网上商店总结

在实体渠道竞争日益激烈,互联网络基本普及的情况下,由于网上商店有着传统购物渠道不可比拟的价格优势，网上商店在近几年发展迅速，具有十分广阔的发展前景。但是由于网上商店的不可接触性，也伴随着大量的安全、规范性问题，因此，未来网上商店的发展要在充分发挥价格低和购物便利优势的基础上，有效解决支付安全、售后服务等问题，使得网络购物方式成为消费者能够接受的日常的购物方式。

（二）电视购物发展分析

电视购物是以电视作为向消费者进行商品推介展示的渠道，并取得订单的零售业态。

1. 电视购物发展现状

根据易观国际 Enfodesk 产业数据库发布《中国电视购物市场专题报告 2009》，2008 年中国电视购物市场（只统计电视媒体）销售规模达 105.7 亿元人民币，环比增长 51.2%，电视购物运营商整体销售规模达 127.4 亿元。电视购物在美国占零售市场总额的 8%，韩国占 5%，而在我国，目前仅占 0.1%，这意味着中国电视购物市场增长空间巨大。

中国目前电视购物发展迅速，但是也同样存在很多问题。早期电视购物企业成立于 20 世纪 90 年代中后期，多为电视直销模式，通过购买各地电视台的广告时间，进行商品营销。电视购物的推出，有效促进了销售额的快速增长，但是由于这种直销模式在信任度上的缺失，顾客投诉率也迅速上升。进入 21 世纪，以湖南快乐购为代表，专业购物频道的居家电视购物企业快速成长起来，有效解决了电视购物的规范问题，也得到政策上的支持，逐渐代表了电视购物行业的发展方向。

2. 电视购物发展分析

（1）电视购物规范程度有所加强

近年来，电视购物发展迅速，为活跃市场、促进消费发挥了积极作用。但是，一些广播电视播出机构不认真履行审查责任，一些电视购物短片广告中存在的虚假违法、内容庸俗、夸大宣传、误导消费等现象，造成了不良社会影响，损害了广播电视的社会公信力。2009 年，国家广电总局发布了《广电总局关于加强电视购物短片广告和居家购物节目管理的通知》和《广电总局印发关于电视购物频道建设和管理的意见的通知》，对电视购物行业的一些违法违规行为进行了规范，对电视购物发展提出了指导意见，提高了电视购物的规范程度。

（2）以广电为主导的居家购物模式将成为电视购物的主导

在目前电视购物的整体市场格局中，电视直销占 59.1%，专业购物频道占 40.9%。虽然传统电视直销仍然占据着主要部分，但是随着广电总局对电视购物短片广告和居家购物节目管理的规范，对居家购物模式的政策性指导，以广电为主导的居家购物模式将成为电视购物模式的主导。传统电视直销的规范程度低，没有良好的品牌形象作支撑，在市场竞争中也将逐渐处于弱势地位。

（3）电视购物与网上购物联系日益紧密

通过电视短片和电视节目，电视购物企业自身产品和公司影响力得到提升。伴随着网上购物的日益普遍，通过网站宣传公司产品从而促进销售的形式也逐渐增多。目前各大电视购物企业纷纷开设了网络销售渠道，橡果国际、快乐购、中视购物等都有了与电视购物相统一的购物网站。并且，在支付方式上，电视购物也逐渐向网上购物靠拢，通过与第三方支付企业的合作，有效提高了购物的安全性。

（4）名人频现代言门

2009 年 11 月 11 日，中国商业联合会媒体购物委员会通过电视、网络和报刊等媒体，通报了 20 则涉嫌违法的典型媒体购物节目广告。其中知名主持人赵忠祥、相声演员唐杰忠以及曾出演过领袖毛泽东的特型演员李学明等人进入了“黑名单”。名人频现代言门的现象反映了电视购物广告环节规范性有待加强。

2. 电视购物典型企业监控与分析

(1)橡果国际

橡果国际成立于1998年,主要从事产品研发、生产、营销策划、商品零售等业务,2007年在美国纽约上市。公司以电视、网络等多种媒体为推广手段,以计算机信息管理系统为辅助工具,成功创立起多媒体的商业推广平台。在中国快速增长的个人消费品市场上,橡果国际通过纵向垂直整合,铸就了好记星、背背佳、氧立得、紫环、安耐驰、网e拍、视乐奇等著名品牌,取得了令人瞩目的市场业绩。

2009年4月23日,橡果国际出资200万元,在北京市消协设立先行赔付保证金,消费者在橡果国际购物后,一旦发生消费纠纷,与经营者又协商无效,可直接向市消协申请先行赔付。这也是国内电视购物企业首次推出信誉质量保证金。

(2)快乐购

快乐购成立于2005年,是一家以电视、网络、型录等多媒体通路为销售平台的现代流通企业,专注开拓中国蓬勃发展之新一代家庭购物市场,是中国内地最具影响力的电视传媒机构之一。湖南卫视与湖南广播影视集团共同注资一亿元人民币,在中国国家工商总局注册成立,公司注册地位于湖南省长沙市。快乐购物为消费者提供从3C家电、家居用品到珠宝精品、美容服饰,乃至保险、旅游等全方位的高品质商品与服务选择。

快乐购目前除电视购物之外,还建立了纸质型录、网络、手机等渠道,已建成四大经营生产区、三大商品采购中心(长沙、上海、北京)、三大物流仓储中心(长沙、南京、天津)。6月,快乐购正式登陆上海市场。7月,快乐购联姻新壹周,推出湖南首个报纸购物项目。10月,湖南移动联合湖南卫视旗下快乐购,在国内首次推出了彩信购物业务。11月1日,湖南卫视快乐购正式落户海南数字电视40频道。

(3)中视购物

中视购物成立于2006年,是中国国际电视总公司直属企业,中央电视台面向全国的专业电视购物公司,坚持中央电视台“频道品牌化”的发展战略和“绿色收视率”的理念,定位于最具诚信的现代家庭购物公司,全力打造中国最具公信力的传播营销新通路。

2010年4月,宝东携手CCTV中视购物打造领先电视购物呼叫中心。通过电视购物呼叫中心的升级,中视购物能够为消费提供更加便捷的服务,加强与消费者的互动,提升品牌竞争力。

(4)七星购物

七星集团成立于1998年,是中国最大的媒体购物平台之一,七星拥有强势的媒体网络,除现有的东南卫视、湖南卫视、旅游卫视、上海东方卫视、重庆卫视、贵州卫视、吉林卫视等外,还拟采购更多卫视媒体和中央级媒体。2006年成立中国七星购物网,是中国最大的家庭视频购物网络平台。作为国内新一代商务模式的领头人,cntvs凭借在传媒业和传统销售业十余年的经验不断进行创新和改进,已经形成了自己强大的管理、技术、制作、销售、物流体系。

2009年7月,七星购物与酷六网合作,推动网络视频购物的发展;2010年1月,上海七星国际购物有限公司出资200万元作为先行退货款,应对电视购物退货难问题,提升公司形象。

(5)东方电视购物

东方电视购物由上海文广新闻传媒集团与韩国 CJ 家庭购物株式会社共同投资的上海东方希杰商务有限公司在 2003 年创建。东方 CJ 家庭购物节目已于 2004 年 4 月 1 日起,正式在上海东方电视台戏剧频道播出,目前公司通过电视、网络、会刊(商品目录)三大事业领域,共享接单与物流基础设施,开展家庭购物业务,为上海、华东乃至全国广大消费者提供各种在线商品信息。

2009 年 8 月,快钱携手东方 CJ 打通电视购物在线支付瓶颈,由快钱为东方 CJ 提供安全、便捷的在线支付解决方案,尤其是快钱提供的大额支付不仅给消费者带来便捷的购物支付体验,更解决了电视购物在线大额支付瓶颈的问题。12 月,东方电视购物入股车商联手房企,打造中高档电视购物频道。

(6)合家购物

合家购物在 1997 年成立于广州番禺。TVSN 在中国凭借自身强大的电视购物网络,通过电视、电子商务、邮购目录和电话直销的方式向中国消费者提供优质的商品,作为一个富有创新能力的多渠道零售商, TVSN 专门致力于为中国消费者提供完美的购物体验。其投资方为 Search 集团和 HSN 集团。

2009 年 6 月,合家购物与支付宝合作,希望通过规范化的支付方式化解电视购物行业的危机。

4. 电视购物发展问题与思考

(1)电视购物投诉比例依然居高不下

2009 年 3 月 15 日—2010 年 3 月 14 日,全国工商系统 12315 投诉举报热线共受理电视购物类申诉 2686 件,比上年增长 55.17%,增幅较大。假宣传、无发票、退换难、维权难等问题困扰消费者。伴随着较高的投诉比例,消费者对于电视购物行业的信任度持续走低,《2008—2009 中国电视购物行业发展报告》调查显示,观众对电视购物整体信心不足,80% 以上的观众把它当成一个广告来对待,仅有 17.65% 的人对电视购物有明显的信任,“看一看就换台”的比重高达 94.32%。

(2)电视购物行业自律程度低

电视购物企业的资质认定、准入程序、消费者权益维护、赔付机制等都是空白,急需建立规范的行业自律组织,推进其诚信体系建设。电视购物公司在经营过程中,面临激烈的竞争环境,不可为了牟取利润而采取不正当竞争的措施,应严格遵守反不正当竞争法的规定,摒弃投机取巧、违法经营,坚持正大光明、合法经营方为企业长远发展的出路。

5. 电视购物总结

电视购物在中国的发展过程比较曲折,经历过高速发展,也遭遇过诚信危机,然后又复苏重新发展。电视购物基本上就是伴随着诚信和规范问题而不断成长的。近几年来,随着国家法规对电视购物行业的不断规范,居家购物模式的电视购物不断发展,以及电视购物企业自身对解决安全诚信问题的努力,电视购物行业有望逐渐摆脱诚信问题,走上规范的发展之路。

(三)直销发展分析

直销指以面对面且非定点之方式,销售商品和服务,直销者绕过传统批发商或零售通路,直接从顾客接收订单。

1. 直销发展现状

1990 年雅芳登陆中国,是中国直销发展的开端。在随后的 8 年里,直销的发展经历了混乱、失控和整顿的阶段。1998年，国务院颁布了《关于禁止传销经营活动的通知》，对整个传销行业全面禁止整顿，从此直销行业进入了漫长的调整时期，外资直销企业逐步转为店铺经营，而内资中小直销企业则由于非法经营则陆续关闭，2005年年底，《直销管理条例》与《禁止传销条例》颁布，中国直销业从此走上了法治的道路。

目前国内直销拿牌企业24家，正在走申牌程序的企业15家，其他以直销方式运作的企业在900家左右，总体直销和准直销企业有近千家。其中拿牌企业对直销经营业绩的贡献度较高，从2008年的23家企业业绩总额400亿，增长到2009年的24家企业600亿。

表6－2　　中国直销企业一览（获取直销经营许可证）

拿牌顺序	企业名称	拿牌时间	拿牌顺序	企业名称	拿牌时间
1	雅芳（中国）有限公司	2006年7月	13	完美（中国）日用品有限公司	2007年8月
2	如新（中国）日用保健品有限公司	2006年12月	14	南方李锦记有限公司	2007年8月
3	宁波三生日用品有限公司	2007年2月	15	玫琳凯（中国）化妆品有限公司	2007年9月
4	宝健（中国）日用品有限公司	2007年3月	16	北京罗麦药业有限公司	2007年10月
5	新时代健康产业（集团）有限公司	2007年3月	17	广东太阳神集团有限公司	2007年11月
6	富迪健康科技有限公司	2007年4月	18	上海美乐家保洁用品有限公司	2007年11月
7	金士力佳友（天津）有限公司	2007年4月	19	天津尚赫保健用品有限公司	2007年12月
8	南京中脉科技发展有限公司	2007年4月	20	嘉康利（中国）日用品有限公司	2008年3月
9	安利（中国）日用品有限公司	2007年5月	21	江苏安惠生物科技有限公司	2008年11月
10	欧瑞莲化妆品（中国）有限公司	2007年6月	22	哈药集团股份有限公司	2008年11月
11	广东康力医药有限公司	2007年6月	23	克缇（中国）日用品有限公司	2009年2月
12	康宝莱（中国）保健品有限公司	2007年7月	24	江苏隆力奇生物科技股份有限公司	2009年7月

2. 代表性直销企业监控与分析

（1）雅芳

美国雅芳产品有限公司（AVON Products, Inc.）是全美500强企业之一，1886年创立于美国纽约。作为世界领先的美容化妆品及相关产品的直销公司，雅芳于1990年进入中国。雅芳（中国）有限公司现有74家分公司，覆盖国内23个省、5个自治区及4个直辖市，拥有雇员约2000人。

2009年7月，在哈尔滨的12家雅芳专卖店集体要求雅芳（中国）有限公司退货，与此同时雅芳（中国）有限公司还被曝因涉嫌传销被工商局调查。

（2）安利

自1959年创立以来，安利公司以直销方式开展经营，积极致力于提高消费者的生活品质，同时也致力于直销业在世界各地的健康发展。1992年，安利（中国）日用品有限公司成立，成为国家工商行政管理局批准的全国首批直销公司之一。在进入中国之初，安利以海外传统直销方式开始经营，1998年，为顺应国情，安利打破海外营运将近40年的传统，按国家规定采用“店铺销售加雇用推销员”的经营方式转型经营，先后邀请伏明霞、田亮、俞飞鸿和易建联、刘翔等作为安利产品的形象代言人，大力投放电视、平面广告，并在各地开展丰富多样的产品展示与推广活动，收到了良好的效果。

2009年，安利（中国）日用品有限公司销售额为201亿元人民币，缴纳税款42亿元人民币。12月4日，安利（中国）日用品有限公司与中国电信集团公司在广州联合举行战略合作签约仪式，同时宣布首款预装“安利商务随行软件”的定制3G智能手机正式启用，通过在线购物、业绩查询、顾客管理、模拟化妆等功能应用，安利电子商务推进到3G时代。

（3）完美

完美（中国）日用品有限公司成立于1994年，是马来西亚完美资源有限公司在广东省中山市投资设立的侨资企业，2006年12月1日经国家商务部批准在广东省开展直销业务，销售保健食品、化妆品和保洁用品。

2009年，完美中国计划加大在川的投资力度，其中包括重新选址打造新的四川分公司和在雅安新开门店。

（4）南方李锦记

南方李锦记由中国香港李锦记集团于1992年创立，定位于一个致力于传播中国优秀养生文化为己任的民族企业，“无限极”中草药健康产品是旗下著名品牌。

2009年3月，南方李锦记正式更名为无限极（中国）有限公司。更名后，南方李锦记品牌国际化正式启动，公司名称、事业品牌、产品品牌统一为“无限极”，更名后公司与李锦记健康产品集团的隶属关系不变，公司也将于2010年正式开拓国际市场。无限极（中国）有限公司同时将企业使命升级为“弘扬中华优秀养生文化，创造平衡、富足、和谐的健康人生”。

（5）玫琳凯

玫琳凯公司创办于1963年，总部设在美国得克萨斯州达拉斯市，是一家业务遍布五大洲30多个国家和地区、在全球拥有5000名员工和180余万名美容顾问的大型化妆品跨国企业集团，也是世界上最大的护肤品和彩妆品直销企业之一。1994年，玫琳凯位于中国杭州市经济技术开发区始建美国以外首家工厂。1995年，作为玫琳凯公司在中国的全资子公司，玫琳凯（中国）化妆品有限公司正式营业。

2009年9月，玫琳凯（中国）化妆品有限公司获得批准，可在云南、贵州、安徽和广西开展直销业务，其在华直销区域扩大到21个省级区域及5个计划单列市。

（6）康宝莱

康宝莱公司于1997年开始在中国投资。1998年10月，康宝莱在苏州工业园区设立省生产基地，并于2000年建成投产，成为除美国本土以外唯一的生产基地。2007年3月，获得直销经营许可证。目前在中国生产和销售的产品是以蛋白混合饮料为主的体重控制产品以及各类营养保健产品、个人护理产品共20多种。

（7）太阳神

广东太阳神集团有限公司成立于1988年，是以生产和销售保健食品、食品和药业为主的中外合资企业集团。1995年，太阳神集团作为中国保健食品生产企业，在本行业中第一个在中国香港联交所挂牌上市。在中国建立了庞大的分销网络，全国共有17个专业营销公司，销售网络遍布全国各地。2007年12月，太阳神获得中国第11张外资直销牌照。

2009年6月，太阳神邀请福建、江西、贵州、四川、海南、云南、广西、广东等泛珠三角9省工商系统考察工厂，意欲进军泛珠三角9省直销市场。

3. 直销发展总结

直销在我国发展了20多个年头，中间经历了曲折复杂的发展之路。2005年是中国直销业的法制化元年，是中国直销业重新发展的开端。直销在扩大就业、促进消费和拉动经济增长方面起了较大的作用，在运营模式上有其他业态不能比拟的人员优势、渠道优势和营销优势，具有较大的发展空间。因此，直销业要在未来取得良好的发展，必须在法制化的基础上，各直销企业经营主体强化企业制度，规范经营行为，使直销业走上一条规范发展的道路。

二、中国便利店发展报告

（一）便利店发展全景

便利店是以满足顾客便利性需求为主要目的的零售业态。相对于其他业态，我国内地便利店起步较晚，中国第一批出现的便利店包括1995年1月上海牛奶公司开设的可的食品便利店，以及其后相继出现的深圳7-11，华联罗森便利店为。2003年以来，随着我国经济的高速发展和居民收入的迅速提高，便利店业态进入了快速发展阶段。从我国目前的经济水平和便利店在全国各地的布局来看，中国便利店处于成长阶段。

整个2009年，一方面随着经济形势回暖，消费者信心增强，便利店经营状况好转；另一方面随着各外资便利店加速在全国各地扩张，便利店行业的竞争日趋激烈。从消费者信心指数来看，自2009年6月份以来，消费者信心指数一路走高，从6月的101.0①增长到12月的103.9，消费信心的增强在一定程度上改善了便利店的经营状况。同时，在超市、百货等业态在中国发展逐渐饱和的情况下，外资便利店加速了在中国各地的扩张趋势，便利店在中国的布局区域更加广泛。

从2003到2008年连锁便利店的发展情况来看，除2006年外，便利店在2003—2007年经历了快速发展，门店增速、从业人员增速和零售额增速都保持在20%以上，反映了目前便利店仍处于成长阶段，增长空间很大。但是，便利店受经济形势影响较大，由于2008年金融危机，便利店行业的发展普遍减速。从效率指标上来看，便利店的坪效和单店零售额在2003—2008年间经历了N型走势，而人均零售额则处于上升态势，由2003年的18.0万元/人增长到2008年的26.7万元/人。

1. 我国便利店的发展处于成长阶段

便利店的发展是和经济发展阶段、人均收入水平密切相关的。人均收入水平越高，消费者的时间观念越强，对便利性的要求越高，对价格的敏感程度相应降低。当人均国民收入达到3000美元时，是便利店业态的导入期；人均国民收入达到4000美元时，是便利店的成长期；而人均国民收入达到6000美元时，便利店便进入发展的高峰期。

2009年我国国内生产总值335353亿元，按2009年12月31日美元兑人民币汇率1∶6.8282计算，中国2009年度国内生产总值折合美元为4.9113万亿美元，2009年度中国人均国内生产总值达到

① 2009年11月前的数据用1996年=100作了标准化处理。

3680美元。从我国经济发展水平来看,我国人均GDP介于3000~4000美元之间,并逐步靠近4000美元,我国便利店的发展也逐渐步入成长期。

表6-3　　2003—2008年连锁便利店基本情况

年份	门店数(个)	门店增速	从业人员数(万人)	从业人员增速	零售额(亿元)	零售额增速	坪效(元/平方米)	单店零售额(万元/店)	人均零售额(万元/人)
2003	4447	—	3.5	—	62.0	—	9907.8	139.4	18.0
2004	7755	74.4%	5.5	60.7%	129.3	108.6%	15527.7	166.7	23.3
2005	11218	44.7%	8.0	44.8%	187.2	44.8%	12188.5	166.9	23.3
2006	12310	9.7%	7.3	-9.6%	194.0	3.6%	13093.5	157.6	26.7
2007	17126	39.1%	9.2	26.8%	246.6	27.1%	14295.7	144.0	26.8
2008	16196	-5.4%	9.8	6.5%	262.1	6.3%	14229.1	161.8	26.7

数据来源:中国贸易外经统计年鉴。

2. 我国便利店的布局呈现非均衡状态

从我国的经济发展水平来看,我国地区之间的发展存在着很大的不均衡性,地区差异较大。与经济发展水平相对应,我国便利店的地区分布状况也呈现很大的非均衡性。在北京、上海、广东等经济发达地区,便利店的发展起步较早,形成了以广东为核心的华南、以上海为核心的华东、以北京为核心的华北竞争较为激烈的三大市场;而在西北、西南等经济较为落后地区,便利店发展还基本上处于空白阶段。

但是,从2009年便利店的发展动态来看,各大外资便利店已经纷纷进入中国除北京、上海、广州外的其他一线城市和沿海二线城市。随着经济的发展,便利店的布局范围也更加广阔。

(二)便利店发展分析

1. 大型综超试水便利店,扩大市场份额

超市行业的竞争愈加激烈,而便利店行业在我国的发展仍有很大空间,大型超市开始进军便利店行业,以增强自身赢利能力,扩大市场份额。2009年6月,沃尔玛在深圳社区开了三家名叫"惠选"的便利店,以食品、日常生活用品为主,部分商品价格略高于大卖场的价格,其选址以便利、深入社区为特点,这是沃尔玛首次在便利店行业的尝试。早在沃尔玛推出"惠选"便利店之前,家乐福的迪亚天天折扣店、英国最大零售商TESCO的Express便利店已经在便利店行业试水。

2. 便利店便利服务逐渐多样化

便利店业态的核心特征在于所提供商品和服务的便利性。从便利店的发展情况来看,随着业态之间的竞争逐渐充分,便利店的便利性服务也逐渐丰富起来。例如上海便利店金融便利服务。自2007年下半年银联与商业银行率先在上海引进新式便民金融服务——便利店信用卡还款服务以来,便利店已经成为各银行提升信用卡服务的又一个重要延伸点,而沪上便利店还款逐渐成为主流。据统计,目前上海已有近4000家便利店升级为便民金融服务网点,上海知名便利店品牌快客、好德、可的、光明、喜事多等陆续开展了这一便民金融服务业务。此外,美宜佳经营彩票服务、7-11快餐服务等,都在各个方面为消费者提供了便利,从而提高了自身的竞争力。

3. 外资便利店发展呈现加速扩张趋势

随着经济水平的提高,便利店行业进入成长阶段,外资便利店纷纷加快扩张步伐。2009年4月30日7-11正式进驻上海,一次在上海精华商圈地段开了四家店面。根据公司战略,三年将在上海开出165家据点,四年开始获利,五年要冲出至少300家店数。7月,日式24小时便利店迷你岛入青岛5年开200家。9月,7-11进军天津,计划在津陆续开设200家连锁店铺。9月,万宁便利店准备进入上海市场,拟两年内在上海开店至30家。另外,全家董事长潘进丁宣示,全家将大举投注资本支出,预计三年内投资40亿元,再开500家店,进行店铺改装、店质提升、基础建设升级,以及人才投资和组织文化再造,在逆势时刻储存动能,希望2010年挑战营收500亿元目标。

4. 便利店信息技术运用逐渐推广

现代便利店的发展越来越离不开信息技术,不仅仅从商品采购到销售整个过程需要信息技术的支撑,而且便利店便利服务的多样化也对信息技术提出了各种各样的要求。便利店信息技术运用的逐渐推广加强了其在提供商品和服务上的竞争力。便民金融服务作为新型的基础设施建设,得到全国许多城市的关注。2009年,便民金融服务务进入全国30个大中城市,预计网点规模超过3万家。便利店话费充值、电子钱包票务代办、房屋中介、包裹邮件快递、城市一卡通消费充值、复印传真等服务项目的开展都需要信息技术的帮助。

(三)代表性便利店监控与分析

1. 国内代表性便利店监控与分析

(1)便利店的兴起晚于超市

从各便利店成立的时间来看,我国现在大型便利店兴起的时间集中在20世纪90年代中后期,而超市的兴起则集中于80年代末90年代初。因此,从成立时间来看,便利店要晚于超市,这也符合业态产生的普遍规律。随着经济的发展和人们生活水平的进步,消费者对于便利性的要求逐渐提高,而在价格上会作出一些让步。随着时间的推移,21世纪初期一些新型的便利店逐渐成长起来,分布的地域范围也更加广阔,逐渐延伸到内地。

(2)便利店多隶属于大型超市集团

从中国主要便利店的投资方来看,便利店大多由大型超市集团创立,作为其旗下的一个重要业务。例如,好德、可的便利店由农工商超市(集团)有限公司控股,美宜佳便利店则由东莞市糖酒集团设立。在统计的大型便利店中,只有喜洋洋便利店在成立之初就是将便利店作为其所有业务。便利店作为超市业态的补充,能够完善集团的市场布局,扩大集团的市场范围,因此,很多大型超市集团在得到成长后都会展开便利店业务。

(3)便利店地区间发展不均衡

从便利店的地区分布和店铺数的情况来看,我国便利店发展一线城市强于二三线城市,东部沿海城市强于内陆城市,南方城市强于北方城市,其中尤以东莞和上海的便利店发展最为成熟。在店铺数排名前五的便利店中,东莞和上海各占据两席。我国便利店发展不均衡的情况主要由我国经济发展水平不均衡的状况决定。

表 6-4　　2009 年国内部分代表便利店监控情况

名称	注册地点	始建时间（年）	公司隶属关系	主要分布地区	店铺数量(个)
农工商集团便利店(好德、可的)	上海	1994	农工商超市(集团)有限公司	上海市	2500
美宜佳便利店	东莞	1997	东莞市糖酒集团	东莞	2380
快客便利店	上海	1997	联华超市	上海市	1980
苏果便利店	南京	1996	苏国超市有限公司	南京市	1203
天福便利店	东莞	2004	东莞创美集团控股	珠三角地区	1100
上好便利店	东莞	1996	东莞市星瀚商贸有限公司	珠三角地区	1059
山西省太原唐久便利店	太原	1998	山西省太原唐久超市有限公司	太原市	1006
青岛利群便利店	青岛	2002	利群集团	青岛市	855
维客迷你便利店	青岛	2003	青岛维客集团	青岛市	818
河北国大 36524 便利店	石家庄	2000	河北国大连锁商业有限公司	石家庄	710
天津劝宝超市有限责任公司	天津	2002	天津劝宝超市有限责任公司	天津市	607
上海良友金伴便利店	上海	2003	上海良友(集团)有限公司	上海市	537
武汉中百便利店	武汉	—	武汉中百集团股份有限公司	武汉市	500
喜洋洋便利店	东莞	2002	东莞市喜洋洋便利店有限公司	珠三角地区	500
沧州市好日子超市有限公司	沧州	1998	河北好日子商业股份有限公司	沧州市	490
浙江十足商贸有限公司	温州	2001	人本集团	温州市	481
北京好邻居便利店	北京	1997	港佳控股	北京市	181

2. 外资代表性便利店监控与分析

(1)外资进入内陆时间与本土便利店相当

从外资便利店进入中国内陆时间来看,7-11 和罗森便利店都是 1996 年分别进入广州和上海,进入时间和内资便利店在中国兴起的时间基本一致。由于发达国家经济基础强于我国,便利店的发展阶段已经进入成熟期,国外便利店进入中国对本土便利店的兴起和发展起到了带动作用。

(2)外资便利店以日本为主

从外资便利店国家或地区的来源来看,当前中国外资便利店以日本为主,且进入中国大陆时间较早。在监测的外资便利店中,目前还没有欧美国家的便利店①。但是,从当前大型超市纷纷试水便利店的趋势来看,沃尔玛、家乐福等大型综超在中国开展小型便利店的意图已经愈发明显,可以预见未来中国便利店行业的竞争会更加激烈。

① 沃尔玛、家乐福等大型超市开设的便利店不在监测之列。

(3)外资进入主要集中在京沪穗等一线城市

从外资便利店在中国的地区分布来看,目前外资便利店主要分布在京沪穗等一线大城市,并且广州、上海居多。广州、上海分别作为珠三角、长三角的核心城市,对外开放程度高,经济实力强,因此能够吸引大量外资进入。但是,从目前便利店发展的饱和程度来看,上海、广州便利店行业的竞争激烈,赢利空间不断减小。

(4)外资便利店在一线城市竞争加剧

随着中国经济的发展,京沪穗一线城市竞争程度加深,为了巩固各自的市场地位,外资便利店扩大布局抢滩各地市场的势头更加强劲。从各外资便利店的发展战略来看,7-11将布局范围扩大到上海和天津;全家便利店2009年在上海开了约110家新店,2010年将继续加速拓展上海地区门店数,计划将在上海至少再开110家门店;罗森便利店试图在中国大举扩张,计划在未来5~10年内将在上海的分店数量增加10倍。

表6-5　　2009年部分外资代表性便利店在中国大陆发展情况

名　　称	国家或地区	进入中国内地时间(年)	主要分布地区	店面数(个)
喜士多(C-store)便利店	中国台湾	2001	上海市	500
7-11便利店	日　　本	1996	广州市/北京市	400
全家便利店	日　　本	2004	上海市	359
罗森便利店	日　　本	1996	上海市	299
OK便利店	中国香港	2002	广州市	100

(四)便利店发展的主要问题

1. 便利店布局集中化,竞争白热化

从目前便利店的地域布局来看,我国便利店的分布主要集中在以北京为核心的华北、以上海为核心的华东和以广州为核心的华南三大区域上。具体到城市的布局上,便利店的分布又主要集中在城市中心的繁华地带。目前上海约4300家便利店,首先是农工商超市集团下的可的、好德约1500多家,位居第一,联华快客1300多家,位居第二;然后是良友500多家,光明便利300多家,华联的罗森300多家(多位于市中心);最后是外资的全家和喜士多,分别为200多家和100多家。而上海早在2005年便利店就已经达到4000家,近几年的发展步履维艰,业态内部竞争非常激烈。

2. 便利店业态特征不突出,便利服务有待改进

便利店自引入我国发展至今,其发展势头一直不如百货、超市等业态,也不如近几年兴起的购物中心、网上商店等。究其原因,一方面是由于政策环境的约束较弱,超市等业态大量挤占了便利店的生存空间;另一方面是由于我国便利店的发展没有在便利性上体现其业态核心特征。我国便利店的经营管理仅仅体现在价格偏高、店面偏小等外在特征,而在便利性服务上没有下足工夫,因而不能在激烈的业态间的竞争中展现便利店的核心竞争力。

3. 便利店管理模式不够现代化

便利店的管理运营涉及到采购、商品品类管理、销售和服务多个环节,由于单体规模较小,便利

店在采购销售环节的成本相对较高，会降低一定的赢利空间。目前连锁便利店的观念已经深入人心，但是统一运营管理的模式并没有得到很好的实施。由于当前连锁便利店的发展模式大多采用加盟式，在所有权上没有统一的主体，因此无法通过集中采购、物流配送等环节有效降低运营成本。

（五）便利店发展的思考

1. 便利店选址应当多样化，积极发展社区便利店

针对我国便利店发展的不均衡情况，为了避免业态内部的激烈竞争，便利店在选址时的选择空间应当适当放开。从地域布局上，可以适当考虑除北京、上海、广州外的其他一线城市和二线城市，降低经营成本和竞争压力。在城市内部，应当以便利性布局为出发点，减少商业繁华地带的布局，积极发展社区型便利店。

2. 便利店应当抓住业态核心特征，丰富便利服务

便利店在商品品类丰富程度、价格等方面无法与超市、百货行业竞争，而要在激烈的竞争中立足，便利店必须抓住业态的核心特征，不断丰富自身的便利服务，培育顾客的忠诚度，提高自身的核心竞争力。在日益加快的生活节奏中，便利性的需求越来越必要，便利店应当积极主动提供各种便利服务，比如打印、金融、交费等，形成商品以外的以服务为主的核心竞争力，形成差异化竞争优势。

3. 便利店连锁应当在形式和实质上达到统一

便利店的单店规模小，无法仅仅通过自身形成规模经济。我国便利店的发展应当以连锁为手段，从形式和实质上达到统一。运用集成管理思想，从整个供应链考虑，通过集中采购、集中物流配送、商品信息和销售信息共享等手段，发挥规模经济的作用，从而达到降低运营成本、提高经营效率的目的。

（六）便利店总结

便利店在进入我国的近 15 年的发展历程中，发展步伐相对较慢，仅在北京、上海、广州等大城市发展相对较为成熟。随着经济的发展和居民消费水平的提高，消费者对便利性的需求将越来越高。在人群上将会有更多的消费者形成对便利店的需求，在地区上将会有更多的地区能够支撑便利店的发展，因此，便利店的发展在未来仍然有广阔的前景。

便利店是随着消费者对便利性的要求提高而逐渐发展起来的，因此，中国未来便利店的发展一定要紧紧抓住便利性这一核心竞争力，从位置、商品品类、服务上不断体现便利店的便利特征，从而在激烈的市场竞争中找到自身的生存空间。

便利店的管理模式也应当逐渐脱离过去传统的单店管理模式，通过连锁经营、集成管理，形成规模经济，提高便利店的经营效率。

三、中国仓储会员店发展报告

（一）仓储会员店发展全景

仓储会员店是在大型综合超市经营的商品基础上，筛选大众化商品，实行库存和销售合一、批零兼营、价格很低、提供有限服务为主要特征的零售业态，它以会员制为基础，采取自选方式销售，一般选址于城乡结合部、交通要道；目标顾客以中小零售商、餐饮店、集团购买和有交通工具的消费者为主；商品主要以食品、家庭用品、体育用品、服装面料、文具、家用电器、汽车用品、室内用品等为主；采取仓库式陈列，并设有较大规模的停车场。

1. 国外仓储会员店发展历史

仓储会员店的产生是伴随着经济的发展，零售业针对零售市场进行市场细分和重新定位的结果。仓储会员店兼具批发和零售功能，比大型超市有更低的价格，比批发市场有更加丰富的产品种类和更加值得信赖的质量保证。1964 年，德国出现了世界上第一家 C&C（现金交易和货物自运）商场，这便是麦德龙集团的前身，也是仓储商店的萌芽。1968 年，SHV 集团创建的世界上首家现代化的仓储商店——万客隆（WETRO）在荷兰开业。1976 年，美国人 S. 普尔斯在美国圣地亚哥开办了第一家普尔斯俱乐部，首开会员制销售的先河。在国外发展的 40 多年中，仓储会员店被认为是一种成功的零售业态。

2. 中国仓储会员店发展历史与现状

1993 年 8 月 8 日，广州天河区南方大厦的广客隆正式成立，标志着仓储商店进入中国。1996 年麦德龙在上海开设了第一家商场，沃尔玛在深圳开设了第一家山姆会员店，普尔斯马特第一家会员店于 1997 年落户北京海淀区。国外仓储会员店在 20 世纪 90 年代中期纷纷进入中国，由于运营管理模式新颖，在一开始取得了很好的成绩。

但是随着时间的深入，仓储会员店在中国的发展并不如预期那样顺利，遇到了很多阻力。普尔斯马特 2005 年全面停止了在华业务；万客隆中国业务在经营十年之后于 2008 年被韩国乐天收购；沃尔玛山姆会员店在中国开店速度缓慢，一些会员店转为购物中心，真正的仓储会员店只有四家。只有麦德龙在中国的发展一枝独秀。

反观国内，内资企业中尚没有出现真正意义上的仓储会员商店。北京城乡仓储、武汉中百仓储超市、长春恒克隆仓储超市虽然以仓储商店命名，并在当地初具规模，但近几年发展变化不大，在运营管理模式上与真正意义上的仓储会员店相去甚远。

与国外仓储会员店发展成功的事实相反，仓储会员店在我国的发展并不成功。由于消费习惯的差异和缺乏足够的经济基础支撑，仓储会员店在我国的发展仍然处于起步阶段。

3. 中国仓储会员店发展预测

虽然仓储会员店在中国的发展并不成功，但是 2009 年麦德龙在年底一月之内相继开出四店，沃尔玛山姆会员店也在广州开设其在中国的第四店。相比近几年仓储会员店的表现，2009 年仓储会员店的开店速度是一种大幅提升，反映了金融危机之后外资仓储会员店对中国市场的重振信心。

随着中国经济的发展和居民消费能力的提高，仓储会员店会逐渐在中国找到其发展的条件。2009 年中国车市创造了历史，产销均突破千万辆，中国汽车保有量将突破 7000 万辆，即将进入汽车时代；随着居民经济能力的提高，普通消费者逐渐习惯批量购买的模式；专业消费者对商品质量要求逐渐提高，仓储会员店能够提供更加标准而廉价的商品组合。因此，从其市场定位来看，仓储会员店仍然有一定的发展空间。

(二)代表性仓储会员店监控与分析

1. 内资仓储会员店监控与分析①

(1)北京城乡仓储超市

北京城乡仓储大超市,是北京城乡贸易中心股份有限公司的全资子公司。于1997年12月20日试营业,1998年1月18日正式营业。建筑面积10000平方米,经营面积6000平方米。经营涉及吃、穿、用等二十几个大类近40000种商品。它集合了大型百货商场的优美环境、仓储超市的低廉价格、便利店的便利服务。目前在北京只有海淀区一家门店。

(2)武汉中百仓储超市

中百仓储超市是武汉中百集团全资子公司,拥有超市网点120余家,其中5000~10000平米大中型仓储式购物广场80余家。中百仓储以其"低价无假货"的经营宗旨,成为武汉市连锁规模最大、最具有特色的仓储式购物场所,门店分布在武汉、宜昌、钟祥、重庆、黄石、荆州等地。

2009年,中百仓储实现销售额105.06亿元,同比增长25.4%;新开店面17家,在2008年基础上增长13.9%,截至2009年年底门店一共139家。

(3)长春恒客隆仓储超市

恒客隆仓储超市是长春第一家超大型的仓储超市,于1998年11月18日成立,在长春市已经开设了数家分店,并在四平、吉林、松原、辽源等地开设了分店。经营品种达1.8万余种。主要经营日用百货、烟酒糖茶、各类食品。独创了恒记豆制品、恒记大馒头等特色食品。并且严把质量关,实行层层全员质量负责制。

(4)山西临汾万佳福仓储超市

临汾万佳福仓储超市有限公司于2000年10月11日成立,目前万佳福仓储超市已拥有五家大型连锁分店:科委店、家乐店、家和店、标超店、家兴店,总占地面积50000平方米,总营业面积32000平方米。目前已在山西省内小有名气,2007年公司开展多元化战略,在临汾开设了一家购物中心。2008年,公司本着"扎根尧都、服务全市"的发展战略,在临汾市尧都区投资建设三家连锁超市分店和两家大型购物中心。

2. 外资仓储会员店监控与分析

(1)锦江麦德龙现购自运有限公司

麦德龙是世界第一的现购自运制商业集团,于1995年来到中国并与中国著名的锦江集团合作,建立了锦江麦德龙现购自运有限公司。1996年,麦德龙在上海开设了第一家商场,从一开始就取得了惊人的成功。给中国带来了全新的概念。它在中国市场采取了蜘蛛网式发展模式,以华东地区为重点进行发展。

2009年,锦江麦德龙现购自运有限公司销售规模为120.23亿元,相比2008年下降4.9%,全球销售规模小幅增长0.2%。截至2009年年底,麦德龙在中国拥有门店42家,其中2009年新开门店4家,增长10.5%。2009年11月11日,麦德龙宁波慈溪店开业,是麦德龙在宁波地区开设的第二家商

---

① 目前国内基本上没有真正意义上的仓储会员店,以仓储命名的超市都不具备仓储式和会员制的特点。本部分列出的四家仓储超市仅作参考。

场。2009 年 11 月 25 日，苏州市下辖的昆山、常熟两家麦德龙门店分别开业。一天之内开设两家新商场，刷新了麦德龙中国 13 年历史上的开业纪录。2009 年 12 月 10 日，麦德龙杭州金家渡商场在杭州市余杭区开业，这是麦德龙在杭州开设的第二家商场。

下表是截至 2009 年 12 月 31 日麦德龙在中国各地区门店数统计：

表 6-6　　麦德龙在中国门店分布一览表

华东区	华北区	华南区	华中区	东北区	西南区	西北区	总　计
20	3	7	5	3	3	1	42

具体到各省市，其开店情况为：上海 4 家，无锡 3 家，苏州 3 家，北京 2 家，武汉 2 家，深圳 2 家，杭州 2 家，宁波 2 家，嘉兴、青岛、南京、南通、长沙、成都、重庆、天津、福州、厦门、西安、南昌、哈尔滨、昆明、郑州、沈阳、大连、东莞、广州、常州、泉州、合肥各 1 家。

在 2009 年，由于金融危机，麦德龙北京店 9 月份对会员制要求有所松动，允许临时会员进入，但是两月之后，又逐渐恢复了会员才能进场的制度。

(2)沃尔玛山姆会员店

沃尔玛 1983 年在美国开设了第一家山姆会员商店，1996 年进入中国市场，在深圳开设了第一家沃尔玛购物广场和山姆会员商店。该零售业态实行仓储式销售，即由店铺同时承担起仓库与商品售卖场角色，商品多以成套成打批量销售，具有一定批发性质；用会员制锁定目标顾客群，会籍费用为每卡 150 元人民币/年，采购商品平均可节约 5% 的费用。会员还可享受汽车美容、餐厅、酒店等合作商户特惠权益。其后在中国开店速度相当缓慢，而且由于经营不善的原因部分山姆会员店逐渐转为大型超市。

2009 年，沃尔玛山姆会员店在广州新开一家门店，为其在中国的第四家门店。店面面积达 2.3 万平方米，拥有超过 1000 个停车位，销售商品超过 8000 种，其中进口商品占 25%。截至 2009 年 12 月 31 日，沃尔玛山姆会员店在中国门店只有 4 家，广州、深圳、福州、北京各一家。

表 6-7　　沃尔玛山姆会员店中国开店情况一览表

店　名	店　址	开店时间
广州山姆会员店	广东省广州市番禺海印又一城	2009 年 11 月 27 日
深圳山姆会员店	广东省深圳市福田区深国投广场	2005 年 12 月 22 日
北京山姆会员店	北京市石景山区阜石路 158 号	2003 年 7 月 11 日
福州山姆会员店	福建省福州市鼓楼区杨桥西路 128 号	2001 年 6 月 16 日

(三)仓储会员店发展环境分析

(1)内部竞争情况

从我国仓储会员店的现状来看，我国仓储会员店发展状况仍不理想，现有仓储会员店数量较少。外资企业中，仅有麦德龙和沃尔玛山姆会员店；内资企业中，虽然存在北京城乡仓储、武汉中百仓储等一些以仓储命名的超市，但它们不是严格意义上的仓储会员制超市。因此，从仓储会员店的内部竞争情况来看，我国仓储会员店的发展并不成熟，受限于市场空间，内部竞争并不激烈。

(2)外部竞争情况

相比于仓储会员店内部竞争的状况,我国零售其他业态和批发市场对仓储会员店的生存空间形成了很大的挤压。仓储会员店的目标客户主要分为两种,一种是普通消费者,另一种是专业消费者。仓储会员店是以实行库存和销售合一、批零兼营、价格很低、提供有限服务为主要特征的零售业态,它以会员制为基础,采取自选方式销售,主要建设在城乡结合部。由于受中国消费习惯和消费能力的制约,仓储会员店对于普通消费者的经营能力较弱,主要集中在专业消费者上。而在中国的商业现状中,仓储会员店则受到大型超市和批发市场的双重挤压。外资大型超市家乐福等纷纷开展了其针对专业客户批量采购的业务,分流了仓储会员店的部分客户;批发市场由于经营商给予中小商业客户的自主性更强,更适合中国目前的消费特点,因此对仓储会员店也形成了很大的竞争压力。

因此,中国目前的经济基础和消费习惯缩小了仓储会员店发展的市场空间,而各类零售业态和批发市场则进一步挤压了仓储会员店的生存空间。在外部竞争压力巨大的背景下,中国目前仓储会员店的发展并不充分,内部竞争并不激烈。

(四)仓储会员店问题与思考

仓储会员店在20世纪90年代中期即进入中国,但是在长达十几年的时间中发展非常缓慢,万客隆和普尔斯马特纷纷退出中国,只有麦德龙一家取得成功。仓储会员店在国外和国内发展的巨大反差,使得我们深思中国仓储会员店的发展前景问题。

1. 中国的经济基础不足以支撑仓储会员店的发展

仓储会员店为了提供尽可能低的商品价格,将店面布局在城乡结合部,并且采取现金自运的模式,这要求消费者能够拥有自己的汽车。但是,从中国目前的经济发展状况来看,中国还没有进入汽车时代。因此,仓储会员店在中国的布局并没有选取城乡结合部,而是相对靠近商业中心的位置,这就提高了仓储会员店的运营成本,从而无法真正发挥其价格优势。

2. 中国的消费习惯不适应仓储会员店的模式

仓储会员店的最大特点是仓储销售合一和实行会员制,会员制的实施稳定了客户群体,能够对会员提供更加优惠的商品,且能够根据客户需求特点迅速更新商品组合和服务,但是会员制要求客户能够定期稳定地大批量购买。中国目前普通消费者还没有形成定期批量购买的消费模式,消费随意性较强,不会忠实于某一个大型超市。会员制的要求大大减少了仓储会员店的潜在客户,因此中国目前的仓储会员超市中都是会员制与非会员制并存的局面,是对国外会员制要求的一种让步。

3. 仓储会员店的生存空间受到其他商业业态的严重挤压

受中国目前经济基础和消费方式的制约,仓储会员店在中国的目标客户空间非常狭小,基本局限在餐饮酒店、机关团体等专业消费者上。此外,大型超市和批发市场分别对专业消费者形成了分流,造成仓储会员店的客户空间大大被挤压。

4. 仓储会员店在未来会有发展空间

在我国目前经济水平不高、消费习惯不适应和同业竞争激烈三方因素的影响下,仓储会员店在我国十几年的发展十分缓慢。但是从长期来看,随着我国经济水平的不断提高、城市化进程的不断加快,汽车将逐渐普及,地产郊区化的趋势将逐渐形成;同时,新一代年轻消费者将占据消费的主流位置,其消费观念和习惯也会发生变化,经济基础和消费习惯的变化将为仓储会员店提供更好的发展空间。

(五)仓储会员店总结

仓储会员店在中国十几年的发展十分缓慢,经历了一些挫折。由于市场空间的狭小和外部环境的挤压,仓储会员店的发展并不成功。但是,从国外仓储会员店成功的经验来看,仓储会员店在商品组合选择、商品质量控制和商品价格上都有一定的竞争优势,仓储会员店仍然有一定的发展空间。随着中国经济的发展、消费模式的转变以及客户对商品质量标准的要求更加严格,仓储会员店的目标客户在未来会逐渐扩大。因此,仓储会员店应当在狭小的市场空间中找准自己的市场定位,充分发挥其竞争优势。

(喻宗亮)

第七章　中国零售业的收购兼并分析报告

2009年中国零售业面临国际金融危机之机遇,乘政策鼓励之东风,整体进入收购兼并蓬勃发展的新阶段。在国际金融危机影响持续深入的形势下,中国零售企业面临的竞争环境和生存考验日益严峻,不少零售企业走上并购之路,力图通过资源整合发现新的发展之道。国际金融危机在带来挑战的同时,也为中国零售企业并购带来了重大机遇。其一,经济低迷时期,资金、资源价格相对较低,低成本优势有利于企业实施并购战略。其二,发达国家成熟市场受此次国际金融危机的影响远甚于中国市场,国外零售企业面临生存困境,积极寻求外部资金注入,这为中国零售企业进行跨国并购、实现国际化扩张创造了绝佳的机会。从国内因素看,近年来中国政府致力于搞活流通、扩内需、促消费,并多次明确表示支持零售企业的跨区域兼并重组,这一基本立场和政策取向进一步推动了中国零售企业的并购热潮。

一、2009年零售业并购特点分析

2009年中国零售业收购兼并大量涌现、整合重组持续深入,零售企业并购在规模扩张、区域布局、国际扩张、多元化经营等方面呈现出一系列新特点。本报告在对2009年度中国零售业收购兼并相关的公开信息进行广泛收集和系统整理的基础上编制《2009年中国零售业收购兼并案例一览表》(见附表),据此,进一步从地域分布、业态特征、并购范围、并购方式、并购标的、并购事件等维度对中国零售业的收购兼并进行深入分析。

(一)东部地区全国布点零售企业是并购主体,中部地区并购活动日趋活跃

东部沿海地区集中了我国大部分的大型零售企业,这些企业多采取全国布点的发展战略,在全国范围内积极进行并购扩张。从2009年零售企业的并购案例看,收购方中采取全国布点发展战略的企业占60%左右,区域性零售企业接近40%。东部地区上海、北京、江苏、浙江以全国布点的零售企业并购为主,联华超市、华润万家、百盛集团、茂业国际、物美集团、银泰百货等大型零售企业均在东部地区开展了多桩并购;广东、福建等省份以区域性零售企业的并购为主,广州百货相继收购了广州广百电器、新大新公司,新华都则加紧在福建省的并购扩张,先后收购了莆田、漳州、泉州、惠安县的多家中小超市。从被收购方来看,58%的被收购企业集中在东部地区。

中部地区并购案例显著增加,安徽、湖北、河南等省份区域性零售企业的收购兼并活动日趋活跃,合肥百货对安徽百大购物中心、超市先后开展了四桩并购,而武商集团、湖北银泰百货、河南正道花园分别收购了十堰人商、仙桃商城、河南思达连锁超市。被收购企业中有16.7%分布于中部地区,所占

比例仍相对较小。

西部地区零售企业收购兼并尚未形成气候，2009 年零售企业并购案例中仅有 2.8% 的收购方和 9.7% 的被收购方分布在西部地区。

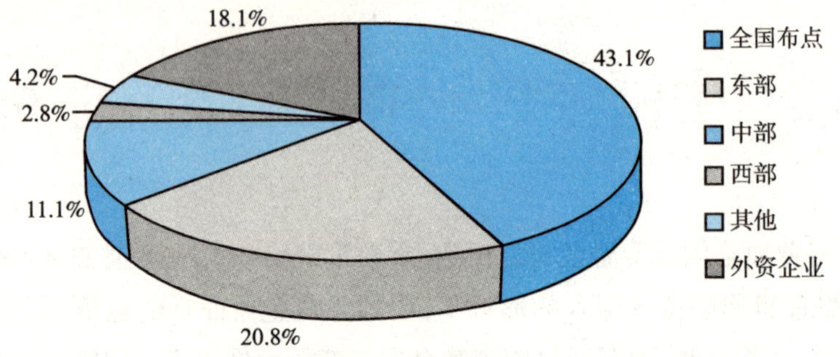

图 7-1　2009 年零售业收购兼并案例收购方地域分布

数据来源：根据公开信息统计整理。

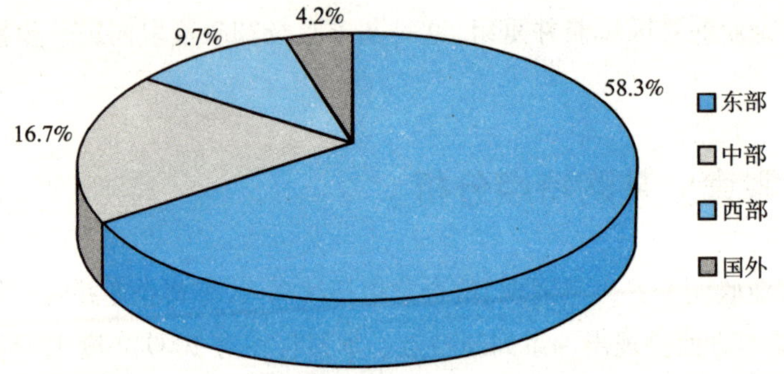

图 7-2　2009 年零售业收购兼并案例被收购方地域分布

数据来源：根据公开信息统计整理。

(二)超市、百货业态并购占主导地位，专业店加紧业态内整合

超市、百货店是我国零售业中发展最为成熟的业态，也是零售业收购兼并活动最为活跃的业态领域。从收购方来看，超市占 31%，华润万家、物美集团、联华超市、北京华联等国内知名超市在全国范围内积极开展并购，新华都在福建省内对多家中小超市的并购极大地扩展了其网络范围；并购方中百货店多达 26 家，占年度并购案例的 36.1%，广百股份、合肥百货、银泰百货、茂业国际、百盛集团、乐天百货等国内外知名零售巨头的多次并购十分引人注目。从被收购方来看，被收购超市达 22 家，占并购案例的 30.6%；被收购的百货店为 14 家，占并购案例的 19.4%。超市并购多属于业态内部重组整合，主要表现为全国布点的大型连锁超市内部重组、大型超市之间相互持股、区域性连锁超市资产并购和区域扩张。百货店的并购除了国内外知名百货店对区域性百货店的收购兼并外，还表现出跨业态、跨领域扩张的趋势，少量百货巨头向购物中心、专业店、超市、商业地产、物流、批发等领域进行扩张。

专业店的收购兼并案例有所增加，2009 年专业店收购方和被收购方分别为 8 家、13 家，涉及家电、家具、药店等多个业种。专业店的并购主要表现为苏宁电器、居然之家、海王星辰等知名专业店的业态内扩张，也有少数百货零售商，如广百股份、庄胜百货等，向专业店领域扩张，进行跨业态经营。

此外，购物中心、便利店、专卖店等业态也发生少量收购兼并案例，6 桩购物中心并购案主要是大型百货店对地方购物中心的收购；专卖店收购包括安踏对百丽部分股权和资产的收购，以及美邦服饰在江西南昌和辽宁丹东对商业地产的收购；便利店并购仅有东莞天福便利店收购吉之郎妇婴连锁超市一例。

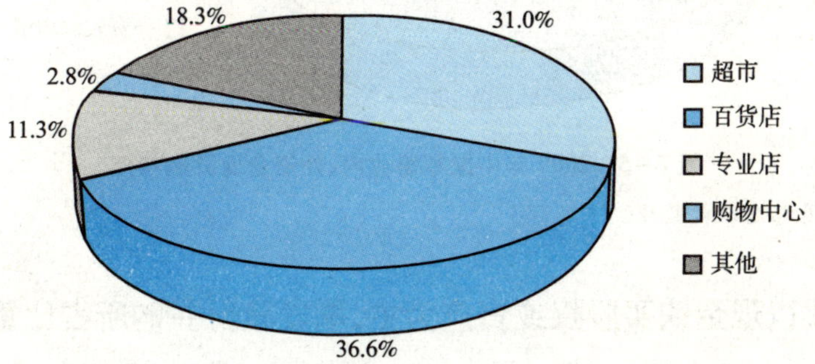

图 7－3　2009 年零售业收购兼并案例收购方业态分布

数据来源：根据公开信息统计整理。

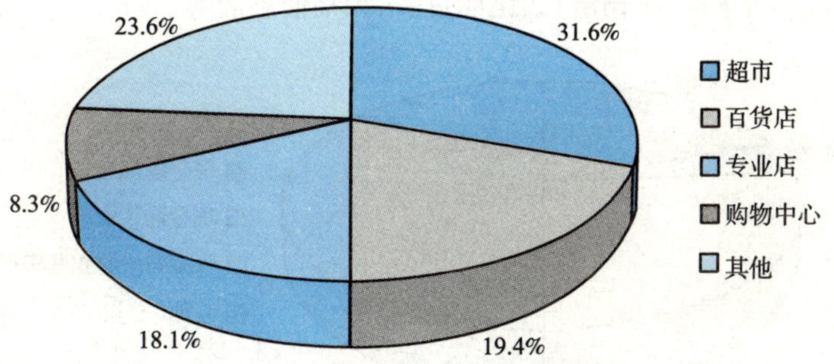

图 7－4　2009 年零售业收购兼并案例被收购方业态分布

数据来源：根据公开信息统计整理。

(三)国内并购仍是主体，跨国并购迈出新步伐

零售业收购兼并以内资企业为主体，2009 年收购方与被收购方中内资零售企业分别为 59 家、62 家，内资企业对内资企业的并购所占比例为 73.6%。

在国际金融危机背景下，国内外零售企业均面临严峻的竞争形势和新的发展机遇，内资企业与外资企业之间的并购迈出新步伐。一方面外资零售企业加快在中国市场的扩张，另一方面中国零售企业开始走向世界，进行跨国并购扩张。2009 年外资零售企业对内资零售企业的并购发生 9 例，百思买、百盛集团、乐天百货、利福国际、新世界百货等国际知名外资零售企业积极收购本土零售企业，加紧抢占中国市场，其中百盛集团先后在餐饮、商业地产并购四家内资企业。内资零售企业对外资零售企业的并购发生6例。其中苏宁电器连续收购日本家电LAOX和中国香港镭射公司、上海锦江酒店参与并购美国州际酒店,成为内资零售企业实施全球化战略的典型代表。

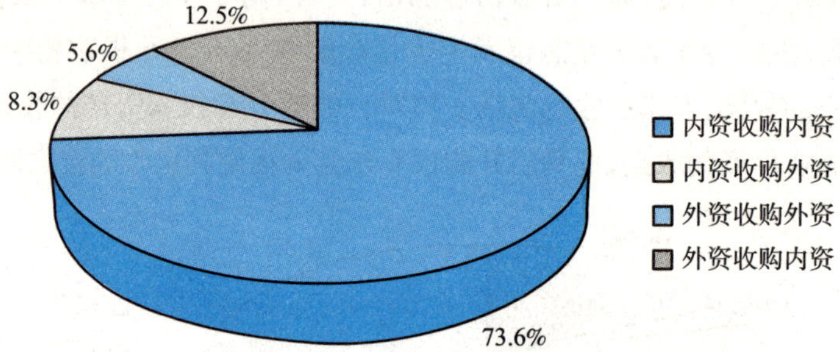

图7-5 2009年中国零售业内、外资企业并购特点

数据来源:根据公开信息统计整理。

(四)收购方式以现金购买股权或资产为主,增发股份并购所占比重较小

2009年我国零售业收购兼并方式相对单一,现金购买占绝对支配地位,其中用现金购买股权占50%,用现金购买资产占26.4%,现金购买资产和股权相结合的案例占4.2%,其他方式(包括定向增发股份、股权转让、现金购买经营权等)占19.4%。全国布点的大型零售企业,如百盛集团、银泰百货、联华超市、物美集团、广百股份等,多采取现金购买股权的方式进行并购;而区域性零售企业采取现金购买资产方式的居多,如新华都、杭州解百、昆明百货、天福便利店等。

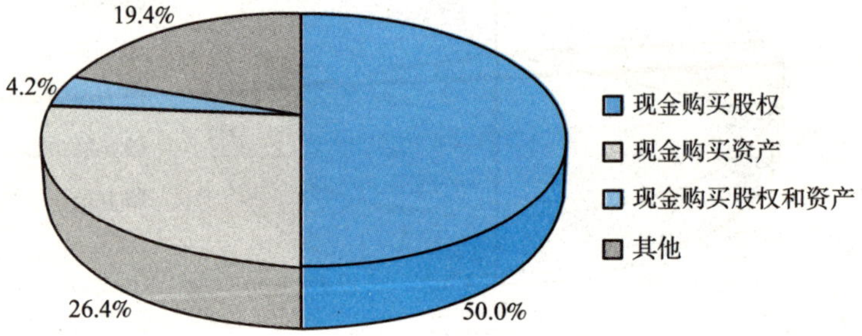

图7-6 2009年零售业收购兼并方式

数据来源:根据公开信息统计整理。

(五)并购标的以股权为主

零售企业收购兼并标的以股权为主,约占并购案例的55.5%,其中收购100%股权的并购占15.3%,通过收购剩余股权使被并购方成为全资子公司的并购占4.2%,收购部分股权(20%~99%不等)的并购占36%。除股权之外,资产并购约占29.3%,包括门店、商业地产、存货等有形资产和品牌、经营网络等无形资产。

(六)年初、年末并购集中,其他月份并购相对分散

受世界金融危机影响,零售业扩张逐渐回归理性,但资产价格、租金等相应回落,也为实力雄厚的

零售企业并购扩张提供了良好的机会。2009 年 1 月，零售业延续了 2008 年年末强劲的并购势头，先后发生 10 桩并购案例，此后几个月零售业并购基本平稳，12 月并购案例再次增加到 12 桩。

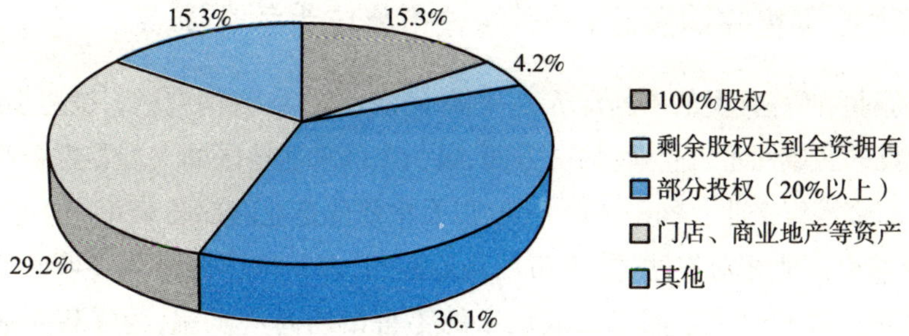

图 7－7　2009 年零售业收购兼并标的

数据来源：根据公开信息统计整理。

二、零售业并购问题及趋势展望

（一）内资零售企业并购面临诸多不利因素

2009 年内资零售企业并购比例有显著上升，但与外资企业相比，内资零售商在并购市场上仍处于弱势地位。一是内资零售企业实力欠佳。进入中国市场的外资零售商不乏实力雄厚、品牌卓著的世界知名企业，与之相比，大部分内资零售商在资金、人才、管理、信息等方面相对欠缺，无法满足其进行跨区域、全国性的扩张需求，在并购市场上容易陷入被动局面。二是许多地方政府对外资零售商给予的超国民待遇，致使内资零售企业在跨区域并购中无法与外资企业进行公平竞争。受引进外资要求的影响，许多地方政府在商业地产价格、租金、水电费用等方面向外资零售企业倾斜，使内资零售企业处于劣势地位，不仅难以开展有效的并购来达到扩张的目的，甚至可能因不利的竞争环境被迫进入被并购的行列。内外资企业的实力悬殊和迥然相异的竞争环境，不利于培养具有竞争力的本土零售企业，更难以打造具有国际影响力的中国零售企业品牌。

此外，随着零售业并购热潮的到来，国内对零售业并购的法律法规并没有有效跟进。一方面，并购进程没有成形的法律法规可依；另一方面，并购活动中的纠纷和摩擦无法及时有效地解决。这是阻碍零售业并购高效规范开展的重要因素。

因此，要推进零售业并购的有效开展，必须三个方面同时抓起，即提高本土零售商实力、营造公平的竞争环境、加快并购立法进程。

（二）并购后的整合成为零售企业必须面对的关键问题

对零售企业而言，并购交割实际上只是万里长征第一步，真正的挑战来自于并购后的一系列整合，这也是关系并购企业能否从并购中真实获利的关键因素。

并购后的整合，并不仅仅等于门店标志统一、店面改建等前台工作，关键是后台供应链、人力资源、管理模式、技术体系、发展战略等方面的深度整合。整合成功，则有利于零售企业的长远发展，否则可能给企业带来巨大损失。

目前，国内零售业并购开展得如火如荼，但在并购后的整合、提升上，还有许多提升空间，参与并购活动的零售企业应理性面对。

（三）中西部地区零售并购兴起，二三线城市将成为争夺重点

随着我国中部崛起、西部开发的不断深入，中西部经济发展活力、消费潜力被逐步激发，一方面，中西部本地区涌现出大批的区域性零售企业；另一方面，吸引东部发达地区的大型零售企业向中西部扩张，寻求新的发展机遇。东部零售企业并购中西部企业，以及中西部企业内部的兼并整合必将进一步展开。

目前我国一线城市商业相对发达，零售市场几近饱和，多年来国内外大型零售商的激烈竞争使一线城市零售业逐渐步入微利时代。而二三线城市的零售市场尚待发掘，为零售企业创造了广阔的发展平台。而以并购的方式进入新市场，比通过自身成长进入更加便捷，且能够获得自身成长难以复制的优势，比如利用区域品牌、占据被并购零售商的区位优势等。因此，可以预见，零售商并购的热点将由一线城市向二三线城市转移。

（四）零售企业寻求国际扩张，海外并购乃大势所趋

改革开放以来，我国零售业在30余年的风雨洗礼中实现了跨越式的转变与发展。尤其是2004年12月11日我国取消对外商投资商业企业在地域、股权和数量方面的限制以后，外部竞争和自身成长需求促使我国零售企业进一步全面提高竞争力。2009年在国际金融危机的背景下，我国零售企业迎来了海外并购的大好时机。在自身实力增强和外部有利环境同时具备的条件下，实力雄厚的零售企业必然厚积薄发，积极进行海外并购，谋求国际化发展。2009年苏宁电器率先跨出了海外并购的步伐，对整个零售行业具有示范性意义。可以预见，接下来的一个时期，我国零售企业将逐渐步入海外并购的春天。

但也要看到，目前我国零售企业海外并购尚处于探索阶段，从零星出现到遍地开花仍需经历漫长的摸索期。同时海外并购后的深度整合、市场开拓、持续发展将成为零售企业必须解决的首要问题，也将是中国零售企业能否在国际市场占有一席之地的关键问题。

（五）业内整合继续深入，综合化发展成为零售业并购的重要方向

目前，我国零售业市场集中度较低，加之国际零售巨头进入，市场竞争激烈。国内零售业从增强自身竞争力出发，谋求综合性、多元化发展。跨区域、跨业态，甚至跨行业的收购兼并是实现多元化经营有效而便捷的途径，因此在未来一段时间内零售业并购必将持续深入。

近些年，多业态并举早已成为我国大型零售企业争夺行业领先地位的重要方式。但就目前而言，零售业内的同业态竞争局面尚未稳定，大部分零售企业的扩张尚处于高速发展阶段，因此，跨业态并购仍是未来一段时间的重要趋势，尤其是大型综合超市、超市、百货店的相互并购仍将进一步强化。

除跨区域、跨业态的综合性并购以外，大型零售企业的综合性发展已突破行业限制，争相向商业地产、物流、批发等相关领域扩张。据笔者统计，2009年零售企业并购商业地产、物流、批发企业的案例已超过2008年，在一定程度上印证了零售业跨行业并购的发展趋势。

（夏青）

附表

2009年中国零售业收购兼并案例一览表

序号	收购方	业态	地区	性质	被收购方	业态	地区	性质	收购金额	时间	收购标的	收购方式	备注
1	安踏	专卖店	全国布点	内资	百丽	专卖店	中国香港	外资	—	2009年8月	收购百丽国际所持有的Full-Prospect 85%股权，从百丽国际全资附属公司LeadChance手中购买FILAMarketing的全部股权	现金购买股权	—
2	百联集团	百货、超市	全国布点	内资	上海实业联合集团商务网络发展有限公司	—	上海	内资	10.5585亿元	2009年1月21日	通过收购上实商务100%股权，曲线增持联华超市股权至55.2%	股权转让	成为联华超市实际控股人
3	百盛集团	百货店	全国布点	外资	北京双全大厦	房地产	北京	内资	11.287亿元	2009年1月	双全中心的一部分地产	现金购买资产	—
4	百盛集团	餐饮	全国布点	外资	小肥羊	餐饮	内蒙古	内资	4.91亿港元	2009年3月	20%股权	现金购买股权	拟收购
5	百盛集团	餐饮	全国布点	外资	锦江酒店	酒店	上海	内资	8000万元	2009年3月	肯德基7%股权	现金购买股权	—
6	百思买	专业店	全国布点	外资	五星电器	专业店	江苏	内资	1.85亿美元	2009年2月	五星电器剩余的25%权益	现金购买股权	正式获得五星电器100%权益
7	北京华联综超	超市	全国布点	内资	北京华联安贞购物中心安贞店/河南华联商厦郑州二七广场店	超市	北京/河南郑州	内资	10080.02万元/1104.97万元	2009年12月	超市部分资产（北京含停车场）	现金购买资产	关联交易

续表

序号	收购方	业态	地区	性质	被收购方	业态	地区	性质	收购金额	时间	收购标的	收购方式	备注
8	长沙通程国际	酒店	湖南长沙	内资	长沙通程实业集团有限公司	—	湖南长沙	内资	15849.58万元	2009年12月12日	100%股权，物业核心资产	现金购买股权及资产	关联交易
9	大润发	超市	全国布点	外资	欧尚集团	超市	法国	外资	—	—	—	—	拟合并
10	复星医药	—	—	内资	同济堂	专业店	贵州	内资	—	2009年6日	20%股权	现金购买股权	经13次增持
11	广百股份	百货店	广东广州	内资	广百电器	专业店	广东广州	内资	837万元	2009年2日	49%股权	现金购买股权	—
12	广百股份	百货店	广东广州	内资	新大新公司	百货店	广东广州	内资	1.84亿元	2009年9月25日	收购了广百集团所持新大新公司的99%股权	现金购买股权	—
13	广州百货	百货店	广东广州	内资	南宁百货	百货店	广西南宁	内资	1270.88万元	2009年3月	8.78%的股权	现金购买股权	—
14	海航商业	—	全国布点	内资	兴正元广场	购物中心	陕西西安	内资	—	—	—	—	洽谈
15	海王星辰	专业店	全国布点	内资	北京泽运行汤药店	专业店	北京	内资	—	2009年7月	北京5间门店，平均面积达70平方米	现金购买资产	—
16	海王星辰	专业店	全国布点	内资	温州人人好连锁店	专业店	浙江	内资	—	—	温州8个药店	现金购买资产	—
17	杭州解百集团	百货店	浙江杭州	内资	元华商城	百货店	浙江杭州	内资	3.6～4亿元	2009年3月24日	地下一层至四层建筑面积18477.61平方米	现金购买资产	拟购买
18	合肥百货	百货店	安徽	内资	安徽百大乐普生商厦有限责任公司	—	安徽	内资	6876.78万元	2009年10月	40%股权	现金购买股权	拟收购
19	合肥百货	百货店	安徽	内资	安徽百大合家福连锁超市股份有限公司	超市	安徽	内资	1.65亿元	2009年10月	51.3%股权	现金购买股权	拟收购

续表

序号	收购方	业态	地区	性质	被收购方	业态	地区	性质	收购金额	时间	收购标的	收购方式	备注
20	合肥百货	百货店	安徽	内资	巢湖百大购物中心	购物中心	安徽	内资	1.17亿元	2009年10月	—	现金	拟收购
21	合肥百货	百货店	安徽	内资	蚌埠百大购物中心	购物中心	安徽	内资	1.4亿元	2009年10月	—	现金	拟收购
22	华联股份	购物中心	全国布点	内资	北京华联集团投资控股有限公司	超市	北京	内资	8.3亿元	2009年1月7日	收购华联集团旗下北京、江苏等地5处商业物业	增发股份	彻底转型商业地产商
23	华联吉买盛	超市	全国布点	内资	家得利超市	超市	上海	内资	—	—	拟购买获得全部股权的优先购买权	现金购买股权	意向
24	华润万家	超市	全国布点	内资	沈阳世纪华联	超市	辽宁沈阳	内资	—	2009年9月	两家门店	现金购买资产	—
25	华润万家	超市	全国布点	内资	民润商业连锁有限公司	超市	广东	内资	—	2009年11月6日	—	现金	进行中，华润万家本年度第五例收购
26	华润万家	超市	全国布点	内资	无锡永安超市	超市	江苏无锡	内资	—	2009年5月7日	4月30日起，华润万家分5批开始接收、改造25家永安超市	现金购买资产	—
27	华润万家	超市	全国布点	内资	华联吉买盛	超市	吉林长春	内资	—	—	—	—	—
28	金鹰商贸	购物中心	江苏南京	内资	南京金鹰三期	购物中心	江苏南京	内资	8.75亿元	2009年11月12日	1~6楼全部面积及地库B2部分面积	现金购买资产	
29	锦江酒店	酒店	上海	内资	美国州际酒店	酒店	美国	外资	—	2009年12月	使州际酒店成为合营公司HAC旗下的全资子公司	—	国内酒店业最大规模的一次海外并购
30	京客隆	超市	覆盖北京及河北部分地区	内资	京客隆廊坊	超市	河北廊坊	内资	598万元	2009年1月	余下的20%股权，将其收为全资子公司	现金购买股权	—

续表

序号	收购方	业态	地区	性质	被收购方	业态	地区	性质	收购金额	时间	收购标的	收购方式	备注
31	京客隆	超市	覆盖北京及河北部分地区	内资	朝批商贸	批发	北京	内资	598 万元	2009 年 10 月 19 日	20% 股权	现金购买股权	—
32	居然之家	专业店	全国布点	内资	红星美凯龙	专业店	全国布点	内资	—	2009 年 3 月	济南和泰安两家门店	现金购买资产	
33	昆明百货	百货店	云南昆明	内资	江苏百大实业发展有限公司	房地产	江苏	内资	9200.47 万元	2009 年 12 月 7 日	25.47% 股权	股权转让（受让控股股东所持股份）	—
34	乐天百货	百货店	全国布点	外资	时代零售	百货店	上海	内资	35.22 亿港元	2009 年 1 月	100% 股权	现金购买股权	—
35	乐天百货	百货店	全国布点	外资	时代零售	超市	—	内资	48.7 亿港元	2009 年 10 月 20 日	100% 股权	现金购买股权	—
36	利福国际	百货店	全国布点	外资	苏州合营公司利福广场	百货店	江苏苏州	内资	1.43 亿元	2009 年 1 月 4 日	余下的 20% 股份	现金购买股权	—
37	联华超市	超市	全国布点	内资	华联超市	超市	上海	内资	4.92 亿元	2009 年 6 月	100% 股权	现金购买股权	联华超市业态在上海获得主导性市场地位
38	联华超市	超市	全国布点	内资	华联超市	超市	上海	内资	4.92 亿元	2009 年 10 月 16 日	100% 股权	现金购买股权	2003 年以来的并购案尘埃落地
39	茂业国际	百货店	全国布点	内资	无锡亿百置业	房地产	江苏无锡	内资	3.375 亿元	2009 年 11 月	90% 股权，亿百置业旗下总用地面积 1.67 万平方米的地皮以及地面的无锡第一百货营业大楼和无锡焦点大厦	现金购买股权及资产	—
40	茂业国际	百货店	全国布点	内资	泰州第一百货	百货店	山东泰州	内资	2.77 亿元	2009 年 9 月	97.3% 股权	现金购买股权	—

续表

序号	收购方	业态	地区	性质	被收购方	业态	地区	性质	收购金额	时间	收购标的	收购方式	备注
41	茂业国际	百货店	全国布点	内资	渤海物流	—	安徽	内资	1.71亿元	2009年12月7日	7.2%股权	现金购买股权	—
42	美邦服饰	专卖店	全国布点	内资	商业房产	—	江西南昌、辽宁丹东	内资	1.84亿元	2008年12月25日	房产和土地使用权	现金购买资产	—
43	美国Coach	—	美国	外资	俊思集团中国零售业务	—	中国香港	外资	—	2009年4月	17家国内零售店	—	—
44	美克美家	专业店	全国布点	外资	美国Schnadig	专业店	美国	外资	894万美元	2009年1月6日	Schnadig净营运资产及相应债务	现金购买资产	拟收购
45	派普通讯公司	专业店	北京	内资	协亨手机公司	专业店	上海	内资	1.7亿元	2009年3月	100%股权	现金购买股权	—
46	深圳琪创能贸易有限公司	—	—	内资	沈阳商业城	—	辽宁沈阳	内资	8.5亿元	2009年2月	26.14%股权	现金购买股权	—
47	苏宁电器	专业店	全国布点	内资	日本家电LAOX	专业店	日本	外资	—	2009年6月	27.36%股权	现金购买股权	控股LAOX
48	苏宁电器	专业店	全国布点	内资	镭射公司	专业店	中国香港	外资	1.8亿港元	2009年12月30日	镭射公司22家门店，收购其品牌、业务、网络、存货及相关资产	现金购买资产	—
49	泰沃德企业集团	—	北京	内资	美国威斯康星州沃基市一家大型购物中心	购物中心	美国	外资	—	2009年12月	18.8万平方米，建筑面积8.2万平方米	现金购买资产	迄今为止中国企业海外收购的最大商业地产项目
50	天福便利店	便利店	广东东莞	内资	吉之郎妇婴连锁超市	专业店	广东东莞	内资	500万元	2009年1月9日	有形资产、品牌、加盟商等经营关系	现金购买资产	—
51	武汉国有资产经营公司	—	湖北	内资	武汉中百	超市	湖北	内资	564.41万元	2009年4月	所持武汉中联药业股份有限公司42.49%的股权	现金购买股权	—

续表

序号	收购方	业态	地区	性质	被收购方	业态	地区	性质	收购金额	时间	收购标的	收购方式	备注
52	武商集团	百货店	湖北	内资	十堰人商	百货店	湖北十堰	内资	1.3 亿元	2009 年 11 月 23 日	100% 股权	现金购买股权	—
53	物美集团	超市	全国布点	内资	易初莲花	超市	泰国	外资	不超过 2000 万美元	2009 年 12 月	接盘易初莲花在天津的 4 家大型连锁超市	现金 + 合资	—
54	物美集团	超市	全国布点	内资	美廉美连锁商业	超市	北京	内资	7.99 亿元	2009 年 9 月	25% 股权	现金购买股权	—
55	物美集团	超市	全国布点	内资	美廉美超市	超市	北京	内资	7.99 亿元	2009 年 9 月	朱幼民、曹建民出让 25% 的股权	现金购买股权	美廉美成为物美全资子公司
56	物美集团	超市	全国布点	内资	时代超市	超市	江苏	内资	5 亿元	2009 年 8 月	—	现金	拟收购
57	希望集团美好家园	超市	云南	内资	民升商贸	超市	云南	内资	—	2009 年 7 月	民升商贸旗下已开业的 7 家超市及其在建的 3 家超市将一起并入美好家园旗下	现金购买资产	—
58	新华都	超市	福建	内资	惠安县岛内价购物广场有限公司	—	福建	内资	665 万元	2009 年 7 月	收购惠安县岛内价购物广场有限公司经营场所内的设备设施、装修及租赁场地使用权	现金购买资产	拟收购公告
59	新华都	超市	福建	内资	漳州市榕树岛内价超市有限公司	超市	福建	内资	665 万元	2009 年 7 月	收购漳州市榕树岛内价超市有限公司经营场所内的设备设施、装修及租赁场地使用权	现金购买资产	拟收购公告
60	新华都	超市	福建	内资	泉州奇龙物流有限公司	超市	福建	内资	5750 万元	2009 年 1 月 4 日	收购泉州奇龙物流有限公司下辖的奇龙超市华大店、武夷店、汉塘店、温陵店、东街钟楼店的商场房屋租赁权及除商场房屋所有权之外的全部有形资产（含易耗品）	现金购买资产	—
61	新华都	超市	福建	内资	莆田国贸精品商贸有限公司	购物中心	福建	内资	4301.39 万元	2009 年 9 月 23 日	莆田国贸下辖 4 家门店的租赁场地使用权及经营场所内的设备设施、装修	现金购买资产	公告

续表

序号	收购方	业态	地区	性质	被收购方	业态	地区	性质	收购金额	时间	收购标的	收购方式	备注
62	新世界百货	百货店	全国布点	外资	上海巴黎春天浦建店（管理店）	百货店	上海	内资	—	2009年1月	收购该管理店的经营权，将其转为自有店	现金购买经营权	—
63	伊藤忠商社	—	日本	外资	杉杉集团	—	—	内资	7.58亿元	2009年2月	25%股份转让给伊藤忠商株式会社，3%股份转让给伊藤忠（中国）有限公司	现金购买股权	—
64	银泰百货	百货店	全国布点	内资	仙桃商城大厦	百货店	湖北仙桃	内资	1.77亿元	2009年12月	65.8%股权	现金购买股权	—
65	银泰百货	百货店	全国布点	内资	杭州临平银泰百货	百货店	浙江杭州	内资	700万元	2009年4月	30%股权	现金购买股权	—
66	银泰百货	百货店	全国布点	内资	金华银泰	百货店	浙江金华	内资	4700万元	2009年10月29日	40%股权	现金购买股权	—
67	银泰百货	百货店	全国布点	内资	浙江银泰百货	百货店	浙江	内资	1元	2009年7月3日	合营公司的50%股权	现金购买股权	合营公司主要从事管理及营运位于中国北京的乐天银泰百货店
68	银座集团	百货店	全国布点	内资	东方城市广场	百货店	河北石家庄	内资	5.5亿元	2009年12月1日	55.14%股权	现金购买股权	—
69	正道花园	超市	河南郑州	内资	思达连锁超市	超市	河南郑州	内资	—	2009年4月21日	100%股权，思达商业网络共计直营店109家，加盟门店110家	现金购买股权及资产	—
70	中国红楼集团	—	浙江	内资	上海乾鹏置业有限公司	房地产	上海	内资	4.6亿元	2009年9月	100%股权及债权	现金购买股权	—
71	重庆百货	百货店	全国布点	内资	新世纪百货	百货店	重庆	内资	39.5亿元	2009年12月9日	100%股权	现金购买股权	—
72	庄胜百货	百货店	全国布点	外资	庄胜建材	专业店	—	外资	1.1亿港元	2009年4月	100%股份	现金购买股权	向大股东周建和购买

第八章　中国零售业公司人事与组织分析报告

一、零售行业公司高层管理人员管理分析

2009年，零售行业的高层人事变动频繁，其中，既有金融危机的因素影响，也有我国零售行业本身竞争激烈的原因。本文从事件发生时间、业态、企业性质进行分析，并进一步归纳高管变动的原因。

（一）零售行业的人事调动频繁

1. 零售业是人才流动的高发地

2009年无论是内外资、超市百货还是各种零售专卖店，都发生了较高频率的高管的调动。一方面，零售行业本身存在常规性的人才流动；另一方面，金融危机以及零售业的重大事件使2009年的零售行业高管的变动变得更加频繁。

2. 2009年外资零售高管有较大的变动

沃尔玛更换中国区首席执行官，家得宝中国区总裁陈耀突然辞职，麦当劳中国区总裁退休，曾启山就任中国首席执行官。同时，百思买、家乐福等也更换高管或区域经理。2009年，在我们监控的国内著名零售企业的高层变动中，外资企业所占的比例为26.4%。

3. 相比外资，2009年国内零售企业高层变动则更加剧烈

在零售500强中，不少企业董事长、总经理等发生了变更：国美电器黄光裕涉案，贺涛就任百联总裁，银泰百货总裁周明海辞职，成商董事长黄茂如辞职，中商集团严规方退休，而三联更是由于被兼并而导致整个管理层变动等。国内零售企业的高层人员变动的事件，约为外资零售企业的3倍。

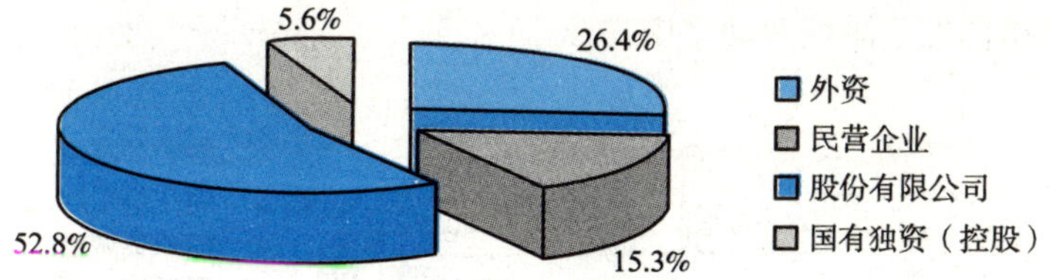

图8－1　2009年零售企业高层变动统计图（按所有制）

4. 从业态来看

各业态均有较多的高管调动，大型百货与超市中高管变动的频率尤其高，其中，超市所占的比例为

27.8%，大型百货所占的比例为37.5%。由于这些业态竞争激烈，外资企业结束了前一阶段的在我国的跑马圈地，频繁调整其在华策略，而国内大型零售还在不断的重组中，行业格局仍在形成之中。

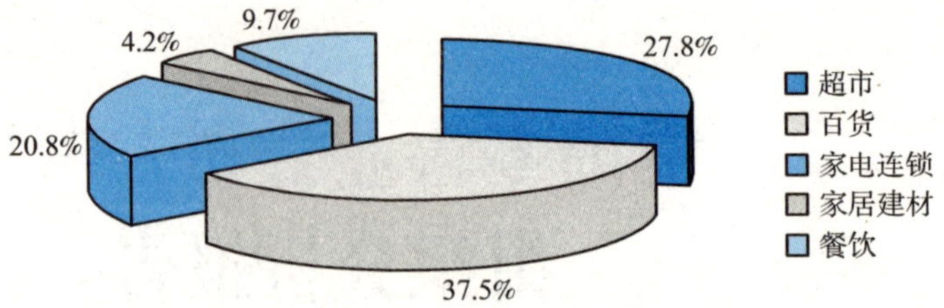

图8-2　2009年零售企业高层变动统计图(按业态)

5. 从高层管理人员变动发生的时间看

主要的发生时间为2009年的第一季度与第二季度，分别占到所有高层管理变动的45.8%与29.2%，而此时正是金融危机影响深度冲击之时，企业为了适应市场形势的变化，度过金融危机，对高层组织人事进行了一系列的调整。而2009年下半年，随着经济形势的回暖，企业的高层变动也趋于平稳。

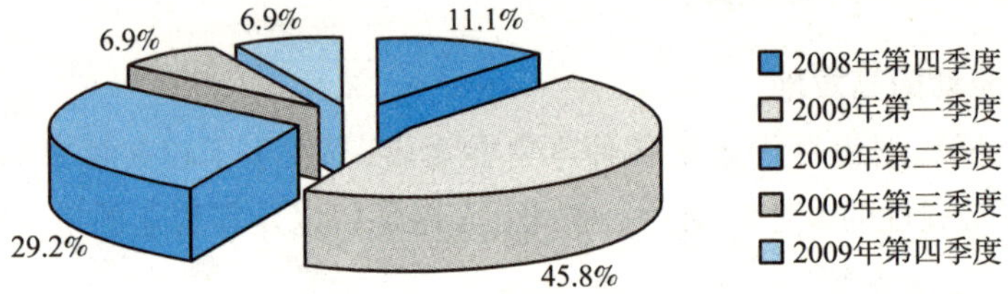

图8-3　2009年零售企业高层变动统计图(按时间)

(二)激烈的兼并重组对高管影响巨大

(1)2009年中国零售行业由兼并收购所导致的高层管理的变动，占到了所有高层变动的16.2%，是除了正常的人事变动以外的第一大原因。国内零售企业间的兼并重组，如国美收购了三联商社，三联商社的整个管理层被国美整合。国外零售企业在华扩张，如百思买收购了五星电器，原五星电器董事长汪建国退位；而韩国乐天收购时代零售后，江苏时代超市董事长方铿及董事会全体成员将辞职。三联商社、时代零售以及五星电器都名列2008年的零售百强，在2009年皆被收购，原高管也几乎被全部替代，零售行业格局仍处于激烈变动之中。

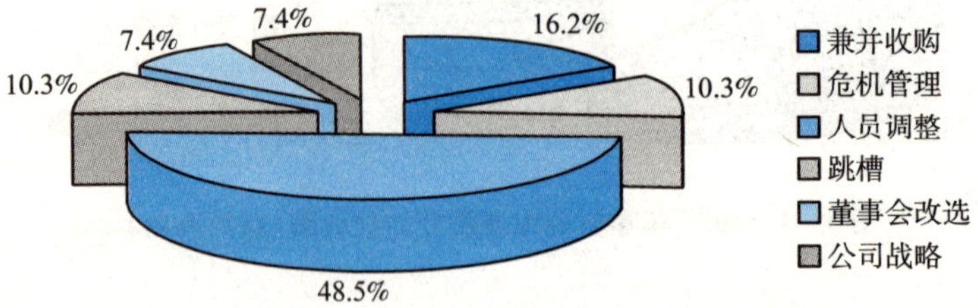

图8-4　2009年零售企业高层变动统计图(按原因划分)

(2)收购兼并带来的高层不融合是管理层不稳定的重要原因。企业的收购或重组,有时会由来自不同企业的人联合组成董事会,组成管理层,可能内部会形成不同的派系。其对于利益的争夺导致高管的不稳定。

(3)收购兼并失败后,企业面临危机,也是更换高管的一大原因。ITAT国际企业集团公司在如意集团收购失败,原董事会执行主席欧通国离职后,空降新高管,陈东航出任CEO,吴盛豪出任CFO,帮助企业度过危机。

(三)中国零售行业公司管理期待更加规范

(1)国有企业、国有控股企业高管变动具有行政色彩,但是相对来说过渡平稳,且高管的素质较高,均有较高的学历及工作经验。例如,接任百联集团总裁的贺涛现年54岁,贺涛曾任上海良友集团董事长。2007年11月,上海市国资委将上海盛融投资有限公司、上海大盛资产有限公司合并,组建成以综合投资为主的国盛集团,贺涛由此调任国盛集团总裁。

(2)高层管理人员的变动必然引发一系列的人事变动,国有企业在这一系列的变动中可以较为平稳地渡过。百联的总裁变动涉及许多重大的人事调动,包括联华超市董事会主席、副主席,以及企业内外众多人员调整。

(3)民营企业的高层调动,有时候涉及到公司内部管理权的争夺,股权不明晰,往往带来高层的不稳定。黄光裕涉案后,其胞妹黄秀虹出任鹏润地产的董事长,鹏润地产原为黄光裕私人创建投资性集团,而黄氏家族的势力仍然在国美的管理层中。

2009年零售业高管的最大闹剧就是广州真功夫餐饮管理有限公司的股东冲击总部事件。据新浪网报道,第二大股东潘宇海委任其兄潘国良为公司副总裁,却不被董事会接受。新副总遂带领数人手持委任状与真功夫总部负责人发生激烈争执,双方僵持不下,发生了副总冲击总部的闹剧。公司董事会已通过《真功夫餐饮管理有限公司董事会决议》,对冲击总部当事人的行为予以强烈谴责,并要求“其立即停止任何侵害、破坏公司的行为”。据公司员工反映,该事件的内部原因在于公司总裁与副总见的意见不合。①

(4)中国国内零售业正在向规范化发展,许多企业大力引进高管,并且对高管进行培训,各类零售管理的论坛也层出不穷。步步高引进外籍高管,谋求进一步发展,而国外的先进的管理经验也对中国内地的零售行业的管理形成了积极影响,一些管理课程如EMBA普遍受欢迎。

(5)同时,零售行业之中的关键人物对零售行业影响巨大。许多公司中,总经理或董事长的名字直接代表了一个时代。比如国美的黄光裕时代,中商的严规方时代,五星的汪建国时代,而这些“时代”,均在2009年结束,对该企业乃至整个行业都有较大的影响。如受黄光裕事件的影响,国美电器在中国香港早7月就已停牌;同时,2009年国美电器连锁百强第一的位子让给了苏宁,相对于苏宁电器14.3%的销售规模增幅,国美只有2.1%。

(四)中国零售业正在经历转型期

2009年中国零售企业高层变动情况说明,与中国经济一样,中国零售业正在经历转型期,一方面,

---

① 新闻来源于http://finance.sina.com.cn/chanjing/gnews/20090814/08526616543.shtml。

行业竞争激烈，兼并与重组频繁，人才流动剧烈；另一方面，零售行业本身也不完善，涉及各种利益冲突、股权争夺，高层的辞职与突然免职频繁。但同时应该看到，管理正在向规范化发展，管理人员的素质也在不断提高，“家族式”的色彩正不断淡化。尽管要走的路还很长，但中国零售业正在快速进步中。

二、零售行业公司基层员工管理分析

零售行业就业的吸纳能力巨大，是与消费者直接接触的行业。一方面，由于金融危机的影响，部分外资企业进行了不同形式的结构优化，即员工精减，但另一方面，更多的企业则在金融危机中，逆势扩张，抄底开店，吸纳大量新员工。零售行业作为吸纳就业最多的行业之一，其员工管理方面的问题引起社会的广泛关注。

（一）零售业对于就业的吸纳仍然是巨大的

（1）一方面，部分零售企业在形势不佳时采取人员精减的措施，如在 2009 年，麦德龙与沃尔玛均进行了所谓“人员优化”的人员精减战略，涉及高层、中层，直到底层员工；星巴克拟在全球范围关闭 300 门店，裁员 7000 人。另一方面，有更多的企业趁此时机拓展市场，招聘员工，如麦当劳计划在中国新开设 175 家，门店招募 1000 新员工；百脑汇计划在青岛开业，招募 4000 新员工。

（2）外资零售企业招聘的势头更加强劲，动辄有几千上万人的招聘。而且通过向暑期学生提供勤工岗位的活动，一方面为企业网罗人才，另一方面也树立企业的形象。比较这些外资企业在世界范围内的大幅度裁员，可以看出中国作为高速发展新兴国家，需求潜力巨大，金融危机之中依然可以保持强劲的增长势头，具有世界上不可多得的市场资源，也是零售行业发展的沃土。

（3）从业态看，各种业态都有巨大的员工需求，无论超市、百货，或是其他业态。原因是零售作为劳动密集型行业，无论何种业态均需要大量的劳动力。虽然劳动合同法带来了用工成本上升，零售行业依然具有旺盛的劳动力需求。

（4）不应该忽视大型零售企业对中小型零售企业的就业挤出效应。媒体与舆论普遍关注的是大型零售企业对于员工的巨大需求，往往忽视零售企业的竞争中，一家大型的零售企业的开业伴随许多的小型零售企业的关门。许多失败的中小型零售企业，会产生较多的失业问题。因此，为了充分发挥零售企业的就业吸纳作用，需要处理好大与小的关系。

（二）零售企业的员工管理问题引起社会的广泛关注

（1）总体来说，中国零售企业的基层员工的管理在不断进步，但是管理疏漏在所难免，加上本身的社会关注度高，管理的失误会在社会上造成负面影响，并给企业带来损失。如温州一团购部业务员利用公司购物卡在财务报销时的漏洞，利用购物卡套现 2000 余万；广州粤荣大厦由于管理的不善，导致生意冷清，租户以罢市表示抗议；杭州的乐购还发生被导购强制美容的事情。这些事件经媒体报道以后，均对企业造成了一定的不利影响。

（2）员工道德素质还有待提高。无论企业管理多么规范，商品丢失问题仍是无法避免。企业员工监守自盗的现象也无法杜绝。2009 年，企业在提高员工的素质方面作了很大的努力，如家乐福针对超市保安屡屡与顾客发生冲突，对保安展开了培训。

(3)从业态上看，超市被揭示的问题是最多的。一方面，超市需要较多的采购、推销、导购、保卫人员，且顾客在超市购物有较强的自由性，因此超市在管理方面比其他业态有更大的压力；另一方面，超市由于面对最广大数量的消费者，社会关注程度也更高，因此问题也更容易被注意。

(4)从企业规模看，某些零售百强企业的管理问题也被媒体所揭示，人们对大企业的期望往往更高。而大企业在管理上总体来说也较为规范，但是仍然有部分漏洞需要弥补，从而为中小企业做出榜样。

(三)零售企业需要处理好员工与企业的关系

(1)劳动力的供给数量大，导致某些企业中员工权利无法保障。新的劳动法、带薪休假制度等，保障了员工的权利，但在2009年年初经济形势严峻的形式下，个别企业中员工的权利屡屡被侵害。例如，北京一超市为销售人员"画地为牢"，不许走出仅几十厘米的方框内；杭州一超市规定员工上厕所不得超过三次；而全聚德的员工住宿条件恶劣，宿舍条件存在多项违规。处理好员工与企业的关系，是一个重要的任务。

(2)处理好员工与企业关系，大型零售企业应该做出榜样。由于大型零售企业，特别是连锁百强企业的社会关注程度高，它们的表现往往代表了整体零售行业的形象。沃尔玛等大型零售商的每一次所谓的"人员优化"措施都广为社会诟病，而成都超市为社会提供暑期大学生的暑期勤工岗位，并为自己作未来的人才储备，带来了良好的社会口碑。

(3)整个社会的文明程度仍需要提高。物质文明丰富的同时，精神文明建设仍然不可轻视，尤其体现在公众对于零售等服务业从业人员的态度上。东部发达地区零售业较为发达，而涉及的员工与顾客、员工与企业之间的冲突的事件较其他地方更多。同样的，大城市的问题也较其他地方反映的多。由于零售业面向的是最广大的社会大众，零售业的文明与规范，不仅需要企业与员工的努力，更需要整个社会的参与。

(4)零售员工的福利正在逐步地改善。零售企业劳动力密集，员工是十分关键的要素。许多零售企业已经能够在员工的福利与企业的发展中找到平衡点，达到公司与员工的共同发展。以苏果超市为例，积极扩大人员储备，内部进行全员培训，采取福利薪酬。即便在经济形势不佳的情况下，苏果超市仍然在2009年3月为300多个对企业作出贡献的门店和个人实行嘉奖。

三、零售行业公司中层管理人员管理分析

中层管理人员，即零售企业的店长，既与员工直接接触，又是企业高层管理的人才储备，是企业管理的重要一环，在零售行业之中的地位十分重要。现阶段，我国的零售业在这一环节较为薄弱。

(一)中层管理人员缺口较大

2009年的经济危机，使得市场景气程度下降，但同时，零售业开店的租金也在下降。某些零售企业抓住这一时机，进行抄底开店。在2009年的连锁百强中，仅有国美因为内部问题，百联由于重组而减少了门店总数，其他企业的门店总数均有不同程度的增加，这必然导致对中层管理人员的需求增大。迫切

的需求导致很多企业选择在同行业"挖人"这一捷径,从而导致了中层管理人员较高的离职率。北京、上海等地本土零售企业人才流失比例接近35%。目前开设零售学相关专业的本、专科院校较少,而人才的需求却逐年猛增。相关数据显示,2000年全国零售店店长数量仅有200名,2007年职位需求数量猛增到近4.5万名。但在1998年,国家有关部门在调整专业目录时,取消了贸易经济本科专业。①

(二)中层管理人员薪金不高且压力较大

自2009年9月18日到11月18日,联商网在网上设专页进行在线店长薪资调查。40.2%的店长对目前的工作感觉压力很大,店长目前的平均月薪为6414元,年度总现金收入的64%来自基本工资;销售奖金或提成在百货店店长的年度总现金收入中占近10%。59.4%的店长的年度总现金收入不超过8万元;百货店、大卖场店长的年度总现金收入相对偏高。②

(三)内资零售企业在吸引高端人才上处于弱势

因为外资零售企业在薪酬和福利上一般好于本土零售企业,内资零售业往往只能提供有限的高职位,来留住人才。而同等职位的人才,在外资企业往往能够拿到比内资企业高得多的薪水与福利,因此,内资零售企业面临较严重的人才流失。

(四)加强对店长的管理

店长直接面对员工,直接面对顾客,店长的管理水平代表了整个零售企业的形象。2009年发生了许多起零售业的店长携款潜逃的案例,在未来,需要加大对零售行业店长的培训,并且加大管理力度,杜绝管理漏洞,从而提高企业形象。

四、零售企业组织人事的思考与展望

(一)组织结构的变化必然带来人事的变动,这在将来还会继续

2009年是零售企业兼并重组剧烈的一年,国美收购了三联商社,百联内部重组频繁,时代零售被收购。而每一次收购与重组,都伴随着一系列的高层管理人员调动,同时还涉及中层与基层员工的流动。这些兼并收购的背后,有时暗藏着企业的战略的调整。战略调整的效果在短期内不会立竿见影,而组织的变动则会牵扯到各方面的利益相关群体,因此,企业需要在短期利益与长远利益上作出权衡,选择适合自己的组织结构。

随着零售行业竞争加剧,国内的零售巨头与外资的竞争,重组与兼并还远没有结束,因此,可以预见,未来的几年内,企业兼并依然剧烈,人事变动频繁。

(二)零售行业仍在扩张中,人才需求将进一步扩大

全球经济低迷时,中国的零售行业依然保持了扩张,从2009年连锁百强的门店总数可以看出这

① 资料来源:北京商报2010年1月14日.零售业中高层需求巨大 管理人才面临流失.北京商报,2010-1-14.
② 资料来源:联商网.2009中国零售业店长薪资状况调查报告.2009-12-25.

一点。外资与本土的国有，使民营零售业争夺中国这个市场。许多企业甚至转化金融危机为时机，抓住租金低的特点，抄底开店，尽管有沃尔玛、麦德龙的“人才结构优化”，但是许多企业对于人才的需求，特别是高端人才的需求仍然是巨大的。

（三）民营企业高层股权关系有待进一步明晰，管理有待进一步规范

所有权与经营权的分离是现代化企业管理的重要特点，而现阶段中国的民营零售企业却仍然摆脱不了家族企业的特征。企业所有权的争夺导致了高层的不稳定，不利于企业的管理。

管理的不规范使得对一些零售业核心人物的影响巨大，一定程度上，黄光裕代表了国美，张近东代表了苏宁，而黄光裕的事件，导致2009年国美与苏宁业绩差距巨大，把连锁百强第一的位置让位于苏宁。

（四）员工管理有较大改善，但仍存在一些问题

2009年，不少企业扩大招聘，加大员工培训，保障员工福利，员工的整体管理水平已经有了较大的提高。然而，2009年仍然有不少员工管理方面的问题被揭露出来。下一阶段，随着企业更加注重社会形象，社会文明程度的提高，以及经济形势的改善，媒体监督的不断严格，员工管理必然更加规范、更加完善。

（五）建立起零售行业的人才储备

未来，零售业的竞争将会从一线城市向二三线城市延伸，届时零售人才的争夺将会相当的激烈，而我国现阶段，管理人才，特别是中层管理人才的素质远不能满足企业的需要，这就需要建立和完善零售人才的储备。

首先，加强对现阶段零售人才的培训，提高管理能力和素质。其次，改变大专院校相关专业缺失的现状，为我国零售事业的发展源源不断地输送人才。最后，优化目前内资企业的组织结构，同时提高店长的待遇，留住核心人才。

总之，中国零售市场巨大，人才需求是巨大的，发展潜力也是巨大的。在下一轮零售业的纵深扩展中，只要零售企业抓住机遇，完善高管变动机制，建立中层人才储备，注意基层员工的培训，进一步提高员工的福利，一定可以使中国的零售业蒸蒸日上。

（施　亮）

附表 1

2009 年主要零售企业高层变动统计表

编号	公司	事件	领导人	时间	业态	性质	备注	
1	百大集团股份有限公司	百大集团独立董事邹晓东辞职	徐刚	2008 年 11 月	百货	股份有限公司	现任浙江大学党委书记、组织部长,按规定无法继续担任	人员调整
2	家得宝(中国)	总裁陈耀东辞职,全国珊接任	中国区总裁全国珊	2008 年 11 月	家居建材	外资	全国珊原为百安居负责采购的副总裁	人员调整
3	沃尔玛(中国)投资有限公司	罗世诚出任沃尔玛中国 COO	—	2008 年 11 月 1 日	超市	外资	原百安居英国 CEO	战略调整
4	百大集团股份有限公司	公司副总经理顾灵华辞职	徐刚	2008 年 12 月	百货	股份有限公司	—	跳槽
5	家得宝(中国)	人力资源总监赵景秀离职	中国区总裁全国珊	2008 年 12 月	家居建材	外资	—	人员调整
6	国美电器有限公司	方巍担任国美电器代理首席财务官	陈晓	2008 年 12 月 11 日	家电连锁	股份有限公司	首席财务官周亚飞涉嫌经济刑事案件接受调查	危机管理
7	西单商场	谢卫军辞去公司董事职务	—	2008 年 12 月 25 日	百货	股份有限公司	—	人员调整
8	麦当劳(中国)有限公司	集团首席运营官拉菲·阿法雷斯(Ralph Alvarez)由于健康原因	—	2008 年 12 月 31 日	餐饮	外资	—	退休
9	百大集团股份有限公司	独立董事袁维钢辞职	徐刚	2009 年 1 月	百货	股份有限公司	袁维钢兼任西子联合控股旗下西子电梯集团副总裁	跳槽
10	银泰百货(集团)有限公司	集团总裁周明海辞去总裁一职以及在集团下属公司内的所有职务	沈国军	2009 年 1 月 13 日	百货	股份有限公司	—	人员调整
11	银泰百货(集团)有限公司	陈晓东继任集团总裁兼 CEO	沈国军	2009 年 1 月 13 日	百货	股份有限公司	现任银泰百货首席运营官及副总裁	人员调整
12	玛莎百货	解雇了已为其效力 20 年的中国区董事总经理史睿德	—	2009 年 1 月 19 日	百货	外资	—	人员调整
13	百大集团股份有限公司	陈夏鑫辞去董事长职务,选举徐刚先生为公司董事长	徐刚	2009 年 1 月 22 日	百货	股份有限公司	—	董事会改选

续表

编号	公司	事件	领导人	时间	业态	性质	备注	
14	格林豪泰酒店管理集团	任命盛新宇担任人力资源总监	—	2009 年 1 月 28 日	酒店	外资	—	人员调整
15	银泰百货(集团)有限公司	邹明贵就任副总裁兼浙中区总经理	沈国军	2009 年 1 月 31 日	百货	股份有限公司	原为茂业集团总经理，此调动导致银泰浙中区人事变动	跳槽
16	深圳市百佳华百货有限公司	公司中国区董事总经理冯砚祖辞职	庄陆坤	2009 年 2 月	超市	外资	—	人员调整
17	深圳市百佳华百货有限公司	简力宏担任中国区董事总经理，冯砚祖辞职	庄陆坤	2009 年 2 月	超市	外资	原为百佳华中国香港区董事总经理	人员调整
18	国美电器有限公司	三联商社总经理张岩免职	陈晓	2009 年 2 月 2 日	家电连锁	股份有限公司	国美收购三联商社	兼并收购
19	国美电器有限公司	三联商社董事会秘书宋洪琦免职	陈晓	2009 年 2 月 2 日	家电连锁	股份有限公司	—	兼并收购
20	国美电器有限公司	三联商社财务总监岳现堂免职	陈晓	2009 年 2 月 2 日	家电连锁	股份有限公司	—	兼并收购
21	国美电器有限公司	王剑担任三联商社总经理	陈晓	2009 年 2 月 2 日	家电连锁	股份有限公司	王剑为重庆国美电器总经理	兼并收购
22	国美电器有限公司	荣铎担任三联商社财务总监	陈晓	2009 年 2 月 2 日	家电连锁	股份有限公司	—	兼并收购
23	国美电器有限公司	宋洪琦担任三联商社总经理助理	陈晓	2009 年 2 月 2 日	家电连锁	股份有限公司	—	兼并收购
24	国美电器有限公司	董事会决定暂停黄光裕及其子杜鹃行政职务	陈晓	2009 年 2 月 3 日	家电连锁	股份有限公司	—	危机管理
25	浙江人本超市有限公司	代银钢调任台州人本超市有限公司总经理	周刚	2009 年 2 月 6 日	超市	民营企业	原为人本超市有限公司总经理	人员调整
26	浙江人本超市有限公司	刘忠建出任浙江人本超市有限公司总经理	周刚	2009 年 2 月 6 日	超市	民营企业	原浙江十足便利店有限公司总经理	人员调整
27	浙江人本超市有限公司	欧再福出任浙江十足总经理	周刚	2009 年 2 月 6 日	超市	民营企业	原台州十足便利店有限公司总经理	人员调整

续表

编号	公司	事件	领导人	时间	业态	性质	备注	
28	浙江人本超市有限公司	江朝影调任瑞安人本超市总经理	周刚	2009 年 2 月 6 日	超市	民营企业	原台州人本总经理	人员调整
29	成商集团	董事长黄茂如辞职，不再担任该公司董事会战略委员会主任委员	—	2009 年 2 月 10 日	百货	股份有限公司	茂业系内部混乱	危机管理
30	成商集团	王福琴担任成商集团董事长	—	2009 年 2 月 10 日	百货	股份有限公司	原为成商集团总经理	危机管理
31	深圳市百佳华百货有限公司	庄小雄获任执行董事	庄陆坤	2009 年 2 月 11 日	百货	股份有限公司	庄小雄为公司董事会主席、控股股东庄陆坤之子	人员调整
32	深圳市百佳华百货有限公司	沈大津执行董事以及提名委员会委员职务	庄陆坤	2009 年 2 月 11 日	百货	股份有限公司	—	退休
33	百思买（中国内地）	布莱恩・邓恩（Brian J. Dunn）担任首席执行官	—	2009 年 2 月 16 日	家电连锁	外资	接任前为百思买的首席运营官	人员调整
34	百大集团股份有限公司	公司高级管理人员沈慧芬女士因工作变动原因，辞去公司副总经理职务	徐刚	2009 年 2 月 17 日	百货	股份有限公司	沈慧芬任西子联合控股财政部部长兼风险控制及现金管理部总经理。西子为百大集团股份有限公司大股东	人员调整
35	国美电器有限公司	黄秀虹担任北京鹏润地产投资董事长	陈晓	2009 年 2 月 18 日	家电连锁	股份有限公司	黄秀虹为黄光裕胞妹，国美上海大区总经理，而鹏润地产原为黄光裕私人创建投资性集团	危机管理
36	大商集团股份有限公司	韩德胜任董事会秘书	牛钢	2009 年 2 月 26 日	超市、百货	内资	—	人员调整
37	百思买	郑天和任五星总裁和首席运营官	—	2009 年 3 月 9 日	家电连锁	外资	百思买收购五星电器	兼并收购
38	百思买	原五星董事长汪建国退位	—	2009 年 3 月 10 日	家电连锁	外资	—	兼并收购
39	沃尔玛（中国）投资有限公司	任命王培女士为沃尔玛中国首席行政官	—	2009 年 3 月 26 日	超市	外资	—	战略调整

续表

编号	公司	事件	领导人	时间	业态	性质	备注	
40	沃尔玛(中国)投资有限公司	任命王渝佳女士为沃尔玛中国人力资源及行政副总裁	—	2009年3月26日	超市	外资	—	战略调整
41	百大集团股份有限公司	聘任李喜刚先生为公司副总经理	徐刚	2009年3月27日	百货	股份有限公司	—	人员调整
42	麦当劳(中国)有限公司	中国公司首席执行官施乐生退休	—	2009年4月1日	餐饮	外资	—	退休
43	麦当劳(中国)有限公司	曾啓山就任中国公司首席执行官	—	2009年4月1日	餐饮	外资	—	退休
44	百大集团股份有限公司	公司监事刘蔚先生因工作变动原因辞去监事职务	徐刚	2009年4月16日	百货	股份有限公司	—	人员调整
45	王府井百货	集团副总裁郭志刚亲自担当成都王府井百货总经理,同时兼任昆明顺城王府井购物中心总经理	—	2009年4月20日	百货	股份有限公司	—	人员调整
46	百大集团股份有限公司	吴华女士辞去监事长职务,选举沈慧芬女士为公司监事长	徐刚	2009年5月22日	百货	股份有限公司	—	人员调整
47	百联集团有限公司	王志刚辞去联华超市董事会主席	马新生	2009年6月1日	超市	国有独资公司	王志刚依然是百联集团副总裁,联华超市执行董事	人员调整
48	百联集团有限公司	百联集团董事长马新生任联华超市董事会主席	马新生	2009年6月1日	超市	国有独资公司	马新生为百联集团董事长	人员调整
49	百联集团有限公司	华国平接任联华超市董事会副主席	马新生	2009年6月1日	超市	国有独资公司	华国平为百联集团超商事业部负责人	人员调整
50	福建新华都购物广场股份有限公司	唐骏出任总裁兼 CEO	陈发树	2009年6月	百货	股份有限公司	陈发树捐赠成立新华都基金会是2009年热门事件	人员调整
51	东方家园	东方家园建材超市副总裁汪传虎离职	—	2009年6月5日	建材	股份有限公司	—	人员调整
52	武汉中商集团股份有限公司	郝建接替严规方任中商集团董事长	郝建	2009年6月11日	超市、百货	股份有限公司	现任武商联董事、副董事长	董事会改选

续表

编号	公司	事件	领导人	时间	业态	性质	备注	
53	武汉中商集团股份有限公司	熊佑良担任中商集团总经理	郝建	2009 年 6 月 11 日	超市、百货	股份有限公司	—	董事会改选
54	武汉中商集团股份有限公司	易国华、朱定志、李鸽珍为副总经理	郝建	2009 年 6 月 11 日	超市、百货	股份有限公司	—	董事会改选
55	家乐福(中国)	董仕帆就任华南区总经理	中国区总裁罗国伟	2009 年 6 月 25 日	超市	外资	董仕帆为原家乐福中国区财务总监	人员调整
56	家乐福(中国)	贝多拉就任华东区总经理	中国区总裁罗国伟	2009 年 6 月 25 日	超市	外资	贝多拉为原华东区总经理	人员调整
57	ITAT 国际企业集团公司	董事会执行主席欧通国离职	—	2009 年 6 月 30 日	服装百货	民营企业	如意集团收购 ITAT,原管理层离职	兼并收购
58	ITAT 国际企业集团公司	邱亚夫担任董事局执行董事	—	2009 年 6 月 30 日	服装百货	民营企业	邱亚夫为如意集团董事长,如意集团对困境中的 ITAT 增资扩股 5 亿	兼并收购
59	国美电器有限公司	副总裁孙一丁出任执行董事	陈晓	2009 年 6 月 30 日	家电连锁	股份有限公司	孙一丁兼任三联商社副董事长	董事会改选
60	国美电器有限公司	独立非执行董事刘鹏辉离职	陈晓	2009 年 6 月 30 日	家电连锁	股份有限公司	—	董事会改选
61	华润万家有限公司	任命黎汝雄为华润创业执行董事及副董事总经理	陈新华	2009 年 6 月 30 日	超市	国有控股	原为华润微电子非执行董事	人员调整
62	华润万家有限公司	邝文谦辞任华润创业执行董事及副董事总经理之职	—	2009 年 6 月 30 日	超市	国有控股	原因为有意稍作休息再向其他事物发展	人员调整
63	苏宁电器集团	罗怡文任日本 LAOX 公司董事长	张近东	2009 年 8 月 3 日	家电连锁	股份有限公司	罗怡文与苏宁共同收购 LAOX 集团,作为中间人促成合作	兼并收购
64	广州真功夫餐饮管理有限公司	股东潘宇海委任私任潘国良为副总	蔡达标	2009 年 8 月 12 日	餐饮	民营企业	董事会不批转导致股权争夺战	董事会改选
65	百联集团有限公司	贺涛就任百联集团总裁	马新生	2009 年 8 月 24 日	超市	国有独资公司	贺涛为上海国盛(集团)有限公司总裁兼党委书记	人员调整

续表

编号	公司	事件	领导人	时间	业态	性质	备注	
66	ITAT 国际企业集团公司	陈东航出任 CEO	—	2009 年 8 月 28 日	服装百货	民营企业	如意集团收购未果，原高管离职，空降新高管	危机管理
67	ITAT 国际企业集团公司	吴盛豪出任 CFO	—	2009 年 8 月 28 日	服装百货	民营企业	如意集团收购未果，原高管离职，空降新高管	危机管理
68	沃尔玛(中国)投资有限公司	高层职位调整	—	2009 年 10 月 10 日	超市	外资	将增设区域总监一名	战略调整
69	步步高商业连锁股份有限公司	聘用国外团队进入高级管理层	王填	2009 年 10 月 16 日	—	股份有限公司	该团队服务于印尼玛泰哈利五年，使其成为亚太地区最佳零售商	公司战略
70	内蒙古小肥羊餐饮连锁有限公司	首席运营官杨耀强辞职	张钢	2009 年 12 月 2 日	餐饮	股份有限公司	曾促成小肥羊中国香港上市，将百胜引入小肥羊	私人原因
71	乐天玛特 & 韩国乐天集团	江苏时代超市董事长方铿及董事会全体成员将辞职	—	2009 年 12 月 23 日	超市	外资	乐天 30.3 亿元人民币高价收购时代超市	兼并收购
72	内蒙古小肥羊餐饮连锁有限公司	张占海任首席运营官	张钢	2009 年 12 月 23 日	餐饮	股份有限公司	现为公司执行董事兼高级副总裁	人员调整

附表 2　2009 年媒体所揭示的零售业主要员工管理事件统计表（阴影部分为零售百强企业）

编号	地点	企业	性质	事件	事件性质	业态
1	广东	粤荣大厦	—	管理不善，租户“罢市”	管理问题	百货
2	上海	华联超市	股份有限公司	销售员与保安口角，随即发生持刀伤人事件	管理问题	超市
3	杭州	乐购	外资	应聘员工遭遇导购强迫美容	管理问题	超市
4	天津	—	—	销售人员过于“热情”劝购，使促销变味	管理问题	超市
5	咸阳	不详	—	超市一员工为报复，谎称超市有炸弹引起恐慌	管理问题	超市
6	武汉	不详	—	保安为小偷作掩护，收取保护费	管理问题	超市
7	不详	沃尔玛	外资	一老员工偷吃包子遭解雇，被法院仲裁否决	管理问题	超市
8	温州	不详	—	团购部业务员利用购物卡套现，侵占 2000 万	管理问题	超市
9	广州	百佳超市	外资	某工作人员为挂广告牌踩香肠而被辞退	管理问题	超市
10	北京	物美	股份有限公司	大兴旧宫物美超市拒聘河南、东北人	管理问题	超市
11	成都	家乐福	外资	员工偷卤味被供货商当场抓获	管理问题	超市
12	北京	国美电器	股份有限公司	员工涉嫌伪造提货卡诈骗被抓获	管理问题	家电连锁
13	杭州	欧尚	外资	顾客被疑偷带，欧尚保安与顾客打成一团	管理问题	超市
14	海口市	不详	—	四名员工偷商品贱卖	管理问题	超市
15	上海	家乐福	外资	保安与其弟弟勾结行窃被抓	管理问题	超市
16	上海	麦德龙	外资	商场销售专员利用公司供货制度的漏洞，采用虚开供货单等手段，侵吞公司财产 100 多万元	管理问题	仓储会员
17	北京市	全聚德	股份有限公司	员工宿舍存在多项违规，被责令整改	管理问题	餐饮
18	全国范围	家乐福	外资	屡有保安打人事件，终启动安保培训	员工培训	超市
19	重庆	不详	—	为促销员画一个框，只允许框中上班，不许出界	员工权利	超市
20	西安	人人家商贸有限公司	民营	两员工举报超市乱罚款被辞退	员工权利	超市
21	乌鲁木齐	金福超市	民营	收员工服装保证金后频繁放假引发员工不满	员工权利	超市

续表

编号	地点	企业	性质	事件	事件性质	业态
22	苏州	好又多	外资	员工进出顾客未购物出口处必须要保卫部门批准，而且还要签两次名。包括上厕所	员工权利	超市
23	石家庄市	保龙仓	民营企业	员工迟到要求被迫买过期奶粉	员工权利	超市
24	北京	物美	股份有限公司	收银员侵占10万元营业款为给老公治病	员工权利	超市
25	九江	沃尔玛	外资	以偷吃卤菜为由，解聘员工	员工权利	超市
26	杭州	世纪联华	股份有限公司	规定员工每天上厕所不能超过3次	员工权利	超市
27	南京	沃尔玛	外资	促销员摔伤致死，超市至今没有说法	员工权利	超市
28	成都	伊藤洋华堂	外资	聘请16名品质监督员	招聘与裁员	百货
29	重庆	重庆百货大楼股份有限公司	国有企业	重庆百货留30个勤工俭学岗位给大学生	招聘与裁员	百货
30	全球范围	星巴克	外资	拟裁员7000名，关闭300家分店	招聘与裁员	餐饮
31	全国范围	沃尔玛	外资	启动人才结构优化，开始裁员	招聘与裁员	超市
32	宿迁	大润发	台资	大润发超市沭阳店开业在即，招募800余人	招聘与裁员	超市
33	青岛	百脑汇	外资	青岛开业，招募4000名员工	招聘与裁员	IT连锁
34	全国范围	麦当劳	外资	计划在中国增开175家新店，扩招10000名新员工，其中包括大量的大学毕业生	招聘与裁员	餐饮
35	成都市	哦哦超市	股份有限公司	逆势开新店，计划招聘员工2000名	招聘与裁员	便利店

第九章 中国零售业公司开店分析报告

近年来,随着经济发展水平和城市化水平的提高,我国零售业发展迅速,出现了多种所有制、多业态、多种经营方式共同发展的局面,市场竞争异常激烈,加之零售业开店成本的逐年提高,开店对零售企业运营的影响日益凸显。

2009 年是进入新世纪以来我国经济发展最困难的一年,金融危机对国民经济造成了巨大而深远的影响,GDP 增速出现下滑。虽然政府采取了一系列经济刺激政策,扩大内需,促进经济增长,但是我国的零售业仍不可避免地受到了波及,在开店的时间、速度、地点及业态等方面都有了变化。

本报告选择中国连锁经营协会公布的"中国连锁企业百强(2009)"企业作为研究样本,对 2009—2010 年的连锁百强在开店方面的情况进行了统计分析。所有这些企业开店情况全部来自公开信息,包括企业官网中关于该企业门店数量、分布、2009 年情况及 2010 年开店动向等信息;百强企业中的上市公司则从其 2009 年年报中获得开店的相关信息;同时参照"中国商业联合会"、"中国连锁经营协会"、"联商网"等专业网站,以及商务部、国家统计局等政府网站发布的统计资料、年度产业发展报告以及与企业相关的新闻报道等公开信息。

根据以上的信息,本报告将连锁百强企业的开店情况分为现有门店数量、门店分布、2009 年开店数量、开店增幅、开店地点、2010 年开店动向以及企业的基本情况等维度,进行深度分析,制作了零售连锁百强公司开店一览表,具体详见本章附表 1 和附表 2。

此外,本报告还参照"中国商业联合会"、"中国连锁经营协会"、"联商网"等专业网站,以及企业相关的新闻报道等公开信息,根据 2009 年发生的零售业关闭门店情况制作了零售企业关闭门店一览表,将这些关闭门店案件的基本情况分为关闭门店名称、关店时间、原因、企业状况等维度,对其进行深度分析,详见本章附表 3。

一、零售业公司 2009 年开店扩张分析

2009 年,中国零售企业开店更趋谨慎。如图 9-1,截至 2009 年 12 月 31 日,连锁百强企业门店总数达到 13.7 万个,门店总数增长 18.9%,是进入 21 世纪以来门店增幅最低的一年①。其中,超市和百货门店增长较快,增幅分别为 22.2% 和 19.4%。外资企业业态相对单一,主要集中在大型超市业态。2009 年,5 家经营大型超市业态的外资企业共新开店 115 家,一年新开店数量增长了 69%。

① 2001—2009 年门店的增长是根据每年百强报告所公布的原始数据整理出来的,与一些报道中的数据有些差别,报道中的数据是剔除个别企业超常规发展因素后的数据。

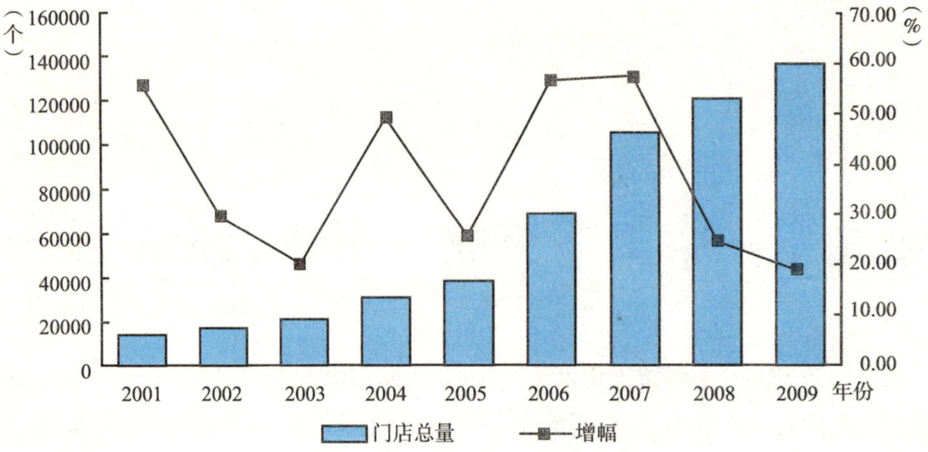

图9-1 2001—2009年中国连锁百强门店数量与增幅

(一)从开店的时间来看,主要集中在下半年

2009年上半年,国际金融危机对世界各国包括中国经济的影响都仍在继续,国内外经济形势尚不明朗,消费市场继续萎缩,零售商普遍采取求稳观望的态度,大部分企业尤其是内资企业都停止或减少了开店。

而到下半年,国家经济刺激政策的效果逐渐显现,我国经济总体形势逐渐企稳向好,消费复苏迹象越来越明显,企业对未来经济的前景和市场发展的信心开始恢复。2009年第三季度,我国企业家信心指数和企业景气指数分别为121.7和127.9,双双回到较为景气区间。一些有实力的零售企业度过了观望期,开始重启快速扩张的步伐。

总体上看,2009年零售业的开店扩张主要集中在下半年。在中国连锁百强的17家上榜且门店数量增长的外资企业中,除了大润发、家乐福和沃尔玛,其他14家企业上半年新开店的数量都小于下半年。而内资企业中上半年的新开门店数量在全年新开门店总量中所占的比例则更低。

(二)从开店的区域分布上看,二三线城市的扩张快于一线城市

目前,我国北京、上海、深圳、广州等一线城市的零售市场已经基本饱和,市场竞争异常激烈,而二三线城市竞争则相对缓和,吸引了许多零售商的关注。另外,近年来,相对较低的生活成本和房价以及国家的城市化下移引导政策促使二三线城市对其他发达城市人口和农村人口的吸引力加大,城市人口剧增,居民消费水平提高,达到了大型零售企业的开店要求。加之这些城市还拥有一线城市不可比拟的投资成本低的优点,主要体现在土地成本较低、人员工资低等。因此,大部分零售企业尤其是外资企业开始在这些地区开店。

2009年,百强企业在二三线城市的扩张明显快于在一线城市的扩张。2009年百强企业总部所在地位于北京、上海、广州、深圳的达47家。从百货、超市等业态中抽取上述一线城市10家企业,以及20家二三线城市区域型企业进行对比,一线城市百强的店铺增长为7.2%,二三线城市百强的店铺增长分别为14.7%,增幅为一线城市的两倍。也正因此,不少连锁企业都开始紧跟外资步伐,加速挺进二三线城市。

(三)从行业业态上看,百货和超市增长较快

2009年是中国百货继续迅速发展的一年。虽然金融危机给百货企业带来了不小的压力,但企业的开店速度并无明显放慢,外资百货巨头逆市在华扩张,本土百货也不甘落后,全年门店总数增长了19.4%。

超市依然是门店增长最快的业态,2009年门店增幅达到22.2%。而且很多实力比较强的零售企业大都以经营超市为主,尤其是外资超市,虽然在全球的扩张中受到金融危机的影响,但是在中国扩张的步伐并没有减弱,反而加大了开店的数量。2009年,5家经营大型超市业态的外资企业共新开店115家,2008年上述5家企业新开大型超市68家,一年新开店数量增长了69%。

家居建材零售等业态中,内外资企业的发展都遇到问题,进入了调整期。除宜家外,连锁百强中的其他企业都停止了扩张的步伐。

家电连锁企业开店中,中国本土零售企业表现比较引人注目。苏宁继续扩张;国美则在全国范围内进行战略调整,关闭了许多门店,门店总量降低了14.1%。

(四)从家居建材业的发展来看,洋退民进

2009年,家居建材业市场热闹异常,一面是百安居、家得宝、好美家等外资企业的悄然退市,另一面则是银座家居、红星美凯龙、居然之家等国内企业的大举扩张,可谓是“冰火两重天”。

2009年,隶属于英国翠丰集团的家居建材连锁卖场百安居在中国市场遭遇了史上最大的挑战。除了南京百安居关店,在上海、合肥、成都、哈尔滨等城市,世界第三国际连锁建材巨头百安居的门店都先后关闭。百安居在其年度报告中提到,截至2010年年底,百安居在中国现有的63家门店将关闭22家,绝大部分为亏损门店,剩下的41家店也会有17家缩减面积。与百安居的命运相似,家得宝、好美家先后关掉其在华的多家门店,宜家也在不断调整。

而与外资建材超市的逐渐收缩不同,国内大型的家居卖场正在迅速地扩张。2009年,红星美凯龙在全国共新增20家店。居然之家2009年仅上半年就新开了5家店,11月23日又全面接手了烂尾多年的北京碧溪家居广场,筹备开张其北京第5家店。

(五)从企业性质来看,外资企业的新店增幅明显高于内资企业

国际金融危机爆发以来,美国、欧洲、日本等西方国家陷入了实质性的全面危机,国内市场急剧萎缩,而中国虽然也受到了波及,但受影响的程度相对较轻,加之政府的经济刺激政策,2009年特别是2009年下半年我国经济形势已经开始好转。因此,大部分外资零售商为了分散风险,减轻本国国内消费萎缩的影响,纷纷在华扩张,并且速度明显加快。2009年以来,沃尔玛、吉之岛、乐天超市、家乐福等国际连锁零售企业先后重启扩张的步伐,并宣布未来将加紧扩大在中国的开店规模。

而我国大部分内资企业由于规模小、资金实力弱、管理水平低、应对风险能力弱,因此2009年面对金融危机,扩张相对比较谨慎,上半年普遍采取观望求稳的态度,直到下半年经济形势开始好转,大部分内资企业才开始扩张。

2009年内资企业的扩张速度低于外资企业。在2009年连锁百强中,20家外资企业的门店增长15.7%,明显高于内资企业,也高于其2008年度的同期表现(13.1%)。

二、零售业公司2009年门店关闭分析

零售业对危机的反应往往相对滞后，2009年虽然我国经济形势有所好转，但金融危机对零售企业的影响仍在继续，包括对零售业运营的影响。2009年全年共有近40家的企业关闭了800多家门店，详见本章附表3。分析2009年零售企业关闭门店的情况，可以得出以下几个特点：

（一）从地域上看，主要集中在东部地区

2009年，苏宁、国美和百丽在全国范围内进行战略调整，而玛莎百货和百安居虽然关闭门店的具体地址不明，但也分散在全国各大区域。除这5家企业外，如图9－2所示，2009年零售企业关闭的门店主要集中在东部地区，占总量的84%，而中部地区和西部地区关闭的门店分别只占9%和7%。这主要是因为东部地区经济发展和城市化水平相对较高，零售业发展较早且相对成熟，市场竞争比较激烈，位于这一地区的经营管理不善的零售业门店比较容易被淘汰。

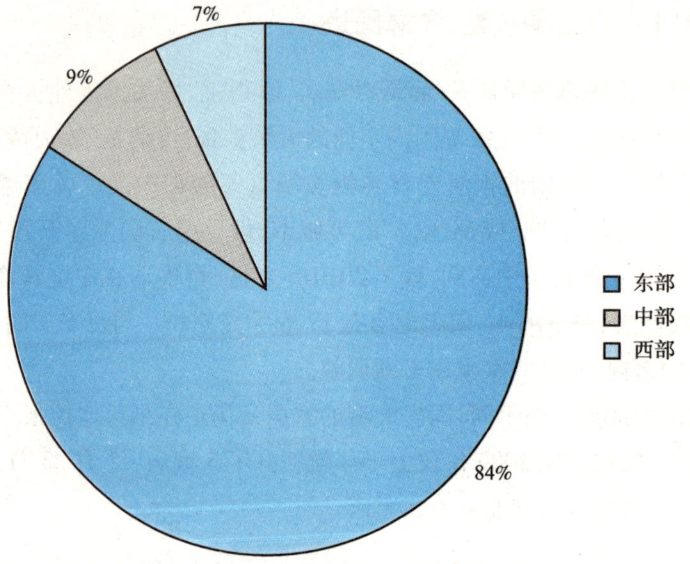

图9－2　2009年零售企业关闭门店区域分布

（二）从时间上看，上半年关闭的门店较多

2009年，零售业关闭门店的时间差别很大，上半年关闭门店的数量明显多于下半年。如图9－3所示，除玛莎百货、苏宁、国美、百安居、百丽的关店时间全年分散比较平均不作统计外，2009年上半年，零售企业共关闭门店42家，占全年关店总量的63%，而下半年关闭门店的数量大幅度减少，仅关闭了25家，占全年关店总量的37%。这主要是由于受金融危机的影响，上半年国内经济形势低迷，市场萎缩，恶劣的环境使企业被迫关闭那些管理不善、营业不佳的门店；而下半年我国经济形势已经开始好转，消费者信心逐渐恢复，加之众多的节假日的促销和打折，零售企业的压力得到了一定程度的缓和，关店数量随之减少。

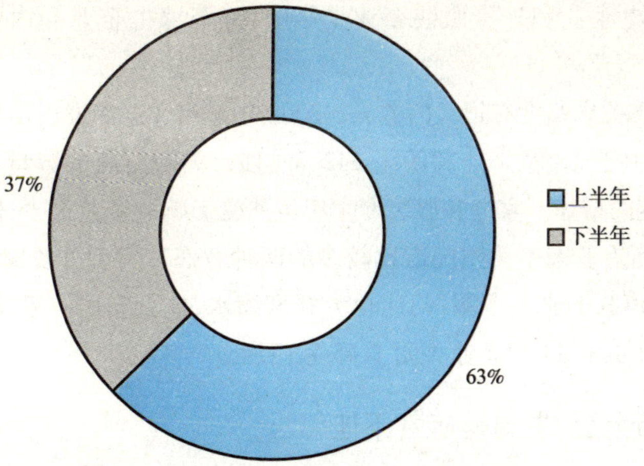

图 9-3 2009 年零售企业关闭门店时间分布

(三)从性质上看,内资企业关闭门店所占的比例较大

2009 年金融危机对外资零售企业的影响与 2008 年相比有了很大的减弱,外资企业关闭门店所占的比例远远低于 2008 年,但内资企业关闭门店所占的比例则较大,尤其是超市,如图 9-4,2009 年关闭的超市中,内资企业所占比例将近 90%。这主要是因为:与国外相比,我国零售业起步晚,发展水平相对较低,国内的零售企业普遍存在资金实力弱、人才缺乏、管理不善、门店选址及设计不合理等问题,难以与外资企业相抗衡。而金融危机使大量外资零售企业纷纷涌入中国,与内资企业争夺市场,从而加快了内资门店的关闭。

(四)从业态上看,不同业态差异明显

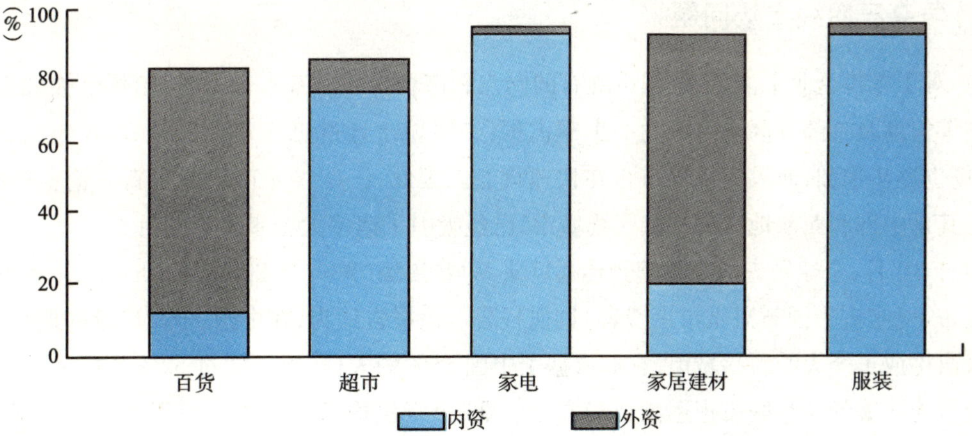

图 9-4 2009 年零售企业关闭门店不同业态内外资比例

就性质而言,不同业态中内外资零售企业所占的比例不同。如图 9-4 所示,2009 年,在百货和家居建材中,外资企业分别关闭了占各自业态关闭门店总量 84% 和 76% 的门店,远远高于内资企业;超市业态内外资超市关闭门店之比约为 9:1,受影响的主要是内资企业;而家电和服装专卖店则比较特

殊,2009 年只有内资家电企业和外资服装企业受影响,外资家电企业和内资服装企业都没有关闭门店。

就数量而言,各业态关店幅度有很大的差异。2009 年超市业态的发展不尽如人意,受影响的企业是所有业态中最多的,共有 18 家企业关闭了 142 家门店,关闭门店的数量和受影响的企业数量与 2008 年相比都有了一定的增加。家电和服装专卖店虽然受影响的企业很少,但由于苏宁、国美和百丽门店变动较大,因此是所有业态中关闭门店比较多的两种业态。大型外资家居建材超市由于受金融危机的影响,加之营业模式的水土不服,门店也大幅度缩水,仅百安居一家 2009 年在华就关闭了 22 家门店。而百货 2009 年共有 11 家企业关闭了 45 家门店。

(五)从关店原因上看,主要是运营不佳

经济危机似乎让很多行业都陷入了困境。面对失败,人们往往喜欢把原因归咎于诸如大环境之类的外因。然而,事实上,经济危机不过是一个把零售业掩藏在经济快速增长时期的辉煌业绩下的、以前就存在的管理缺陷暴露出来的催化剂。2009 年,金融危机虽然在很大程度上促使了那些赢利状况不佳的门店的关闭,但并不是导致零售企业关店的根本原因。

从 2009 年零售企业关闭门店的情况来看,主要原因是运营不佳,由于这个原因而关闭的门店所占比例超过了 50%。而苏宁和国美虽然是出于企业战略调整而关闭了 300 多家门店,但其调整时除了网点布局外,也会考虑各门店的运营状况。物业问题,包括物业到期及物业纠纷等,则是 2009 年零售企业关闭门店的另一直接原因,全年约有 15 家门店由于该问题而关闭。此外,选址不当、零供关系问题、战略调整等也导致了部分零售门店在 2009 年关闭。

三、零售业公司开店问题与思考

(一)争夺三四线市场问题

目前,对于零售企业来说,一线城市既有的网点和市场份额已基本被蚕食,市场已被外资零售商、内资大型零售商及一部分区域零售龙头牢牢占据;二线城市经过近几年尤其是 2008 年和 2009 年的发展,市场也逐步饱和;而三四线城市正在快速崛起。因此,三四线城市将成为新一轮竞争中的主要战场。尤其是中部和西部地区的一些三线城市,已经吸引了诸多大型零售商的目光。

2009 年 10 月,全球领先的广告营销传播巨头 WPP 集团(Wire & Plastic Products Group,简称 WPP Group)发布了《走近中国新兴城市消费者》调研报告。该报告认为,在中国,分布广泛的地级市以及大量的县级市构成了今天的新兴城市,它们占据了中国 55% 的人口,以及超过 52% 的居民收入,目前中国以县级市为代表的这些城市正逐渐成为本土企业、投资机构乃至跨国公司寄予厚望并试图开拓的市场。

2009 年零售商的扩张就已经逐步向这些城市转移,很多零售商已经制订好了进军这些市场的战略和计划。而在这方面,外资零售商相对走在前列。2009 年 10 月在广州举行的欧洲世界 500 强在粤投资企业座谈会上,家乐福中国区副总裁贝多拉更是直接向广东省政府提出,希望在三线城市开拓市场方面得到政府更多支持。因此,国内零售商需要审时度势,及时把握市场机遇,否则将与一二线市

场的发展轨迹一样，在三四线市场的拓展中处于被动局面。

（二）进入农村市场问题

我国农村市场是个潜力巨大的市场，但是前几年由于农村（尤其是中西部农村）购买力还相对较低，城市零售模式无法简单复制到乡村，投资回收期长，因此零售业发展比较缓慢。但是近年来，我国农村收入有了明显的提高。2007 年农村居民人均纯收入指数达到 734.4，比上年增长了近 70 个百分点；2008 年农村人均纯收入 4761 元，比 2007 年增长了 15%，创历史单年最大增幅；2009 年农村居民人均纯收入 5153 元，虽然增幅有所减小，但也增长了 8.5%。

另外，因受国际金融危机的影响，2009 年年初我国在全国范围内启动了大规模的"家电下乡"、"财政补贴"等一系列刺激农村市场消费的政策，大大促进了农村市场的开发。2009 年，在百强各业态中，以超市为代表的快消品零售业态门店数量增长 22.2%，而这之中的大部分贡献来自于农村店的大量增加，如新合作集团，一年新增 1.7 万家店，其中大多为单店销售能力较弱的农村店。

因此，我国零售企业应根据自己的战略，适度地、适时地、有选择地进入农村市场。尤其是在购买力水平较高的东部农村地区，零售企业应该积极进入，选择试点经营，根据农村的特点，调整产品和业态结构，进行适应性创新经营，成功之后再复制其模式逐渐扩大市场范围。

（三）百货业内外资激烈竞争问题

2003 年以来，百货业在中国的发展有所加快。2009 年，虽然受到金融危机的影响，但是内外资百货企业在中国扩张的步伐都没有减弱，反而加大了开店的数量。

一方面，随着中国经济的迅速回暖，外资百货巨头纷纷加大了在中国市场的投资。不仅已有的外资企业继续在中国增开新店，一些新的中高端百货品牌也开始大举进入。2009 年年初，日本知名百货品牌高岛屋宣布进入中国市场；百盛集团则斥资 11 亿元收购了北京的双全大厦，用于开新店；下半年，兰州百盛、常熟百盛和石家庄百盛也将陆续开业。

另一方面，本土百货企业也不甘落后，开始不断扩张。大商集团 2009 年继续逆市扩张。王府井百货更是决定向东亚银行北京分行贷款 3 亿元，用于新门店所需的租金和装修费用，巩固其在西北地区的发展优势。8 月 10 日，王府井百货正式入驻内蒙古鄂尔多斯市东胜区。此外，王府井百货在昆明、兰州的新项目也已进入筹备期。深圳天虹百货还在 2009 年成功登陆北京市场。

但是，中国国内市场的需求在一定时间内是有限的，内外资百货的大幅扩张，必然会造成供给过剩，从而加剧市场竞争。中国百货企业应抓紧时机，适度扩张，抢占有利市场。同时，还必须重视提高产品质量和服务水平，充分挖掘每一个门店的价值。

（四）中国中小零售商生存受威胁问题

我国中小零售商资金少、规模小，且主要集中于某一区域内，对物流资源和供货商的整合能力低。大部分中小零售商还存在选址不当、管理水平低等问题，市场竞争力较弱。

近几年，尤其是 2009 年，外资企业纷纷在华扩张，不仅已有的外资企业继续在中国增开新店，一些新的外资企业也开始大举进入，并且目光逐步向三四线城市转移。这些企业已经在本国有了一定的发展，资金比较雄厚，管理水平先进，进入中国后许多地方政府又给予它们一些超国民待遇。与我国中小零售商相比,这些企业具有较强的市场竞争力,它们的进入必将严重威胁我国中小零售商的生存。

因此,我国的中小零售商一方面应团结起来,结成采购联盟等,共享采购及物流,以应对大企业的竞争,另一方面还应学会借助各种商会等组织的力量来维护自己的合法权益。

(五)扩张战略转变问题

中国零售企业尤其是中小零售商从2006年年底开始战略大转折,从一味注重规模的盲目扩张开始调整为做强区域市场,这一战略在当时及时解救了一大批盲目扩张的中小零售商。

但是,随着竞争的日趋激烈以及宏观经济环境的变化,再加上内外资零售巨头的围棋布局发展,这些各地的"龙头"如果不与时俱进,创新变革发展,就有可能故步自封,再过几年就可能被实力更强、规模更大的企业挤垮。因此有实力的区域龙头企业必须适当转变扩张战略,重启异地扩张的步伐。

事实上,从2008年起,武汉中百和福建永辉就以进军重庆的成功向业界证明,若有足够的实力和理性、正确的战略,区域零售商完全有能力向所在区域外扩张。2009年,永辉甚至迈出了向北京市场进军的步伐,而且成效斐然。山东的家家悦也从威海走向省会济南。中国区域零售商的扩张战略正在成形,可以预测,这一趋势在2010年将更加凸显。

(六)中国家居建材业的模式选择问题

在国际金融危机的背景下,2009年我国家居建材行业在高速发展的十几年时间里首次迎来深层次的调整,机遇与挑战、成功与阵痛并存。一些品牌仍然高速发展,体现出了磅礴气势。而一些品牌已经显露出了颓势,前景堪忧。

2009年,红星美凯龙销售额增长超过50%,新开了20个商场。居然之家仅上半年就新开了5家店,11月23日又全面接手了烂尾多年的北京碧溪家居广场,筹备开张其北京第5家店。而另一边,世界500强企业百安居却在中国采取扩张战略急刹车,按照百安居的母公司英国翠丰集团的最新决策,在中国原有的63家门店将关闭22家,其中绝大部分为亏损门店,剩下的41家店也会有17家缩减面积。家得宝、好美家先后关掉其在华的多家门店,宜家也在不断调整。

红星美凯龙、居然之家,与百安居、家得宝等,同属于家居建材业,采取两种不同的运营模式,2009年遇到了截然不同的两种遭遇。导致这种局面出现的原因有很多,经营模式的不同便是其中之一,百安居等外资企业的建材超市模式的确在某种程度上不适合于中国市场。但是,家居卖场模式也不是完美无缺的,这两种模式各有利弊,零售商应根据自身实力、所处地域、市场状况等灵活选择最适合自己的模式,并扬长避短,注意克服所选模式的不足。

(七)精细化开店问题

对零售业而言,经济形势好的时候,开店成功的概率较高,随意开一家店,就有可能生存下来,并带来良好的赢利。但是,在经济形势不景气的时候,如果随意开店,不从运营战略、模式、制度、人力以及财务等角度去认真考虑,做不到以客户为中心、针对性的营销和精细管理能力的提升,就很有可能出现有店无市的局面,最终走向关闭。而对于大部分企业来说,每一个门店的失败都是不小的损失。

2009年全国共有近40家的企业关闭了800多家门店,这其中不少门店运营时间很短。如华联超市上海赤峰店2008年1月18日营业,2009年1月停业,拖欠100多名供货商600万元货款;2009年4月17日,开业不到一年的人人乐东莞香港街店关门;2009年10月20日,位于开封市鼓楼广场兴和百货商场内的赛玛特百货超市,开业一个月便关门走人等。这些门店在开业后很短的时间内就关门,不仅破坏了企业的声誉,还给企业造成了沉重的负担。

因此,面对低迷的经济形势,零售企业在开店时需谨慎,做到精细化开店,不能盲目扩张。一家卓越的连锁零售企业应该不但能在经济形势好的时候抓住时机,迅速抢占市场,而且能在经济形势低迷时继续应用以客户为中心的精细化开店方式进行拓展,务求不仅在服务和商品上比竞争对手更加贴近客户的需求,而且更能够通过运营标准化给予客户与品牌价值一致的门店购物体验。

(张雪梅)

附表 1

2009 年中国零售连锁百强公司开店一览表(内资零售商部分)

序号	百强排名	公司名称	性质	业态	现有门店数量(个)	门店分布	2009 年新变化 开(闭)店数量(个)	2009 年新变化 增幅(%)	2010 年新动向
1	1	苏宁电器集团	内资	家电连锁	941	遍布中国大陆除西藏以外所有省份,大部分位于华东、华南、华北和西南地区	182	24.0	全年在大陆开设不少于 500 家新店,包括一、二级市场的 200 家,配合家电下乡在农村市场的 300 家,还计划在中国香港开设 10 家新店,在北京、上海、广州、深圳等全国重点城市地区开设精品店 20 家。新进入 31 个地级城市
2	2	国美电器有限公司	内资	家电连锁	1170	主要在中国的东部沿海城市,尤其是华东和华北地区,并且以北京为中心向全国各个地区扩展,几乎遍布全国各个省会城市	-192	-14.1	重点将放在三、四级市场
		其中:三联商社股份有限公司	内资	家电连锁	5	覆盖济南、东营、枣庄、菏泽等多个城市	-3	-37.5	在保持良好的运作模式的前提下,均衡网络布局增开新店
3	3	百联集团有限公司	内资	超市	6153	84% 的门店位于华东地区	-265	-4.1	继续在已经进驻并建立强劲品牌声誉的市场或现有市场开设新店,同时也将在比较富裕的城市或新市场开设新店
		其中:联华超市股份有限公司(含华联)	内资	超市	5599	主要位于北京、上海、浙江、广东、浙江等东部沿海省市,但是在全国布局还是比较全面的	-276	-4.7	加快向长三角地区二、三级市场推进,积极实施全国战略
		华联集团吉买盛购物中心有限公司	内资	超市	22	上海及江苏和浙江等邻近省份	2	10.0	—
		好美家装潢建材有限公司	内资	家居建材	14	上海、武汉、广州、宁波、南京、合肥、无锡等地	-11	-44.0	—
4	4	大商集团有限公司	内资	超市、百货	160	辽宁、山东、四川、哈尔滨、河南、吉林等全国 11 省 50 余市	10	6.7	—

续表

序号	百强排名	公司名称	性质	业态	现有门店数量（个）	门店分布	2009 年新变化		2010 年新动向
							开（闭）店数量（个）	增幅（%）	
5	5	华润万家有限公司	内资	超市	2926	华东、华南、华北、西北、东北、中原以及中国香港地区等 15 个省（直辖市）、80 多个县级以上城市。其中大部分在华东	228	8.5	2010 年计划平均一天开一家店，新增大卖场逾 60 家，OLE 超过 6 家，标超、便利店等小型门店 300 家以上，并完善欢乐颂、中艺、华润堂等新品牌，发展“酒窖”等新业务。同时进一步拓展区域市场，择机进入四川、重庆、江西、湖北、内蒙古等地
		其中：苏果超市有限公司	内资	超市	1852	江苏、山东、安徽、河南、湖北、河北	50	2.8	进入江西
6	8	安徽省徽商集团有限公司	内资	百货	2884	上海、天津、武汉、深圳、西安、郑州等大中城市和安徽省内 50 多个市县	387	15.5	—
		其中：安徽商之都股份有限公司	内资	百货	928	合肥、六安、宣城、巢湖、滁州、霍邱、淮南、芜湖、无为、亳州、叶集等安徽各个城市	278	42.8	—
		安徽徽商农家福有限公司	内资	农资连锁	1918	江淮大地的乡村集市	112	6.2	—
7	10	物美控股集团有限公司	内资	超市	2333	北京、天津、河北、上海、浙江	323	16.1	将继续坚持区域化发展策略，强力提升区域渗透度，加大在北京、天津、浙江地区的开发力度
		其中：北京美廉美连锁商业有限公司	内资	超市	35	—	4	12.9	—
		浙江供销超市有限公司	内资	超市	2000	浙江各个大中城市	80	4.2	—
8	11	重庆商社（集团）有限公司	内资	超市	313	主要集中在西南地区和东南沿海地区，如重庆、四川、云南、贵州、广西、海南、广东等南方地区，在北方只在京津地区	19	6.5	5 年内斥资 100 亿元扩张，新增加店面 200 个，营业面积增加到 200 万平方米以上。在云贵川等地加速开店

续表

序号	百强排名	公司名称	性质	业态	现有门店数量（个）	门店分布	2009年新变化		2010年新动向
							开（闭）店数量（个）	增幅（%）	
8	11	其中：重庆商社新世纪百货有限公司	内资	百货	115	重庆22个区县	9	8.5	—
		重庆百货大楼股份有限公司	内资	百货	123	重庆、四川等各大城市	8	7.0	继续坚持“慎开店，多储备”的原则，向西部的四川、贵州延伸
9	12	新合作商贸连锁集团有限公司	内资	超市	88653	在吉林、江苏、山东、河南、湖南、湖北、重庆、陕西、新疆、甘肃等16个省份拥有18家区域控股子公司，发展直营店、配送中心超过677家，加盟店7万多家，带动辐射300余个县域市场。定位于农村市场	17592	24.8	—
		其中：江苏新合作常客隆连锁超市有限公司	内资	超市	816	—	150	22.5	—
10	14	农工商超市（集团）有限公司	内资	超市	3331	主要在中小城市，尤其是一些二、三线城市	0	0.0	—
11	16	山东省商业集团总公司（银座集团）	内资	超市、百货	206	济南、淄博、东营、滨州、菏泽、莱芜、枣庄等7个地市	42	25.6	计划未来的3年内在山东省开设不少于50家的电器连锁店
12	17	合肥百货大楼集团股份有限公司	内资	百货	136	安徽各大中城市，尤其是合肥市	11	8.8	—
		其中：合肥百大合家福连锁超市有限责任公司	内资	超市	102	合肥、蚌埠、铜陵、亳州、六安、舒城、黄山等地	14	15.9	—
13	18	新一佳超市有限公司	内资	超市	109	—	4	3.8	—

续表

序号	百强排名	公司名称	性质	业态	现有门店数量（个）	门店分布	2009年新变化		2010年新动向
							开（闭）店数量（个）	增幅（%）	
14	19	武汉中百集团股份有限公司	内资	超市、百货	674	湖北、重庆	44	7.0	在湖北省内外延扩张将加速，预计新增仓储大卖场不少于20家，便民超市60家
		其中：武汉中百连锁仓储超市有限公司	内资	超市	139	湖北武汉、随州、仙桃、京山、天门、钟祥、孝感、红安、宜昌等地	17	13.9	采取开店、建物流中心并举的策略，将陆续在恩施、襄樊、咸宁、黄冈建4个区域总部，市场扩张向周边省份呈现网式辐射推进。
		武汉中百便民超市连锁有限公司	内资	超市	500	主要在武汉，社区覆盖率达70%	22	4.6	—
15	21	宏图三胞高科技术有限公司	内资	IT连锁	170	主要位于苏、沪、皖、浙、京、鲁、赣、闽全国8大省（市）级市场的中心城市	–25	–12.8	渠道下沉，在现有区域主要向三、四线城市渗透，并择机向新区域拓展。
16	22	文峰大世界连锁发展股份有限公司	内资	超市、百货	978	主要位于南通、如皋、海门、启东、盐城、连云港、通州、泰州、上海、江苏及周边城市	65	7.1	—
17	23	利群集团股份有限公司	内资	百货	890	主要位于山东各一、二线城市	24	2.8	—
18	25	武汉武商集团股份有限公司	内资	超市、百货	75	集中在湖北省的各个大中城市，像武汉、宜昌、襄樊等地	16	27.1	—
		其中：武汉武商量贩连锁有限公司	内资	超市	69	以武汉市及湖北省为主，立足于在武汉做强的同时，在湖北做大。武汉市内以开发1万平方米左右的大卖场为重点，市外做强鄂西北、鄂东、荆州、宜昌四大区域中心	16	30.2	新开门店10家，力争15家，签约网点合同10家
19	26	长春欧亚集团股份有限公司	内资	百货	30	长春、沈阳、通化等	12	66.7	—

续表

序号	百强排名	公司名称	性质	业态	现有门店数量（个）	门店分布	2009年新变化		2010年新动向
							开(闭)店数量（个）	增幅（%）	
20	28	北京王府井百货(集团)股份有限公司	内资	百货	19	分别位于北京(4家门店)、广州、武汉、成都、包头(2家门店)、重庆(2家门店)、呼和浩特、洛阳、长沙、西宁、乌鲁木齐、太原、兰州以及昆明	2	11.8	预计新开业门店4~6家
21	32	石家庄北国人百集团有限责任公司	内资	百货、超市	80	在石家庄市拥有北国商城、人民商场、西美购物中心等近10家店铺，并在邯郸、保定等地开设分店	10	14.3	在河北市场进行密集渗透并快速辐射华北地区。至2012年，集团大型百货店将发展到15家，大型连锁超市发展到30家、电器连锁门店发展到40家，珠宝连锁门店发展到100家
22	33	天虹商场股份有限公司	内资	百货	37	深圳、东莞、惠州、厦门、福州、南昌、嘉兴、长沙、北京、苏州等	3	8.8	—
23	34	永辉集团有限公司	内资	超市	268	多分布在福建和重庆	63	30.7	店扩张速度将加快，保持在平均15~20天开出1家新店。加大北京地区的开店速度，力争2010年年底北京市场门店总数达到10家
24	35	山东家家悦集团有限公司	内资	超市	489	山东威海、烟台、潍坊、青岛、临沂等山东省内31个市县	34	7.3	—
25	36	北京京客隆商业集团股份有限公司	内资	超市	247	主要在北京市，华北其他地区也有	4	1.7	在北京及周边地区新开社区购物中心1家、大卖场2家、综合超市8家、直营便利店10家
26	37	人人乐连锁商业集团股份有限公司	内资	超市	90	网点遍布广东、陕西、四川、天津、重庆、广西、福建、湖南等省区的数十个大中城市，初步完成了华南、西北、西南、华北四个营运大区的全国发展战略布局	17	23.3	围绕四大战略区加快发展二、三线城市，到2012年年末公司新开门店总数将达到150家
27	38	山东新星集团有限公司	内资	超市	532	山东全省	62	13.2	—
28	40	山东潍坊百货集团股份有限公司	内资	百货	318	覆盖山东全省，延伸到邻省周边地区，遍布潍坊城乡及青岛、烟台、泰安等地	1	0.3	—

续表

序号	百强排名	公司名称	性质	业态	现有门店数量（个）	门店分布	2009年新变化		2010年新动向
							开（闭）店数量（个）	增幅（%）	
29	41	金鹰商贸集团有限公司	内资	酒店	17	南京、南通、扬州、苏州、徐州、西安、泰州、昆明、淮安、盐城等	3	21.4	已在安徽合肥、淮北、云南昆明、江苏南京、常州、宿迁、昆山、丹阳、连云港等地锁定开店地址，预计将在未来3年内至少增加50万平方米的经营面积，连锁遍及全国20座城市。其中未来2～3年内在南京地区还将开设河西、江宁以及新街口二期项目3家新店
30	42	江苏时代超市有限公司	内资	超市	68	江苏、浙江、安徽、山东、上海	1	1.5	—
31	43	武汉中商集团股份有限公司	内资	超市、百货	42	主要位于武汉、黄冈、荆门、十堰、咸宁等城市	1	2.4	在十堰黄金商业地段发展“百货＋超市”的综合卖场
		其中：武汉中商集团股份有限公司——平价连锁分公司	内资	超市、百货	32	武汉、襄樊、仙桃、京山、东湖、黄石等地	1	3.2	—
32	45	银泰百货（集团）有限公司	内资	百货	22	杭州、宁波、金华、温州、北京、武汉、舟山、西安、鄂州、襄樊、咸宁、临平、义乌等	4	22.2	通过合作，5年内使银泰百货商业物业持有量增加到60～70家
33	46	郑州丹尼斯百货有限公司	内资	百货	50	河南	4	8.7	开设10家以上珠宝专营店
34	47	福建新华都购物广场股份有限公司	内资	超市	75	厦门、福州、泉州、漳州、三明、龙岩、莆田	23	44.2	—
35	48	北京新燕莎控股（集团）有限责任公司	内资	百货	10	北京	0	0.0	—
36	49	北京迪信通商贸有限公司	内资	IT连锁	1310	覆盖华北、华东、华中、华南和西北、东北、西南等地区24个省份	26	2.0	在2012年门店达到2200家

续表

序号	百强排名	公司名称	性质	业态	现有门店数量（个）	门店分布	2009 年新变化		2010 年新动向
							开(闭)店数量（个）	增幅（%）	
37	51	广州市广百股份有限公司	内资	百货	19	广东 18 家，湖南 1 家	9	90.0	继续在揭阳、惠州、茂名、深圳、成都、武汉等地区快速扩张
38	52	辽宁兴隆大家庭商业集团	内资	百货	15	辽宁盘锦、沈阳、营口、大石桥、铁岭、朝阳、新民、调兵山等 11 个城市	4	36.4	完成在辽宁省所有地级市和重点县的战略布局
39	53	内蒙古小肥羊餐饮连锁有限公司	内资	餐饮	431	遍布了全国各省、市、区（包含：直辖市、特别行政区）以及美国、日本、加拿大等海外市场	51	13.4	在全国范围内新增 45 家自营餐厅
40	54	步步高商业连锁股份有限公司	内资	超市、百货	123	长沙宁乡、湘潭、株洲、衡阳、耒阳、常德、娄底、邵阳、怀化、益阳	13	11.8	准备开店数预计为 20 家，主要分布在湖南和江西境内
41	55	湖南友谊阿波罗股份有限公司	内资	百货	22	—	3	15.8	—
		其中：湖南家润多超市有限公司	内资	超市	15	湖南省会长沙，岳阳、益阳、常德、郴州、衡阳、株洲、怀化等地州市	3	25.0	实施跨省扩张战略，投入了湖南奥特莱斯和天津奥特莱斯两个项目，将分别在今年和 2012 年开业。
42	56	成都红旗连锁有限公司	内资	超市	980	四川	122	14.2	争取开 5 家中型超市，并且到 2010 年年底大卖场总数将达到 5 家
43	57	三江购物俱乐部股份有限公司	内资	超市	127	遍布浙江的宁波、杭州、金华、台州、丽水、湖州、嘉兴、绍兴等 30 多个城市和地区	21	19.8	—
44	58	海航商业控股有限公司	内资	超市	64	—	3	4.9	未来 2 年将加强市场开拓力度，做大做强西部市场，进一步提升并固化区域商业龙头地位，实现门店数量近 200 家
45	59	四川省互惠商业有限责任公司	内资	超市	1200	四川	400	50.0	再开直营店 300 家，重点是绵阳、雅安、乐山、南充、内江、广安等地
46	60	南京中央商场股份有限公司	内资	百货	7	徐州、济宁、泰州、洛阳	0	0.0	—

续表

序号	百强排名	公司名称	性质	业态	现有门店数量（个）	门店分布	2009年新变化		2010年新动向
							开（闭）店数量（个）	增幅（%）	
47	64	东方家园家居建材商业有限公司	内资	家居建材	25	北京、长春、沈阳、大连、济南、青岛、成都、重庆、哈尔滨、合肥、太原、长沙、福州、厦门、西安、杭州	0	0.0	3年内在全国开出160家店
48	65	青岛维客集团股份有限公司	内资	百货	828	山东的崂山、平度、胶州、沧口、莱阳、南山、高密、胶南等地	-12	-1.4	—
49	66	广州友谊集团股份有限公司	内资	百货	4	广东	0	0.0	2010年珠江新城国金店和环市东店开业，2011年长隆购物公园店及佛山店开业
50	67	北京市顺义国泰商业大厦	内资	超市	12	北京	2	20.0	—
51	69	北京翠微大厦股份有限公司	内资	百货	3	北京（公主坟、牡丹园、龙德）	0	0.0	除了年初连开翠微广场、翠微百货清河店外，丽泽商务区、通州区等郊区项目正在洽谈中
52	70	深圳市海王星辰医药有限公司	内资	医药连锁	2867	深圳、大连、广州、杭州、宁波、东莞、苏州、天津、上海，主要位于中心城市	158	5.8	—
53	71	山西美特好连锁超市股份有限公司	内资	超市	27	山西、山东、河北、内蒙等省区的大中城市	6	28.6	主攻三线城市，实施"挺进江西省，打通浙赣线"并沿线辐射扩展战略
54	72	加贝物流股份有限公司	内资	超市	314	浙江的宁波、舟山、金华、衢州等城市和江西的宜春、上饶等地市	1	0.3	—
55	73	河北保龙仓商业连锁经营有限公司	内资	超市	14	河北、山东、石家庄、唐山、秦皇岛、邢台等地	1	7.7	—
56	74	江西洪客隆实业有限公司	内资	百货	26	以南昌市为中心辐射江西省各地市	5	23.8	—
57	75	北京西单友谊集团	内资	超市	222	北京	31	16.2	—

续表

序号	百强排名	公司名称	性质	业态	现有门店数量（个）	门店分布	2009年新变化		2010年新动向
							开（闭）店数量（个）	增幅（%）	
58	76	湖南佳惠百货有限责任公司	内资	百货	200	湖南、贵州两省20个地级市	8	4.2	—
59	77	邯郸市阳光百货集团总公司	内资	百货	60	河北	23	62.2	—
60	79	湖南老百姓医药连锁有限公司	内资	医药连锁	350	湖南、陕西、浙江、广西、山东、河北、广东、天津、湖北、河南、上海、北京等	140	66.7	—
61	80	北京超市发连锁股份有限公司	内资	超市	80	北京、承德、宣化等地，主要集中在北京市	14	21.2	发展25~30家加盟店，新开8家直营店
62	81	山东全福元商业集团有限责任公司（原寿光百货大楼）	内资	百货	72	潍坊	10	16.1	—
63	82	上海如家酒店管理有限公司	内资	酒店	616	在全国30多个省和直辖市覆盖100多座主要城市	145	30.8	新开酒店180~200家，其中包括80~90家直营酒店和90~120家特许经营酒店，大多数将在2010年的下半年开出
64	83	浙江人本超市有限公司	内资	超市	599	温州、台州、金华、杭州、福建宁德等地区	212	54.8	—
65	84	深圳岁宝百货有限公司	内资	百货	11	覆盖深圳的罗湖，福田、南山、龙岗各区，并以深圳为核心区域辐射广东汕尾以及湖南长沙	2	22.2	未来3~5年，在深圳地区再增加2~3家分店，在长沙再开出3~5家分店，形成连锁规模。在2010和2011两年以每年2~3家新店的速度发展壮大
66	85	浙江华联商厦有限公司	内资	百货	221	余姚、宁波、上海等	-12	-5.2	—
67	86	山西省太原唐久超市有限公司	内资	超市	1006	遍布太原各个地区	97	10.7	—
68	87	长沙通程控股股份有限公司	内资	百货、超市、家电、酒店	56	长沙、岳阳、衡阳、株洲、郴州、益阳、娄底、常德、湘潭等地	10	21.7	—

续表

序号	百强排名	公司名称	性质	业态	现有门店数量（个）	门店分布	2009年新变化		2010年新动向
							开（闭）店数量（个）	增幅（%）	
69	88	话机世界数码连锁集团股份有限公司	内资	IT连锁	283	浙江、上海、江苏、山西、山东、安徽、江西、湖南、湖北等省市	84	42.2	—
70	89	中国全聚德（集团）股份有限公司	内资	餐饮	85	北京、上海、重庆、长春、青岛、郑州、哈尔滨等地	5	6.3	—
71	90	雄风集团有限公司	内资	百货、家电、超市	115	在诸暨、安徽和重庆等地开设大型百货商场，在绍兴的柯桥、嵊州、诸暨设有6家大型家电连锁商场，在诸暨的大唐、璜山、次坞、山下湖等镇乡街道设有近80家直营的连锁超市	13	12.8	实现业态连锁的新突破，集中力量、全力以赴拓展小商品经营业态
72	91	味千（中国）控股有限公司（中国内地）	内资	餐饮	380	中国香港、深圳、广州、上海、福州、大连、杭州、南京等地区	100	35.7	计划在中港两地增开120家门店，比2009的新开门店数增加33%
73	92	重庆和平药房连锁有限责任公司	内资	医药连锁	2460	遍布重庆的及贵州、四川、广东、湖北等省市	20	0.8	—
74	93	阜阳华联超市有限公司	内资	超市	555	位于阜阳、亳州、淮北、淮南以及山东北部、江苏北部、安徽西南、河南东南等地区	84	17.8	—
75	94	广西南城百货股份有限公司	内资	百货	17	广西南宁、柳州、桂林、梧州、玉林、河池、等城市	7	70.0	截止到2010年有连锁超市25家、购物广场5家
76	95	上海华氏大药房有限公司	内资	医药连锁	811	主要位于上海各主要街道和社区，另外在安徽黄山、贵阳、重庆、临沂、六安等地有多家控股门店	260	47.2	—

续表

序号	百强排名	公司名称	性质	业态	现有门店数量（个）	门店分布	2009 年新变化		2010 年新动向
							开（闭）店数量（个）	增幅（%）	
77	96	成商集团股份有限公司	内资	百货	11	覆盖成都、绵阳、南充、泸州等省内重点城市的核心商圈	9	450.0	继续推进“立足成都、布局四川、辐射西南”的拓展战略。一方面加大对现有存量土地的规划、开发，加快盐市口二期项目、茂业中心项目及九眼桥项目的开发进度；另一方面密切关注以成都为代表的省内重点城市核心区域及西部省会城市的发展
78	97	深圳市百佳华百货有限公司	内资	超市	18	深圳、东莞、佛山、顺德、南宁等地	3	20.0	—
79	98	哈尔滨中央红集团股份有限公司	内资	百货、超市	183	黑龙江、北京	36	24.5	—
80	99	济南华联超市有限公司	内资	超市	15	—	3	25.0	全力实施发展扩张计划

附表 2

2009 年中国零售连锁百强公司开店一览表（外资零售商部分）

序号	百强排名	公司名称	性质	业态	现有门店数量（个）	门店分布	2009 年新变化					2010 年开店动向
							开店（闭店）（家）	增幅（%）	开（闭）店时间	开（闭）店名称	开（闭）店省市	
1	6	康成投资（中国）有限公司（大润发）	外资	综合超市	121	主要分布在上海、浙江、广东和江苏	20	19.8	2009 年 9 月 27 日	华漕店	上海市闵行区繁兴路	进入或继续开发北京唐人街购物广场、浙江东阳城西、石桥路、海盐、宁波、怀化、长沙宁乡、贵州安顺市中华西路中心、广东深圳民治辖区、广东中山明盛广场、山东日照、江西赣州国际时代广场、安徽合肥经开区、吉林松原市金钻广场以及西部零售二级市场
									2009 年 12 月	平型关店	上海市闸北区俞泾港路	
									2009 年 12 月 29 日	建德店	建德市严州大道	
									2009 年 3 月 18 日	奉化店	奉化市南山路	
									2009 年 7 月 4 日	桐庐店	杭州市桐庐县桐君街道春江路	
									2009 年 10 月 13 日	沭阳店	沭阳县上海南路与苏州西路交会处	
									2009 年 9 月 27 日	香江华庭店	常州市怀德中路	
									2009 年 9 月 29 日	兴化店	兴化市英武南路	
									2009 年 12 月 13 日	建湖店	盐城市建湖县城向阳西路	
									2009 年 12 月 29 日	塘桥店	张家港塘桥镇	
									2009 年 10 月 22 日	即墨店	即墨市振华街嵩山一路	
									2009 年 8 月 11 日	济宁店	济宁百花公园地下商城	
									2009 年 7 月 14 日	荣成店	荣成市成山大道与台上南街交会处	
									2009 年 12 月 29 日	朝阳店	朝阳市喀喇沁左翼蒙古族自治县	
									2009 年 11 月 15 日	厚街店	东莞市厚街镇盛和广场	
									2009 年 5 月 8 日	新塘店	广州市新塘区金海岸广场	
									2009 年 9 月 8 日	番禺店	广州市番禺市桥	
									2009 年 4 月 13 日	新会店	广东江门新会市南新区新港大道	
									2009 年 9 月 29 日	大唐西市店	西安市莲湖区劳动南路	

续表

序号	百强排名	公司名称	性质	业态	现有门店数量（个）	门店分布	2009年新变化					2010年开店动向
							开店（闭店）（家）	增幅（%）	开（闭）店时间	开（闭）店名称	开（闭）店省市	
2	7	家乐福（中国）管理咨询服务有限公司	外资	综合超市	156	大多位于上海、广东、北京、天津、江苏、福建等沿海地区	20	14.7	2009年12月31日	苏纶店	江苏省苏州市嘉业百货	保持往年的平均增长速度，新增20～25家门店，在宁夏的银川等西部未开店的省会城市开设3～4家新店
									2002年12月31日	宝龙店	江苏省无锡市宝龙城市广场	
									2009年12月28日	马家堡店	北京市丰台区南三环西路	
									2009年12月28日	时代广场店	安徽省淮南市田家庵区朝阳中路	
									2009年12月15日	太湖店	辽宁省沈阳市于洪区太湖商业街	
									2009年11月15日	石龙店	广东省东莞市石龙现代广场	
									2009年10月21日	袁家岗店	重庆高新区袁家岗奥体路中新城上城	
									2009年10月12日	鸿福店	广东东莞市南城鸿福西路希尔顿广场	
									2009年10月	哥伦布店	江苏无锡市崇安区广益路哥伦布广场	
									2009年9月28日	钟家村店	湖北省武汉市汉阳大道	
									2009年9月17日	万达店	江苏省苏州市平江区人民路	
									2009年9月	姚家园店	北京市朝阳区姚家园路甲	
									2009年7月21日	南苑店	浙江省杭州市余杭区世纪大道	
									2009年7月9日	世纪城店	云南省昆明市金源时代购物中心	
									2009年6月	文化路店	四川南充市顺庆区文化路得益时代广场	
									2009年5月	健翔桥店	北京市朝阳区祁家豁子健翔大厦	
									2009年5月	慈云寺店	北京市朝阳区东四环中路华业国际中心	
									2009年1月21日	云峰店	辽宁省沈阳铁西区云峰北街	

续表

序号	百强排名	公司名称	性质	业态	现有门店数量（个）	门店分布	2009 年新变化					2010 年开店动向
							开店（闭店）（家）	增幅（%）	开（闭）店时间	开（闭）店名称	开（闭）店省市	
3	9	沃尔玛（中国）投资有限公司	外资	综合超市	175	三线城市和一、二线城市的布点都放在同等重要的位置	51	41.1	2009 年 1 月 5 日	兴苑路店	云南昆明市西山区兴苑路张家村城市领地	进入或继续开发辽宁丹东元宝区、慈溪、温州、杭州、沈阳太原街万达广场、武汉武昌南湖花园、南京桥北、大连东特星中环广场、北京橡树湾、西昌、江西抚州、宁波、攀枝花、武汉、包头
									2009 年 1 月 5 日	天山北路店	四川省德阳市天山北路德阳深国投商业中心	
									2009 年 12 月 29 日	莆田店	福建省莆田市荔城区仓后路三信金鼎广场	
									2009 年 12 月 29 日	飞鹅岭店	广东省惠州市惠东县惠东大道万隆商业中心	
									2009 年 12 月 28 日	湖州店	浙江省湖州市德清县永安街	
									2009 年 12 月 28 日	浑南西路店	沈阳市浑南新区三义街泛华广场大厦	
									2009 年 1 月	惠阳店	广东省惠阳市惠阳嘉信茂广场	
									2009 年 12 月 24 日	周水子店	辽宁省大连市东特购物广场	
									2009 年 12 月 23 日	东乐路店	广东省佛山市大良东乐路新一城	
									2009 年 12 月 19 日	未央路店	陕西省西安市经济开发区凤城五路富力广场	
									2009 年 12 月 28 日	建邺店	江苏省南京市建邺区万达广场	
									2009 年 12 月 27 日	凤天店	重庆市沙坪坝区凤天大道易成国际广场	
									2009 年 12 月 10 日	柯桥店	浙江省绍兴市柯桥笛扬路蓝天市心广场	
									2009 年 12 月 3 日	北城天街店	重庆市江北区北城天街东和城地下一层	
									2009 年 12 月	宜昌店	湖北省宜昌市夷陵大道 CBD 购物中心广场	
									2009 年 11 月 30 日	中山店	广东中山市火炬开发区海傍村太阳城商业中心	
									2009 年 11 月 27 日	番禺店	广东省广州市番禺海印又一城	

续表

序号	百强排名	公司名称	性质	业态	现有门店数量（个）	门店分布	2009年新变化					2010年开店动向
							开店（闭店）（家）	增幅（%）	开（闭）店时间	开（闭）店名称	开（闭）店省市	
3	9	沃尔玛（中国）投资有限公司	外资	综合超市	175	三线城市和一、二线城市的布点都放在同等重要的位置	51	41.1	2009年9月28日	端州店	广东省肇庆市端州四路与莲湖西路嘉信茂广场	进入或继续开发辽宁丹东元宝区、慈溪、温州、杭州、沈阳太原街万达广场、武汉武昌南湖花园、南京桥北、大连东特星中环广场、北京橡树湾、西昌、江西抚州、宁波、攀枝花、武汉、包头
									2009年9月28日	中山北路店	广西桂林市中山北路广运美居商贸城	
									2009年9月24日	迎宾南路店	江苏省盐城市迎宾南路国飞商业广场	
									2009年9月23日	金海路店	广东省深圳市宝安区大道与金海路港华庭	
									2009年9月23日	苏州店	江苏省苏州工业园区东环路附近	
									2009年9月1日	二七店	河南省郑州市民主路与太康路交会处	
									2009年4月	益阳店	湖南省益阳市桃花仑西路嘉信茂广场	
									2009年8月27日	太白路店	重庆市万州区太白路三峡福斯德广场	
									2009年8月25日	南滨店	重庆市南岸区宏声路阳光汇广场1~2层	
									2009年8月14日	康乐店	广东省肇庆市康乐北路9号国际广场2~3层	
									2009年7月30日	梅山路店	安徽省六安市新都会环球购物广场	
									2009年7月11日	凤岗中心店	广东省东莞市凤岗镇永盛北路财富新地2~3层	
									2009年6月25日	延庆店	北京市延庆县	
									2009年6月4日	谷阳路店	江苏省丹阳市镇江谷阳路	
									2009年5月27日	长乐店	福建省福州市长乐长山湖购物广场	
									2009年5月27日	殷高西路店	上海市宝山区高境镇殷高西路景瑞生活广场	
									2009年5月16日	曼哈顿店	河南省郑州市未来大道曼哈顿广场	

续表

序号	百强排名	公司名称	性质	业态	现有门店数量（个）	门店分布	2009年新变化					2010年开店动向
							开店（闭店）（家）	增幅（%）	开（闭）店时间	开（闭）店名称	开（闭）店省市	
3	9	沃尔玛（中国）投资有限公司	外资	综合超市	175	三线城市和一、二线城市的布点都放在同等重要的位置	51	41.1	2009年4月30日	丽水店	浙江省丽水市解放街198－200号	进入或继续开发辽宁丹东元宝区、慈溪、温州、杭州、沈阳太原街万达广场、武汉武昌南湖花园、南京桥北、大连东特星中环广场、北京橡树湾、西昌、江西抚州、宁波、攀枝花、武汉、包头
									2009年3月1日	北京中路店	湖北省荆州市沙市区北京中路美佳华购物广场	
									2009年2月28日	交通路店	云南省曲靖交通路与麒麟路交叉口	
									2009年2月26日	南洋广场店	江苏省太仓市人民南路96号南洋广场	
									2009年1月22日	青山南路店	江西省南昌市东湖区青山南路蓝天碧水大厦	
									2009年1月18日	四望亭路店	江苏省扬州市维扬区嘉信茂广场	
									2009年1月17日	水星楼店	湖南省常德市人民中路水星楼沃尔玛购物广场	
									2009年1月16日	金港国际店	重庆市渝北区安家田金港国际广场	
									2009年1月16日	淮海北路店	江苏省淮安市清河区金马广场	
									2009年1月16日	赤坎店	广东省湛江市赤坎区康顺路嘉信茂广场	
									2009年1月16日	宗关西汇店	湖北省武汉市古田南国西汇生活广场	
									2009年1月15日	庐山南路店	江西省九江市浔阳区庐山南路286号名湘广场	
									2009年1月15日	胜利西路店	江西省鹰潭市胜利西路20号时代广场	
									2009年1月15日	柳泉路店	山东省淄博市张店区柳泉路67号	
									2009年1月15日	长青店	沈阳市东陵区长青街沈阳阳光新生活广场	
									2009年1月10日	钟山中路店	贵州省六盘水市钟山区钟山中路太阳商业广场	
									2009年1月10日	桃北东路店	山西省阳泉市桃北东路新天地广场	
									2009年1月9日	纪念广场店	贵州省遵义市红花岗区老城纪念广场	

续表

序号	百强排名	公司名称	性质	业态	现有门店数量（个）	门店分布	2009年新变化					2010年开店动向
							开店（闭店）（家）	增幅（%）	开（闭）店时间	开（闭）店名称	开（闭）店省市	
4	13	百胜餐饮集团中国事业部	外资	餐饮	3200	主要在中国沿海城市，但是近几年加紧在中部二、三线城市布局	500	18.5	2009年6月16日	—	河南郑州	未来3年将在闽扩大投资3亿元，其中福州地区的投入金额不少于1亿元，开发的重点则为福州各县（市）区
5	15	百思买		家电连锁	262	主要集中在上海	0	0.0	—	—	—	在中国再开4～5家门店，首次走出上海，在中国其他地区开店
5	15	其中：江苏五星电器有限公司	外资	家电连锁	256	主要分布在江苏周围的安徽、河南、浙江、山东、以及四川和云南	0	0.0	—	—	—	—
6	20	好又多管理咨询服务（上海）有限公司	内资	超市	104	遍布国内20多个省、区、直辖市。	0	0.0	—	—	—	继续改造门店

续表

序号	百强排名	公司名称	性质	业态	现有门店数量（个）	门店分布	2009年新变化					2010年开店动向
							开店（闭店）（家）	增幅（%）	开（闭）店时间	开（闭）店名称	开（闭）店省市	
7	24	新世界百货中国有限公司	外资	百货	34	武汉6家，沈阳、北京各3家，上海7家，宁波2家，无锡、哈尔滨、天津、大连、昆明、兰州、厦门、长沙、重庆、成都、鞍山、南京、台州、中国香港各1家	1	3.0	2009年1月15日	台州店	台州爱华国际购物中心	上半年内地增店3家，2家位于上海，1间位于北京
8	27	TESCO（中国内地）	外资	超市	79	布局比较分散，但都位于东部沿海城市，注重在中国二、三线城市的发展	18	29.5	2009年1月12日	铁岭广裕店	铁岭市银州区银州路16号	进入或继续开发张家口、保定、东营、扬州、厦门、福州
									2009年1月18日	广州中六店	广州市越秀区中山六路上品轩	
									2009年1月20日	温岭九龙店	温岭市万昌中路1239号	
									2009年2月18日	抚顺和平店	抚顺市望花区雷锋路东段56号裕宝新城	
									2009年2月26日	大连金马店	大连市经济技术开发区金马路208号	
									2009年2月28日	台州椒江店	台州市椒江区解放南路万豪国际商务中心一层	
									2009年3月11日	潍坊潍州店	潍坊市胜利街5111号	
									2009年9月20日	上海万达周浦店	上海沪南公路3449弄	
									2009年10月16日	宁海兴宁中店	宁海县中山中路7号	

续表

序号	百强排名	公司名称	性质	业态	现有门店数量（个）	门店分布	2009年新变化					2010年开店动向
							开店（闭店）（家）	增幅（%）	开（闭）店时间	开（闭）店名称	开（闭）店省市	
8	27	TESCO（中国内地）	外资	超市	79	布局比较分散，但都位于东部沿海城市，注重在中国二、三线城市的发展	18	29.5	2009年10月28日	佛山顺德环市店	佛山市顺德区大良东康三街2号东城西山上筑二期SP33号商铺	进入或继续开发张家口、保定、东营、扬州、厦门、福州
									2009年10月29日	台州黄岩世纪店	台州市黄岩区世纪大道21号	
									2009年10月30日	济南东二环店	济南七里堡商业广场	
									2009年12月19日	合肥濉溪店	合肥市庐阳区濉溪路26号新天地购物广场	
9	29	易初莲花	外资	综合超市	77	一半以上的门店位于华东地区	2	2.7	2009年3月29日	榕城店	揭阳市榕城区临江南路与同心路西南角江南新城	在重庆投资开设两家新店，分别位于解放碑和沙坪坝，进入佛山雅居乐花园
									2009年11月15日	汕头金平店	汕头市长平路与汕樟路交界处	
10	30	百盛商业集团有限公司	外资	百货	44	全国18个省、27个主要城市	4	10.0	2009年9月17日	兰州店	兰州市庆阳路澳兰名门大厦	在华零售地盘将维持15%的扩张步伐，在首都和其他城市增设6家商场，其中2家将落于成都和自贡
									2009年9月17日	江苏常熟店	江苏常熟方塔街西街口	
									2008年12月25日	石家庄店	石家庄万象天城购物中心	
11	31	锦江麦德龙现购自运有限公司	外资	仓储超市	42	主要位于东南沿海的一线大城市，但是布局又比较分散，在中部和西南地区也零星地有几家店	4	10.5	2009年11月11日	宁波慈溪店	慈溪市汽贸大道399号	进入北京京顺路、上海、西安、烟台、南京下关区大观天地MALL、苏州吴中区、合肥等地，新增店面数将有显著提高。Media Markt将在华开出第一家店
									2009年11月25日	昆山店	昆山市周市镇黄浦江北路200号	
									2009年11月25日	常熟店	常熟市通港路99号	
									2009年12月10日	杭州金家渡店	杭州市莫干山路1459号	

续表

序号	百强排名	公司名称	性质	业态	现有门店数量(个)	门店分布	2009年新变化					2010年开店动向
							开店(闭店)(家)	增幅(%)	开(闭)店时间	开(闭)店名称	开(闭)店省市	
12	39	欧尚(中国)投资有限公司	外资	超市	35	主要位于长江三角洲地带的省市,尤其是江苏省,几乎是遍布江苏省的各个大中城市	4	12.9	2009年5月15日	镇江丹阳店	丹阳市南环路1号	进入或继续开发镇江、合肥、南京红山路、福州仓山区、金山新区
									2009年12月18日	芜湖花津店	芜湖市花津南路以东纬二路以南	
									2009年12月28日	湖州长兴店	湖州市长兴开发区经一路238号	
									2009年12月31日	朝阳北路店	北京市朝阳北路与定福庄路口	
13	44	永旺(中国)	外资	超市	21	京津地区1家、山东4家、广东8家、深圳8家	3	16.7	2009年4月19日	JUSCO佛山保利水城店	佛山市保利水城	在广州开1家新店,华南2家,并在合适地点开更多零售店
									2009年6月26日	JUSCO深圳新洲店	—	
									2009年12月18日	JUSCO延吉路店	青岛市CBD万达广场	
14	50	麦当劳(中国)有限公司	外资	餐饮	1100	主要位于北京、上海、广州等中心城市	100	10.0	—	—	—	门店增数为150~175家,但投资额将增加25%
15	61	百佳超市	外资	超市	39	广东、成都、上海、武汉、昆明	-4	-9.3	—	—	—	将集中在广东拓展,未来计划新开30~50家新店
16	62	成都伊藤洋华堂有限公司	外资	百货	3	—	0	0.0	—	—	—	未来的3~5年,在成都的门店将开至8家

续表

序号	百强排名	公司名称	性质	业态	现有门店数量（个）	门店分布	2009年新变化					2010年开店动向
							开店（闭店）（家）	增幅（%）	开（闭）店时间	开（闭）店名称	开（闭）店省市	
17	63	易买得	外资	超市	20	上海11家，天津5家，无锡、苏州2家，宁波、杭州、北京1家	5	33.3	2009年1月15日	苏州木渎店	苏州木渎镇金山路奥玛尔商业广场	进军中国商业地产业，首个项目是位于上海漕宝路的大型购物中心。拟未来多向二、三线城市发展，到2010年在中国开设43家以上门店
									2009年2月25日	天津梅江店	天津河西区解放南路与潭江道交口第6田园商业广场	
									2009年7月3日	杭州滨江店	杭州市滨江区江南大道228号	
									2009年9月3日	天津红桥店	天津市红桥区河北大街与新三条石大街交口	
									2009年11月20日	上海金桥店	上海市浦东新区张杨北路3611号	
18	68	宜家家居	外资	家居建材	7	在上海、北京、广州、成都设立了4家连锁商场	1	16.7	2009年2月19日	大连店	大连西岗区香炉礁	落户沈阳、北京大兴、天津
19	78	华糖洋华堂商业有限公司	外资	百货	9	北京	1	12.5	2009年9月25日	北苑店	北京市朝阳区北苑路大羊坊10号	—
20	100	家得宝	外资	家居建材	12	—	0	0.0	—	—	—	放缓开新店步伐

附表 3　　**2009 年中国零售企业关闭门店一览表**

<table>
<tr><th>业态</th><th>企业名称</th><th>性质</th><th>关闭门店</th><th>关店时间</th><th>关店原因</th></tr>
<tr><td rowspan="19">百货</td><td>鞍山人民商场</td><td>内资</td><td>鞍山店</td><td>2009 年 3 月</td><td>物业拆除</td></tr>
<tr><td>金港湾百货</td><td>内资</td><td>东莞桥头镇店</td><td>2009 年 5 月 17 日</td><td>运营不佳</td></tr>
<tr><td rowspan="3">大和百货</td><td rowspan="3">内资</td><td>东莞大岭山店</td><td>2009 年 5 月 19 日</td><td>运营不佳</td></tr>
<tr><td>东莞清溪中心店</td><td>2009 年 6 月 7 日</td><td>运营不佳</td></tr>
<tr><td>大朗店</td><td>2009 年 3 月</td><td>运营不佳</td></tr>
<tr><td>中都百货</td><td>内资</td><td>桐乡店</td><td>2009 年 12 月</td><td>运营不佳</td></tr>
<tr><td>南京中央商场集团</td><td>内资</td><td>泰州市区西坝口商圈的中央国际购物中心</td><td>2009 年 3 月 21 日</td><td>运营不佳</td></tr>
<tr><td rowspan="2">百盛</td><td>外资</td><td>北京海淀店</td><td>2009 年 2 月</td><td>运营不佳</td></tr>
<tr><td>外资</td><td>长沙店</td><td>2009 年 2 月</td><td>运营不佳</td></tr>
<tr><td>ITAT</td><td>外资</td><td>深圳梅林百货会员俱乐部</td><td>2009 年 4 月 25 日</td><td>运营不佳</td></tr>
<tr><td rowspan="5">美美百货</td><td rowspan="5">外资</td><td>北京西单店</td><td>2009 年 3 月</td><td>运营不佳</td></tr>
<tr><td>天津时代奥城奥特莱斯店</td><td>2009 年 5 月</td><td>选址不利</td></tr>
<tr><td>天津南京路国际商场店</td><td>2009 年 6 月 30 日</td><td>选址不利</td></tr>
<tr><td>北京 CBD 金地中心店</td><td>2009 年 12 月 31 日</td><td>运营不佳</td></tr>
<tr><td>上海淮海中路店</td><td>2009 年 12 月 31 日</td><td>运营不佳</td></tr>
<tr><td rowspan="2">吉之岛</td><td rowspan="2">外资</td><td>深圳龙岗店</td><td>2009 年 10 月 27 日</td><td>运营不佳</td></tr>
<tr><td>广州市中华广场店</td><td>2009 年 12 月 25 日</td><td>物业纠纷</td></tr>
<tr><td>西武百货</td><td>外资</td><td>成都总府路店</td><td>2009 年 12 月 31 日</td><td>运营不佳</td></tr>
<tr><td>玛莎百货</td><td>外资</td><td>27 家门店</td><td>—</td><td>环境恶化</td></tr>
<tr><td rowspan="15">超市</td><td rowspan="3">华联</td><td rowspan="3">内资</td><td>上海赤峰店</td><td>2009 年 1 月</td><td>拖欠货款</td></tr>
<tr><td>北京沙坪坝店</td><td>2009 年 5 月 19 日</td><td>运营不佳</td></tr>
<tr><td>杭州凤起路店</td><td>2009 年 9 月</td><td>物业到期</td></tr>
<tr><td>全家福</td><td>内资</td><td>晋江内坑店</td><td>2009 年 2 月 15 日</td><td>拖欠货款、工资</td></tr>
<tr><td rowspan="3">海普超市</td><td rowspan="3">内资</td><td>济南师范路店</td><td>2009 年 2 月 17 日</td><td>运营不佳</td></tr>
<tr><td>济南济泺路店</td><td>2009 年 2 月 17 日</td><td>运营不佳</td></tr>
<tr><td>济南无影山东路店</td><td>2009 年 2 月 17 日</td><td>运营不佳</td></tr>
<tr><td>嘉家超市</td><td>内资</td><td>广州市中山一路店</td><td>2009 年 2 月 28 日</td><td>运营不佳</td></tr>
<tr><td rowspan="2">家家乐</td><td rowspan="2">内资</td><td>青海剧场店</td><td>2009 年 3 月 1 日</td><td>零供关系破裂</td></tr>
<tr><td>东莞东坑店</td><td>2009 年 6 月 2 日</td><td>运营不佳</td></tr>
<tr><td>人人乐</td><td>内资</td><td>东莞香港街店</td><td>2009 年 4 月 17 日</td><td>物业纠纷</td></tr>
<tr><td>美特好</td><td>内资</td><td>烟台市芝罘区幸福中路店</td><td>2009 年 4 月 23 日</td><td>运营不佳</td></tr>
<tr><td rowspan="2">新一佳</td><td rowspan="2">内资</td><td>成都双流店</td><td>2009 年 4 月</td><td>运营不佳</td></tr>
<tr><td>济南店</td><td>2009 年 3 月</td><td>运营不佳</td></tr>
</table>

续表

业态	企业名称	性质	关闭门店	关店时间	关店原因
超市	新一佳	内资	东莞厚街店	2009 年 5 月 16 日	运营不佳
			株洲徐家桥店	2009 年 6 月	选址不利
			淄博店	2009 年 6 月 22 日	运营不佳
			西安兴庆路店	2009 年 9 月 27 日	运营不佳
	华普超市	内资	青岛团岛店	2009 年 4 月	物业到期
	万家隆超市	内资	济南东外环燕山立交桥店	2009 年 4 月 1 日	运营不佳
	家得利超市	内资	合肥东七店	2009 年 7 月 21 日	运营不佳
			合肥新亚店	2009 年 8 月 14 日	运营不佳
	世纪联华	内资	济南店	2009 年 4 月 15 日	运营不佳
			北京明珠店	2009 年 5 月 1 日	运营不佳
			沈阳滂江店	2009 年 10 月 10 日	运营不佳
			沈阳本溪店	2009 年 10 月 10 日	运营不佳
			沈阳华山店	2009 年 12 月 15 日	运营不佳
			沈阳重工店	2009 年 12 月 15 日	运营不佳
	金五星超市	内资	北京学清路店	2009 年 10 月 11 日	战略调整
	百联	内资	北上海购物中心	2009 年 1 月 5 日	物业到期
	赛玛特	外资	开封市鼓楼广场兴和百货商场店	2009 年 10 月 20 日	—
	TESCO	外资	上海龙华店	2009 年 10 月 25 日	让道市政工程
	易初莲花	外资	南京新华路店	2009 年 6 月 30 日	运营不佳
家电	三联集团	内资	潍坊店	2009 年 4 月 15 日	物业到期
			烟台店	2009 年 5 月 3 日	物业纠纷
			枣庄店	2009 年 5 月 3 日	物业纠纷
	苏宁	内资	53 家门店	—	战略调整
	国美	内资	300 余家门店	—	战略调整
家居建材	东方家园	内资	重庆店	2009 年 2 月 18 日	运营不佳
	好美家	内资	南方店	2009 年 7 月 6 日	运营不佳
			广州白云店	2009 年 6 月	运营不佳
			南京江东北路店	2009 年 10 月 30 日	战略调整
			安徽合肥店	2009 年 11 月 15 日	物业到期
			宁波江南店	2009 年 11 月 17 日	物业纠纷
			宁波麦德龙店	2009 年 11 月 17 日	物业纠纷
			广州黄埔大道店	2009 年 11 月 20 日	物业到期
	家得宝	外资	沈阳店	2009 年 10 月 27 日	运营不佳
			青岛店	2009 年 5 月 10 日	物业纠纷
	"羽西之家"	外资	上海新金桥广场店	2009 年 5 月	运营不佳
			上海徐家汇港汇广场店	2009 年 5 月	运营不佳
	百安居	外资	在华 22 家门店	—	运营不佳
服装专卖店	阿迪达斯	外资	北京王府井店	2009 年 7 月	物业到期
	百丽	外资	383 家二类品牌店铺	—	运营不佳

第十章 中国零售业公司营销与公共关系分析报告

一、零售业公司营销分析

为提供更加详细的营销情况资料，本报告对各大零售企业（以连锁百强企业为主）在2009年的营销手段和营销表现进行了盘点和梳理，制作成一览表，详见附表1。这些信息主要来自企业网站及“联商网”、“中华零售网”等专业网站，以及其他公开信息资料，如公告、新闻报道等。总结分析基于企业名称、促销内容、促销手段、企业性质、业态等维度。从中可见2009年零售企业在金融危机的整体背景下所作的各种营销努力。

2008年爆发的全球性金融危机在2009年对我国经济的影响更为深入，零售业作为终端消费行业无疑受到更大程度的打击。危机下，零售商不断探索新的策略进行应对，在危机中求得生存。

在众多策略当中，零售企业普遍的大规模、大范围促销显得格外抢眼。2009年这一年中，全国零售商纷纷向营销要利润，展开积极的促销争夺战。从百货、家电、建材、家具连锁企业到大小规模的超市，不同程度地将营销重点放在低价折扣等促销手段上来，不惜牺牲单品利润换取销售量增长，促销力度空前。

（一）超市卷入促销浪潮

在金融危机下，各超市从2008年年底开展频繁的促销活动，包括“满减、买送、满返”等，2009年更表现出史无前例的强劲促销势头，加入百货、家电连锁等的促销大军中。一向以“天天平价，始终如一”著称并从不促销的零售巨头沃尔玛也加入其中。而物美、家乐福等的促销力度达到历史最高水平。甚至出现部分超市效仿百货业进行5折促销的现象，在超市本不高的净利率水平下，这样的折扣幅度令人惊讶。

（二）与全新促销手段相结合的节日营销方式

2008年，中国零售企业就利用不断增多的节假日和传统节日将“假日经济”的消费需求充分激发出来。进入2009年，节假日营销的突出特点与一些新型的促销创意相结合，传统节假日促销焕发出新的意味。

（三）抓住黄金周机会进行营销

2009年的“十一”长假恰逢建国60周年及农历中秋佳节，成为全年的促销焦点，全国各地的商家都抓住此次绝佳的黄金周机会进行促销活动。天津、上海等地通过政府组织购物节等活动的形式进行企业促销。北京、广东、辽宁、河南、云南等地商家纷纷采取打折、降价、买赠等促销手段,调动消费者购物热情,拉动节日市场销售。

长春市某商场推出促销活动,拿尾数为"60"的百元人民币即可当200进行消费。活动当天,市民冒雨排队购物,并享受到优惠。

无锡市百货零售企业积极营销扩大内需。无锡八佰伴推出"民生光影60年大型历史图片展,回顾六十年来锡城的每个'脚印'";五洲国际装饰城国庆大型购物狂欢节;华润万家"认识历史,为中国骄傲"等。

中山市在"买满即送"、"刷卡返利"等促销手段刺激下,百货销售量比上年同期增长20%~30%。优越城百货在10月1—8日,推出"买200送200"优惠。益华百货在10月1—2日开展了"满300减100"优惠活动。

"十一"期间,贵州、重庆、河南、上海重点监测零售企业销售额同比分别增长37.6%、32.6%、31%和26.1%,黑龙江、云南、山西、辽宁、江苏分别增长25.3%、23.2%、21.9%、20.7%和19.5%。商务部监测显示,10月1—8日,全国实现消费品零售额约5700亿元,日均零售额比上年"十一"黄金周增长18%左右。①

(四)折扣促销风头不减并配以新型营销手段

2009年零售企业营销的最突出特征就是折扣促销,与往年的单纯追求低价格和折扣相比,2009年的促销则加入了很多手段方面的创新,本质相同却以不同的方式呈现在消费者面前。

大商新玛特郑州总店在2009年9月19日启动促销活动,全场100个精品品牌接受竞争对手丹尼斯的代金券。当天,该商场日零售额达8100万元,如果加上团购销售的3600万元,当天销售额已过亿元。

降价与折扣似乎是消费市场上商家竞争的永恒主题,然而随着打折在零售市场上的泛滥,消费者越来越"不买账",往往是折扣很多也很大,但销售量并未因此上升。这一方面由于消费者对于此类信息早已麻木,不再关注是否是折价促销,另一方面与零售商亦步亦趋、因循守旧的营销态度有关,所有的零售商都降价,实际上就是都没有降价。

在2009年,商家更加注重挖掘营销的本质,探索新的营销手段与方式。无论是节日营销,抑或传统的折扣促销,都焕发出新的光彩,与新手段相结合,传统的营销方式也更具活力和效果。另一方面,一些全新的营销手段也不断出现并不断翻新。在金融危机大背景下,消费疲软反而刺激了商家对于新型营销方式的思考和探索。

武汉一商场对服装、箱包、鞋品、数码等1000件商品发起最低3折、每晚7点起的"秒杀"促销;北京双榆树、玉泉路等12家超市门店现场教消费者做菜,引发市民抢购;广州摩登百货圣地店"闻香识美人"的竞赛活动,都是创新营销手段的实例。

(五)内外资相互竞争促进营销

内外资相互间的价格竞争一定程度上促进了我国零售企业的营销。2009年7月外资便利店迷你

① 来源:商务部新闻办公室,2009年10月8日,《"十一"黄金周市场繁荣兴旺 销售大幅增长》。

岛首次进入青岛，带动当地十几家便利店的一场大范围的价格大战。这场价格战的实质是内外资便利店在争取消费者的过程中的一场博弈战。随着外资零售商业进入的步伐趋紧和业态渗入更为全面，内外资竞争和博弈在营销领域已经全面展开。内外资零售商在营销上的相互借鉴与融合将最终带给每个普通中国消费者以更实惠的价格和更便捷的消费体验。

（六）更加重视加强客户服务进行营销

2009年，商家不仅仅利用折扣促销进行简单的传统营销，同时更加注重在满足客户需要、为顾客提供便利、强化客户服务环节上进行更高层次的营销。更多的公司将营销设计的重点转向为消费者提供优质服务和购物便利上来。提供便捷高质的客户服务不仅存在于大型零售商当中，也在中小型商家中不断普及。

以消费者为中心，具体表现有多种形式，为顾客提供舒适的购物环境，便利的购物条件等快捷的服务，各种惠民手段。2009年零售公司在营销的同时更多地加入了这些形式，或直接将客户服务与营销手段相结合，显示出零售商业整体水平的提升。只有以顾客为中心，以顾客的各种具体需求为服务标准，才是企业立足的长久之策。

（七）调整营销策略和商品结构

在金融危机大环境下，从2009年初开始，越来越多的商家开始思考营销策略的适时调整。新华百货副总经理车国荣认为，当前形势最重要的是吸引消费者重回商场，一方面要改变传统百货营销模式，在餐饮、娱乐休闲等方面配合促销计划；另一方面要将打折促销落到实处，加大折扣力度。金源新燕莎MALL的相关负责人也认为，先要刺激消费者的购物需求再考虑商品销售。注重调整商场内部经营，调动餐饮、影城、专卖店等资源进行互动营销，完善各种配套功能，为消费者提供多元化服务。可见，目前零售业的营销策略走向多元化和实际化，注重从多个经营环节整合营销资源，带给顾客真正的消费便利和实惠。

同时，更多商家开始调整商品结构，增加大众消费商品比例，改变了过去过分重视高端商品而忽视广大中低端消费层次的大众消费需求的状况。实际上，大众消费商品才是真正的营销重点，通过促销大幅度带动销量增长的正是中低端商品，而高端商品的消费群体毕竟是少数，零售企业在品牌管理及营销计划中应该统筹好高低端商品的关系。

（八）政府在组织企业通过促销刺激消费中发挥更大作用

2009年的“十一”黄金周，各类购物节、展销会、特卖会、送货下乡等促销活动都是在政府组织下开展的，政府与企业形成良性互动，大大丰富了节日消费。这里以一些主要省市黄金周期间的消费刺激措施为例予以说明。

天津市举办以“相约六十华诞、感受魅力天津”为主题的购物节，推出千余项促销活动。上海购物节各项活动在中心商业区和郊区新城人气旺盛，销量大幅增长。重庆市商委联合全市40个区县5大商圈的数百家企业进行让利促销。陕西省组织186家商贸企业开展“迎佳节消费月”促销活动，出台10余项优惠措施，向消费者让利1.4亿元。乌鲁木齐市组织30余家大型零售企业开展购物节活动，黄金周期间销售额突破2亿元。黑龙江、江苏、浙江等地组织“万村千乡”龙头企业和“家电下乡”中标企业送货下乡，方便农民购物，繁荣活跃农村市场。①

（九）会员制营销十分普遍

2009年会员制营销在零售业营销中的利用比例迅速增长，而且覆盖了零售业各个业态，普及程度很高，也更加成熟。会员制营销在这一年中体现出四种主要特点。

首先，会员制营销的促销规模更大。2009年4月9—15日，超市发在京60余家店面首次启动针对会员的联动促销活动，组织生鲜日配、副食调料、酒饮、食品和纸巾等二十大类共计70种会员独享优惠商品和80余种特价商品，商品降价幅度平均在20%以上。

其次，会员制营销更加面向大众，面向中低端的普通消费者，而不是像过去那样只是针对重要的高端顾客进行促销。2009年5月，家乐福中国区官网推出“月月送5元优惠券”活动，凡注册成为家乐福会员并每月累积在线2小时就可获得5元优惠券，享受消费20元立减5元的优惠。这样的会员制营销更加面向广大消费者，拉近了与百姓的距离。

再次，会员制营销在面向会员提供服务方面也下了更大工夫。25周年店庆之际，天虹商场在深圳地区推出VIP金卡附属卡，双卡消费、积分共同累计。2009年7月，京客隆旗下135家超市正式启动10元以内“零钱储值包”服务，超市将找付顾客的余款零头储存在顾客的会员卡中，省去了找零给顾客和超市带来的不便，为会员日后消费也提供了便利。

最后，会员制营销还为会员设计并提供丰富的活动。2009年8月1日宜家深圳商场正式对会员免费发行宜家儿童护照，每月一个主题活动，亲子互动、创造力比赛以及瑞典特色节日活动免费参加。2010年4月1—6日燕莎友谊商城组织“燕莎至尊卡友日本浪漫樱花之旅”活动，提供各种专属服务。

可见，会员制营销的层次提高，零售企业不再依靠赠送礼物、打折等最初级的促销手段吸引会员消费，而是更大限度地发掘并延展会员制营销的更多内涵，通过含蓄的方式发挥会员制营销更大的作用。

（十）企业营销与公共关系联系更加紧密

在2009年，更多的企业注重社会责任和公益事业，通过各种社会活动和公益活动提升企业形象和信誉，营销和公共关系结合得更加紧密。如果说2008年部分企业体会到社会营销的重要性并付诸实践的话，2009年则是零售企业公共意识集体觉醒的一年，而其突出表现就是零售企业在营销中贯彻服务社会的理念。国美学生节为学生提供暑期实习岗位，华润万家为顾客提供用月饼盒换节能灯，家电零售企业对节能环保产品进行集中促销，无一不体现这一点。

二、零售业公司营销问题与思考

（一）促销手段仍比较单一

虽然更多商家注重营销理念或促销手段上的创意和创新，但从全国整体情况看，创新仍是少数情

① 商务部新闻办公室．“十一”黄金周市场繁荣兴旺 销售大幅增长．200－10－8.

况，大部分零售企业仍然采取折扣、满减等传统的促销方式，这对顾客的吸引力已经越来越小。同时，在多种新型营销手段的冲击下，老式促销方式越来越与时代步伐不符。只有营销创新，才是商海制胜的必由之路。

（二）大规模促销缺乏配套基础设施，零售商力不从心

商店落后的基础设施跟不上大规模、大范围的促销，使零售商在营销创意的实施过程中显得力不从心。公司在疲于营销创意策划的同时，并未对其他的经营环节给予足够的重视，最终影响了整个营销创意的发挥效果，甚至造成公司的混乱和一定程度的失信。上文所述大商新玛特郑州总店在2009年9月的营销活动中，发生了多个品牌断货、手机信号一度中断、商场附近塞车、地下停车场满员等情况，造成了周边地区一定程度的混乱。

零售企业对战略和决策的贯彻实施需要多个方面的建设、协调与配合。公司在进行不断更新、不断出奇的营销策划，不断革新促销手段的同时，需要商品采购、店面管理、客户服务、基础设施建设等多个层面的完善与配合。因此，2009年我们看到了零售商对于营销策划和促销求新的重视和一定的收效，同时也不能忽视其中的隐患与问题。

（三）部分营销策划存在骗局，顾客抱怨增多

2009年仍存在部分商家为吸引顾客眼球设置营销骗局的情况。2009年12月，济南新一佳超市在电视广告上宣传其电视机等家用电器论斤卖，每斤价格才几毛钱。事实上，其卖场只有小商品，并无家电。①

为增加销量和企业吸引力而翻新营销创意本无可非议，然而精心策划营销骗局、利用顾客追求实惠的心理不正当牟利则是必须抵制的。一两次的诱饵骗局可以使某些人上当，然而希望利用此类办法谋求企业长久发展的想法则不切实际。营销骗局的必然结果是引起消费者对零售企业和整个零售业环境的不满和抱怨，降低消费信心。零售业的成功归根到底要靠物美价廉的商品和高质量的服务，要靠长久的品牌信誉。

（四）过分依赖节假日促销，"造节"能力缺乏

在2009年，节假日仍然是各大商家的促销重点，营业额和销售总额的增长高峰也只出现在这些假期当中。这一方面体现了"假日经济"的强大消费集聚效应，另一方面也反映了我国零售业整体促销过于依赖现有节假日，弊端较多。其一，集中促销易造成恶性竞争，且浪费了7—9月份的假日空档期，造成全年销售分配不均衡。其二，假日促销成本巨大，单纯的销售额增长实际掩盖了部分商家的利润下滑。其三，过分关注假日促销使不少商家忽视了其他营销机会，阻碍其营销创新。

实际上，营销能力在一个层面上也能从一个零售企业的"造节"能力上体现出来。在其他商家都在等待节假日促销或进行促销准备的时候，适时推出一些创意丰富的促销活动，很可能会收到意想不到的效果。节假日对消费的刺激只是一个方面，企业的注意力还应放在靠优质的产品和服务以及多

① 大众网．电视机论斤卖？济南"新一佳"制造促销骗局．2009－10－8.

样的促销手段来刺激消费上。

(五)促销过程中问题争端不断

与大规模大范围促销相伴的是促销过程中的种种问题,商家与消费者间的矛盾不断出现。2010年1月诸暨市大润发超市的特价大米促销引起市民的疯狂抢购,不料却出现一名市民在混乱中跌倒猝死的骇人听闻事件。① 国家禁止"无抗奶"和有毒的"脱色"水杯的生产销售,但家乐福等一些超市仍然顶风进行促销。② 沃尔玛在2009年开始的"入华以来最大规模降价促销"中被质疑价格"明降暗升",向供应商转移促销成本。③

可见,零售业促销过程中还存在严重的漏洞和问题。零售企业在推出一轮又一轮的促销活动时,应该仔细地进行研究、调查和论证,在遵守国家法律和维护消费者权益的基础上进行促销,处理好促销中的公共关系问题。同时,在整个促销过程中,应履行安全保障义务,维持和组织好促销现场的秩序。

(六)有效利用反馈信息,做到动态控制

零售商进行营销、促销并不是孤立的,而是面向消费者的,因此消费者对于具体营销举措的反应决定了营销的实施效果以及改进方向。商家应该积极获取并有效利用这些消费者的反馈信息不断进行营销改进,使营销向着消费者期望的方向改进。消费者的反馈信息包括促销期间的购买情况以及购后使用情况,需要通过销售记录、购物单、市场调研等获得。商家不仅要收集信息,还要有效地对其进行分析以便利用。定期对促销效果进行观察和测量,根据消费者反馈,对已实施的营销策划的优劣进行总结,根据消费者的需求以及具体销售环境的变化对营销方案进行调整,进行动态控制,调整促销方式,控制促销进度,制定更好的促销方案。

(七)把握好促销力度

零售企业进行促销是十分必要的,但对于促销力度的把握决定了促销成败。作促销要牢牢把握商品的具体特性,根据品牌属性、商品及价格定位进行促销设计,要有针对性地制订促销计划,不能盲目促销,否则只能适得其反。例如对奢侈品品牌进行大幅度的折扣促销只会赶走顾客而非吸引顾客。

(八)与生产商建立良性合作关系

零售商促销并不只是自己的事情,在营销促销中一定要处理好与生产厂商的关系,形成利益共同体,有效提高营销效果。在促销中,必须要考察厂商的利益,不能通过牺牲生产商利益,片面折扣降价来提高利润,要与厂商建立一种良性循环关系,关心并积极促进生产商效益的提升,在促销安排、费用和利润等方面达成共识,在良性合作中共谋发展,实现共赢。

---

① 诸暨大润发大米促销引发抢购 一顾客猝死. 钱江晚报,2010-1-8.

② 北方网国家六部委叫停无抗奶 家乐福顶风促销网址[2009-5-9].;"脱色"水杯被检含毒还搞促销. 华商晨报—民生账本,2009-7-7

③ 沃尔玛降价促销"明降暗升" 滋补品价格大幅提高.21世纪经济报道(广州),2009-2-12.

(九)明确促销并不是实现销售的唯一手段

促销是实现销售的手段之一,但并不是唯一手段,更不能将促销当做公司的目标。零售企业要从根本上提升知名度,扩大销量,必须通过提高商品和服务的质量和竞争力,增加商品附加价值,提供特色增值服务,树立企业良好信誉形象和提高社会影响力来实现。零售商应将大部分精力投入产品、技术设计研发而非促销方案设计中,将资本投入企业运营管理而非实施营销策划中,将时间投入客户服务和公益事业而非漫长的促销等待和准备中。

(十)零售业公司营销情况总结

总的来说,2009 年零售业通过各种形式的营销活动实现了销售额和营业收入的增长,更好地应对了金融危机的风险。从利润上看,部分企业实现了利润增长,但在高额的成本下,部分企业出现了利润增幅的下降或利润下滑。新华百货 2009 年净利润同比增长 77%;北京西单商场 2009 年净利润 3020 万元,实现扭亏为盈;重庆百货营收同比增长 13.89%,但净利润同比减少 3.63%;大商股份营收增长 12%,但净利润却大降 150%,创 10 年来新低。总体来说,2009 年零售业的利润增长情况明显好于 2008 年,零售业净利润仍在 1% ~2% 的水平。2009 年中国零售业社会消费品零售总额依然有 16% 增幅,高出 GDP 增幅近 7%。①

随着越来越多的国家消费刺激政策出台和国内需求的逐步回暖,以及企业重组并购的加快,2010 年中国零售业的整体经济形势将好于 2009 年。可以预测,2010 年将看到更多的零售企业在利好形势下借助不同的营销手段实现更大的增长。

三、零售业公司公共关系分析

2009 年,在金融危机影响逐渐深入的背景下,越来越多的零售企业更加注重公共关系管理,利用公关策略进行企业宣传,加强与社会和公众的沟通,树立良好的企业形象、信誉,从根本上促进商品销售。2009 年危机处理和公共关系能力仍然考验着每一个市场上的零售企业。

(一)节能环保是体现零售企业社会责任的重要方面

随着世界气候变暖、生态恶化的负面影响逐渐凸现,全球气候成为人类普遍关注的话题,节能减排、环境保护也成为我国政府积极关注的大事。零售企业主动承担起环境保护和回馈社区的责任,通过一系列环保行动践行保护生态环境的社会责任。

2009 年 6 月 1 日国家发改委公布的“节能空调惠民工程”规定,中央财政即日起开始通过补贴方式加大节能空调的推广力度,购买能效等级二级的空调国家给予 300 ~650 元/台(套)的补贴,能效等级一级的空调给予 500 ~850 元/台(套)的补贴。我国家电连锁企业纷纷响应政府号召,落实惠民政策,在节能环保电器的销售推广中尽自己的一份力量。6 月 1 日起,北京国美、苏宁、大中、永乐等各大家电卖场在海尔、美的、长虹、松下、惠而浦、志高、科龙等一、二级能效等级空调贴上醒目的政府补贴

---

① 七成零售上市公司 2009 年业绩飘红. 北京商报,2010 -1 -25.

标志，还在政府补贴基础上进行额外补贴，最高降幅近30%。其他各地各个主要家电卖场对于此次政策的落实情况见附表2。

与此同时，一些零售企业还通过各具创意的行动推动环保事业的进步。华润万家杭州各家门店发出以"月饼盒换节能灯换更多蓝天"为主题的环保倡议书，提出10月4—10月11日，消费者凭空月饼礼盒可换取价值5元"萤火虫"牌节能灯抵用券。

关心社会环保的另一个表现是节能店的建立。一些大型零售企业节能店的建设情况见附表3。

（二）响应家电下乡、以旧换新政策，加强与政府合作

2008年11月财政部、商务部、工业和信息化部发布《关于全国推广家电下乡工作的通知》，对彩电、冰箱、洗衣机和手机按产品销售价格13%予以补贴。2009年6月28日财政部、商务部、发展改革委、工业和信息化部等7部委联合印发《家电以旧换新实施办法》，规定从2009年6月1日至2010年5月31日，在北京、天津、上海、江苏、浙江、山东、广东、福州和长沙等9省市试点。

政策出台后，各个家电零售企业按照政策要求进行家电下乡、家电以旧换新，同时还自行加大补贴力度，给予消费者更大的实惠，具体情况见附表4。

（三）用社会责任引领销售

2009年，零售企业的营销行为更注重践行社会责任，企业不再局限于公关营销，而是真正用服务顾客、回报社会的责任和理念指导公司运营。零售商刻意的公关活动策划越来越少，取而代之的是一种社会公益观念的默默贯彻，而这样的效果其实更为长久和稳定。例如，2009年5月23—25日，老百姓大药房广西公司南宁津头店和广州花城药厂联手开展"空瓶空盒可换药"活动，60岁以上老人凭身份证或高龄老人优待证免费领取药品。

2009年零售企业在企业运营与商品销售中践行社会责任的实例表明，企业并没有刻意追求以社会公共活动促进商品销售，公关策划也并没有十分新奇的创意，相反，企业正是通过简单而朴素的方式向公众传达良好社会公民的形象。当零售企业真正在销售中长久地贯彻社会责任和公益观念，以回报社会、服务公众的态度加强与消费者的互动和沟通，才能真正树立企业形象和声誉，在消费者心中占有永久的地位。

（四）热心公益事业，树立良好形象

2009年越来越多的零售企业投身于社会公益事业中。沃尔玛重点围绕保护环境、回馈社区、支持教育、关爱儿童和救助灾区五个主题开展公益活动和社区服务。2009年5月27日，由家乐福公司捐资20万元、德惠市政府配套30万元共同修建的天台镇家乐福希望小学正式奠基，这是家乐福在中国出资兴建的16所希望小学之一。家乐福还通过"农民直供"的采购模式帮助当地农民提高收入，为促进地方农村经济的发展作出贡献。北京苏宁电器签约北京林业大学、中国政法大学和北京师范大学，成为3所高校的定点创业基地。北京苏宁将在未来2年为这3所高校提供600个实习岗位和30个创业机会，在北京苏宁门店设立30个10平方米左右的区域，为毕业生提供水吧、花店以及其他种类的创业实践并免去前半年租金。

四、零售业公司公共关系问题与思考

(一)国内零售业节能建设步伐缓慢

从附表3中可以看出,节能店建设走在前列的全部是外资零售企业,而我国本土零售企业则在这方面步伐缓慢。造成落后的原因一方面与资金有关,尽管国家对国有大型零售企业节能改造有资金支持,但所有门店完成节能改造甚至直接开节能店,对内资企业来讲仍是大笔资金投入。另一方面则是国内零售企业环保观念的落后,企业尚未完全认识到节能改造带来的将是运营费用大幅降低,没有充分承担起节能环保这一社会责任。要解决这一问题,不仅需要国家的财政支持,还要先从加强环保宣传、普及节能意识入手,首先从思想观念上进行改造和提高。

(二)国内零售企业社会公益行动有待加强

虽然零售企业从整体来看更加关注社会公益事业,但很容易发现,沃尔玛、家乐福等外资大型零售企业仍然是目前社会公益活动的主体,相比之下,内资零售企业在这方面则有待加强。需要向外资企业学习,以更加积极的姿态投入社会公益活动中,奉献社会,树立积极热心的社会公益形象,提高品牌声誉和竞争力。

(三)家电“以旧换新”政策贯彻中存在漏洞

零售企业支持环保事业、贯彻国家政策本来是社会责任的体现,然而在具体实施中却存在漏洞。有消费者反映,“以旧换新”过程中出现很多周折,如旧电器回收速度慢、以旧换新凭证记载不详细、彩电回收价低于标准、办理手续复杂。① 无论是商家在实施规则上不完善,还是出于利益考虑有意隐瞒,都是不利于国家政策落实和商家信誉的。零售企业在落实国家政策、关心社会事业的过程中,只有真正按照法律和政策规范自己的行为,才能起到积极效果。

(四)积极利用国家相关政策促进自身发展

2009年零售商业对国家刺激消费、保护资源环境政策的贯彻落实不仅使消费者受益,也带来商品销售的实质增长,是以往单纯依靠营销手段无法实现的。一些企业数据显示,家电“以旧换新”等政策的落实带来的销量增长占到全部销量近三成,成为企业重要的业务增长点。今后,零售企业应继续加强与政府的合作,通过对政府各项政策的落实满足消费者消费需求,以消费者满意度的提高为目标促进企业发展成长。

(五)增强宣传意识,强化公众形象

目前,我国零售企业的一个普遍问题是缺乏宣传意识,公众知晓度不高。在这方面,应该学习外资零售企业,强化信息传播观念,利用多种多样的信息传播手段丰富企业形象。

---

① 家电以旧换新遇“猫腻” 绍兴国美遭质疑. 绍兴晚报,2009-12-2.

在如今传媒技术日益发达的情况下，企业拥有的宣传媒介越来越广泛，信息传播也越来越迅速便捷，零售企业凭借这些媒体可以触及更多更广泛的受众群体。而且，比纯粹意义上的商业广告，新闻、网络等方式在消费者眼中更为可信，在信息传播上更容易被接受和认可。虽然从短期来看，企业形象宣传不能迅速为企业带来收益，然而其影响更为长久和深远，有利于赢得消费者的信赖，逐渐培养顾客忠诚度。靠企业形象宣传提升知名度，靠企业公关活动和公益事业提高美誉度，是零售企业今后应努力的一个方向。

（六）树立公共关系战略意识

零售企业的公关管理应建立在战略规划基础上，无论是企业的公关部门还是第三方公关公司，都应首先设计企业的公共关系战略和目标，制定具有前瞻性和预见性的公共关系和企业形象战略规划。企业的公关活动并不只具有辅助营销的目的，其真正目的还在于提升企业社会形象，构建企业美誉度。因此，零售企业应树立长远眼光，从战略高度统筹公共关系管理，以企业整体形象的提升为目标，通过企业形象设计和公关策划赢得公众信赖和支持。

（马天也）

附表 1

2009 年部分代表性零售企业营销活动一览表

序号	企业名称	促销内容	手段	性质	业态
1	苏宁	发布节能换代的“绿树计划”，联合各冰箱生产商，通过降价、加赠、送电费等促销手段，相当于价格拉低 10% ~40%	利用打折活动吸引消费者	内资	家电连锁
2	国美	2009 年 6 月 27 日，国美启动首届学生节，为学生提供一系列暑期购物优惠和提供暑期实习机会	利用活动吸引消费者	内资	家电连锁
3	国美	上海国美 10 周年店庆期间，在上海 50 家门店同时举办周年庆典大型促销活动，让利幅度高达 8000 万元，同时设立 10 万元金砖感恩大奖	周年庆典	内资	家电连锁
4	国美	2009 年 7 月 10 日—8 月 11 日，沈阳国美迎来 8 周年店庆，新品价格直降、畅销机型低价让利、百万豪礼等活动不断，还为消费者量身定做各种优惠的家电购买方案	周年庆典	内资	家电连锁
5	百联	2009 年 6 月 19—28 日，上海百联举办“感恩父亲”送给“父亲节”特殊礼物的营销活动。凭发票可换购指定男士 T 恤，累计一定消费额给予一定的折扣，还可获贵宾折扣卡	利用节日活动促销	内资	百货
6	百联	百联 E 城在上海购物节期间推出“网上抢购、网下团购大比拼”特色营销活动，推出手机、电脑数码、以旧换新的家电、建材家居、日本进口商品、百货等六个门类 600 种推广商品进行特惠酬宾	利用活动吸引消费者	内资	百货
7	华联	北京华联“四喜盈门”7 周年庆系列促销活动，9 月 25—27 日当天在重磅品牌现金购物累计满 1060 元，即送国庆礼券价值 200 元	打折	内资	百货
8	大商新玛特	2009 年 9 月 19 日，郑州总店启动“史上最牛营销”，实行 VIP 闭店，邀请竞争对手的 VIP 会员进店，全场 100 个精品品牌接受丹尼斯代金券，低价和返券并存	接受竞争对手的消费代金券打折	内资	百货
9	华润万家	发出回收月饼盒环保倡议书，10 月 4—11 日，消费者凭空月饼礼盒可换取价值 5 元“萤火虫”牌节能灯抵用券	为顾客购物提供便利	外资	超市
10	苏果	2010 年 3 月 9 日—4 月 6 日，推出以“快乐生活健康季”为主题的第二届食品安全月活动，包括安全知识竞赛、安全进社区、食品安全知识推广等活动，免费普及食品安全相关知识	利用活动吸引消费者	内资	超市
11	大润发	2010 年元宵节期间推出绘花灯、猜灯谜活动，并在 2 月 24 日—3 月 9 日推出“第二件半价”活动，汤圆、部分日用商品均在优惠之列	利用节日活动促销	内资	超市
12	家乐福	2009 年春节期间广东湛江的海虾、海南的木瓜、陕西的猕猴桃等来自各地的特色商品以低于市场 15% 左右的价格出现在家乐福的年货卖场	打折	外资	超市

续表

序号	企业名称	促销内容	手段	性质	业态
13	家乐福	家乐福中国区官网在2009年5月份推出“月月送5元优惠券”活动。注册成为家乐福会员，每月累积在线2小时，可获得5元优惠券，消费20元立减5元	打折	外资	超市
14	沃尔玛	2009年2月10—26日在全国范围内所有商场集中推出一系列特惠销售活动，精选近2万种民生商品，商品折扣幅度最高可达50%	利用节日活动促销打折	外资	超市
15	物美	2009年2月6—16日开展“10元3件”促销，物美各卖场内的面包、酸奶、啤酒、洗发水、牙膏、毛巾、内衣、袜子等近千种商品任意挑选3件组合，价格仅售10元，最多能省一半钱	折扣	内资	超市
16	重庆商社	2010年商社电器和重百电器联合国内外数百家知名品牌的“元旦盛典”，电视、冰箱、空调等传统七大品类全线放价，平均降价幅度达40%左右	折扣	内资	百货
17	农工商	2009年12月开启便利通网上商城，实体门店购物满100元，可获中奖率高达23%的刮刮卡，登陆便利通网上商城获得包括60根金条、180根银条在内的6次开奖机会	抽奖活动	内资	超市（网上商店）
18	百思买	2010新年促销活动，包括满千返百、幸运抽奖和新年特卖会等	打折	外资	家电连锁
19	五星电器	2009年6月联手诺基亚在高空“巨蛋”里举行诺基亚N97专场派对，凡预订N97或N6120Ci的消费者，都被邀请参加。“蛋”内设置互动体验区、舞台区、验机等候区、茶歇区，随意吃小吃，喝饮料，零距离感受诺基亚N97的功能	利用活动吸引消费者	内资	家电连锁
20	五星电器	空调、冰箱、彩电、数码、小家电、手机等产品暑期大幅度特卖促销	打折	内资	家电连锁
21	合肥百货	2010年1月29—2月4日开展年货采购节，包括赠送电子券、福虎送福、喜运天降、喜刷有礼、名品特惠活动	为顾客购物提供便利	内资	百货
22	新一佳	2010年1月推出“开心商场年货街”，一次性购物满指定金额可参加超值年货5折大换购活动	利用活动吸引消费者	内资	超市
23	武汉中百	推出代收水电费、公交卡充值、联通、移动话费充值、废旧电池回收、数字电视缴费服务等	提供特色服务	内资	百货超市
24	好又多	2009年2月18日—3月3日，全国104家门店全面启动一场“省钱直降”大型促销活动，大部分商品折扣达20%，部分商品降幅达到50%。	打折	内资	超市
25	宏图三胞	9周年庆典在全国近200家门店同时拉开帷幕，珠江路旗舰店全场笔记本电脑、台式电脑最低7折起售，手机、数码产品最高降幅达50%，还有1元特惠抢购活动	周年庆典	内资	电子零售

续表

序号	企业名称	促销内容	手段	性质	业态
26	文峰大世界	2010 春节文峰大世界电器启动“新春家电特卖会”，“单件满 888 送 300”、“新春大抽奖”、“大饭店年夜饭等您拿”等	利用节日活动促销打折	内资	家电连锁
27	利群	2009 年 15 周年庆典推出答谢晚宴、抽奖、征文等活动	周年庆典	内资	百货
28	新世界	上海新世界在“三八”妇女节、端午节小长假、9 月份庆新中国成立 60 周年期间举行多种大型促销活动	利用节日活动促销	内资	百货
29	新世界	2009 年 10 举行的 11 周年店庆活动，“通宵营业”、“满额送手机”等新世界“首创”的营销招数再次运用，名牌时装价格大打折扣	打折	内资	百货
30	新世界	上海新世界 12 月 30—31 日“年终大促销”期间，全城 20 万种商品实行“满 188 元送 200 元券”	打折	内资	百货
31	欧亚商都	2010 年 2 月 14 日购情人节指定商品赠玫瑰花或巧克力，部分情侣腕表买女表赠男表，全场 7～8 折	利用节日活动促销	内资	百货
32	乐购	为迎接虎年春节，在华北、东北、华东、华南区域推出大规模主题促销活动	利用节日活动促销	外资	超市
33	王府井	2009 年 7 月 10—19 日，重庆王府井百货“色享夏日”玩色活动全面展开，打造今夏“色”女郎。活动期间全场商品夏出清超级折扣 3 折起，全面掀起夏出清第二波狂潮。在活动期间的两个周末，重点品牌在此折扣基础上还针对会员打出折上折的疯狂力度	利用打折活动吸引消费者	内资	百货
34	王府井	2009 年 6 月，重庆王府井百货年中庆回馈活动开幕，购物满 200 元送 200 元	打折	内资	百货
35	卜蜂莲花	2009 年 2 月在华南区 13 家门店展开大规模促销活动，3000 多款产品被标上了降价的标志，其中过千种商品以 1 元、3～9.9 元均价促销，日用百货低至 4～7 折，杂货最低 6～8 折起	打折	外资	购物中心
36	卜蜂莲花	2010 年 1 月 13 日上海各门店启动为期两周的年终打折促销活动。近万种商品打折促销，顾客单张收银条消费满 68 元可超低价换购几百种指定商品。安排抽奖活动，奖品有东南亚超值游，如免费港澳五日游、半价泰国七日五晚游、7.8 折浪漫巴厘岛游等	打折	外资	购物中心
37	百盛	2010 年 3 月 24 日—5 月 21 日，开展“低碳生活 坐言立行”活动。累计购物一定额度赠送购物袋、绿色植物、节能灯泡等；征集绿色低碳生活小窍门赠送礼品；2009 年消费累计积分 5 万以上会员植树节活动；环保、节能、低碳商品推荐；会员专享素食餐厅优惠	利用活动吸引消费者	外资	百货
38	麦德龙	2009 年 3 月在上海启动其在中国内地 38 家商场的全球葡萄酒推广活动，进行国际顶尖葡萄酒品牌的促销优惠，推出葡萄酒品尝会，从 4 月份开始，麦德龙每月推出一家当月主打酒商，重点推介其特惠红、白葡萄酒各一款	利用活动吸引消费者	外资	超市

续表

序号	企业名称	促销内容	手段	性质	业态
39	北国	12 月 30 日“大型跨年家电团购专场”;元旦期间“订金增值 40 倍花”预存省钱活动;买家电送液晶电视、送全自动洗衣机、送 500 ~ 2000 元现金积分卡,购家电得三星手机;还安排了新年套餐狂送积分卡、现场抽中对开门冰箱等活动	打折	内资	超市
40	天虹	25 周年店庆之际,在深圳地区推出 VIP 金卡附属卡,共享 VIP 优惠,积分共攀升,消费同累计	会员服务	内资	百货
41	永辉	2009 年 4 月 8—10 日推出“买满送券”活动,在福州地区(含福清、闽清、闽侯)46 家永辉超市门店购物,单张收银小票满 58 元(服装区满 98 元)获赠一张 5 元“欢乐券”,该券于 4 月 11—30 日在福州地区所有永辉超市购物时可以百分百当现金使用	打折	内资	超市
42	京客隆	2009 年 7 月旗下 135 家超市正式启动 10 元以内“零钱储值包”服务,超市找付顾客的余款零头储存在顾客的会员卡中	会员服务	内资	超市
43	人人乐	西北区在 2010 年 3 月 19 日—4 月 9 日推出首届大学生歌手大赛,参与选手可获得奖励	利用活动吸引消费者	内资	超市
44	金鹰	泰州店年中庆活动,对 VIP 顾客凭积分免费送礼品	利用活动吸引消费者	内资	百货
45	永旺	2009 年 8 月 22—26 日,永旺国际商城购物中心为迎接七夕佳节,开展一系列活动,包括赠送玫瑰、抽奖、免费点歌和拍照留念活动	利用节日活动促销	外资	购物中心
46	银泰	金华银泰天地推出了为期 4 天的“银泰 11 周年店庆狂欢盛宴”系列店庆活动,“满 100 减 60,再 8 折”,整个折扣下来相当于 3.2 折	打折	内资	百货
47	丹尼斯	12 周年庆促销活动,推出“卡友预购日”,购物满一定额度赠礼券、积分。商场多种打折、满额抽奖、兑换礼品活动	打折	内资	百货
48	燕莎	2010 年 4 月 1—6 日燕莎友谊商城组织“燕莎至尊卡友日本浪漫樱花之旅”活动,提供专属服务	会员活动	内资	百货
49	迪信通	通过整合门店设备陈列,全面推出全新体验式服务,包括开放式陈列、3G 上网免费体验区等新型服务措施,成为全国首家体验式消费通信连锁	为顾客购物提供便利	内资	通信连锁
50	广百	夏日换季促销“感恩盛会”,全场打折,国际一线奢侈品牌 3 折起	打折	内资	百货
51	兴隆大家庭	店庆生日宴会,五星级早餐免费吃,室内公园免费玩。全场商品折扣不断,十万份店庆礼品大放送,全场购物满 100 元送 20 元美食卡,9 层现代电器广场赠送 200 万兴隆卡	利用打折活动吸引消费者	内资	百货
52	步步高	从 2009 年 12 月 29 日到 2010 年 1 月 3 日,步步高广场开业推出“真金白银”促销方式,每天 6 次滚动抽奖,每次 125 个中奖机会,总计有 4500 个中奖机会获得金条或银条	抽奖活动	内资	购物广场

续表

序号	企业名称	促销内容	手段	性质	业态
53	友谊阿波罗	2009 年 5 月向湖南全省免费发放 2000 万消费券，市民凭身份证可领券一张，购单件商品满 200 元以上即可使用价值 100 元的消费券一张	发放消费券	内资	百货
54	红旗连锁	2010 年红旗连锁推出春季促销，大批春季商品价格折扣幅度大；为迎接 10 周年，各分店开展购物抽奖活动；提供信用卡还款、公交卡充值、购买报纸、驾校报名等多项服务	抽奖活动打折	内资	超市
55	易买得	2009 年 9 月 30 日—10 月 7 日推出近万种商品促销活动，最低降价 70%，还联合宝洁、欧莱雅、味全、三星等知名品牌厂商在门店内打折销售。促销活动主题是“假日出游”、“中秋送礼”、“生鲜特价”。除商品低价促销，整个 10 月期间每个周六，顾客可凭收银条参加抽奖活动	利用节日活动促销打折	外资	超市
56	东方家园	2009 年 8 月 21 日—9 月 7 日东方家园家居广场 10 周年店庆，知名品牌 8 折后满 2000 元赠 500 元通用券，购物达指定金额赠送 2000 元礼品	打折	内资	家居连锁
57	维客集团	所有门店 2009 年“3·15”期间举办“‘3·15’大省钱，1 元！3 元！5 元！”活动，百种均一价商品涵盖食品、洗化、针纺类	打折	内资	购物中心 超　　市
58	广州友谊	2009 年 7 月 4 日举办 VIP 尊享日，大部分商品打 5 折，超市打 8 折，一些奢侈品品牌逢 1000 送 100	打折	内资	百货
59	宜家	2009 年 8 月 1 日宜家深圳商场正式对外发行宜家儿童护照，带着孩子和宜家俱乐部会员卡就可免费领取。每月有一个主题活动，围绕亲子互动、创造力比赛以及瑞典特色节日活动，全部免费参加	会员活动	内资	家居连锁
60	翠微	2009 年 9 月 10—20 日，牡丹园店推出“礼惠恩师”活动，部分商品持翠微园丁卡享受折上折优惠，新款 8 折起，还有礼品赠送	打折	内资	百货
61	海王星辰	2010 年升级会员政策，制订回馈忠诚会员计划，为会员提供疾病档案、健康刊物、积分当钱花、多倍积分和折扣日等优惠服务	会员服务打折	内资	医药连锁
62	保龙仓	2009 年 3 月 25—31 日，每日进入“购物冠军榜”前 7 名获得踏青成品票一张。持贵宾集利卡消费 10 点加 10 元现金得赏梨花、放风筝、摘草莓成品票一张。百家品牌供应商汇集夜场，演出、活动、买赠、品尝不断	利用活动吸引消费者	内资	超市
63	洪客隆	财富广场 2010 年 2 月 12—14 日，现金购物满 500 元可参加“爱的方程式”抽奖活动；2 月 14 日满 200 元可获赠进口巧克力一盒；2 月 5—7 日、2 月 12—14 日购流行服饰累计满 600 元、高贵商品累计满 2000 元送价值 668 元的新年大礼包；2 月 11—14 日，会员购流行商品满 999 元送 MY LOGO 情侣套票一份	利用节日活动促销	内资	百货

续表

序号	企业名称	促销内容	手段	性质	业态
64	西单	2009年庆祝西单商场成立79周年，百货商品满79减40，店庆特别活动包括：79元商品抢购、抽奖、赠礼品、名品限时抢购、送电子积分	周年庆典	内资	百货
65	佳惠	2009年7月10—19日，佳惠湘、黔两省连锁超市同步启动主题为“十年感恩，节节高登”清凉惠夏的店庆促销预热活动，多种夏凉居家用品低价促销；“10万支清凉防暑用品真心派送”、“购物省钱100%，周末北海四日游”等酬宾活动；“VIP专享特惠”、“VIP双倍积分”强化会员夏日实惠制活动；惠夏蔬果节日、“冰爽饮料节”、“居家用品节”、“凉夏节”等夏令商品特惠活动	周年庆典	内资	超市
66	华堂	2010年3月15日—4月15日丰北店邀请4～10岁小朋友参加绘画比赛，每人限提交一份作品，作品由顾客投票评奖，4月25日颁奖	利用活动吸引消费者	合资	超市
67	老百姓	2009年5月23—25日老百姓大药房广西公司南宁津头店和广州花城药厂联手开展“空瓶空盒可换药”活动，60岁以上的老年人凭身份证或高龄老人优待证免费领取药品	惠民手段	内资	医药连锁
68	超市发	2009年4月9—15日，在京60余家店面首次启动针对会员的联动促销活动，组织生鲜日配、副食调料、酒饮、食品和纸巾等二十大类共计70种会员独享优惠商品和80余种特价商品，商品降价幅度平均在20%以上。举办“健康美食大讲堂”系列活动，向消费者讲解营养健康美食的制作技艺和健康美食理念，举办现场美食“教吃教做”活动	利用打折活动吸引消费者	内资	超市
69	全福元（寿光）	2009年5月27日—6月1日推出“粽飘香舞”促销活动，包括集印花得礼品、商品会员专享价、飞镖射粽比赛、抓粽大赛、儿童学习用品特卖、儿童才艺展示赛等	利用节日活动促销	内资	百货
70	岁宝	2010年岁宝百货联合中航健身会，各分店购物满68元加88元换购中航健身会星座健身卡	利用活动吸引消费者	内资	百货
71	唐久	唐久便利提供一系列便利服务：移动、联通、固话、小灵通充值、电费缴纳、移动入网、送货上门、免费打气等	提供特色服务	内资	便利店
72	话机世界	2010年元宵节日新、旗舰、水晶店顾客得礼品，学生凭学生证购买指定手机最高可享受200元的优惠，消费满228元的顾客就可参加幸运大抽奖活动，日新、旗舰、水晶店猜灯谜活动	利用节日活动促销	内资	通信连锁
72	雄风	2009年11月6日—11月12日6周年店庆，流行服饰满400元减270元、满800元减540元，儿童商场满300元减100元、满600元减200元，再付380元送雄风百货6层翻斗乐门票一张	周年庆典	内资	百货

续表

序号	企业名称	促销内容	手段	性质	业态
73	阜阳华联	2010 年 3 月 1—20 日，当日累计满 138 元可参加价值 1580 元“港澳六日游活动”，3 月 6—15 日，部分服装 3 折起，3 月 6—8 日，荣获女劳模、三八红旗手等凭证件购服装享受特别优惠	利用节日活动促销	内资	超市
74	南城百货	2009 年 6 月 19—21 日，南城百货在广西的 14 家分店迎接 14 周年店庆，超市区推出“消费满 88 元送 10 元购物券”的回馈促销。还有一系列优惠活动如“超低价换购”、“千元大奖欢乐送”及低价“惠”芳邻活动等。南棉店精品百货区推出“年中巨献”低价促销，全场低至 4.8 折，有笔记本电脑等赠送	周年庆典	内资	百货
75	百佳华	2010 年 2 月 21 日—3 月 1 日元宵节商品特卖会，流行百货 2～4 折折后抽奖，凡购物凭小票参加猜灯谜活动有礼物赠送	利用节日活动促销	内资	百货
76	中央红	中央红小月亮便利店哈尔滨 100 余家门店构建起遍布全市的收费网络，服务项目包含中国联通 GMS 卡帐户开户、手机话费缴费、中国网通固定电话、小灵通及中国网通家用宽带充值，服务中不收取任何附加手续费，还为顾客提供便民话吧服务	提供特色服务	内资	百货超市 便利店
77	济南华联	2010 年迎接虎年推出系列促销活动，包括服装服饰、皮鞋皮具、床品、箱包 4 折、5 折、6 折起；购物满一定额赠送虎年福字、围巾、金条；金卡、银卡会员超值服务；黄金珠宝贺岁折扣；“有没有一首歌会让你想起我”大型情歌告白等	利用节日活动促销	内资	百货
78	家得宝	2010 年 3 月 13～14 日于北京、天津、西安、郑州举办儿童玩具船拼装涂刷比赛，参赛小朋友可获赠精美礼品	利用活动吸引消费者	外资	家居连锁
79	汇金百货	虹桥店 2009 年 12 月 26 日—2010 年 1 月 3 日期间推出买服装等商品满 200 元送 200 元的促销活动。12 月 18—25 日，徐汇店、虹桥店秋冬新品上市，服装、女鞋等商品单柜一次累计满 299 元减 150 元	打折	内资	百货
80	解百	作为“2009 杭州消费促进年”系列活动之一，80 后消费者或今年消费积分满 30 分的会员顾客，可到杭州解百领取一张价值 30 元的消费券，使用有效期截止到 3 月底	发放消费券	内资	百货
81	解百	年末“满 400 元减 340 元”的促销力度，登顶 2009 年“促销力度”榜首	打折	内资	百货
82	联华快客	在北京 140 家门店、全部商品（除卡类商品）参与“集印花、当钱花、中奖游世博”主题营销活动，截止到 12 月末，每月均有主题促销活动，每期促销活动有超过 50 种促销商品平均降幅在 20% 以上，还有抽奖活动	打折	内资	超市

附表 2

各主要家电卖场对国家高能效空调补贴政策落实情况一览表

企业名称	高能效空调补贴政策落实情况
苏宁	配合国家补贴项目举行套购补贴、电费补贴、降价等活动。联手海信等变频厂家最高直降 4000 元“补贴”暂未列入政府补贴行列的变频空调 2009 年 6 月 10 日，自行启动冰箱节能补贴“绿树计划”，联合各冰箱生产商，通过降价、加赠、送电费等促销手段为节能冰箱进行补贴，相当于价格拉低 10% ~40%
国美	2009 年 6 月 13 日起在上海的各营业门店率先对 10 万台空调实行紧急降价，降价幅度在 15% 左右。对于来不及申报的空调品牌一边积极申报一边主动降价力保销量。基于二级能效空调产品将全线停产的市场预判，国美配合部分供应商全面引进一级空调，率先完成空调产品全面一级能效化的商品布局，并以其无可比拟的价格优势完成对一级空调的全面推广和销售
五星	根据国家高效节能空调推广目录对美的、志高、春兰、科龙、奥克斯、海尔、格力、新科、格兰仕、三菱重工等品牌在内的 100 余个型号的一、二级空调加紧备货。借助五星第十届空调节全面启动高能效空调让利补贴活动。通过赠品、返券、送电费、送服务金卡、直接降价等多种促销活动鼓励消费者购买高效节能空调
湖南友谊阿波罗家润多家电	6 月 6 日启动 2009 节能空调节，联合美的、海尔、AUX、格力、三星、科龙、海信、志高等厂家大力推广一、二级节能变频空调，倡导环保健康生活。推出“宝宝安睡宝”、“结婚美嫁妆”、“家庭精算盘”、“高考好伴侣”等系列节能变频空调供消费者选择。以大力度返现、套餐、赠礼、抽奖等多种促销形式引领变频空调的普及和销售，降幅普遍在 15% ~30%
大中	采取“政府 + 卖场 + 厂商”的三重补贴形式，节能空调除国家补贴外再让利 15%，消费者享受到整体 30% 以上的降幅
永乐	除国家与上海市政府的双重补贴外，推出空调“第三重补贴”，为高能效空调“追加”200 ~600 元的额外特惠，使得市民可享受的高效空调补贴最高可突破 1600 元。同时提供产品信息咨询推荐、高效节能空调流程咨询、空调付款“绿色通道”等服务

附表 3

大型零售企业节能店建设情况一览表

企业名称	节能店建设情况
沃尔玛	推出可持续发展供应链计划，2010 年减少商场 30% 的能耗，2012 年前 200 名供应商能效提高 20%，2013 年减少 5% 的包装。位于望京的环保节能旗舰店实现节能 23%、节水 17%，未来目标是达到 50%
家乐福	投入 2.5 亿元资金用于门店节能改造，运用各种先进节能设备、全方位的节能系统和软件控制系统进行信息化管理。在华 136 家门店已完成节能改造，成本回收 50% 左右，还要将新开门店的节能效果由目前的 23% 提高至 30%。按每家门店每年节省电费 100 万算，每年将减少运营支出 1 亿元
乐购	2009 年 4 月 23 日在上海推出 TESCO 中国区节能管理中心，从空调系统、制冷系统、照明系统、电量监控系统四方面严密监控全国门店，尤其是节能店的日常能耗。将使乐购统一监控全国门店的能耗情况，确保节能设备正常运营和节能措施彻底贯彻，陆续使每家门店的年节电金额达到 80 万 ~120 万元
乐购	除新建门店每店减少 25% 能耗外，还将对所有在 2008 年以前开的旧店实施改造，力争每店减少 15% 能耗。为实现节能改造每家门店投资约 100 万 ~300 万
麦德龙	打造中国首家节能环保商场，整个灯光系统、热源、水循环都是节能的，冷冻食品区冰柜全部加玻璃滑盖。全场全部选用节能光源全年可以节省约 30% 的能源

附表 4

各主要家电卖场对家电下乡、以旧换新政策落实情况一览表

企业名称	家电下乡、以旧换新政策落实情况
苏　宁	2009 年 6 月 4 日，苏宁联合厨电主力品牌，推出厨房电器“以旧换新”活动，使家电“以旧换新”的产品范围从国家规定的五类扩展到六类，对消费者在成交价的基础上给予 10% 的补贴，引导消费者更新超期使用的厨卫电器。活动在北京苏宁各大卖场同时进行，消费者有更新换代需求，可直接与苏宁进行预约，由环保公司工作人员免费上门回收。消费者到苏宁卖场购买新品时，出示旧家电回购凭证，可获得 10% 代金券补贴
国　美	国美在京率先试水取消家电以旧换新补贴最高限额，产品包括 LED 彩电、冰箱、洗衣机等产品。消费者到北京国美参加以旧换新活动可享受 10% 补贴优惠上不封顶，最高补贴将超过 2000 元，比国家给予的最高 400 元补贴高出 1600 多元
国　美	2009 年 12 月 19 日，成都国美联合中国移动通信集团四川有限公司、消费者协会、电子商会、各手机品牌厂家联合推出“手机以旧换新”活动，国美成为指定收旧和购新机补贴场所。换机活动涵盖所有品牌、所有新旧程度的手机，消费者用旧手机折价，并在最终实际成交价基础上，实施现金补贴，补贴额为 10%，最高 200 元
五　星	为响应国家“家电下乡”、“以旧换新”等号召，对家电下乡空调进行至少 15% 的补贴，高于国家规定标准。此外，家电以旧换新活动在五星各个门店开展，消费者到门店登记旧机置换新机，最高可折价 100～3000 元不等的购物券
迪 信 通	2009 年 12 月 27 日，手机连锁卖场迪信通宣布从即日起到明年 2 月底，在北京所有门店展开手机以旧换新计划。迪信通共投入 1000 万元，集中采购了 1 万台主流型号手机。在北京的 130 家门店中全线 650 款在售手机全部加入手机以旧换新行列，消费者将在成交价基础上享受 10% 现金补贴，最高补贴 300 元，并视旧手机损耗程度，再抵现金 10～50 元，相当于在成交价基础之上补贴 12% 左右现金
沃 尔 玛	2009 年 7 月 3 日，沃尔玛与创维、TCL、海信和康佳等家电品牌合作，在华南区启动为期近 20 天的家电“以旧换新”环保活动，位于深圳、东莞、汕头和惠州等城市的多家商场将在活动期间分不同时间段设点为消费者提供家电“以旧换新”服务
百　联	百联集团“家电下乡”活动在 2009 年 4 月正式启动，首批上市的家电产品有六个大类超过 100 品种。沪郊农业户口的居民，在世纪联华、华联吉买盛或联华、华联等 48 家卖场或门店购买中标家电，可享受家电销售价格 13% 的财政补贴，此外，在世纪联华还可获得 13% 的厂商优惠 携手 TCL、长虹、海尔、美的等知名品牌厂商，推出系列组合营促销活动，增强家电下乡的市场吸引力。如买下乡冰箱和部分型号电视送全自动洗衣机，买 TCL 部分下乡冰箱送双缸洗衣机、微波炉等。同时，全部下乡家电除政府贴 13% 外，厂商再让利 13%。还制定了延误安装赔偿损失、免费送大件等服务规范
广　百	2009 年 2 月 20 日，广百股份赴广东肇庆举办家电下乡活动，推出多项便民惠民措施，活动现场增设 10 多个大型的“家电下乡”中标产品展销区，展销区内展示了海尔、美的、金铃等多个中标企业的产品
广州友谊	国庆期间“家电以旧换新”活动全面启动，包括以旧换新补贴、假期折扣酬宾、刷信用卡赠积分卡等活动，一次享受三重优惠
京东商城	2009 年 2 月，京东商城成为首家“家电下乡”互联网销售企业。北京地区非城镇户口的居民或消费者可在京东网上商城购买“家电下乡”商品，享受国家相关优惠政策。京东商城直接把商品配送到农民家中，免收运费。购物后携产品发票、身份证、户口本及包装中的产品识别卡到地方财政所领取 13% 的政府补贴
新 七 天	2009 年 10 月 27 日，新七天网站获得海信公司授权，首开网上商城家电以旧换新。登录新七天电器直销网，凭借废旧家电回收凭证、身份证件、购买新家电发票等进行换购，享受国家政策补贴 10%，最高可折 400 元，享受送货上门、货到付款服务，还有厂家及新七天提供的现金券等其他优惠

第十一章　零售业政策法规发展报告

一、2009—2010 年度我国零售业法律法规及政策

(一)法律法规

2009—2010 年度零售法律法规主要完善零售市场监管方面,继续加强了对规范零售主体行为、保证购物环境安全卫生方面的立法。零售业法律法规新动向主要围绕着电子商务和节能环保方面。

1. 新《食品安全法》①

2009 年 3 月,新《中华人民共和国食品安全法》提交全国人民代表大会审议通过,同时废止 1995 年公布实施的《中华人民共和国食品卫生法》。2009 年 6 月 1 日起,新的《食品安全法》正式实施。2009 年 7 月 8 日,国务院第 73 次常务会议通过并公布《中华人民共和国食品安全法实施条例》,自公布之日起施行。

新的《食品安全法》规定了必须遵守法律的范围,其中涉及的零售行业包括餐饮业以及经营食品的超市等。该法还在食品安全的监管上作了详尽的规定,规定了国务院各主管部门对食品安全进行分段监管的体制,广义零售行业从采购到销售都会受到各相关部门的监督。该法也规定了对违法行为的处罚:对销售不符合食品安全标准食品的企业,消费者可向销售者要求支付价款 10 倍的赔偿金,另外,还有被监管部门处以罚款、吊销流通或餐饮服务许可等措施,同时还规定了食品召回制度。

从执法情况来看,新《食品安全法》执行近一年以来,各地方监管部门积极响应,在食品添加剂、畜禽屠宰及流通、乳制品等领域取得一定成绩,同时公民对食品安全的维权意识增长。但是 2009—2010 年度仍然爆发了如"毒豇豆"、问题奶粉、地沟油等事件,给监管部门、食品加工流通企业敲响警钟。

2.《消费金融公司试点管理办法》

2009 年 5 月 12 日,银监会公布《消费金融公司试点管理办法(征求意见稿)》,并向社会各界公开征求意见。7 月 22 日,银监会公布了《消费金融公司试点管理办法》,该《办法》旨在为中国境内居民提供以消费为目的贷款的非银行金融机构;它明确了消费金融公司的主要出资人从业经验、总资产等条件,规定了消费金融公司的注册资本最低限额为 3 亿元及其他指标,并规定了业务范围等。

① 对此法存在的问题有学者指出:第一,仍然存在监管的缝隙。在食物链的交接环节还是不能把衔接变为无缝隙的对接。第二,对事前预防机制的怀疑。有学者认为,风险评估难以改变目前监管部门总是慢一拍的问题。第三,过多过细过严的标准给中小企业增加了负担,可能使许多中小企业转入地下,更难监管。第四,对于安全成本引发的食品价格上升由谁来负担的争论。第五,对于各监管部分的约束。不少生产、流通企业担心,由于该法没有对很多惩罚性条款作具体的实施说明,在执法过程中,难以控制监管部分成员对食品生产流通企业的罚款等,引发寻租成本。

随后消费金融公司获批，2010 年 1 月，中国银监会正式批准北京银行、中国银行、成都银行分别在北京、上海、成都筹建消费金融公司，3 家公司都计划最迟 7 月底开业。这将推动消费观念的转变，为扩大内需，刺激零售业的发展再注入强劲动力。

3.《网络商品交易及有关服务行为管理暂行办法》

2010 年 4 月 2 日，国家工商总局官方网站公布《网络商品交易及有关服务行为管理暂行办法（征求意见稿）》。该办法涉及了网上交易的规范、网络平台提供网站的义务以及监管方面的问题。

社会对该《办法》争议的焦点在于网络实名制的推行。根据该法，个人开办网店应该向提供交易平台的网站申请实名注册。争论主要有三点：一是网络实名制是否有必要实施，因为各个网站基本上都会要求开店者提供身份证、银行卡等个人真实信息，已经相当于事实上的实名制；二是网络实名制是否能对网骗进行有力监管以及促进消费者权利的维护；三是网店所有者们最担心的税收问题，店主们普遍认为征税将严重影响微利的网店经营。

（二）政策

1. 基本政策及企业政策

零售相关的政策延续前几年的搞活流通政策。另外商务部负责人表示，将支持促进流通企业发展，鼓励流通企业跨地区兼并重组、做大做强。在重视培育大型流通企业的同时，要采取切实有效措施，扶持中小企业发展，解决中小流通企业融资难、负担重等问题。对中国企业“走出去”要加大政策支持力度。企业走出去的政策支持集中在两方面：一是投资的便利化，二是金融的支持。

2009—2010 年度，药品流通划归商务部管理，2010 年 1 月，国家食品监督管理局公布《源于加强药品流通行业管理的通知》。《通知》明确规定了商务部的主管权利。随后，商务部印发《关于做好 2010 年药品流通行业管理有关工作的通知》，要求研究制定行业发展规划，健全药品流通体系；指导有规模、有实力的药品企业发展连锁经营，施行标准化统一配送，提高药品零售连锁企业的市场占有率。伴随着新医改的推进，药品零售行业将发生重大转变。

2. 促进现代物流与电子商务

2009 年 11 月 30 日，商务部发表《关于加快流通领域电子商务发展的意见》。《意见》主要体现了三个方面的政策导向：第一是提高网购比重。商务部计划推动传统流通企业开拓网上市场，鼓励重点培育的大型流通企业建设一体化的电子商务平台。同时促进批发环节应用推广网上交易，鼓励企业运用电子商务进行批发交易。第二，培育名牌网购企业。《意见》指出，要加快发展面向消费者的专业网络购物企业，加快发展面向消费者的第三方电子商务平台。第三，完善争端解决机制。《意见》指出，要针对现代信息技术与传统流通方式相结合的新特点、新问题，有效维护网上交易市场秩序，防范和化解互联网虚拟性带来的各类交易风险。

3. 促进农村流通体系的政策

2009—2010 年度，农村流通问题得到中央高度关注。2010 年中央 1 号文件在加大统筹城乡发展力度、进一步夯实农业农村发展基础的主题上，对开拓农村市场、农产品流通体系建设和农业对外开放提出新要求。文件还具体地指出要“提升万村千乡超市和农家店服务功能质量”等。2010 年 3 月，商务部发布《关于贯彻落实 2010 年中央 1 号文件的意见》，该《意见》根据中央 1 号文件指导精神，具体对各地方商务部门作出工作要求。其中，除了要求重点实施“双百市场工程”等、“农超对接”、农村商务信息服务体系建设。其中,“农超对接”是2009年重点新推的项目之一,指的是扶持农产品生产基地与大型连锁超市等大型流通企业进行对接,减少流通环节,降低流通成本,优化农产品供应链条,推进订单农业发展。农村商务信息服务体系包括:加强农村市场运行预测,通过商务预报网站及时发布相关信息,利用新农村上网发布农产品流通信息,引导生产和销售,解决农产品“卖难”问题。通知还要求,健全农村商贸服务体系。

4. 促进农村消费的政策

消费政策是2009年农村零售领域一大政策亮点,此前政策多针对流通领域的建设性问题,而家电下乡、汽车摩托车下乡、建材下乡以及正在酝酿的“信息下乡”、“宽带下乡”等,是直接或间接促进农村居民消费而促进农村流通业发展的政策。

(1)家电下乡

财政部、商务部于2007年12月1日—2008年5月31日在山东、河南、四川三省实施家电下乡试点工作,由国家对农民购买补贴类家电产品给予补贴,补贴资金由中央财政和地方财政共同承担。2008年10月13日,财政部、商务部宣布将内蒙古、辽宁、黑龙江、安徽、湖北、湖南、广西、重庆、陕西纳入家电下乡范围,共计14个省、自治区、直辖市及计划单列市。家电下乡在各地区实施的时间统一暂定为4年。2008年11月28日,财政部、商务部、工业和信息化部部宣布自2009年2月1日起,家电下乡工作推广到其余22个省(自治区、直辖市、计划单列市)及新疆生产建设兵团。至此,家电下乡在全国各个地区开始实施。在2010年该政策继续在全国范围内施行。对生产企业、流通企业的招投标权利下放到地方商务厅,补贴比例、补贴发放的财政安排等不变,但是,家电下乡的补贴产品价格最高限额提升、产品种类放宽。

家电下乡无论从执行力度还是直接的政策效果看都较成功,在初期由于政策的漏洞存在假冒伪劣产品骗补现象,同时补贴发放的手续较烦琐使得农民购买积极性有所降低。在2009年后,这些问题都基本得到解决。

(2)汽车、摩托车下乡

汽车下乡是根据国务院在2009年1月14日公布的《汽车行业调整振兴规划》提出的一项惠农政策,实施汽车下乡是国务院作出的重要决策。在该振兴规划中提出,2009年3月1日—12月31日,国家将安排50亿元,对农民报废三轮汽车、换购轻型载货汽车以及购买1.3升以下排量的微型客车等,给予一次性财政补贴。《规划》中同时包括三项实施细则,对补贴标准、补贴方式、车型范围等作出详细规定。财政方面安排与家电下乡相同,中央政府承担80%,地方政府20%。2009年3月13日,经国务院批准,财政部会同国家发展改革委、商务部等七部门联合印发《汽车摩托车下乡实施方案》,详细披露了具体补贴标准,标志着汽车摩托车下乡在全国正式启动。2010年初,商务部等宣布汽车摩托车下乡在各省市继续施行。

汽车摩托车下乡执行力度较好,效果在各省市有所不同,在经济发达、交通发达的省份效果特别明显,但在西部地区部分省份,效果比家电下乡较差。就不同的补贴对象看,微型客车购买的补贴效果良好,而报废车辆补贴远不如预期;这与农村地区很多三轮汽车、载货汽车长期没有执照有关。

(3)建材下乡

2010年中央1号文件指出,抓住当前农村建房快速增长和建筑材料供给充裕的时机,把支持农民建房作为扩大内需的重大举措,采取有效措施推动“建材下乡”,鼓励农民依法依规建设自用住房。

该项政策在工信部指导下，由中国建筑材料流通协会于2009年初提出，并组织了多次会议讨论和调查。2010年4月初，工信部表示，发改委、工信部、住建部等有关部门正在宁夏、山东等地调研有关问题，相关部门将联合制订方案上报国务院，还没有具体的时间表；而山东个别城市已开始先行试点，待方案成熟后将推广至全国。

(三)地方性法律法规政策及其他法律法规政策

2009—2010年度，我国地方性法规仍然秉承了一贯的特点：紧密围绕中央颁布的法律法规政策，遵循中央法律法规政策导向的指导，结合本地区本领域特点对中央法律法规进行了地方化和细化，以使其在本地区本领域更具可操作性。如配合节能领域的全国性法规方面：2009年7月，北京市根据相关预算法规，市财政局和商务局联合制订了《北京市商场、超市节能改造资金管理实施办法》，该法从资金支持上有效地推动了零售企业的节能改造行动。2009年12月28日，北京市商务委下发《北京市餐饮经营单位节能规范（试行）》，使得餐饮行业可根据自身行业特点来执行节能规范。又如在配合中央医药零售业改革方面，2009年6月广西壮族自治区防城港市人民政府发布《关于进一步加强基本医疗保险定点零售药店管理的通知》。

2009年还出现了一些新的动向，如有些地方出台了针对服务于零售业的法规。如2009年11月12日，广东省潮州市人民政府发布《关于规模以上工业和限额以上批发零售住宿餐饮统计工作经费补助和奖励有关事项的通知》，该《通知》对当地零售业统计工作的改进具有显著效果。

二、2009—2010年度我国零售业行业标准

(一) 制订以及实施

1.《超市节能规范》

该标准由商务部组织起草，于2009年4月发布，并于12月起实施。该标准明确了超市节水、节电、节气（油）、建筑节能等方面的节能操作要求，但不是强制性要求。

就实施的情况来看，《2009中国连锁零售业环保节能状况绿皮书》调查显示，外资零售企业在实施店铺环保节能上走在了前列，但本土多数区域型零售企业还处于起步阶段。TESCO在上海成立了节能管理中心，全天候从空调系统、制冷系统、照明系统以及电量控制系统四方面严密监控全国门店。家乐福开始加强节水改造，在17家门店设立中水回收。而物美的改造集中在照明设施、环保包装上。很多超市LED灯管没有大量采用，冷藏区的冰柜仍然是开放式。

就原因来看，首先外资企业在其母国已经有环保节能经验，而且节能意识很强，有强大的资本支持前期一次性的节能设备购置或更换。对本土零售企业而言，节能资金前期一次性投入太多，企业资金不足可能导致的风险增大成为制约本土零售企业实施节能标准的重要因素。其次，我国节能设备技术标准缺失直接导致企业无法对节能效益进行评价。再次，由于诸多零售商铺不是自主物业，缺乏节能效益分享，以租赁店铺为主要运营模式的连锁零售企业缺乏节能动力；企业更愿意投资于照明等投资小、易回收的耗损性节能改造，不愿投资空调、供暖等基础设施。

就投入回报看，节能措施将成为零售业未来成本控制的重要一环，据估计，节能点比传统店面整

体节能20% ~30%，家乐福初期投入了约2亿的节能成本，而2008年一年节能降低成本达1亿元，单店节约百万元。可见，如果解决初期投入资金问题，本土内资企业将增加改造传统店的动力。

2.《超市购物环境标准》

该《标准》通过国家评审，于2009年10月1日起执行。该《标准》适用于超市、大型综超以及其他以开架收货、集中收款、销售日常生活用品为特点的零售业态店铺，包括便利店、折扣店、仓储会员店等。该《标准》规定了超市购物环境、营销设备、附属设施设备、专柜(外租区)、生鲜区域、出入口、收银区域、食品百货区、库房等作了规定。其中，强调了对于购物环境安全和食品安全。如生鲜区严格规定了设备陈列、加工间管理、加工和卫生设备管理、生鲜区卫生环境、供应链管理、垃圾处理、生鲜区熟食加工制作规范，还规定了水产、蔬果、肉禽类、蛋等产品的加工处理、包装要求等。

就执行情况来看，无论是北京、天津等发达地区，还是四川、成都等西部发达城市，目前很少有超市完全达标，特别是生鲜区。大型综超、外资超市对该《标准》普遍表示欢迎，一方面这些商家本身的管理较规范，另外它们具有硬件改造的资金实力。不过出于竞争的考量，目前许多超市针对自身现状开始按照该《标准》对超市硬件环境进行重新改造；对于软件上的改造，商家动力更大，特别是对食品区的员工，严格按照新标准的要求操作。

3.《零售业基层岗位技能要求》

2009年8月1日，商务部颁布的《零售业基层岗位技能要求 营业员/收货员/防损员/生鲜工/收银员》将正式在全国范围内实施。这五项标准分别规定了零售卖场营业员、收货员、防损员、生鲜工、收银员应具备的知识和技能，适用于零售卖场对营业员、收货员、防损员、生鲜工、收银员技能的鉴定和职业培训。该标准系列的出台有利于零售企业对于其不同工作岗位的员工实行有针对性的分别管理、培训，提高零售从业人员的技能。

4.《超市防损经理岗位要求》

该标准由商务部于2009年4月2日发布，于2009年12月1日起实施；此标准由中国连锁经营协会、华润万家等公司起草。本标准规定了超市防损的术语、防损经理的任职条件、岗位职责；适用于超市及相关业态的防损管理岗位。

5.《水产品批发交易规程》和《鲜活对虾购销规范》

以上两项标准由商务部于2009年4月发布，12月1日开始执行，由湛江中鑫有限公司水产品批发市场起草。目的是通过两项标准进一步规范水产品交易行为，保障流通渠道中的水产品质量安全，对水产品产业的现代化、标准化、国际化起到推动作用。《鲜活对虾规范》规定了对虾购销过程中的商品要求、产地采购要求、市场购销要求、购销风险管理要求；该标准适用于鲜活对虾的购销行为。《水产品批发交易规程》规定了水产品批发交易的总体要求、车(船)入场、产品检测、产品陈列与贮存、交易、结算和货物交割、车(船)出场等方面基本要求。本标准适用于鲜活和冷冻水产品的现货批发交易。

6.《饭店信息化设施条件与规范》

该标准是在信息技术普遍渗透到饭店行业，而饭店信息化方面我国还没有一个设施条件、规范的行业标准的背景下提出的。制定该标准是为了指导饭店行业信息技术建设的方向，规范饭店行业信息化管理的程序，提高饭店信息化的质量，提升饭店科学管理水平，适应行业发展。该标准于2009年4月2日由商务部发布，于2009年12月1日正式实施。由中国饭店协会起草。该标准规定了信息化饭店相关术语及定义、划分依据、基本要求和全国饭店信息化示范企业评定原则。本标准适用于中华人民共和国境内要求创建并实施有效信息化管理与服务的正在运营的饭店及新建、扩建、改造的饭店，其他工程项目，如培训中心、度假村、内部招待所等也可参照使用。

7.《电子商务模式规范》和《网络交易服务规范》

上述规范由商务部提出，上海市经济委员会起草，2008 年 4 月 28 日，商务部公布了上述规范的征求意见稿。上述两规范主要内容有：商家法人资格、备案执照、经营行为、支付方式、服务体系等各个环节的考核要求。适用于 B2B、B2C、C2C 和 C2CB 四种形式的网上交易。两规范要求，电子商务经营者应该保存用户注册信息、交易数据记录等信息至少十年，网络购物平台经营者至少两年。两规范不仅涉及了规范交易行为，还涉及了网络安全问题。

8.《网络购物商品配送服务规范》

2009 年 7 月，商务部下达《网络购物商品配送服务规范》立项通知，由上海市现代商务促进中心负责。目前撰写工作仍在进行。

（二）思考

2009 年制订及实施的标准很多，新标准反映了我国零售领域的最新发展动向，主要有节能环保意识兴起、对食品安全等的日益重视、网络购物的迅速发展。针对以上几个重要领域，出台了《超市节能规范》《超市购物环境标准》等标准、以及《电子商务模式规范》《网络交易服务规范》《网络购物商品配送服务规范》。这些标准的制订都较为及时，对促进零售业健康发展有积极作用。而在执行的过程中，各个标准的实施效果不尽相同。《超市节能规范》《超市购物环境标准》等实施效果相对较好，而其他的标准则在零售行业内部的认知度较低，执行不力。

2009—2010 年度的标准制订仍然是以商务部为主导，但反映出行业协会对标准制订的推动力量日益增大。如《饭店信息化实施条件与规范》《水产品批发交易规程》和《鲜活对虾购销规范》，都是有饭店协会、水产品协会组织编写。这种趋势符合市场经济发展的需要，也给零售行业带来更高的管理效率。

就总体来看，标准的制订缺乏体系，有些标准之间内容重复，有些规范针对的行业过于狭小。这些相互重叠的标准使得零售商难以把握和执行。

三、2009—2010 年度我国零售业案件与纠纷

2009—2010 年度，我国零售业案件与纠纷中出现了较明显的新趋势。首先，相比实体零售店面，网购纠纷案数量快速上升；其次，2009—2010 年度零售商与商业地产业主的矛盾激化。零售商和供应商的矛盾仍较突出，甚至导致个别供应商出现极端行为。零售商自身管理导致的问题与内部纠纷、案件也较突出。与上一年度不同，并没有出现因政治因素引发的案件纠纷。

（一）零售商与商业地产经营者或所有者之间的矛盾

大部分的案件中，零售商都处于弱势地位。造成这种现象的直接原因与我国 2009 年地产行业整体的价格上涨有关，导致业主违约动机增大。另外，商业方面的物业行业在我国仍不成熟也是重要

原因。

2009年3月，东莞市香港街上唯一的一家人超市人人乐被迫关门，纠纷同该超市与商业地产开发商矛盾升级有关。2009年7月，广州凤岗的华润万家超市突然停水停电，被迫暂停营业，该纠纷的直接原因与租约纠纷有关。2009年10月20日，武汉新一佳购物广场卓刀泉店所有进出口遭人堵门，导致商场5个半小时无法营业。事件直接原因还是租约纠纷，双方在此问题上经过数次交涉，均未达成共识。另有一些案件中，零售商与开发生的矛盾有所不同，如2009年7月，广州天河百货北京路店与其所在的商业地产名盛广场新东家金润国际的纠纷；名盛广场物业所有者改变，现在的所有者就天河百货与原物业所有者签立的物业管理权与天河百货发生争执。

（二）零售商与消费者矛盾

2009—2010年度，网络购物超过90%的增长速度成为零售业内的亮点。但是由于电子商务方面立法、执法的落后，网购中的零售商与消费者矛盾凸显，而且导致网购纠纷中消费者维权困难重重。据淘宝网公布的调查报告，2009年仅淘宝网消费者维权部介入的纠纷就达数十万起。另据测算，当网购发生时只有5%的消费者会选择向工商管理部门或者消费者协会投诉，而2009年度网购投诉率与2008年相比下降27%。根据淘宝网的报告，2009年网购纠纷的主要领域包括金额较大的数码产品、无法标准化的女装产品以及虚拟产品。①

造成上述现象的原因：一是目前中国的电子商务中第三方平台担责较少，这一方面使得消费者维权的成本过高，无法得到及时解决和赔偿，另一方面也使得信用较差和欺骗性的网络零售者可以长期混迹在网购市场。二是在整个网购市场中，监管主体缺位，目前网站本身监督功能不够全面。

为了解决网购中消费者维权的问题，一些网购零售商已经有所行动。如淘宝网已启动网购纠纷首问责任制。承诺消费者：只要在淘宝网网购出现交易纠纷，买家和卖家未达成有效协商的，淘宝网将一律先行垫付赔偿消费者。同时2010年年初的“两会”上，人大代表热议电子商务立法问题后来又出现了“网络实名制”等提议。总的来看，行业内的监管和全国性立法都将有利于网购的有序发展，维护网购消费者权益，缓解这类矛盾；但全国性立法的实现仍需时日。

（三）零供矛盾

2009—2010年度，我国零售业总体零供关系呈现改善的趋势。一方面是零售业整体受到金融危机的压力较大，单靠转嫁成本给供应商已无法提升竞争力，必须从自身长期利益出发考虑改善零供关系；行业协会也在推动零供关系改善。另一方面，2008年的《零售商供应商公平交易管理办法》等法律措施使得供应商权利得到改善。

2009年各大零售商都分别表示要改善零供关系，同时有些采取了实质性措施，或增强了零供的沟通。2009年沃尔玛、TESCO等纷纷调整供应商策略，家乐福表示要免去农户进场费。在2009供应商大会上，卜蜂莲花宣布将交出促销主导权。在第十一届中国连锁经营协会会议上，国美电器、物美、武汉中百等本土零售巨头也宣布将启动一系列改革零供关系的策略。

2009年，多个行业协会组织采取各种方式改善零供关系，如建立有效的预警机制、零售商信用管

① 淘宝网《2009网购分析报告》。

理评价机制、纠纷发生后的调节手段等。2009 年 6 月，中国商业联合会零售供货商专业委员会宣布在西安试点推广“全国零售商供货商防范风险预警机制”，供货商加入该项目后可通过网络访问系统录入其与零售商的交易信息，查询系统对各零售商的评估结果和预警信息。2009 年 11 月，中国商业联合会零供委员会召集物美、京客隆、超市发和华普四家北京地区超市，商讨新合同中加入结算纠纷调节条款，希望缓解结算纠纷时单纯依靠法律诉讼的现状。2009 年 12 月，中国商业联合会主办了首届“全国零售商供应商公平交易评价活动”，并颁发“全国零售商供应商公平交易十佳企业称号”。

但是零供关系形势并不乐观，2009 年 8 月国美才宣布取消进场费，2009 年 10 月底至 11 月初，美的分别与大中电器、国美电器再起争执。我国部分行业的行业结构特点和发展水平也是导致零供关系难以在短期内达到平衡的原因。如我国食品行业的行业集中度过低，有影响力的品牌较少，导致供应商难以有议价权。在 2009—2010 年度发生的超市业态内零供矛盾纠纷中，食品业占了很大比重。

（四）零售商之间的竞争与纠纷

2009—2010 年度零售商之间的竞争反映了零售商日益重视商标等无形资产价值。值得注意的有国美与三联集团的品牌纠纷，华程公司对小肥羊商标侵权案，恒源祥和江苏兴业龙服饰有限公司的商标纠纷。

国美与三联的纠纷反映了连锁经营在并购、股权变动情况下出现的问题，反映了零售连锁扩张中的问题。国美与三联的纠纷始于 2009 年 2 月，同年 9 月 22 日，国美与三联集团关于“三联”商标纠纷的官司在济南中原开庭。华程公司对小肥羊商标侵权一案则反映了零售商维权意识的增强和维权手段运用更加灵活。小肥羊通过状告国家工商行政管理总局商标评审委员会，工商部门撤消了其于 2009 年 8 月 24 日核准的内蒙古华程科技有限责任公司注册“小肥羊”为其涮羊肉汤料等调味品的商标裁定。恒源祥羊形图标被江苏省常熟市兴龙服饰有限公司抢注一案，到目前为止仍然扑朔迷离。同时，加盟商与加盟者之间的纠纷也较为突出，特别是在餐饮领域。2009 年，餐饮连锁企业状告加盟者北京某食府有限公司拖欠特许权使用费用。而全聚德、小肥羊等都遭遇过加盟过程中加盟店单飞、假冒店横行的经历。

（五）零售商内部

2009—2010 年度，零售商内部的矛盾中，劳资纠纷突出。这一方面显示了劳动法实施后劳动者维权意识的提高，另一方面也反映了 2009 年零售行业竞争压力增大导致零售商人力成本削减。另外，家族企业经营在换代过程中出现的矛盾也较多。

2010 年年初，沃尔玛中国地区爆出劳资纠纷，起因是沃尔玛在并购好又多后的员工安排问题。2009 年 8 月，温州地区某蛋糕连锁掌门人意外身亡后，其亲属围绕财产继承、财产转移等纷争不断。2009 年 8 月，真功夫公司内发生“审计权”风波。业界将这次风波看作是一个家族企业向现代化经营管理企业转变的“去家族化”过程。

（者倩）

第十二章　零售业会议会展、协会与培训发展报告

一、2009年度我国零售业会议会展

(一)2009年度我国零售业主要会议会展概述

得益于2009年国民经济的持续稳定增长，得益于经济全球化对会议会展市场大融合的有力推动，也受益于零售业相关行业、组织、有关区域之间经贸交流的进一步加强，零售业会议会展保持快速发展。2009年，零售业会议就当前经济形势对零售业带来的机遇和挑战作出深入分析，探求零售业面对金融危机的策略与措施。零售会展以搞活流通、扩大内需为宗旨，帮助零售企业打开销售渠道，促进零售企业之间的合作，为零售行业打造了交流和合作的平台。同时会议会展产业正在由过去的以政府组织主导并直接参与的形式，逐步转型为由政府组织促进、非政府组织与企业直接参与并运营的市场化运作模式过渡。会议会展规模不断增大、数量不断增多，专业化、国际化程度也得到了提高。会议会展正在逐步成为强大的市场拉动力，吸纳了诸多会议相关产品及边缘产业的加入，会议会展发展日益成熟。

本报告选取2009年度主要的零售业会议会展，并将其基本情况列入章后附表1中，以展现我国当今零售业会议会展的发展现状。

(二)2009年度我国零售业会议会展分析报告

1. 时间分布

就2009年度会议召开、会展举办的时间来看，年初、年尾召开的会议会展数量较少，1、2月份由于节庆假日没有任何会议会展；6、11月为会议会展的高峰期，本报告关注的25个会议会展中，有7个分布于6月，3个分布于11月，其他各月各有分布，较为平均。

2. 地区分布

北京、上海、广州仍是公认的展会中心城市。2009年度我们所关注的25个会议会展有6场在上海举办，包括第十五届中国零售业博览会、2009国际特许加盟展览会等重大会展。伴随着2010年世博会在上海的展开，将给上海带来更大的知名度和声誉，扩大国际交流和合作，促进上海会展经济的专业化和精细化，带来巨大的经济效益和社会效益。东部会议会展带以上海为中心，同时以南京、杭州、宁波、苏州、常州等城市为依托的新兴展览产业带正日趋形成。2009年，南京、杭州、宁波、苏州受

区位优势、产业结构等影响成为较多会议会展的举办地。

北京、广州作为另外两大展会中心城市，会议会展业发展早、规模大、数量多，专业化、国际化程度高、门类齐全，知名品牌展览集中，辐射广，位于龙头地位。有多年历史的中国特许展和百货业高峰论坛2009年都选择在北京举办。而广州则承办了中国连锁商业大会和国际零售业与电子支付展览会。

随着中西部城市的不断崛起，国内会议会展活跃区开始向中部、西部扩展。例如河南省继2008年承办了2008河南国际商业设施与零售设备展览会（郑州）、第五届全国中小城市连锁超市发展战略研讨会（洛阳）、第十届中国连锁业会议暨连锁店展览会（郑州）。2009年郑州又承办了首届小商品交易博览会和全国商品交易会暨消费品博览会，漯河承办了第七届中国食品博览会，河南成为了会展举办的热点地区。其他城市，比如石家庄举办了2009中国石家庄（正定）小商品博览会，我国会议会展的地区性转移初见端倪。

3. 主办单位

零售会议会展的主办方主要包括三大类：各级零售业相关协会、政府以及企业。首先，协会多作为主办方主持了较多的会展会议。其次，主办单位的另一特点是，多方主体共同承办，主办单位各自发挥不同的作用和效应，特别是较有影响力的大型会展会议往往有多个主办单位。

2009年零售业会议会展的主办单位仍然主要为各级零售业相关协会。全国性零售协会中，中国百货商业协会、中国连锁经营协会、中国商业联合会等协会相对活跃。其中，中国商业联合会2009年共举办会展10场次，包括第十六届贸易投资洽谈会、2009中国·石家庄（正定）小商品博览会、2009年中国零售商大会暨中国商业地产交流交易会、第五届中国商业地产博览会等，其中还包括一次国际合作，为第三届中国（越南）商品交易会暨建筑工程机械、建筑材料展览会。中国连锁经营协会2009年主推了2009中国特许展、中国特许加盟展和第十一届中国连锁业会议暨连锁店展览会等；中国百货商业协会2009年成功举办第七届中国百货业高峰论坛、第一百零三届中国文化用品交易会、一百零三届日用百货商品交易会暨中国现代家庭用品博览会等。各地方行业协会组织也积极主办各类会议会展，极大地丰富了我国零售行业会议会展的内容。比如青岛商业联合会成功举办了2009第二届中国·青岛零售业高层峰会及零售业展览会，天津市连锁经营协会举办了2009年中国（天津）国际零售业展览会等。行业协会在会议会展中组织作用的日益突出，反映了我国当前会议会展业正处于市场化的进程之中。

同时政府在各零售会议会展中也发挥了巨大的组织作用，政府的支持力度和政策方向对零售业会议会展的发展仍然有着直接的影响，2009年中国商业联合会举办的多场会展均和各地政府共同主办。“政府搭台、企业唱戏”仍然是中国会议会展特别是会展业的重要组织形式。如中国义乌国际小商品博览会就是商务部和浙江省人民政府主办的历史悠久的品牌会展；河南省人民政府主办的第十五届郑州全国商品交易会暨消费品博览会；江苏省政府主办的2009中国南京跨国零售集团采购会等都为零售企业和商品提供了交流平台，打开了销售渠道，为搞活流通、扩大内需作出了重要的贡献。

主办单位表现出的一大新特点是很多网络媒体担当了2009年零售业会议会展的主办方。比如联商网主办了第六届中国零售业营销论坛，同时它也是中国长三角商业地产高峰论坛和第四届中国网上零售商大会的承办方之一；第一零售网则承办了2009中国泛零售发展大会。其他的网络媒体主办单位还有焦点房地产网、亿邦动力网等。网络在展览会的组织和营销中发挥着越来越重要的作用。网络招展、网上协同办公、低成本市场调查等一系列网络带来的方便与快捷，使现代会展业开始全面进入一个传统与现代磨合、交融的阶段。

4. 会议会展主题

由于2009年金融危机对我国贸易经济的重大影响，如何应对金融危机成了这一年零售会议的重要主题，在这个主题下分析了宏观趋势对零售行业、零售企业及其相关产业的影响，并试图探求出零售企业的应对策略和措施。例如，2009第二届中国·青岛零售业高层峰会及零售业展览会的主题为“应对危机·持续发展”；2009联商网大会暨第六届中国零售业营销论坛的主题为“突围、突破”。

2009年零售会议会展的另一大主题主要为搞活流通、扩大消费，比如第四届中国零售商大会暨中国商业地产交流交易会的主题为“提振消费、温暖市场、服务民生、创新经济”；2009广东连锁商业大会暨第十届中国商业地产领袖峰会的主题为“建平台、拉内需、促消费”等。

5. 会议会展互动

2009年会议会展互动表现在同主题会议和会展的同时举办，为零售企业与研究机构、政府机构、行业协会等相关组织和机构建立一个交流的机制和平台。比如第十一届中国连锁业会议和连锁店展览会的同时召开，第四届中国网上零售商大会和首届中小企业网上零售渠道展博会同期举行，第二届中国零售业高层峰会及零售业展览会的召开，等等。还有就是交易会和展览会的同期举办，为消费者和零售企业提供了交流的平台，打开销售渠道，推广了零售产品。比如第一百零三届中国日用百货商品交易会暨中国现代家庭用品博览会的召开，第十五届郑州全国商品交易会暨消费品博览会的举办等。

2009年零售会议会展的互动有利于提高参会人员的到会率，充分利用有限的智力资源，增强会议会展宣传效果和扩大影响面，同时，充分发掘会议和展览分别在理论和实务上的突出优势，两者相辅相成，使得会议会展在内容上更加连贯和完善，在推动国内零售业发展上起到更大的作用。

（三）中国零售业会议会展的主要问题

1. 零售会议会展业发展不平衡

中国零售会议会展业发展很不平衡具体表现为行业布局和产业结构的不平衡。如就业态分布来看，针对连锁经营模式和超市等成熟业态的会议会展相对较多，比如第十一届中国连锁业会议暨连锁店展览会、第六届全国中小城市连锁超市发展战略研讨会等。而针对专业店、便利店、网上商店等新型业态的会议会展相对较少。行业方面，针对百货用品和商业地产的较多，而其他零售行业产品较少。

2. 对外开放度较低

中国零售业会议会展业的对外开放度相对较低，表现为跨地区，特别是跨国界举办的会议会展相对匮乏，与国际相关机构联合举办的会议会展较少。本报告所观察的25个会议会展中只有上海国际展览展示、POP及商用设施展览会、2009国际特许加盟（上海）展览会有外国代表团参加；中国购物中心国际论坛第七届年会有国际机构国际购物中心协会参与承办。

3. 缺乏专业人才队伍

专业人才队伍匮乏是困扰会议会展发展的最大的问题。虽然我国开设会展专业或者提供会展课程的高校已经超过66所，但相关的教育培训市场却仍然处于“见树不见林”的粗放状态。从我国会议产业近20年发展情况来看，会议行业的实际从业人员大多是来自于其他相关行业的人才队伍，如服务业中酒店、旅游以及其他产业领域的相关人员，高等教育学科设置直至21世纪初才陆陆续续有个别院校开始涉足会展专业，产业队伍的建设远远落后于产业的形成与发展，人才的缺乏和专业化程度不高严重制约了会议的发展。

4. 服务企业运作模式不规范、市场竞争无序

会议产业急需政府出台一系列相关配套政策来规范市场行为、促进产业的发展与壮大，特别是产业发展政策的制定、行业管理制度的建立、市场准入条件设定、税收政策出台等。相关配套政策不健全，管理体制不完善、行业准入门坎低等因素造成了我国会议产业领域市场行为不规范、组织机构不健全，缺乏龙头企业、品牌产品，还普遍存在着企业规模小、产值低、竞争力较弱等问题。中国零售会议会展业法律体系建设非常薄弱，亟待建立和完善行业自律和公共服务体系，如确立各类会展的收费标准、服务标准、宣传规范等，以维护参展参会群体的合法利益。

（四）我国零售业会议会展发展的思考

1. 注重会展品质，避免恶性竞争

中国每年各种零售会展层出不穷，仅酒店用品展就有近百场，市场竞争已趋白热化，重复、低效的问题值得关注。会展的发展比拼的不是数量，而是规模和品质。参展效果好、组织服务好、创新能力强，才能成为高品质会展的代表和典范。会展城市和会展经济之间在定位上应相互错开，在内容上各有特色，在功能上相互补充，作好共赢合作。这样，既可以增强会展业的实力又能避免同质化的恶性竞争，

2. 提高展会的专业性

举办展会重要的一条就是使供需双方增进了解、沟通信息、促进合作，重点应该是发展展示传播、集团购买和流通促进。目前我国的很多会展尚处于直接消费者和集团采购商并存的阶段，有的甚至零售大于团购，看上去人气很旺，但成交量不大，变成一个交易市场。这是因为专业客商的组织不够，今后我国展览业需要在这一方面要加大力度，逐步把展览会办成专业客商和业内人士的盛会，提高经贸类展会的成效。

3. 注重展会评估分析

国外，特别是发达国家会展业发展已经到相当程度，已形成了比较科学完整的评价体系，根据会展的举办目的和宗旨，设置评价指标，通过跟踪调查、全面分析，合理评价会展的效果和参会者的满意程度，并对存在不足进行不断修正完善，使会展越办越成功。会展的价值取向也以供求双方充分交流、解决信息不对称问题、取得实效为重点，以服务经济发展为核心，以参会者取得参展效益最大化为目标，这些在我们中国展览会的组织、管理工作中值得很好地学习和总结。会展项目的评估可以由会展主办方自己进行，为的是主动了解情况、及时发现问题、不断总结提高。有时这种评估也可以由上级主管部门进行，为的是对该展会项目进行考核、调整相关政策措施、加强展览行业管理。

附录 1

2008—2009 年度我国零售业主要会议会展情况一览表

序号	名称	时间	地点	主办单位	主题/宗旨	主要内容/主要展品
1	2009 联商网大会暨第六届中国零售业营销论坛	2009 年 3 月 19—20 日	杭州	联商网	突围、突破	会议分析了在经济危机下零售业的发展的机遇与挑战，零售企业如何在新的经济环境下突围，又如何突破自身的发展瓶颈，消费者又将何去何从的主题内容。
2	第七届中国百货业高峰论坛	2009 年 3 月 24—25 日	北京	中国百货商业协会	规模与效益	会议就百货企业如何解决连锁化发展中的资源整合，如何走出大规模、低效益的怪圈等问题进行现场答疑解惑。论坛期间和商务部共同举办“名品进名店”活动的启动仪式
3	2009 广东连锁商业大会暨第十届中国商业地产领袖峰会	2009 年 4 月 8—9 日	广州	中国商业地产产业研究院、广东省连锁经营协会、决策资源集团	建平台、拉内需、促消费	深度探讨搞活流通、扩大消费、珠三角规划的纲要等话题以及金融危机的发展规律促使中国的商业地产将走向何方及连锁企业的战略调整等
4	2009 年中国(天津)国际零售业展览会	2009 年 4 月 24—26 日	天津	天津市连锁经营协会	现代商店—改变传统零售模式	现代商店(现代商店展示、配套系统与设备)；商业空间设计及展示技术设备
5	2009 中国特许展	2009 年 5 月 8—10 日	北京	中国连锁经营协会	—	参展的特许加盟品牌中，零售业品牌 57 个，主要有折扣超市，食品、营养品，礼品饰品，家居用品，茶叶店，服装店等
6	第四届中国零售商大会暨中国商业地产交流交易会	2009 年 5 月 23—25 日	苏州	中国商业联合会、苏州市人民政府	提振消费、温暖市场、服务民生、创新经济	探讨宏观趋势对零售行业、零售企业及其相关产业的影响，并从中推导出零售企业家应有的应对措施
7	中国高端零售峰会	2009 年 5 月 26—27 日	上海	欧洲零售商学会、上海翱蒲商务咨询有限公司、杂志 VOGUE 和哈佛商业评论	—	会议特别关注国际品牌在中国的销售布局和供应链管理的效率，探讨中国高端零售市场的利润增长空间、其特征以及潜在竞争面，同时也对改进或进入这个市场的主要风险以及挑战进行综合的以及专业的分析
8	第六届全国中小城市连锁超市发展战略研讨会	2009 年 6 月 10—12 日	仙桃	湖北省仙桃市人民政府、《名牌时报・超市周刊》、中国合作贸易企业协会	对接、合作、发展	研讨会重点解读经济形势对零售行业尤其是中小零售企业的影响，并深入探讨中小零售企业应对危机的策略

续表

序号	名称	时间	地点	主办单位	主题/宗旨	主要内容/主要展品
9	2009 第二届中国·青岛零售业高层峰会及零售业展览会	2009 年 6 月 16—19 日	青岛	青岛市商业联合会	应对危机·持续发展	通过专题研讨、展览等形式，结合行业热点问题，探讨有效的解决方案。与峰会相配合的展览会将围绕食品安全、零售业信息化、节能环保、商业设计、特色商品及农产品基地建设等方面设立主题展区，切实为广大国内外工商企业建立畅通的对外宣传渠道，打造交流与合作的平台
10	第六届中国零售业 CIO 峰会	2009 年 6 月 17—20 日	宁波	中国连锁经营协会（信息技术应用委员会）	零售企业强本固基的十大 IT 策略	IT 如何支持企业战略发展；IT 如何支持企业运营管理；如何进行 IT 规划与建设
11	2009 第五届中国（广州）国际零售业与电子支付展览会	2009 年 6 月 18—20 日	广州	广东省科学技术厅、中国香港生产力促进局、中商流通促进中心	—	根据零售业面临的新挑战和新趋势，集中展示该行业最新技术、产品以及解决方案，为几千家国内外零售企业单位提供了技术交流和采购的平台
12	2009 中国南京跨国零售集团采购会	2009 年 6 月 23 日	南京	商务部、江苏省政府主办，商务部流通促进中心	搭建对接平台、加强工商合作、拓展内需市场	为搞活流通、扩大内需，帮助外贸企业打开内销渠道，促进跨国零售集团、港澳台企业和国内企业的合作，使跨采会成为新形势下“无国界交流、无时差沟通、零距离交易、低成本合作”的交易平台
13	中国长三角商业地产高峰论坛	2009 年 6 月 27 日	杭州	中国城市商业网点建设管理联合会、联商网、焦点房地产网	机遇、创新、挑战	通过对长三角百余个商业地产项目进行研究分析，并推选出一批最具创新价值的商业项目，通过品牌商与开发商的直面互动交流、高端对话，共同寻求商业合作契机
14	第十五届中国（上海）零售业博览会	2009 年 6 月 29—7 月 1 日	上海	上海市商业信息中心、VNU 亚洲展览集团	—	商业设备及陈列设备；零售信息技术；商业设备及建造技术
15	上海国际展览展示、POP 及商用设施展览会	2009 年 7 月 8—11 日	上海	世博集团上海现代国际展览有限公司	—	展览展示器材；销售推广及促销器材；货架及商品展示；商店大卖场装饰材料及产品；商业自动化技术设备；商业空间设计及装饰技术设备
16	第一百零三届中国日用百货商品交易会暨中国现代家庭用品博览会	2009 年 7 月 30—8 月 1 日	上海	中国百货商业协会	拓展精品百货、倡导优质生活	此次展会设国际标准展位 1500 个，展览面积 30000 平方米，吸引来自国内外 600 个知名文具企业参加

续表

序号	名称	时间	地点	主办单位	主题/宗旨	主要内容/主要展品
17	第五届中国商业地产博览会	2009年8月23—25日	上海	中国商业联合会	新形势、新机遇、新发展	为商用配套设施设备及商用物业经营管理机构与商业地产开发商、运营商、政府招商部门等机构搭建沟通平台，展现企业实力，推广新技术，展示新产品，发布前瞻资讯，凸显市场发展趋势
18	中国购物中心国际论坛第七届年会暨国际购物中心协会2009亚太峰会	2009月9年6—8日	北京	中国购物中心产业资讯中心、国际购物中心协会	新挑战VS新策略	面对金融危机，购物中心的现况和走势如何？房地产商、投资机构应该如何应对？零售业将以何种姿态和目标迎接未来？如何在“突围”之后很快实现“突破”？
19	2009国际特许加盟（上海）展览会	2009年9月19—20日	上海	中国连锁经营协会	—	参加本届展览会的企业共计115家，其中包括肯德基、小肥羊、仙踪林等20个历届中国优秀特许加盟品牌。其他海外品牌包括来自韩国、美国、法国、英国、菲律宾、中国台湾、中国香港等国家和地区
20	第十五届中国义乌国际小商品博览会	2009年10月21—25日	义乌	商务部、浙江省人民政府、中国国际贸易促进委员会、中国轻工业联合会、中国商业联合会	全球采购，义乌风向	参展商品涉及玩具、针织辅料、服装鞋帽、工艺礼品、日用品、化妆美容、箱包皮具、五金机电、电子电器等15大行业
21	第十五届郑州全国商品交易会暨消费品博览会	2009年10月30—11月1日	郑州	河南省人民政府	—	参展企业1500家，标准展位1600个，特装展位205个，33个城市率团参会参展，参会人员在20万人次以上。展区类别主要有：房产及装饰材料，家用汽车，酒类食品饮料及农产品，家具，化妆品，服装鞋帽及日用百货；孕、婴、幼童用品，茶叶、茶具等
22	第十一届中国连锁业会议暨连锁店展览会	2009年11月6—8日	南京	中国连锁经营协会	创新积蓄力量竞争谋求发展	围绕零售市场变化趋势及应对策略，逆市经营的创新实践、如何实现可持续发展与突破等话题展开研讨。同期召开的“2009中国连锁百强·零售CEO峰会”将以零售企业采购模式变革为切入点，从资金链、供应链等角度探讨变革的具体思路与途径。此外，连锁行业2009年的“年度人物”、“最佳雇主”、“金牌店长”以及“零售业年度创新大奖”等也将在本届会议上发布并颁奖

续表

序号	名称	时间	地点	主办单位	主题/宗旨	主要内容/主要展品
23	第四届中国网上零售商大会暨首届中小企业网上零售渠道展博会	2009 年 11 月 20 日	杭州	亿邦动力网、杭州市信息办、联商网	—	主题包括:从中国制造走向中国消费;从中国制造走向中国品牌;中国零售业的新变革
24	中国·郑州首届小商品交易博览会	2009 年 11 月 26—12 月 1 日	郑州	中国商业联合会、郑州市政府、河南省商务厅	—	本届交易博览会是小商品生产、经销企业集中展示的平台,是外销型小商品生产企业进军内陆消费市场的有效渠道。在博览会期间,还举办了多种形式的高峰论坛、专题研讨会、新产品发布会、行业新闻发布会等
25	2009 中国泛零售发展大会暨首届奢侈品高峰论坛	2009 年 12 月 7—8 日	昆山	第一零售网	—	会议将共同探讨新形势下泛零售业和商业地产业共同关注的问题。包括绿色零售、多渠道营销、零售扩张以及商业和地产等

二、2009 年度我国零售业行业协会

(一)2009 年度我国零售业行业协会全景

2009 年各零售业行业协会结合商业服务业实际，全力投入搞活流通、扩大消费的工作。同时，坚持行业协会的宗旨，立足为会员和行业服务，发挥政府和企业之间的桥梁与纽带作用，加强行业自律，反映行业诉求，维护企业权益，积极帮助企业开拓市场、扩大销售。行业协会的工作和活动内容主要包括：调查研究、会展、信息统计、人才培训教育、反映企业诉求、扩大国际交流与合作等方面。

以下将选取典型的行业协会及其在 2009 年开展的对零售业较为有影响力的工作和活动加以叙述。

1. 中国商业联合会

开展调查研究，提出政策建议，积极应对国际金融危机的影响。协会领导深入实际调查研究，连续组织了三次会员企业、专家学者和代管协会负责人座谈会，分析国际金融危机对商品流通和国内市场的影响。其中，关于加强流通基础设施、扩大消费领域、提升消费层次、扩大家电下乡的地区和品种范围、支持出口导向型生产企业进入国内市场、加强节庆消费和会展工作、加大对中小型商业企业资金支持、开展贷款融资信用担保、加大财政对商品流通业资金支持力度等方面的建议，被收入国务院关于搞活流通扩大消费的 134 号文件。许多意见被国家发改委、商务部、工信部和财政部在 2009 年工作中采纳和实施，收到较好效果。

同时，中国商业联合会还在会展、信息发布、标准规范制定、职业培训等工作方面加大力度，服务会员企业和全行业开拓市场的需要。会展方面，中商联自 2006 年起组织召开中国零售商大会，经过几年培育，在行业已经有一定影响。第四届中国零售商大会 2009 年 5 月在苏州举行，集高峰论坛、专题研讨、企业家访谈、信息发布、商业地产交流于一体，效果明显。另外协会与有关地方政府联合举办的小商品、纺织品、食品、五金等商品交易会、博览会，规模、档次、效果不断提升，知名度和影响力持续加大。信息发布方面，2009 年进行了"1949—2009 新中国商业 60 年"发布，宣传商业服务行业 60 年发展的巨大成就和对国家作业务作出的贡献。同时，零售业白皮书、"零售百强"和重点零售企业销售额统计、中国商业十大热点展望、商品交易市场统计报告，均已成为业内权威，全社会关注的热门信息项目。2009 年 11 月，在北京召开了中商联信息工作交流暨表彰会。标准规范方面，受国家认证委和商务部委托，全年共完成国家标准制修订 21 项、行业标准 3 项，还有 13 项国家标准和行业标准在征求意见。归口管理的标委会社会影响力持续增加。培训与技能鉴定方面，随着商业服务行业规模扩大和吸引就业人数（目前全国商业服务行业就业人员总数已达 8000 万人以上）增加，行业培训与资质认定成为商业企业普遍与迫切的需要。以店长、商业职业经理人为代表的专业人员培训认定项目，基础稳固，规模和影响扩大。同时开展了针对企业员工、商科院校学生为对象的技能竞赛。尤其是从 2009 年 3 月延续至年底的市场营销、会展策划和网上零售技能竞赛项目，受到各地商科院校和商业企业的普遍欢迎，影响大，效果好。中商联与中国财贸轻纺工会合作开展的全国商业服务业优秀店长选拔大赛和企业收银员大赛，已连续开展了几年，从地方预赛到全国决赛，影响不断扩大。

2. 中国百货商业协会

2009 年中百协在服务创新中强化服务功能，提高服务水平；在配合政府行业工作中，完善行业指导功能，推进行业建设；在论坛、培训、交流、考察、会展等日常工作中，引导行业规范、健康、和谐发展。具体而言，2009 年协会有以下几方面重点工作：

首先，第七届中国百货业高峰论坛将在北京召开，其主题为规模和效益。论坛总结了前一年中国百货业的发展概况，对 2010 年的发展作一个展望，并就行业内焦点、热点、难点进行解读、讨论和研究。高峰论坛对协会来说是一项很重要的工作。其次，中国百货商业协会积蓄推动行业的分等定级、信用等级建设以及行业标准建设工作。这也是 2010 年协会工作的重头戏。目前，国家正在积极推动会展经济的发展。为了积极配合国家这一刺激消费的举措，2010 年协会将举办三大会展。协会的第三项重要工作是举办三大会展。第 103 届中国文化用品交易会、103 届日用百货商品交易会暨中国现代家庭用品博览会等。为了办好 103 届展会，协会在专业买家组织方面加大了力度。不但把买家组织列为展会的重中之重，还动员起中百协在行业内的一切行政和商业资源来支持展会。在境外买家组织方面，采取有效措施争取使国外客商的到会人数在 102 届展会上突破 3000 人，比 101 届展会翻两番；在国内买家的组织上，在完善已有买家网络的基础上，充实已有的买家数据库，把工作重点推向二、三线城市，编织一张遍及城乡、覆盖全国的买家和专业观众网络，进一步提升展会的影响力，强化其开拓国内市场的“文具第一展”地位。

3. 中国连锁经营协会

经国家标准委批准，全国连锁经营标准化技术委员会于 2009 年正式成立，主要承担全国连锁经营领域的标准化工作，负责连锁经营标准化技术归口工作。根据《全国连锁经营标准化技术委员会章程》并遵照相关程序，现面向全国进行连锁经营标委会委员的增补工作。

重点举办三大展会——组织 2009 中国特许展、中国特许加盟展和第十一届中国连锁业会议暨连锁店展览会等。中国特许展是目前国内特许加盟领域规模大、规范性强、可信度高、影响力广的展览会。2009 年，包括美国、德国、韩国、意大利、泰国、马来西亚、新加坡、印尼、中国香港、中国台湾等国家和地区的展团或企业参加了北京站的展览活动，为国内投资者带来加盟国际品牌的投资机会。第十一届中国连锁业会议、第十一届中国连锁店展览会于 11 月 8 日在南京召开。本届展会定位于为零供之间合作创造无缝对接的平台，展会展览面积 2 万平方米，参展企业 240 余个，参展的企业包括零售商、零售信息技术供应商、商用设施设备供应商、快消品供应商、特色商品和农产品。展会邀请和吸引来自国内零售行业相关的近万名专业观众的参观。主办方同时还邀请到了国内连锁百强的近百名专业买手到场采购。

开展一系列零售行业调查研究——报告成果有：中国连锁零售企业经营状况分析报告、2009 中国连锁企业绩效管理与能力建设调查报告、连锁零售行业金牌店长分析报告、零售企业实施问题食品撤柜和公众召回流程指引、2009 年中国连锁零售业环保节能状况绿皮书、零售企业减塑限塑指引。这些报告不仅为协会制定相应的行业标准和提出政策法律意见给予了数据上的支持，而且为零售商的经营发展提供了有价值的参考和借鉴。

4. 其他相关行业协会组织：中国物流与采购联合会

针对金融危机对物流业的影响，中物联及时向国务院提出了《金融危机对物流业的影响及对策建议》；同时，组织专家参与《物流业调整和振兴规划》的研究和起草工作；完成国家发改委委托的《物流业发展政策措施研究》、商务部委托的《流通领域现代物流工作试点方案》、财政部委托的《我国物流集聚区功能整合及政策措施研究》等多项课题。

根据《物流业调整和振兴规划》中关于"加快物流人才培养"的要求,中物联积极配合教育部加大推进物流人才教育培训的力度,2009 年分别召开了教育部高等院校物流专业教学指导委员会议、院校负责人会议、物流师培训单位和考试单位负责人会议,就落实《规划》进行了动员和工作部署,组织了"邯运杯"第二届全国大学生物流设计大赛。2009 年参加物流师职业资格培训的达 2 万多人,1.3 万余人通过全国统一考试,取得了高级物流师、物流师和助理物流师资格证书。

在国家标准化管理委员会的大力支持下,2009 年中物联标准工作取得了较大进展。一是完成第二届全国物流标准化技术委员会换届工作;二是先后成立了全国物流标准化技术委员会下属的物流作业、托盘、第三方物流服务、物流管理、冷链物流和仓储等六个分技术委员会;三是按照国务院《物流业调整和振兴规划》的要求,认真做好《物流标准专项规划》的组织制定工作,形成了新的物流标准体系框架;四是修定了一批物流国家标准和行业标准。

(二)2009 年度我国零售业行业协会发展分析

1. 目前中国零售业行业协会主要存在的问题

(1) 服务活动资源整合不够

目前,中国零售业行业协会开展的服务活动较多,有不少已经形成品牌,活动的规模大、档次高、反响好,但也有些活动人气不旺、内容相近、缺乏吸引力。2009 年资源整合虽取得一些进展,但仍需加强。

(2) 市场化、职业化、国际化、专业化程度仍显不足

虽然中国零售协会发展较快,个别已经有一定专业化水平。比如中国物流采购联合会被民政部评定为 5A 级中国社会组织,但很多协会离市场化、职业化、国际化、专业化程度的要求还有一定距离,需要不断提高服务质量和服务水平,不断做大做专。

(3) 文化建设有待加强

中国很多零售业协会成立时间较久,但很多协会的核心价值尚未形成,赖以可持续发展的动力仍显不足,协会的整体形象有待进一步提升。

(4) 内部管理机制需要继续深化改革

从总体上看,各大协会苦乐不均的"大锅饭"还没有彻底打破;凭能力上岗、靠业绩吃饭的新机制还没有最终形成。仍然有少数协会人员不思进取、甘于现状,不注重学习,不注重团结,不了解行业情况,不熟悉业务工作,仍需要通过体制和机制创新加以解决。

2. 关于我国行业协会进一步发展的思考

零售业行业协会在社会经济活动中发挥着越来越重要的作用,尤其在新的经济形势下,经济体制改革、政府职能的转变、建立现代企业制度都对零售行业协会提出新的挑战和要求。对于中国零售业协会目前存在的问题,要完全根治尚需要时日,但协会要健康发展,需要在三个方面进行突破。

(1)推进政会分开,确立行业协会独立地位。我国目前各种零售业行业协会是"半官半民"性质。造成这种性质模糊的根源,一是协会成立时的政府主导行为所致,二是我国法律对行业协会的概念界定不明确使然。因此,行业协会改革的当务之急是赶快"正名",必须明确规定行业协会不是政府部门

的附属，而是同业企业自愿组成、具有独立地位、民间性质的行业自治组织。

(2)提高行业协会为企业提供全方位服务的能力。国外行业协会的服务是多角度全方位的，可以说，只要是与企业有关且需要协会办理的事情，协会就会有求必应、竭尽全力。这种将全心全意为企业服务作为立会宗旨的做法是我国行业协会改革进程中最应关注的。而目前国内许多协会提供的服务较少，造成这种现象的根本原因在于政府还在为协会供血，协会与政府还未完全脱钩，这使得企业对协会的作为没有发言权，只有被动的接受权。由于协会并非企业自发组建，当协会违背企业意志和利益时，企业也不具有将其解散和改组的权力。因此，切实履行为企业服务的宗旨应当作为今后我国行业协会改革的基本原则和根本方向。

(3)加快协会自律体制建设。行业协会要在建立从业规范、强化资格管理、开展自律监管、维护运行机制、推进行业制度和行业创新等方面发挥重要作用，约束企业行为，为行业创造良好的市场氛围，使行业协会自律成为市场机制重要的表现形式。比如健全理事会、专业委员会和日常职能部门的架构，引进社会公众成员的参与，充分体现行业管理的代表性和会员的参与性，提高协会自律的公正性、客观性、自主性和独立性，以弥补公信度不足。同时要提高行业协会人员的素质，通过民主选举形式，选出素质高、知名度大、有组织协调能力的同志担任行业协会的负责人，以便更好地开展服务工作，树立行业协会的良好形象。

三、零售业培训

(一)我国零售业培训概述

改革开放以来，我国零售业经历了从小到大、从封闭到开放、从单一到多元、从传统到现代的发展和提升过程。在此进程中，社会消费品零售总额不断增长，市场经营规模不断扩大，现代零售市场体系逐步建立，零售业在国民经济中的作用日益增强。在零售业总量增长和规模扩张提速的背景下，我们必须清醒地认识到，国内零售企业存在着经营方式趋同、经营理念落后、市场创新意识薄弱、市场竞争力不强等诸多问题。这些问题实质上反映了目前零售业的现状：行业准入门槛较低，从业人员素质参差不齐，从而导致零售企业快速增长与企业经营管理人才相对缺乏的矛盾日益突出，零售企业运营、采购、店长、店员等专业人才的短缺成为我国零售业发展的瓶颈。

目前，零售企业能否抓住机遇做大做强，其关键已经不仅在于企业能否占据有利的商圈位置，并且在于企业是否拥有以专业人才队伍为基础的竞争优势。也就是说，零售企业员工的专业素质和技能将成为影响零售企业业绩的关键因素。零售人才队伍建设，特别是加强对了解和掌握管理、销售、物流采购、财务、信息和消费者行为等诸多方面复合型人才的培养，将成为零售企业面临的重要课题，也是促进零售业进一步由粗放型向集约型转变的关键，更是从整体上提升零售企业核心竞争力的必由之路。

在这种背景下，我国零售企业对于员工培训的需求日趋高涨，以建立科学完备的人才培训认证标准和用人规范；积极引导从业人员学习现代零售理念、流通技术、电子商务、物流与采购、消费者行为、信息化等方面的专业知识，提高零售企业经营水平和竞争能力；进一步培养和提高从业人员的职业素养、管理、经营素质，帮助转变经营观念，增强市场分析能力和应变能力为目的的培训需求客观上刺激了我国零售业培训机构的产生和发展。

(二)2009—2010 年度我国零售业培训以及培训机构发展分析

1. 培训机构的地区分布

从主要培训机构的所在地分布来看,具有较强的地域性。在华北地区集中于北京市,如北京融智融商管理顾问有限公司、北京赢在前沿文化交流有限公司、北京嘉欣光华企业管理咨询有限公司;在华东地区集中于上海市,如上海森睿企业管理咨询有限公司、上海零鲜商务咨询有限公司、上海韬儒泰管理顾问有限公司、上海专殿企业管理咨询有限公司、上海普而菲企业管理咨询有限公司,而江苏省和浙江省分别只有一家和两家培训机构;在华中地区只有湖北省武汉市华商纵横精英企业管理咨询有限公司和武汉精英智库咨询顾问有限公司两家培训机构;在华南地区集中于广东省和福建省,如深圳鹰腾企业管理咨询有限公司、逸马国际顾问集团、厦门元成企管咨询有限公司;在西部地区培训机构较少,只有重庆威尼企业管理咨询有限公司、重庆商越终端零售管理训练机构两家培训机构,这也说明培训机构的分布同当地经济发展以及流通产业发展程度密切相关。

2. 培训机构的主体

从我国主要培训机构的主体来看,存在着多元化的特点。以中华人民共和国商务部为代表的政府机构,以中国商业联合会为代表的行业协会,以第一商业网为代表的网络传媒,以北京昭邑零商管理咨询有限公司、北京融智融商管理顾问有限公司为代表的咨询顾问机构,以上海交通大学海外教育学院、华南理工大学继续教育学院高级培训中心为代表的高等院校。主体的多元化给予了我国零售企业和员工更多的选择权,可以选择最适合自身的培训机构,使其可以更好地为自己服务,实现软实力的提升。

3. 培训机构的主营业务

目前,大多数培训机构采取复合经营的方式,在主营业务的选择上也体现了综合性发展的趋势。例如,上海普而菲企业管理咨询有限公司有咨询和培训两项主营业务,在咨询业务方面又划分为建立标准化服务体系、建立培训体系、建立督导体系三项业务,在培训业务方面又划分为实战类内训、高端训练营、培训外包三个方面。武汉市华商纵横精英企业管理咨询有限公司为零售流通领域提供营运、采购、防损、生鲜、拓展、财务、人力资源七大核心培训和咨询服务,服务对象面向大卖场、超市、便利店、购物中心、百货服装店、建材装饰店、医药专卖店、电器专业店、图书专业店等多种业态,进而关联至生产厂商和消费者等上下游群体。重庆商越终端零售管理训练机构致力于服装、鞋帽、饰品、家纺、布艺、化妆品、家具、玩具、皮具等连锁经营商业领域的专业培训和管理咨询,提供终端运营标准化体系构建,终端营利模式开发,终端服务、销售、管理的培训与咨询服务。

4. 培训机构的课程安排

在课程安排的地域上看,主要集中于北京、上海、广东、江苏等经济发展较快的地区;从类型上看,存在公开课、内部培训、会议等三种类型;从业态上看,存在着超市、购物中心、便利店、百货商店等多种业态的培训课程;从时间上看,课程时间分为 1 个月之内、2 ~ 3 个月、3 ~ 6 个月等。

5. 培训机构的培训对象

从针对的培训对象来看,既有从事专业基础服务的一般工作人员,又有店长、总裁等高层管理人员。相应的,在课程设置上,既有财务、人力资源、运营、营销、采购等专业课程,如应收账款回收实务及信用风险控制与管理(上海)、"五步连贯"股权激励法-留驻核心人才(深圳)、精品百货专业运作培训班(福建)、公司业绩提升与实现快速发展(绍兴)、供应商管理及供应商品质管控技术实战训练(上海)等;同时,设有针对店长、总裁等高层管理人员的店长班、总裁班、高级管理班、EMBA 班,如超级零售店长特训营(上海)、北京大学零售业总裁高级研修班(北京)、浙江大学百货总裁班(EMBA 课程)(浙江)、华南理工大学生产管理高级研修班(广州)、华南理工大学-高级职业经理人研修班(广州)、华南理工大学- EMBA 商界领袖研修班、上海交大国际商业零售总裁班(EMBA 课程)(上海)、清华大学零售业总裁班(北京)。

(三)零售业培训的发展对策

1. 我国零售企业有必要从战略高度、认识人才培训的必要性和紧迫性

零售企业之间的竞争,说到底是人才的竞争。经过 30 多年的改革开放,我国零售业已经有了长足的发展,但是与实力雄厚的外资零售企业相比,仍然存在着不小的差距。目前,连锁业态正在深刻改变着整个零售业的面貌,在这种背景下,国内外零售企业之前的差距有逐渐扩大的趋势。产生这种差距的原因固然有很多,但国内零售企业人才培训观念的落后是不容忽视的一个方面。

2. 社会性培训机构有必要树立品牌意识,推出精品培训项目

社会性培训机构有必要平衡好短期收益与长期收益的关系,避免急功近利的行为,树立打造精品培训项目的目标,对零售业人才培训进行市场细分,针对不同的目标顾客提供不同的培训内容,从市场需求出发,为零售企业解决实际问题,而不是从培训机构自身能力出发,更不是从政府部门要求完成某些培训任务出发。零售培训是要需要通过市场检验的,零售企业对培训项目是否认可是培训项目是否成功的试金石。

3. 加强零售业培训师资队伍建设

零售培训师资水平的高低直接关系到培训项目的成败,而教师之间的交流、考核、统一认识、提高授课技巧都是十分必要的。目前,参与零售业培训的教师既有大专院校、科研院所的教授和研究员,也有来自企业的高层管理人员以及中介机构的专业人员。不同教师之间,各自的文化背景、优势特长有所不同,来自科研院所的师资理论功底厚实,而企业高层管理人员则实践经验较为丰富,彼此可以取长补短、互为补充,更好地为学员服务。

4. 零售企业有必要重视培训对象的选择

目前,我国的零售企业在零售培训方面大多只关注培训的流程、方法、成本等问题,而却忽视了培训对象的选择,这使得培训的效果大打折扣。在培训对象的选择上,企业应该选择那些对企业作出较强组织承诺、有较高忠诚度的员工,在关键技术人员和中高层管理者的培训中尤为重要;零售企业有必要详细考察员工的学习能力和基本素质,尽可能了解不同部门员工的情况,把握好每一个员工可能的发展空间,选择那些学习能力较强、经过培训在态度和技能上能够得到很大进步的员工参加培训。从节约培训成本的角度来看,零售企业有必要最大限度地压缩培训人数,选择对于企业流程中的关键或者有重大影响岗位上的员工进行培训,然后让他们发挥传帮带的作用,在实际工作中,把培训中学到的知识和技能,传授给其他员工。为此,企业在物色受训人选时需要选择那些有潜力成为企业内部培训师的员工,这就对受训对象在表达能力、亲和力等方面的素质提出了要求。

附录 2

我国零售业主要培训机构情况

序号	机构名称	所在地	公司简介/基本特点	与零售业相关的培训内容/主要课程
政府机构				
1	中华人民共和国商务部	全国	主管国内外贸易和国际经济合作的政府部门	通过商务部培训网进行在线培训，设有百余门免费培训课程，对商务领域和社会公众提供了大量公益性的远程教育培训服务；2009 年在全国各地先后举办应对贸易摩擦培训班（大连）、商务领域人力资源管理者 TOT 培训班（长沙）、对外投资合作业务政策培训班（北京）等培训班
行业协会				
2	中国连锁经营协会	全国	于 1997 年在民政部注册成立，是连锁经营领域唯一的全国性行业组织，宗旨是推动连锁经营在中国的发展	“CCFA 注册品类管理师认证培训教材”项目会议于 1 月 19 日在杭州召开，会上讨论了《CCFA 注册品类管理师认证培训教材大纲》修改及写作版本的意见，并就此项目的开展推广工作进行了深入探讨。“CCFA 注册品类管理师”项目将于 8 月进入培训阶段。全部培训内容通过网上培训、课堂教授和实战模拟相结合的方式进行。完成培训课程后，还将对培训效果进行严格考核认证。力争经过 3～5 年的时间，培养出中国自己的、得到企业认可的品类管理人才。2009 年 2 月 10 日，中国零售业生鲜经营管理与技术知识体系编委会第二次会议在武汉武商量贩公司会议室召开；5 月 9 日—12 日在武汉、5 月 22—25 日在北京组织举办“中国零售业生鲜营运管理与技术知识体系”培训；11 月在南京举办的第十一届连锁大会上推出《品类管理理论与实战》一书，该书力求通过对品类管理全部流程及操作方法的介绍，配合企业实施的实际案例，让本书的读者能够通过学习，获得品类管理的基本理论、方法及思路，帮助读者掌握开展品类管理的技能
3	中国商业联合会	全国	1994 年经民政部注册登记的具有社团法人资格的全国性行业组织，由从事商品生产，商品流通业、饮食业、服务业的企业或企业集团和各级商业联合会（商业总会、商业行业协会）；全国性专业协会和其他类型的中介组织及从事商品流通活动的个人自愿组成	自 2009 年以来开展了全国商业服务业店长“明日之星”选拔赛知识赛，开办了第二期高级商业服务质量管理师研修班、商业服务质量管理师资质培训班等

续表

序号	机构名称	所在地	公司简介/基本特点	与零售业相关的培训内容/主要课程
4	中国国际商会	全国	由在中国从事国际商事活动的企业、团体和其他组织组成的国家级国际性会员制商会组织	2009 年以来开办了知识产权培训班(北京)、“零售管理专业能力水平认证证书体系”专家研讨班(北京)、CDCS 考前培训班(北京、上海、广州)
网站、期刊杂志				
5	中国联商网	全国	作为专业的行业网站,联商网立足零售业、服务零售业,向零售行业提供全方位资讯,打造零售业最大商机平台。联商网的服务对象面向零售行业各个业态:百货店、超市、便利店、购物中心、各类专业零售卖场,进而关联至生产厂商、商业地产开发商和消费者等上下游群体	2009 年以来开办了北京大学零售业总裁高级研修班(北京)、浙江大学百货总裁班(EMBA 课程)(浙江)、华南理工大学生产管理高级研修班(广州)、华南理工大学——高级职业经理人研修班(广州)、华南理工大学——EMBA 商界领袖研修班(广州)、上海交大国际商业零售总裁班(EMBA 课程)、(上海)清华大学零售业总裁班(北京)、应收账款回收实务及信用风险控制与管理(上海)、“五步连贯”股权激励法——留驻核心人才(深圳)、精品百货专业运作培训班(福建)、公司业绩提升与实现快速发展(绍兴)、供应商管理及供应商品质管控技术实战训练(上海)、超级零售店长特训营(上海)
6	第一商业网	全国(泛珠三角地区)	广东省连锁经营协会、广东省餐饮服务行业协会、广东省商业经济学会、广东省市场经济促进会、广州连锁经营协会、深圳市零售商业行业协会等行业机构和组织的战略合作网络传媒、广州广道商务有限公司及其业务合作机构对外宣传、业务推广、信息交流的窗口和服务平台;泛珠三角地区排名第一的商业资讯门户网站	2009 年以来开办高绩效门店打造研讨班(济南)、零售业营销策划精英实战研讨班(重庆)、金牌店长特训营(广州)、连锁业绩效管理与激励艺术实战研讨班(贵阳)、零售业会员营销创新专题研讨班(杭州)、巅峰店长特训营(深圳)等培训班
7	零售商学院	全国	IBMG 国际商业管理集团旗下,是中国首家集零售杂志、网站、培训光盘、管理手册的研发、销售及推广为一体的专业机构	2009 年以来开办零售企业老门店升级改造高级研讨班(南宁)、社区店、标准超市市场拓展及定位高级研讨班(南京)、自动及半自动补货实施研讨班(成都)、中国零售企业 2010 年预算编制高级研讨班(北京)、合同谈判与供货商管理研讨班(成都)、人才规模化生产及绩效考核高级研讨班(济南)、门店营利性增长课程班(重庆)等
8	超市周刊	全国	由中华全国供销合作总社主管,中华合作时报社出版(全国统一刊号:CN11－0247);是全国首家连锁专业周刊,“复制成功与财富”是《超市周刊》所追求的事业目标	2009 年以来开办超市品类、客类管理提升高级培训班,冷链物流培训研讨会(上海),中国零售业生鲜营运管理与技术体系培训(重庆),旧店升级改造之形象提升高级培训班,区域便利店运作模式高级培训班(西安)等

续表

序号	机构名称	所在地	公司简介/基本特点	与零售业相关的培训内容/主要课程
培训企业				
9	北京凯恒世泰国际财经顾问中心	北京	成立于2001年，专业从事企业培训和商务咨询，是中国零售咨询与财经培训业的龙头企业；有零售咨询、企业培训、商业地产、商务考察、财经顾问五大业务板块	商业企业人力资源高级研修班、零售连锁业商品结构诊断与调整高级班、商业系统财务人员高级研修班、零售业节假日营销与投诉管理应对技巧高级研修班、百货店营销企划精英提升班、中国零售企业商务礼仪研修班。随着中国商业教育网的成功上线，将面向全国的商品流通企业继续推出公开培训项目和专题会议服务，涵盖百货、连锁超市、购物中心等各种零售业态的上百种系统学习模块
10	北京嘉信光华企业管理咨询有限公司	北京	为企业或其他组织提供运营与管理咨询服务的国际化公司，独立开发出中国第一套药店运营与管理体系	提供药店运营与管理体系教材及光盘的销售、为药店企业的员工和管理人员内训、中外药店管理论坛、药店的整改项目、门店的托管服务及店长职业生涯的拓展等服务
11	北京赢在前沿文化交流有限公司	北京	依托于北京实益拓展科技有限责任公司的文化传媒企业，其《赢家大讲堂》电视栏目，被行业内誉为“最具市场前景的经管类电视节目”	涵盖人力资源、企业战略、市场营销、管理发展、生产管理、客户服务、运营管理、个人发展、项目管理企业文化、金融投资、成功学等培训领域
12	北京融智融商管理顾问有限公司	北京	定位于服务零售企业的顾问机构	曾举办过人力资源管理经理培训班、零售卖场企划促销班、高效营运执行管理培训班、锻造企业钢铁中层管理、传奇服务等品牌课程
13	上海专殿企业管理咨询有限公司	上海	致力于为客户在零售管理领域创造更大价值，提升管理和提高绩效；设立管理咨询、定制培训、协助管理、咨询项目执行、企管资讯五大服务体系	开设百货实务类、超市卖场类、品牌连锁类、人力资源类、财务管理类、经营管理类、营销管理类等培训课程
14	上海普而菲企业管理咨询有限公司	上海	专注于协助连锁企业强化连锁店铺标准化执行，提供咨询、培训服务	拥有零售各行业的标准课程，这些标准课程覆盖了零售行业从终端店员到区域经理各层级的人员，并能根据不同行业的特点而有所区别
15	上海昂赛企业管理咨询有限公司	上海	以帮助杰出的公司和政府在现代服务业领域取得更大的成功为使命	零售业EMBA高级研讨班、零售业品牌发展高级研讨班、中国便利店发展高级研讨班、零售业品牌发展高级研讨班
16	上海零鲜商务咨询有限公司	上海	以对预算管理以及生鲜管理的把握力在业界著名的商务咨询服务机构	开设预算管理、数据化管理、目标管理、生鲜管理等方面的课程

续表

序号	机构名称	所在地	公司简介/基本特点	与零售业相关的培训内容/主要课程
17	上海森睿企业管理咨询有限公司	上海	作为专注于百货零售行业的管理顾问公司，致力于为百货公司及零售企业客户提升服务品质及营运质量提供个性化的全面解决方案	提供咨询顾问领域、管理培训领域、服务系统建设、服务专业技能培训、服务审核体系改进、服务管理培训、服务品质监察、管理领域综合培训、服务行业战略分析、国际授权课程培训等培训
18	韬儒泰（中国）学习管理顾问机构	上海	立志成为中国大陆零售行业最具专业性的个人培训、企业咨询及项目服务、终生教育、职业教育、网络培训的优秀服务提供商以及政府机构、企事业单位、其他组织知识管理中心建设的优秀合作伙伴	为个人、企业及各类组织提供零售行业国际领先论坛和资讯、零售业经典及热点内训学习系列、零售业内部培训体系建设、零售业内部梯队干部系统培训项目、零售业目标客群与竞争对手研究项目、零售业战略规划制定与落地项目、零售业文化建设及落地实施项目、零售业组织架构及岗位描述咨询项目、零售业薪酬系统建设项目、零售业绩效管理系统建设项目、零售业全面营运系统建设及升级改造项目、零售业全面服务品质监察项目等服务
19	上海交通大学海外教育学院	上海	依托上海交通大学优良的办学传统，引进海内外优质教育资源，探索名校继续教育之路，为终身学习体系建设和上海交通大学建设世界一流大学战略服务	已开办国际银行家顶级课程、国际总裁 EMBA 课程、国际人力资源总监、国际创业投资师课程、金融工程师岗位资格证书课程等 20 余个品牌项目
20	逸马国际顾问集团	广东	结合中国国情，专注于连锁经营实战研究、培训、咨询为一体的大型顾问集团；下辖包括中国连锁经营实战网在内的十一大机构	深圳逸马专注于连锁经营的培训业务，逸马联硕专注于连锁经营咨询业务，深圳威玛专注于战略、企业文化的咨询服务，福建逸马负责福建地区的业务拓展及管理工作，南京逸马负责江苏地区的业务拓展及管理工作。成都市逸马企业管理顾问有限公司专精于家具行业/企业的管理咨询、系统培训及订制式企业顾问服务。
21	华南理工大学继续教育学院高级培训中心	广东	依托华南理工大学的雄厚师资团队，为企业经济发展推波助澜，致力于解决企业家的管理问题，培育具有国际竞争能力的高素质企业家，服务于企业	华南理工大学生产管理高级研修班（广州）、华南理工大学——高级职业经理人研修班（广州）、华南理工大学——EMBA 商界领袖研修班（广州）
22	深圳鹰腾企业管理咨询有限公司	广东	融合本土背景与国际商业理念的专业培训机构，为国内多家企业的人才培养、组织学习提供个性化的培训服务平台，并为企业建立完整的动态咨询体系	具有人力资源培训系列、营销培训系列、团队建设培训系列、经理人素质培训系列、职业素质培训系列、客户管理培训系列、管理化管理培训系列、生产管理培训系列等课程

续表

序号	机构名称	所在地	公司简介/基本特点	与零售业相关的培训内容/主要课程
23	RSK 北伦国际连锁商学院	广东	提供以数据为基础的诊断及对策方案的顾问机构	连锁企业管理咨询零售企业管理咨询连锁企业会员营销创新零售企业顾客经营创新连锁企业培训零售企业培训
24	武汉精英智库咨询顾问有限公司	湖北	致力服务于零售商业企业，专业从事卖场规划设计、开业策划承揽、零售专业课程讲授、企业内部培训整合、整体托管业务的专业管理机构	曾经举办过百货商场布局规划与陈列管理高级课程、促销策划与管理课程、超市生鲜经营与管理课程、超市采购专业技术高级课程、超市生动化陈列与现场管理课程、采购数据化管理与品类管理课程、零售商业新店筹建与老店改造课程、超市生动化陈列与现场管理课程、零售商业设计与开店技术课程等培训课程
25	武汉市华商纵横精英企业管理咨询有限公司	湖北	创立于2005年5月，是经中国香港商业管理协会在大陆授权注册的专业从事零售流通管理培训、咨询及设备综合服务的管理咨询机构	开设有基础类（店长培训、采购培训、百货店管理）；专题类（生鲜培训、防损培训、促销培训、开店培训）；管理类（人力资源、拓展训练、管理艺术、总经理培训）；技术类（财务培训、客服培训、信息培训、专业技工）等培训班
26	重庆商越终端零售管理训练机构	重庆	聚焦于连锁经营商业领域的专业培训和管理咨询机构	开设有终端培训（成功代理商训练、金牌店长训练、超级导购训练、专业陈列训练、全能督导训练、薪酬绩效体系训练、零售企业培训师培训）以及终端咨询（企业战略咨询、基础管理咨询、业务流程咨询、人力资源咨询、加盟连锁咨询、企业文化咨询、财务管理咨询、服务体系咨询、卖场陈列咨询、品牌推广咨询）等培训课程
27	重庆威尼企业管理咨询有限公司	重庆	致力于促进中国连锁商业发展的商业连锁业权威咨询管理机构；以连锁管理咨询、商业培训、项目托管、品牌推广、招商策划、信息提供等为主营业务	开设有超市百货的托管、诊断、咨询、培训；商业地产的规划、招商、推广、销售；连锁业的品牌营销与加盟招商策划；管理咨询、人力资源开发及专业内训；网络广告、猎头服务、CIS 策划、广告设计等业务
28	九洲同行品牌营销策划机构	福建	致力于为各类公司的品牌建设、市场运营、产品营销、终端销售提供针对性、全方位、系统化的管理顾问咨询服务和培训	为各大品牌公司提供专业的订货会培训、代理商培训、经销商培训及企业内部培训师培训、终端人员培训；为各类企业的营销和管理提供专业系统的策划、辅导、培训服务；为各品牌连锁机构、终端店铺提供营销管理咨询服务；为企业经销商建立专业化的培训基地，辅导、创建企业商学院；为各类终端店铺建立店长经理培训基地

续表

序号	机构名称	所在地	公司简介/基本特点	与零售业相关的培训内容/主要课程
29	清华纵横商业策划管理咨询机构	江苏	根据中国百货业实际情况，专注于中国百货业、品牌门店的培训咨询管理顾问服务	百货公司、购物中心培训课程：专业技能培训、综合素质培训 连锁门店培训课程：经销商定货会培训解决计划（门店的经营管理技能提升、成功的店面经营管理、打造高赢利终端、门店经营品牌之道、360°单店业绩提升、门店的促销策划与执行、金牌加盟商训练营、卓越领导艺术）、优秀店长训练系列（业绩倍增的门店销售技巧、打造金牌店长训练营、店务管理、门店陈列与展示艺术、店长管理风格与领导艺术、人员管理与团队建设）、员工素质训练系列（顾客满意与建立顾客忠诚度、职业形象与服务礼仪、顾客抱怨和投诉处理、消费者心理与卓越销售技巧、优质客户服务技巧、店面防损防盗管理）
30	浙江大学继续教育学院企业管理培训中心	浙江	依托浙江大学深厚的文化底蕴，有效地整合企业界的高端资源，总结浙商经验，结合 EMBA 核心课程和教学方式，融合西方先进的管理理论和东方传统的文化伦理，以培养具有“国际性、前瞻性、创新型”企业管理人员为目标	开设总裁班（EMP）、职业经理人班（EMT）、企业集团内部的职业经理人学院、营销总监班、案例教学班、MINI、MBA
31	杭州商启企业管理咨询有限公司	浙江	国内专业的商业零售业管理咨询服务机构	百货公司中高层培训服务：百货公司定位、商场规划设计培训、品牌招商专业培训、品类规划管理培训、营运管理培训、行销企划培训、商品陈列色彩搭配培训、销售服务技能提升培训、绩效考核培训、人力资源管理培训等 连锁超市中高层培训服务：总部管理、商业设计与新店筹建、采购管理课程、营运管理课程、生鲜经营课程、配送管理课程、数据化管理课程系列、防损管理与控制课程系列、绩效考核课程系列、人力资源管理课程系列等。商业零售企业管理咨询服务：新店筹建服务、旧店改造与旧店托管服务经营诊断、流程诊断与梳理、业绩提升策略咨询服务、商业顾问服务

附录 3　　2009 年以来新出版教材和研究著作

序号	领域	名称	作者	出版社	出版时间
1	零售	零售学精要(中国版)	利维　韦茨著张永强译	机械工业出版社	2009 年 1 月
2	零售	零售学	陈文汉	中国农业大学出版社	2009 年 7 月
3	零售	零售与分销经济学	贝古当著刘向东,沈健译	中国人民大学出版社	2009 年 6 月
4	零售	零售学	周筱莲,庄贵平	北京大学出版社	2009 年 9 月
5	零售	零售管理:战略指南(第 10 版)	伯曼伊万斯	清华大学出版社	2009 年 10 月
6	零售	中国零售业态结构优化研究	孙璐	中国物资出版社	2010 年 1 月
7	零售	中国零售业并购	廖运凤	知识产权出版社	2010 年 2 月
8	零售	零售学	李骏阳	科学出版社	2009 年 6 月
9	零售	零售管理(第二版)	吴佩勋	格致出版社	2009 年 5 月
10	零售	中国流通改革:零售业发展与变迁	王强	中国人民大学出版社	2009 年 9 月
11	流通	现代流通经济学教程	吴宪和	复旦大学出版社	2009 年 5 月
12	流通	现代流通政策论	高援朝	天津大学出版	2009 年 6 月
13	流通	中国流通改革:理论回顾与评述	王晓东吴中宝	中国人民大学出版社	2009 年 9 月
14	流通	中国流通产业改革 30 年	洪涛	经济管理出版社	2009 年 3 月
15	流通	流通革命与流通现代化	徐从才	中国人民大学出版社	2009 年 8 月
16	流通	中国流通改革:批发业衰落与崛起	马龙龙	中国人民大学出版社	2009 年 5 月
17	商业	中国商业改革开放 30 年回顾与展望	王晋卿	经济管理出版社	2009 年 6 月

(第一、二节、附录 1:朱珠,第三节、附录 2、3:于剑)

第十三章　农村零售业发展报告

一、农村市场发展全景

（一）农村居民纯收入将继续增长

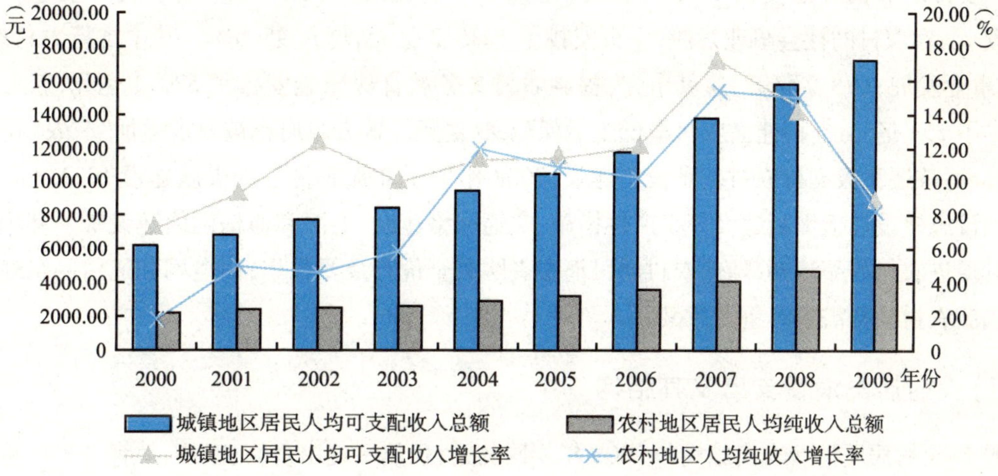

图 13－1　农村、城镇地区收入总额及增长率

数据来源：国家统计局。

总体来看，虽然受金融危机的影响，2009 年我国农村地区居民人均纯收入仍在增长，但增长率相比 2008 年略有下降，下降幅度略超过城镇地区居民。2009 全年农村居民人均纯收入 5153 元，增加 393 元，比 2008 年增长 8.2%，剔除价格因素，实际增长为 8.5%。相比而言，城镇居民人均可支配收入 17175 元，比 2008 年增长 8.8%，剔除价格因素，实际增长 9.8%。农村地区恩格尔系数为 41.0%，比 2008 年下降 2.7 个百分点；相比之下，城镇地区为 36.5%，比 2008 年下降 1.4 个百分点。而在纯收入中前三季度农村居民现金收入较上年同期回落 11.1 个百分点，是近 6 年来同期增幅较低水平。2009 年农村居民现金收入中工资性收入增长 9.9%，出售农产品收入增长 4%，二、三产业生产经营收入增长 10.5%，财产性收入增长 11.7%，转移性收入增长 26.4%。农村居民收入的增长与金融危机后我国采取的扩张性财政政策对农村的持续财政倾斜有关。如 2009 年前三季度工资性收入达到人均 1492 元，较上年同期增加 134 元，增长 9.9%，这部分增长主要得益于中央及各地加大基础设施及重大项目投资力度，推动了外出务工形势的逐步好转，减缓了金融危机对吸纳简单劳动力的行业的冲击。二、三产业生产经营收入、财产性收入、转移性收入对农村居民收入增长贡献也较大，这主要是由于今年前三季度各项惠农政策的落实和社会保障制度建设的推进。

造成农村居民收入增幅略又下降的原因来自两方面：一方面，金融危机导致农村居民的工资性收入增速下降，在农村居民收入中，工资性收入（多为农民外出务工所得）一般要占到55%左右；另一方面，2008年整体物价水平高涨，而2009年前三季度出现CPI负增长，例如，扣除价格因素后，2009年农村居民现金收入实际增长9.2%，实际增幅仅比2008年同期回落1.8个百分点，并非11.1个百分点。①

由于宏观经济形势转好，政府也将继续推进农民工的收入保障措施，可以预见，农村居民的总体收入会继续上涨，为消费支出的增加提供必要条件。农村地区的零售业增长依然有坚实的发展基础。

（二）农村居民负担进一步降低，进一步减少制约农村地区消费的因素

2008年，中央政府安排用于"三农"各项支出合计5625亿元，比上一年增加1307亿元，增长30.3%。安排对农民补贴支出1335.9亿元，增加253亿元，增长23.4%。用于支持农业生产支出3044.5亿元；对农村的社会事业发展，中央安排了1245.2亿元，增长95.6%。其中支持农村教育、文化、卫生事业发展1073.2亿元，这其中，为提高农村义务教育保障金安排了570.4亿元，新农村合作医疗安排了253亿元；支持建立农村最低生活保障90亿元。地方政府也被要求增加"三农"投入。

同时，财政还积极支持农村基础设施建设，2008年用于加强农村基础设施建设1022.8亿元。农村的基础设施建设包括水利建设等生产性措施、交通网络建设、电网和通信网络建设等。其中交通网络建设对促进农村商品流动，降低农村居民消费者购买全价有重要作用；而电网和通信网络建设对于进一步刺激农村消费需求有重大意义。

（三）农村居民消费支出及其结构

2009年农村居民消费支出结构与2008年相同的是：仍然呈现出食品、医疗、教育支出比重下降的总体趋势。2008年恩格尔系数略有上升，主要是因为食品价格普遍上涨。农村地区的家庭设备用品及服务支出占比和居住支出占比持续上升，显示了耐用消费品和建材在未来仍具市场潜力。而通信和交通支出在整体比重中出现连续两年下降，部分原因是农村地区，户均移动电话的占有率超过100%，在农村的生活习俗及消费水平的制约下，通信消费的增长率开始降低。而随着农村地区基础设施建设的完善，再加上2009年汽油价格下降导致交通费用相对降低。

从消费结构看，2009年农村地区耐用品消费增长迅速，这主要来自两方面：首先，2009年政府积极财政政策极大地促进农村耐用消费品销售增长。其次，我国农村地区经济发展及农民收入水平决定了我国农村地区消费水平已经进入耐用品消费快速增长的时期。其中黑色家电消费稳步增长，白色家电增长迅速，电冰箱、照相机、电脑、汽车等新的亮点；汽车业逐渐成为热点。从图13－2可以看出，2000年以来，移动电话、彩色电视、电话机、摩托车、洗衣机消费占有不仅速度增长快，且占有比率已达到很高程度。而电冰箱、空调机、家用计算机等虽然目前拥有量较低，但其增长迅速，是未来集聚

① 资料来源：国家统计局网站中国农村消费统计分析报告。

潜力的消费市场。

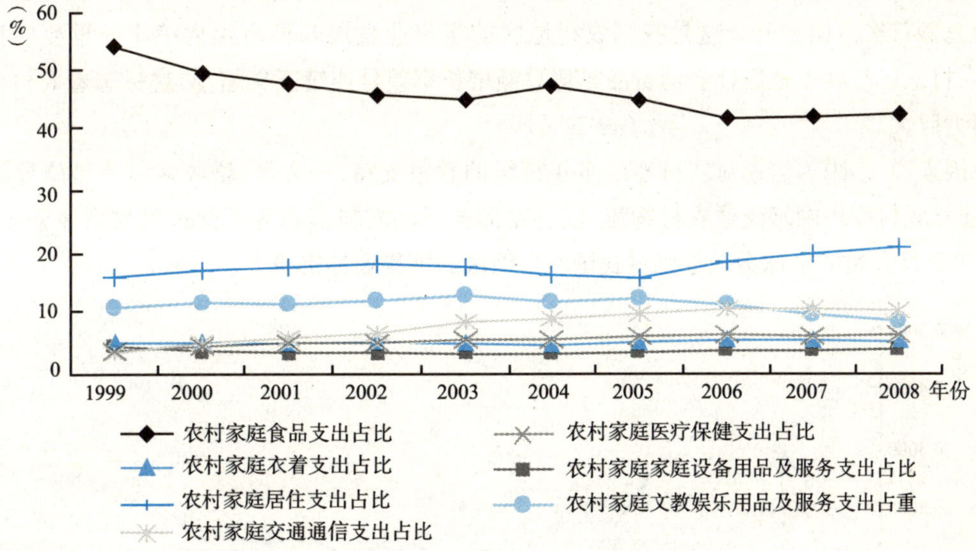

图 13-2　1999—2008 年中国农村居民消费支出及其结构

数据来源:2009 年中国统计年鉴。

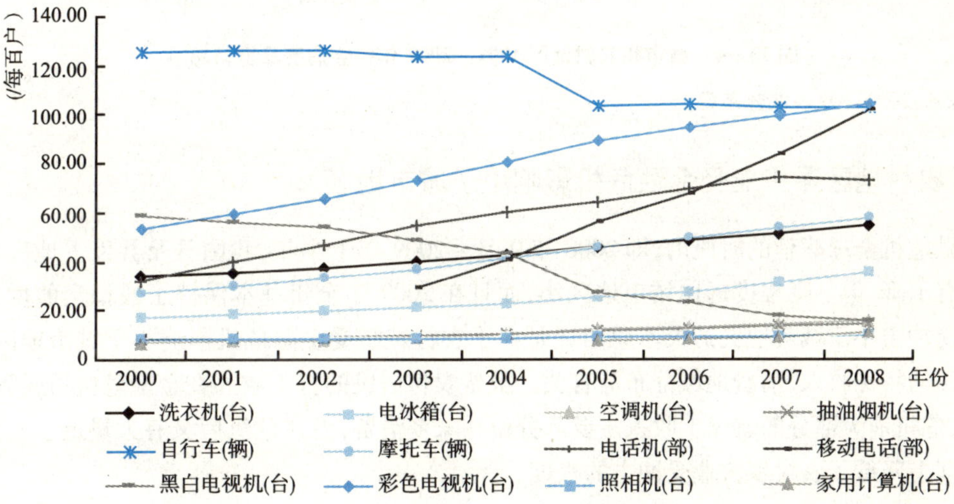

图 13-3　2000—2008 年农村地区主要耐用消费品拥有量

资料来源:2009 年中国统计年鉴。

二、农村零售业发展概况

(一)农村地区零售市场规模持续增长,增速超过城市地区

2009 年全年,我国实现社会消费品零售总额 125343 亿元,其中城市地区实现 85133 亿元,比上年增长 15.54%;县及县以下地区实现 40210 亿元,比上年增长 15.7%,高于城市 0.26 个百分点。自

2004年以来，农村与城市零售市场规模的增速差距持续缩小，而今年是首次增速超过城市地区。农村地区的社会消费品零售总额占比32.08%，2008年占比为32.03%，这是自1978年以来，农村地区消费品零售总额首次占比上升。这是我国农村地区的零售业发展与城市距离缩小的重要转折点。同时，我国农村地区与城市地区社会消费品零售总额增长率差异连续五年缩小，这标志着农村市场继续增长的潜力巨大。

就原因来说，是因为国家对农村地区多年持续的政策支持，一方面，增收减负等措施导致农民收入增长、建立农村零售网络疏通农村物流、以补贴形式带动农村消费等而促进农村商业繁荣；另一方面，2008年9月开始的全球金融危机对我国城市地区的零售业冲击更大。

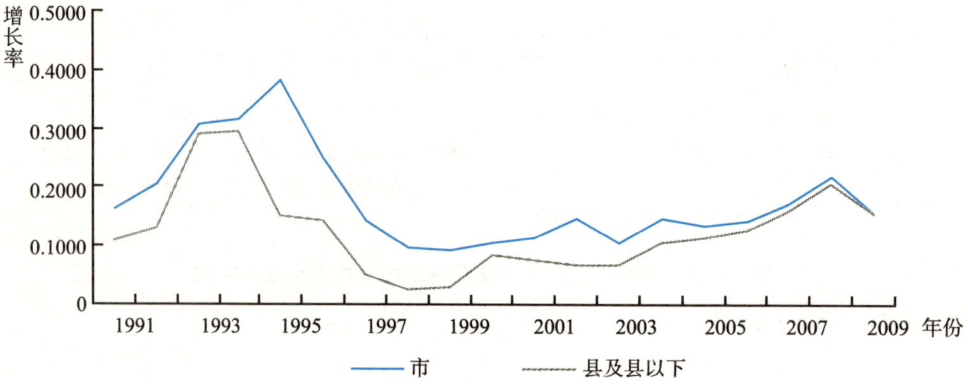

图13－4 城市和农村地区1991—2009年社会消费品零售总额

数据来源：2009年中国统计年鉴。

（二）农村地区零售业受金融危机影响小于城市地区

在金融危机全球蔓延的时段内，即2008年9月～2009年上半年，我国县及县以下地区零售市场增长率虽有下降，但下降幅度远比城市地区小，而且在2009年全年基本保持了较稳定的增长率。农村零售业受冲击小于城市地区的根本原因还是在于农村经济受金融危机影响小于城市地区，这与中国农村居民的特殊收入、消费地域分布等有关。虽然农村居民的打工收入在金融危机后受到影响，但从整体看，危机前大部分的农民工收入主要部分留在家乡消费，而在危机后又有大量返乡农民。这也在一定程度上降低了农村零售业受冲击的程度。

（三）零售连锁经营蓬勃发展

零售连锁业态在农村地区的迅速发展是多方面原因共同促成的。首先，随着农村地区收入水平、生活质量的提高，消费者日益关注产品品质，超市统一采购、统一配送及经营的产品都能满足消费水平提高的要求；其次，2009年零售业受金融危机影响，使得本土、外资零售商在本已趋于饱和的一线市场竞争更加激烈，企业迫于竞争压力积极拓展新兴市场，而农村市场正是这些企业新的角逐战场之一；最后，至2010年“万村千乡”工程实施已经五年，推动了超市业态在农村地区的发展并促进农村地区居民对连锁超市等业态的接受。

1. 超市、便利店业态发展迅速

东西部农村地区的超市业态又各有不同，在东部地区，农村地区的大型综超、小型超市发展迅速；

而在西部地区，主要还是小型超市在发展，这主要是地区的人均购买力、农村人口居住密度等原因共同形成的。

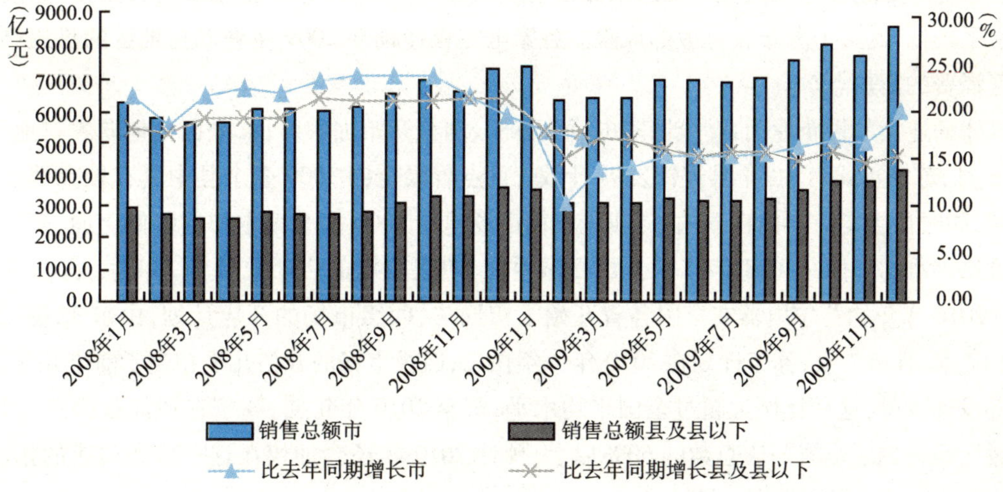

图 13－5　2008—2009 年社会消费品零售总额及同比增长

资料来源：2009 统计年鉴。

在浙江、江苏等乡镇经济发达的省份，中小型超市连锁发展迅速。在这些地区的大城市郊县，大型综超等业态也有所发展。以浙江省宁波市下属的县级市慈溪市为例，截至 2010 年年初，国际零售连锁华润万家开了 32 家乡镇超市，2 月，华润集团的华润慈客隆超市在慈溪周港镇开业；外资零售连锁企业排名第二的大润发超市已在慈溪观海卫镇开工建设；2009 年麦德龙在慈溪逍林镇安排了大陆地区第二家县级市网点。慈溪市的特点是：有大量的中小民营企业，约 6 万家；农村居民人均纯收入高，约有 1.2 万元左右。在浙江、江苏、广东部分地区，这样经济发达的县级城市及乡镇还有很多，这也是目前超市业态在农村发展得最好的地区。主要在江浙地区发展的苏果超市，截至 2009 年 11 月，在县和县以下开设的连锁店面已达到 1100 家，其中乡镇和村店达到 800 家；农村地区的店面占总店面数的60% 以上，销售额占 50% 以上。浙江利时集团旗下的新江夏超市由浙江省的 30 多家连锁店超市发展到 45 家，全部位于乡镇地区。在四川，在农产品流通方面具有优势的新希望集团也在谋求农村超市连锁的发展。

另外，各大零售连锁业纷纷在北京、上海、深圳等一线城市的近郊地区开出新店。2009 年 6 月，沃尔玛的北京延庆点开业，触头开始伸向远郊县地区。这样的远郊县地区的特点是：首先，当地居民消费能力强，已经接近城市消费水平；其次，这样的地区往往辐射范围广，延庆就具有辐射张家口等北部地区的能力；最后，这些地区一般有较成熟的商业模式。

在中西部地区以及东部地区部分省份，小型超市和便利店依然是占最主要的业态。在 2009 年的万村千乡工程公布的改造乡镇级的店面中，中西部地区依然以便利店、夫妻店为主。

2. 家电专业连锁店业态兴起

2009 年农村零售连锁的一大特点是家电连锁业态的兴起，这直接的原因来自两方面：家电下乡、摩托车汽车下乡的直接推动和家电连锁在一线市场饱和和金融危机加剧了竞争。在经济活跃的一线城市，家电产业只剩下婚庆、出租房、更新换代等市场。而三、四级市场，特别是在家电下乡政策引发耐用品消费热后，将成为家电产业新增利润的主要来源。2009 年是农村地区家电零售模式的重要转折点，在此之前，这些地区电器产业主要流通方式来自两方面：百货店的家电销售以及制造商的销售代理。而家电专业连锁相比这些无疑具有诸多优势，但是同时，家电专业连锁店也面临三、四级市场购买力水平较低，购买力分布较分散的风险。各家电零售连锁在 2009 年在农村地区的渗透已然成为农村地区消费的新热点。

就具体的连锁零售企业而言，全国家电巨头苏宁、国美开始加快步伐，全面性地向农村地区渗透。2009 年 3 月，苏宁正式启动“千县连锁发展”计划，重点着眼全国 3000 多个县中具有较高消费能力的县级市场，同时还决定 4 年内在国内三、四级农村市场建立 1000 多个家电售后维修店面，解决农村地区家电维修困难的局面。2008 年苏宁公司在国内三、四级市场的店面总数为 134 家，占门店总数的 16.5%。2010 年年初苏宁电器在全国各省开始了布局三、四级市场的开店计划，山东 32 家、四川 20 家、湖北 17 家、甘肃 7 家，苏宁计划在2010 年一年在三、四级市场的开拓几乎相当于前十几年的规模。而在东部发达省份，这一比例远超过全国平均水平，截至 2010 年年初，苏宁在浙江省内三、四级市场内门店数已经占到了全省门店总数的 60% 以上，预计 2010 年还会加快在这一市场门店的拓展力度，销售量也将占到全省销总量的一半左右。

同时，家电下乡也给了区域性的家电专业零售连锁扩张的机会。在苏宁、国美等全国性连锁企业市场总体份额下降的同时，河北的北国电器、东莞的时尚电器、扬州的汇银家电、浙江地区的汇德隆家电以及其他地区的牡丹江广汇、金华四通、广汇家电、武汉工贸家电、日日顺电器连锁等 20 多个区域性家电连锁的总体市场份额上升，其中重要原因是在农村市场销售额的扩张。面对苏宁、国美的向三、四级市场下沉渠道的压力，这些区域性连锁在农村市场有自身的优势，特别是它们有多年积累的销售经验，对当地消费者的特点十分了解；同时它们也积累了多年的适合三、四级市场的店面管理经验，而这对一直在以“大店 + 直营”形式为主的苏宁和国美正是一大挑战。在快鱼吃慢鱼而非大鱼吃小鱼的农村零售领域，这些大店在渠道下沉上摸索经验的时间，为区域性家电专业连锁赢得商机。

3. 农村地区连锁经营特点

首先，从整个市场来看，农村地区连锁零售行业的集中度是非常低的。目前农村市场的连锁零售商以供销系统、地方民营企业居多。目前为止，没有出现辐射全国农村市场的连锁零售企业，而像供销系统这样的全国性企业又具有极度分散化的特点。

其次，从连锁经营的开店方式来看，加盟店形式在农村地区更受青睐。从经营模式看，无论是超市还是家电专业店，农村地区与城市地区有很大区别，农村地区有很多采用加盟形式，而城市地区则多采用开直营店的方式。采用加盟形式的好处在于风险小、扩张速度快、扩张成本低以及符合农村市场本身存在的特点。例如苏宁电器在向三、四级市场扩张的过程中也改变了一线城市“大店 + 直营”的模式；苏果超市也在扩张过程中采取加盟店方式。这样做的可行性在于：当进行统一采购和统一配送以及统一的店面管理培训后，连锁经营模式的最基本要求得以保证。例如，在加盟过程中，一般都规定加盟店若被发现私自采购商品会被处以重罚，并取消加盟资格等。供应商和连锁经营企业都有监督的责任与动力。

再次，农村地区零售经营更加突出从传统单一的商品经营过渡到以便民服务和社会化服务为特征的商品经营与服务经营的必要性及新特点。在农村地区的超市业态中，对于农产品、土特产等，为了提高统一采购和配送的效率，超市营业点不仅搞销售，还带有采购；部分超市还带有手机卡办理、充值卡代售、部分邮政业务等。新希望集团在四川地区摸索农村零售经营的过程中也总结出，要充分利用农村的零售网络，不仅要使工业产品向农村地区渠道通畅，也增加了农产品向城市流动的渠道。在家电下乡过程中的手机下乡中，对于迪信通、复通等企业来说，农村的市场潜力不仅在于终端销售，还包括运营商返还的费用，在向北京的农村地区发展过程中，中复电讯经营业务还包括办理移动电话入网、代缴话费、补卡、解锁、代办移动梦网业务、代办 GPRS 业务等。连锁企业抢攻农村市场过程中，这部分经营利润也是至关重要的，这也在一定程度上弥补了农村地区购买力集中度低的缺陷。

三、影响农村零售的重点工程、项目

(一)家电、汽车、摩托车、建材下乡

1. 家电下乡

(1)家电下乡政策的背景、制度安排等基本内容①

2009 年农村地区流通工作中最重要、反响最热烈的当属家电下乡、汽车下乡、摩托车下乡活动，2010 年年初，商务部又提出建材下乡政策。这些政策的提出一方面是来自于金融危机压力下刺激内需的迫切需要，另一方面也是商务部通过改善农村地区商业环境提高农村居民生活质量的持续措施之一。

这些活动的内容是：运用财政、贸易政策，引导和组织工商联手，开发、生产适合农村消费特点、性能可靠、质量保证、物美价廉的家电产品，并提供满足农民需求的流通和售后服务；对农民购买纳入补贴范围的家电产品给予一定比例(13%)的财政补贴，以激活农民购买能力，扩大农村消费，促进内需和外需协调发展。家电下乡与汽车下乡、摩托车下乡，都是国务院作出的重要决策，既是实现惠农强农目标的需要，也是拉动消费带动生产的一项重要措施。

这些政策的特别之处在于：以往中国对于农村地区的补贴都以降低农业生产经营成本为目标，针对农村地区商业发展的补贴也基本基于此。而家电下乡、汽车下乡摩托车下乡的补贴政策都是直接补贴农民的消费。

自 2007 年 12 月起，山东、河南、四川、青岛三省一市进行了家电下乡试点，对彩电、冰箱(含冰柜)、手机三大类产品给予产品销售价格 13% 的财政资金直补。

从 2008 年 12 月 1 日，山东、青海、河南、四川、内蒙古、辽宁、大连、黑龙江、安徽、湖北、湖南、广西、重庆、陕西等 14 个省、自治区、直辖市及计划单列市开始推广家电下乡。试点的三省一市执行到 2011 年 11 月底，其他省、自治区、直辖市、计划单列市执行到 2012 年 11 月底。从 2009 年 2 月 1 日起，其余的省、自治区、直辖市、计划单列市以及新疆生产建设兵团开展家电下乡工作。截至 2010 年年初，所有省、自治区、直辖市均已开展此活动。2009 年 2 月 26 日，财政部、商务部、工业和信息化部公布《关于加大家电下乡政策实施力度的通知》，扩大家电下乡补贴品种，调整补贴产品限购政策，加大对少数民族地区和地震重灾区的支持力度，加强对家电下乡的监督管理。

家电下乡补贴资金主要由中央财政负担，2009 年的安排是中央财政负担 80%，地方财政负担

① 整理自商务部网站。

20%，中央地方联动。在流程上，根据测算的各省补贴资金数额，预先将中央财政承担部分划拨省级财政部门，省级财政部门落实地方财政应负担部分，并且及时预拨到县，在下年清算。如果实际补贴资金超过预算，要求省级财政部门先垫付中央财政补贴资金缺口部分，待中央财政补贴资金到位后，由省级财政部门归垫。

补贴申领的程序是：农民购买试点产品后，在规定时间内，持购买产品的发票原件及复印件、身份证明原件及复印件（包括居民身份证，户口簿或公安户籍管理部门出具的证明）、补贴类家电产品专用标识卡、购买人储蓄存折以及管理部门需要的其他材料，到户口所在地乡镇财政部门申报补贴。乡级财政部门初核后，报县财政部门，县财政部门审核确认后，将补贴资金通过银行发放到农民储蓄账户上。

目前，家电下乡的品种包括彩电、冰箱（含冰柜）、洗衣机、手机、计算机、热水器、微波炉、空调、电磁炉。这九类产品是在对农民消费需求调查以及试点工作经验总结的基础上，综合考虑农民的收入、补贴的杠杆效应、补贴产品的生产售后情况以及贸易情况确定的。

随着家电下乡的继续升入，下乡品种逐渐调整，产品最高限价也在不提高。

表 14-1　　2009—2010 年家电下乡最高限价　　单位：元

家电下乡产品	原最高限价	调整后的最高限价	家电下乡产品	原最高限价	调整后的最高限价
彩电	3500	7000	电脑	3500	5000
冰箱	2500	4000	电磁炉	600	1000
手机	1000	2000	微波炉	1000	1500
洗衣机	2000	3500	太阳能热水器	4000	5000
壁挂式空调	2500	3500	储水式电热水器	1500	2500
落地式空调	4000	6000	燃气热水器	2500	3500

数据来源：商务部网站。

（2）家电下乡的成效①

首先，家电下乡有效拉动了农村家电需求，特别是在部分人口密度大、经济中等及发达地区，效果更为明显。

就全国来看，截止到 2009 年 12 月 31 日，通过家电下乡信息系统登记的生产企业累计发货 9245.05 万台，发货金额 1627.53 亿元。销售企业通过信息系统登记销售家电下乡产品 3767.98 万台，销售金额 692.57 亿元。2009 年 1—7 月，家电下乡月度数量和销售额一致保持逐月攀升态势，每月销售数量和销售额环比增长均保持在 20% 以上。其中 2—5 月，全国家电下乡产品销售量月均增长 36%；销售额由 13 亿元增加到 40 亿元，月均增长 45%。但 8 月，全国家电下乡销售量 378.78 万台，销售额 75.96 亿元，分别环比下降 11.4%、13.9%。一直占家电下乡销售 50% 以上的冰箱，8 月销量下降 21.7%，是家电下乡销售下滑的主要原因；此外，空调销量的下降，也影响了家电下乡的销量。

从各省情况看，在第一批试点省份中，截至 2009 年 12 月 31 日，河南省家电下乡产品销售 501.7 万台（件），占全国销量的 1/7，销售额 86.7 亿元，销售额、补贴金额均居全国首位。山东省销售家电下

① 该部分数据整理自中华人民共和国商务部网站及各地方商务厅网站。

乡产品370.94万件，比2008年增长237%，直接拉动农民消费69.03亿元，居全国第二；补贴金额7.77亿元，居全国第三。四川省家电下乡共销售家电360.95万台，销售额达62.12亿元，居全国第三；兑付补贴金额7.82亿元，居全国第二；平均每百户农民有23户购买下乡产品。

第二批试点省份中，湖南省下乡产品销售量2225499台，销售额40.6亿元，已补贴到户1899781台，补贴金额4.66亿元，销售量和销售额在全国第二批启动的9个省市中排名第一，在全国排名第四。湖北省家电下乡产品销售量及销售总额在全国位居第五，已补贴农民购买的家电下乡产品1779532台(部)，截止到2010年1月16日，全省共销售家电下乡产品100.5万台(部)，销售总额达29亿元，每百户农民家庭购买量为14.8台(部)。安徽省家电类下乡产品已销售186.4万台，销售金额37.6亿元，补贴资金4.7亿元，补贴兑付率达到99.5%。重庆市家电(汽摩)下乡累计销售129.6万台(辆)，直接拉动农村消费38.1亿元。广西省家电下乡电器总量达117.2万台，销售总额达21.59亿元。陕西省累计销售补贴类家电904748台(部)，销售金额15.16亿元，销售量在全国排名第十三位，销售金额排名第十五位，补贴兑付数量排名第十二位。内蒙古销售家电下乡补贴产品32万多台，销售额达5亿多元。

在第三批的试点省份中，河北省产品累计销售182.5万台，销售金额38.2亿元，累计销售额在第三批实施省份中排名第一，接受补贴的农户约100余万，拉动县以下农村消费约2个百分点。江苏省2009年累计销售家电下乡产品161.5万台(件)，累计销售金额33.8亿元。江西省累计销售家电下乡产品125.4万台(件)，销售金额26.53亿元，兑付补贴3.1亿元。辽宁省家电下乡销售额16亿元，补贴金额全年下达4.7亿元。福建省共登记销售家电下乡产品80.84万台，实现销售额16.66亿元，登记销量所占全国总登记销量的比重为2.15%，在所有试点省份中排第十五位。云南省全省销售家电下乡产品总销售金额10.567亿元，兑现给农民的补贴资金达1.22亿元；另有2462.5万元家电下乡网络建设补助资金下发。贵州省完成销售额10.56亿元，对42.7万台(件)家电下乡产品发放补贴资金；兑付补贴资金9140万元。吉林省2009年共销售家电下乡产品424535台，销售金额8.61亿元，在第三批实施的22个省(市)中名列第九位。海南省累计销售家电下乡产品131852台(件)，实现销售额2.01亿元。青海省累计销售家电47016台(件)，销售金额达到8889.2888万元，兑现财政补贴731万元，补贴兑现率为83%。

截至12月中旬，山西省家电下乡产品累计销售48.62万台，销售额10.19亿元，兑付补贴金额9525万元，全年下乡家电销售突破11亿元。截至2010年2月，宁夏回族自治区累计销售家电下乡产品179126台，实现销售额超过3亿。

其次，家电下乡有效净化了农村地区家电市场、推动了农村流通网络升级改造，有效打击假冒伪劣，使原来较松散的家电销售网络变得更紧密。

再次，家电下乡对家电生产及销售行业都产生积极影响。

在2009年首次的家电下乡招标中标企业均为我国本土的家电制造或销售企业，仅在第二批招标中少数外资企业如夏普、L G、松下和合肥三洋的较少数产品型号入围，这有效刺激了我国家电产业的发展。同时，由于我国二元经济的长期存在，农村家电市场能有效延长家电产品在我国的生命周期，家电下乡在一定程度上促进了家电制造企业的产能的利用效率。

2009年第三季度，彩电下乡销量占到整个彩电市场销售量的44 .8%，而第四季度更达到55.8%。2009年长虹彩电的销售量、销售额分别以23.13%、22.67%的市场份额均居行业第一，2009

年销售额以近400%的同比增速飞速发展。同时,国产五大彩电品牌以86.63%的份额成就了农村市场的绝对优势。2010年的家电下乡招标已经结束,生产和流通领域的外资家电企业纷纷参与竞标,有更多外资品牌如惠而浦、东芝等加入家电下乡这块市场的争夺。同时家电下乡产品限价也在提高。这意味着在高端产品市场,本土生产企业与外资生产企业在家电下乡领域也会迎来激烈的竞争。

(3)家电下乡存在的问题

首先,总体的效果不如预期。2008年国家预计的是:财政补贴家电下乡资金将达到104亿元,累计拉动消费9200亿元。但实际2009年全年不及总体预期的1/10。在部分省份,总销售额甚至不到1亿元。原因来自多方面的,一方面是受农村地区的整体收入水平限制以及我国农村基础电力设施或其他配套设施的不足。例如,很多农民购买空调、冰箱、热水器等产品后反映耗电大,用的次数少;或者是由于经常断电、电压不稳而不敢使用。另一方面,家电下乡的制度在初期有很多不足,比如补贴的发放程序烦琐复杂,增加了消费者购买全价,极大影响购买热情。另外,存在"家电下乡是从部分产品价格虚高抵消补贴"等质疑,初期还存在产品型号、种类不丰富等问题。

其次,政策施行的初期,由于监管不利以及对家电下乡标识、产品品类等的信息传播不到位,出现了不法商家利用旧家电翻新,打着家电下乡名号损害农民利益的行为。

2. 汽车、摩托车下乡

(1)汽车、摩托车下乡政策的背景及制度安排等基本情况①

与家电下乡不同的是,汽车、摩托车下乡也具生产意义。汽车、摩托车在农村地区不仅是交通工具,更是重要的农产品运输工具、货客运工具。就汽车下乡的补贴对象说,主要是针对更换或者新购轻型货车或微型客车的农户发放补贴,每户限购一辆;原定的持续时间为一年,从2009年3月1日至12月31日。摩托车每户限购两辆,持续时间为2009年2月1日—2013年1月31日。后商务部宣布汽车下乡在2010年继续施行。

与家电下乡一样,汽车、摩托车下乡采取了相同的财政制度安排,采用了同样的补贴程序,不同的是,对汽车下乡的补贴,又最高限价一般为5000元,个别省份有所不同,如辽宁省最高达到8000元,而对摩托车仍按13%的比例补贴。这里不再赘述。

(2)汽车、摩托车的下乡基本成效②

自2009年4月至2009年12月31日,即2009年施行汽车、摩托车下乡政策期间,,四川省汽车、摩托车下乡产品销售达52.13万辆,销售额57.77亿元,兑付补贴金额5.9亿元。山东省共售出汽车、摩托车下乡产品56.28万辆,销售额达到107.04亿元,已兑付财政补贴9.56亿元,销售量呈逐月递增趋势,其中7-10月份平均每月销售7.5万辆;11—12月份每月销量均在10万辆以上。截至2009年8月底,河南省销售下乡补贴车辆155830辆,其中微型客车60159辆、轻型载货车11224辆、摩托车84443辆,销售额近32亿元,补贴金额3.3亿元,回收报废三轮汽车、低速货车70辆,补贴金额15万元;2010年1月,汽车、摩托车下乡销售5.13万辆、销售额9.75亿元,分别较2009年月均销量、月均销售额增长23%、15%;发放补贴1.38亿元,较2009年月均补贴额增长85%。2010年1月1日—2月20日,汽车以旧换新新车销售额、补贴额较2009年8-12月同比分别增长38%和36%。截至2月

① 整理自商务部网站。

② 该部分数据整理自中华人民共和国商务部网站及各地方商务厅网站。

20日，汽车以旧换新新车销售额1.02亿元、补贴资金1997万元。

截至2010年1月31日，江苏省累计销售汽车、摩托车下乡产品38.6万辆，累计销售金额47.3亿元，应补贴4.72亿元；全省已补贴36.5万辆，补贴金额4.45亿元。截至2009年底，安徽省销售汽车、摩托车下乡产品34.1万辆，销售金额48.1亿元，已发放补贴4.5亿元；汽车以旧换新共补贴653辆，发放补贴539.5万元；共补贴各类农机具10.9万台，拉动农机销售22.1亿元，补贴农民资金6.2亿元。重庆市销售下乡汽车2.7万辆、摩托车13.3万辆。黑龙江省汽车、摩托车下乡产品销售突破12万台，实现销售收入29.3亿元。浙江省截至2009年4月，累计销售下乡车辆51亿元，已领取补贴车辆21.64万辆，补贴近5亿元；以旧换新车辆1866辆，江西省全力推进汽车以旧换新，为1298辆汽车累计发放以旧换新补贴资金1029.7万元，购置新车金额合计8012.06万元。

(3)汽车、摩托车下乡过程中的问题

汽车、摩托拖车下乡过程中远低于预期的是报废车辆的补贴发放，主要原因是很多农村地区的车辆手续不全，其他问题也类似于家电下乡。

3. 建材下乡①

(1)建材下乡政策的背景

2010年1月中央1号文件提出，抓住当前农村建房快速增长和建筑材料供给充裕的时机，把支持农民建房作为扩大内需的重大举措，采取有效措施推动建材下乡，鼓励农民依法依规建设自用住房。而按照工信部的计划，2010年还将着手推动信息下乡、宽带下乡，启动轻纺等消费品的农村市场等一系列措施。

(2)建材下乡市场潜力

中国建筑材料流通协会对农村地区建材市场需求进行的抽样调查，调查抽取了北京、河北、湖北、江苏、重庆、广西、浙江、黑龙江8等省市12个自然村，这些调查的省市中，除北京、江苏两个省3个村的人均年收入接近或超过万元外，其他大部分村的收入都在5000元左右，人均年收入为6193元，略高于全国农村居民收入(5000元)；总共6372户中的580户拟建新房，比率为9%，根据2008年农村人口测算，得出2010年，全国约有1985.4万农户拟建新房。在此基础上，推出了建材下乡政策。

(3)建材下乡的实施

到2010年4月初，福建等省的建材下乡已经入调研阶段，山东省农房建设和危房改造工程已经启动一年。建材下相比家电、汽车、摩托车下乡存在产品种类繁多、难以统一确定的问题。另外由于拟建新房需要的款项比家电大，政策的可行性也受到各方质疑，是否能在全国推行有待观望。

(二)万村千乡工程及双百工程继续推进

1. 农家店网络覆盖面继续扩大

2009年全国新增并且验收的村级店31280个，自2005年开始，已经累计达到287360个，其中西部地区累计73070个，中部地区累计107998个，东部地区累计106292个。全国新建乡级店33947个，其中西、中、东部地区分别累计为11696个、13401个、8577个。全国新建配送中心93个，累计达到712个，其中，西、中 、东部地区分别达到236、313、163个。到2009年8月底，全国累计建设和改造的

① 整理自商务部网站。

连锁化农家店达到36万家，配送中心1186个，覆盖全国84%的县，71%的乡镇，44%的行政村，分别比2008年提高9%、22%、11%。以连锁经营、物流配送为代表的现代化流通方式在农村地区快速发展起来，健全的流通网络正在形成。①

2. 更注重现有网络的整合

各级农家店在农超对接、展开网络综合服务功能上面作了有益的探索，代理销售邮政、电信、药品业务，2009年上半年销售额分别达到2.4亿元、6.2亿元、3.2亿元。

3. 信息化在万村千乡工程中的推广

信息化建设的主要内容有三个方面：主要针对配送中心、农家店承办企业经营管理信息平台；主要针对商务主管部门监测能力的信息报送管理平台；针对农家店潜在信息服务功能的为农服务信息平台。2009年10月，商务部市场建设司发布《推进"万村千乡市场工程"信息化建设通知》，通知中指出，尽管农村流通网络基本形成，但是流通效率低、成本高等问题日益凸显，成为制约农村现代流通发展的重要因素，而信息化建设有益于提高承办企业、农家店和配送中心信息化管理水平，有利于降低流通成本、强化农村商品配送能力、确保商品质量、拓展服务功能。

（者倩）

① 数据来源：中华人民共和国是商务部网站万村千乡工程专题网站。

第十四章　海外零售业概览

一、美国篇

(一)2009—2010年度美国经济概况

1. 经济整体显现逐步复苏迹象

2008—2009年上半期,金融危机从美国蔓延至世界主要经济体,并向实体经济扩散,出现严重经济衰退,2008年第三季度到2009年第二季度,经济增长率一直为负数,在2009年第一季度达到-6.4%。这是美国经济几十年未曾遇到的情况。2009年下半年,美国经济逐渐停止衰退,逐渐回升。2009年全年,美国经济增长率为0.18%。美国通货膨胀率在2008年9月以后直线下降,之后长期处于负值,反映了经济的低迷;到2009年11月才开始回升,与经济复苏的迹象一致。美国道琼斯指数的月均值也从2008年最低点时的8131点反弹了3073点,一年内上升了37.79%. 这充分显示了市场对美国经济的信心也开始回升。商业信心指数恢复到了经济危机之前的水平,并且比2007年1月的49.2还要高出近10个点,在2010年3月,达到59.60。

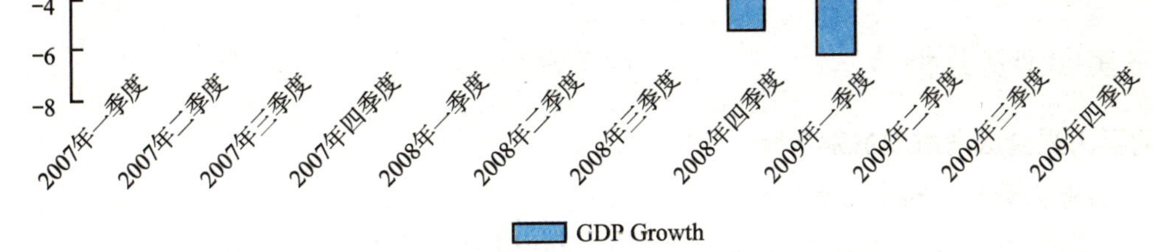

图14-1　2007—2009年美国实际GDP增长率

资料来源:美国经济分析局。

2. 失业率持续上升、消费者信心低迷，未来经济增长乏力

虽然经济止跌回升，但是美国失业率却一直没有降低的迹象。从2008年年初的5%开始，失业率持续上升至9%以上，之后一直维持在9%以上的水平。尽管GDP增长率已经为正值，并在2009年第四季度达到5.6%，失业率却在同一时期达到了10%，创下美国自20世纪30年代大萧条以来的最高纪录。失业率的居高不下直接导致消费者信心的低迷。2007年上半年，美国消费者信心指数一直维持在100以上，2008年12月最低至38.8，2009年2月甚至达到26.9，之后一直维持在50左右，并没有随着GDP回升而上升。而美国经济增长中，私人消费的贡献一直是最大的，2005—2007年一直在50%以上，失业率居高不下、消费者信心不振对美国经济将产生较大负面影响。

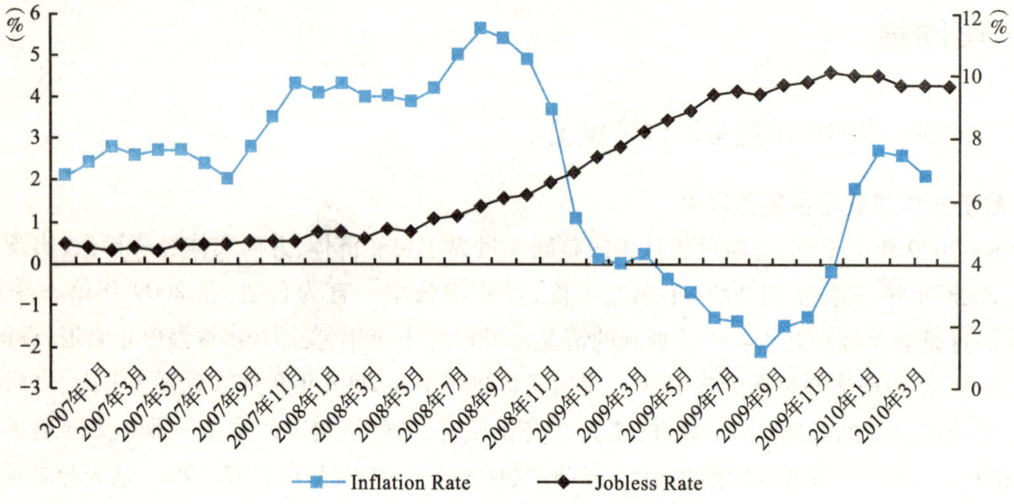

图14－2　2007—2010年美国失业率和通货膨胀率

资料来源：美国经济分析局。

3. 财政赤字、债务水平飙升，或影响经济持续健康发展

在美国政府不遗余力挽救这场危机的同时，美国政府的赤字也不容忽视。预计2010年美国政府赤字将达到GDP的10%，而奥巴马政府预计国家债务将从现在占国民总产出64%上升到2020年的占国民总产出77%。市场普遍持有通胀预期，美联储为了降低通胀，有可能被迫加息，这可能影响美国经济的复苏。而政府赤字和债务的飙升意味着未来美国企业或公民税收负担势必加重，这也是未来美国经济增长的不利因素。

(二)美国消费分析

1. 购买力受金融危机的影响下降

(1)总就业人数比危机前显著降低

虽然从就业人数的变化趋势看，就业的形势已得到缓解，失业率没有继续上升。但是从绝对就业人数上看，2008年1月就业人口达到13794.1万人，2010年1月却仅为12960.2万人，2010年3月为12975万人。也就是说，这期间失去工作的人达到800万人以上，这对购买力的影响不容忽视。

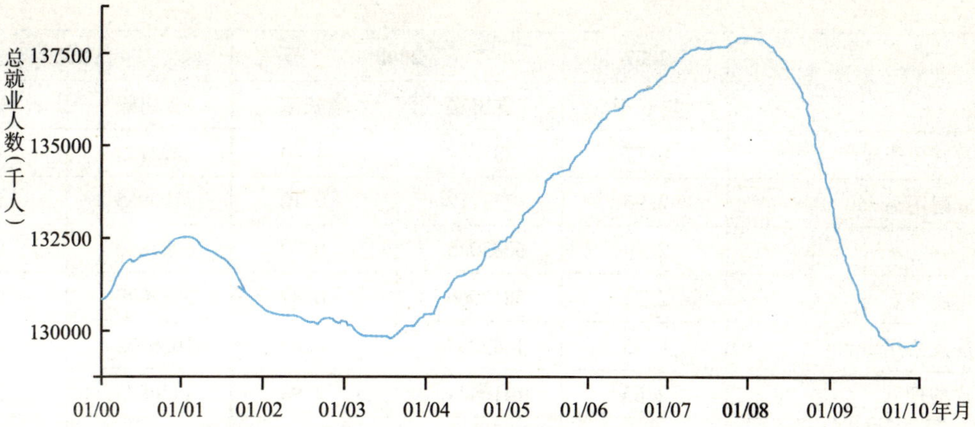

图 14－3　美国就业总人口趋势

资料来源：美国劳工统计局。

（2）可支配收入的变化趋势不容乐观

2009 年，美国的个人可支配收入并没有下降，反而略微增长，从 2008 年的 108064 亿美元到 2009 年的 109236 亿美元，增长了 1172 亿美元，增幅为 1.08%。而这主要来自于政府的税收的下降，2008 年个人所得税 14324 亿美元，2009 年仅为 11025 亿美元，下降了近 3000 亿美元，降幅近 30%。总的个人收入从 2008 年 122388 亿美元下降为 120261 亿美元，减少 2127 亿美元。其中工资和薪酬收入下降较多，2008 年工资性收入为 65459 亿美元，而 2009 年仅为 62841 亿美元，减少 2618 亿美元，下降 4 个百分点。截至 2009 年年底，美国个人储蓄占可支配收入比重达到 4.3%，而 2008 年这一比值为 2.7%。

2. 消费支出及其结构

伴随着经济危机，美国居民的消费支出连续下降，2008 年降幅为 0.25%，2009 年降幅为 6%。支出的结构变化很大，其中耐用品中的汽车及零部件消费下降尤其明显，2008 年达到 13.65%，2009 年为 8.71%。但是，对服务的支出仍然保持微量增长。

表 14－1　　2007—2009 年美国根据产品主要类型划分的个人消费支出　　单位：百万美元，%

	2007	2008		2009	
	增长率	支出额	增长率	支出额	增长率
个人消费支出	2.65	9290883	－0.25	9235077	－0.60
商品	3.15	3205973	－2.07	3144155	－1.93
耐用品	4.30	1146310	－4.47	1101360	－3.92
汽车及零部件	1.45	347464	－13.65	317208	－8.71
家具陈设及耐用家电	2.04	275499	－2.86	259360	－5.86
娱乐商品及工具	11.42	403001	5.38	411723	2.16
其他耐用品	0.85	128047	－4.80	124197	－3.01
非耐用品	2.53	2057256	－0.85	2036975	－0.99
食品及饮料备用消费	2.10	700731	0.01	697382	－0.48
衣物及鞋类	4.36	345018	－0.26	330076	－4.33

续表

	2007	2008		2009	
	增长率	支出额	增长率	支出额	增长率
汽油及其他能源产品	0.77	287444	-4.40	292723	1.84
其他非耐用品	2.96	728712	-0.10	720065	-1.19
服务	2.39	6083085	0.70	6087840	0.08
居住类服务支出	2.32	5817566	0.37	5831079	0.23
住房及公用事业	0.93	1647242	0.95	1656732	0.58
医疗护理	2.65	1416431	2.98	1446885	2.15
交通	1.18	273792	-5.05	263737	-3.67
休闲及娱乐	3.71	349809	-0.05	345267	-1.30
餐饮和住宿	1.12	545402	-0.41	529681	-2.88
金融服务和保险	5.01	759761	-1.62	756534	-0.42
其他服务	2.81	825682	-0.65	833271	0.92

资料来源：美国经济分析局。

（三）美国零售业分析

1. 零售业在经济危机中受冲击较大，慢于总体经济复苏

从2008年下半年开始，零售总额开始迅速下降，零售业受影响的程度大于经济总体水平，反应速度略慢于总体经济。2009年，包括汽车及其零部件的零售额下降6.99个百分点，而经济总体已经上升0.18个百分点。2008年经济下滑1.83个百分点，而包括汽车及其零部件的零售额下降仅0.87个百分点，不包括汽车及其零部件的零售额上升2.56个百分点。

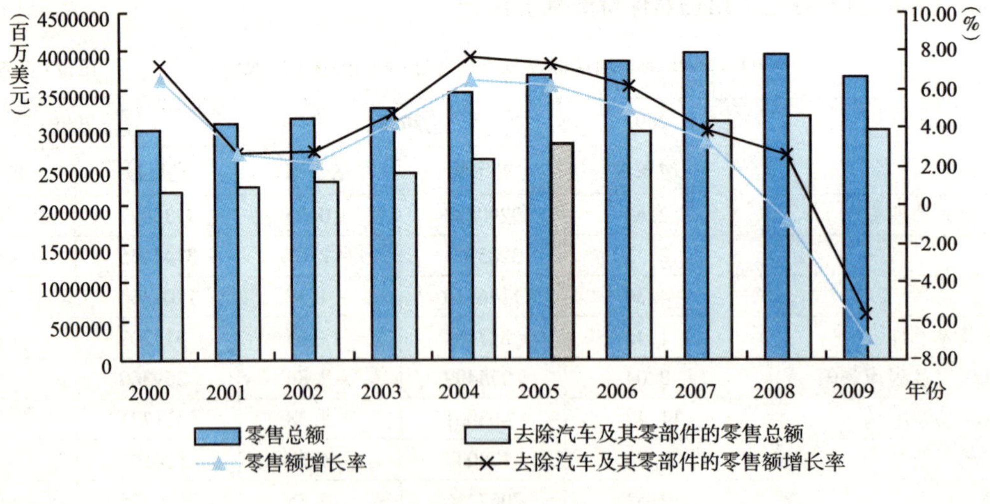

图14-4　2000—2009年美国零售总额及增长率

资料来源：美国经济分析局。

2. 零售业各个业态情况

就业态来看,汽车、家具及家具用品店、建材店、非折扣百货店受到的冲击最大,销售额降幅都超过 10 个百分点,另外受冲击较为严重的是电视等家用电器、男女服装店、百货店。危机中,食品和饮料的销售额与以往基本持平,药店反而有所上升,无店铺销售,特别是网购表现抢眼。仓储俱乐部和大型超市业绩也保持了增长。反映在公司层面上,Kroger 在 2009 年的净收入、每股收入和股息非常优越,甚至超越了 Wal - mart,美国大型折扣百货连锁 Target 在 2009 年 6 月的销售较 2008 年滑落 6.2%。而大型网络零售商 Amazon 在 2009 年销售额超过 240 亿美元,2009 年 Amazon 在北美地区收入较 2008 年增长 12%,在全球增长 31%。家电领域,只有 Best Buy 表现得较好,因其在 2007 年与苹果确定了合作伙伴关系,2008 年成为特许经营苹果的零售店以及其在移动商店上的发展。

表 14 - 2　　2007—2009 年美国零售业不同业态或产品的销售额及增长率　　单位:百万美元,%

序号	业　态	2007 年	2008 年		2009 年	
		销售额	销售额	增长率	销售额	增长率
1	汽车和零部件交易商	906923	792899	- 12.57	696509	- 12.16
	汽车	758915	645761	- 14.91	554716	- 14.10
	新车交易	677189	569777	- 15.86	486932	- 14.54
	旧车交易	81726	75984	- 7.03	67784	- 10.79
	汽车零部件和轮胎店等	76744	78649	2.48	77307	- 1.71
2	家具及家居	115349	105533	- 8.51	93976	- 10.95
3	家用电器	111893	111081	- 0.73	102194	- 8.00
	电视等电器店	84964	84595	- 0.43	77587	- 8.28
	电脑及软件店	23293	22896	- 1.70	22111	- 3.43
4	建筑及园艺设备供应商	335456	323279	- 3.63	286046	- 11.52
	建筑商	293947	274882	- 6.49	238326	- 13.30
5	食品和饮料	559625	587711	5.02	589553	0.31
	杂货店	500481	526464	5.19	526224	- 0.05
	超市和其他杂货商店(除便利店)	468578	492296	5.06	490994	- 0.26
	啤酒、红酒和白酒商店	38848	41286	6.28	41688	0.97
6	健康和个人护理	236383	245752	3.96	253693	3.23
	药店	197682	203773	3.08	210719	3.41
7	加油站	436976	478851	9.58	361479	- 24.51
8	服装和服饰商店	221097	215962	- 2.32	208526	- 3.44
	服装店	162125	158631	- 2.16	153262	- 3.38
	男性服装店	10046	9545	- 4.99	8856	- 7.22

续表

序号	业态	2007年	2008年		2009年	
		销售额	销售额	增长率	销售额	增长率
	女性服装店	39345	37821	-3.87	35068	-7.28
	家庭服装店	84153	83204	-1.13	81709	-1.80
	鞋店	26665	26830	0.62	25862	-3.61
	珠宝店	30103	28267	-6.10	27164	-3.90
9	运动用品、业务爱好、书和音乐	86906	87709	0.92	87163	-0.62
	运动用品店	36281	37104	2.27	37390	0.77
	爱好、玩具和游戏商店	17023	18158	6.67	19591	7.89
	书店	16983	16744	-1.41	16600	-0.86
10	大众商店	576960	596044	3.31	594426	-0.27
	百货商店(除L.D)	209679	200002	-4.62	188237	-5.88
	折扣百货店	128677	124631	-3.14	122065	-2.06
	非折扣百货店	81002	75371	-6.95	66172	-12.20
	百货商店(包括L.D)	215864	206121	-4.51	193275	-6.23
	其他大众商店	367281	396042	7.83	406189	2.56
	仓储俱乐部和大型超市	323786	351223	8.47	359637	2.40
11	杂项零售点	117447	117549	0.09	114205	-2.84
	办公设备、文具、礼品店	42040	39378	-6.33	38361	-2.58
12	二手货物商店	11954	12586	5.29	12826	1.91
13	无店铺零售	289808	297587	2.68	295401	-0.73
	网上购物及邮购	199199	204244	2.53	212736	4.16
	燃烧汽油	42506	47097	10.80	37198	-21.02

资料来源：美国商务部。

3. 美国零售业利润及就业情况

2008年四季度，美国零售业利润797亿美元；2009年零售业的估计利润为3648亿美元，其中一季度831亿，二季度951亿，三季度988亿，四季度878亿。排除季节性因素的考虑，可以看出，尽管形势没有明显好转，且不太稳定，但是零售业正在逐步走出衰退的阴影。

2009年零售业平均就业人数下降明显，据美国劳工部统计，2007年零售部门吸纳就业1552万人，2008年约为1528万人，2009年约1453万人。相比就业人口的下降，零售部门非管理层员工的时薪并没有减少，只是上涨速度变慢。从2007年1月约为12.66美元每小时到2008年1月12.77每小时，2010年1月12.95每小时；从2008年开始增速分别为0.87%、1.41%、1.78%。可见随着零售业的逐步复苏以及通胀率的回升，零售业普通员工的薪酬也在增加。

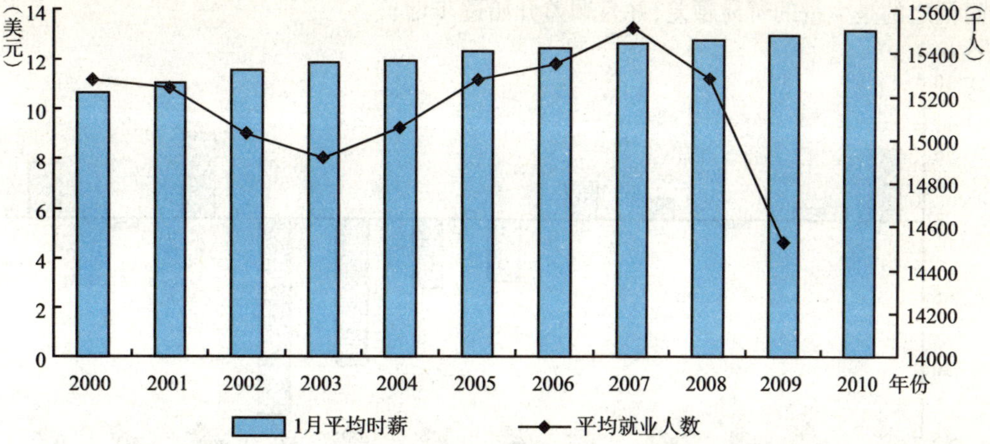

图 14-5 2000—2010 年美国零售业就业人数及每年 1 月平均时薪

资料来源:美国劳工统计局。

二、日本篇

(一)宏观经济

1. 宏观经济受经济危机影响严重

(1)GDP 连续两年负增长

日本的经济在经历了 2002—2006 年的较快速度连续增长后,2007 年增速逐渐放缓,2007 年 GDP 增长率降至 1.73%,并开始在三季度出现轻微的负增长。在 2008 年全年 GDP 为 -4.23%,2009 年全年为 -1.13%。在 2008 年四季度和 2009 年一季度,GDP 连续出现负增长 10% 以上,这在日本 91 年后的经济中绝无仅有。造成 GDP 显著放缓的原因主要在两个方面:出口受世界经济衰退影响严重以及企业投资降低。

日本经济衰退幅度超过了所有的发达经济体。原因之一是日本经济长时间的低利率使得危机中的货币政策可操作空间很小,而日本公共债务达到 GDP 的 175% 以上,导致财政政策的可行性极低,且蕴藏极大风险。与其他发达经济不同的还有一个原因是日本政局,日本首相走马灯似的更换,首相宣布的财政刺激政策一再遭到议会的削减,而且通过的刺激计划都执行得很缓慢。

2009 年后半期,日本经济开始出现正的增长,但仍不稳定。2010 年年初经济增长 3.2%,回暖主要原因是世界经济环境普遍好转带来出口的反弹以及公司投资增加。

(2)贸易额严重降低,但出现增长趋势

日本经济对国际贸易依赖很大,而自从金融危机爆发后,也就是从 2008 年 9 月开始,日本进出口贸易总体迅速下降,最低时只相当于 2007 年平均水平的一半不到。从 2008 年 8 月开始到 2009 年 2 月,日本净出口连续出现负值,这在长期贸易顺差的日本极为少见,相似的情况只在 20 多年前出现过,其中 2009 年 1 月出口比 2008 年同期下降 45% 以上,2 月甚至降低了 49%。日本几大出口企业,如索尼、松下、丰田等对中国、美国出口显著下降,丰田宣布集团利润下降 70%。

自 2009 年后半期开始,随着日本的主要出口国——中国和美国的经济开始回暖,日本贸易逆差消失，取而代之的是少量的贸易顺差，并且顺差开始逐步增长。

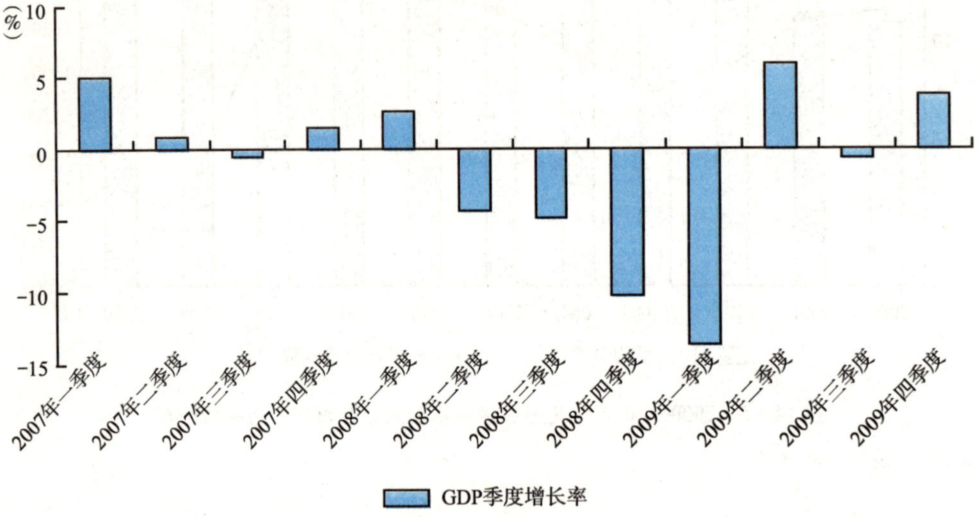

图 14－6　2007—2009 年日本 GDP 季度增长率

资料来源：日本内阁府统计资料。

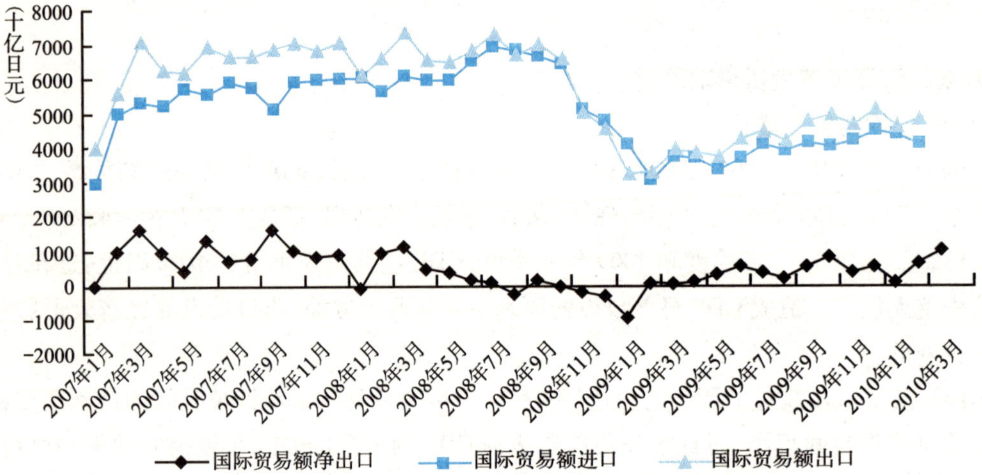

图 14－7　2007—2010 年日本国际贸易进出口额变动趋势

资料来源：日本内阁府统计资料。

2. 陷入通货紧缩

日本长期以来通货膨胀较低，2005 年度消费者物价指数为－0. 3%，2006 年为 0. 3%，2007 年前三季度一直在－0.5%～0%之间徘徊，从 2007 年四季度开始，通胀率上升，到 2008 年三季度达到 2%以上。该阶段的通胀主要是受国际石油价格飙升、日本主要进口大宗产品价格上升等影响。经济危机后，通胀率一路下跌，长达一年的时间一直为负值，而在 2009 年 7—10 月的连续四个月的时间里为－2%以下，形成了严重的通货紧缩。尽管极低的利率水平已经维持了近一年，日本央行也计划较长时间内保持 0. 1 的利率，但通货紧缩依然严峻。在 2009 年后半期，紧缩程度在放缓，显示好转迹象，有望在 2010 年回归正值。

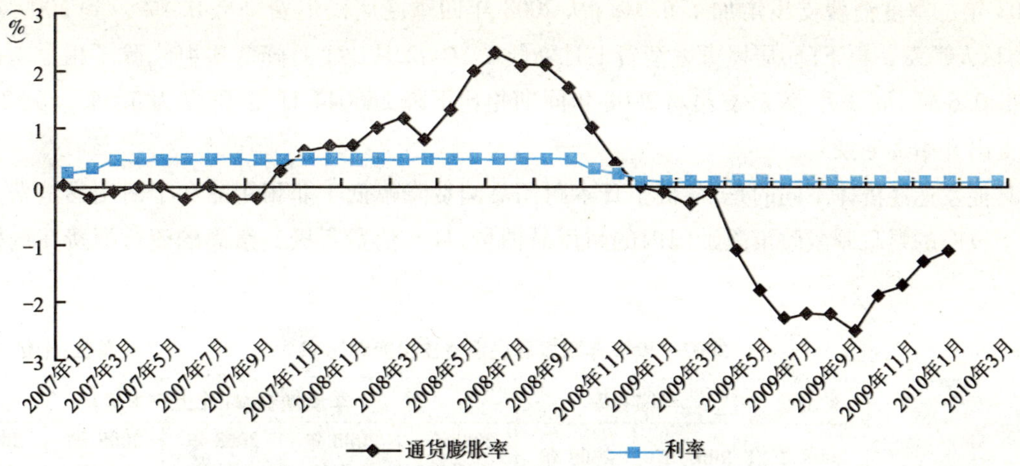

图 14-8 2007—2010 年日本利率及通货膨胀率月度数据

资料来源:日本内阁府统计资料。

3. 劳动力市场受影响较小

与日本大额的 GDP 负值和严重通货紧缩相比,日本劳动力市场在危机中受到的影响极小。与主要发达国家相比失业率上升幅度也较小,危机前后上升幅度仅在 1.5% 左右。2005、2006 年日本失业率分别为 4.4% 和 4.1%;2007 全年失业率下降到 4% 以下;2008 年年初到 9 月一直在 0.4% 左右;从 2008 年 9 月—2009 年 7 月,失业率持续上升,一直达到最高值 5.6%;之后失业率开始缓慢下降,到 2010 年 1 月降至 4.9%。危机中日本较低的失业率增长幅度与其独特的企业文化和企业制度相关,在危机时裁员相对其他经济体较少。

(二)日本的消费

1. 居民可支配收入降幅明显

2008、2009 年日本居民可支配收入持续下降。工资性收入在 2008 年年初小幅下降,2008 年日本全职员工的冬季奖金降低 2.9%,而这部分收入占到日本员工工资的 10%。在 2009 年后开始明显下降,2009 年 3 月工资性收入同比下降 295494 日元,降幅为 1.0%。

表 14-3　　2005—2008 年日本居民可支配收入、工资性收入总额及占比　　单位:十亿日元,%

	2005 年	2006 年	2007 年	2008 年
可支配收入	545316.8	553582.2	566452.0	549331.6
比上年同期增长		1.52	2.32	-3.02
工资性收入	222033.5	226230.7	223975.5	224744.3
比上年同期增长		1.89	-1.00	0.34

资料来源:日本内阁府统计资料。

2. 居民消费支出降低,非耐用品受影响最大

连续的低通胀率增加了居民购买力,同时政府的刺激计划里包括给每个家庭提供至少 12000 日元。2008 年二季度消费支出增加了 0.3%，从 2008 年四季度居民消费降低 0.4%。到 2009 年上半年，日本私人消费一再下降，居民家庭消费 1 月降低 1.1%，2 月比 1 月降低 0.4%，除了租金支付外的消费降低 0.6%。到 3 月，家庭支出与 2008 年同期相比下降 266044 日元，降幅为 3.5%。到 2009 年后半期支出开始逐渐恢复。

与其他发达经济体不同的是，危机中日本耐用品消费降幅低于非耐用品和半耐用品消费。这主要是由于政府的财政刺激政策激励国内的耐用品消费，日本消费者极其崇尚的流行消费在危机中受到影响。

表 14－4　2007—2008 年日本居民消费支出变动比率　单位：十亿日元，%

	支出额	年增长率		季度增长率（比上一季度）				
	2008 年	2007 年	2008 年	2008 年 1 季度	2008 年 2 季度	2008 年 3 季度	2008 年 4 季度	2009 年 1 季度
国内最终消费支出	317241.0	3.6	1.6	－1.1	－2.1	2.2	1.8	－3.4
耐用品	54270.0	18.6	19.6	12.3	－6.1	7.1	5.9	－0.8
半耐用品	22594.1	－0.2	－2.2	－3.5	－9.1	0.9	8.0	－6.4
非耐用品	73432.5	1.1	－3.1	－9.2	1.3	0.7	2.4	－7.5
服务	166944.5	1.7	－0.6	－0.7	－1.3	1.6	－0.6	－2.1

资料来源：日本内阁府统计资料。

（三）日本零售业发展情况

1. 总体情况不容乐观

自 2008 年 7 月后，日本零售业受经济危机冲击严重，销售总额、利润率、从业人员连续下降。总的来说，零售业受到的冲击远小于批发。随后零售业又在萧条中度过了 2009 年，直至 2009 年年末 2010 年年初，零售额连续三个月回升，在 2 月同比增长 4.2%，政府刺激计划以及物价持续走低增强了消费者信心。

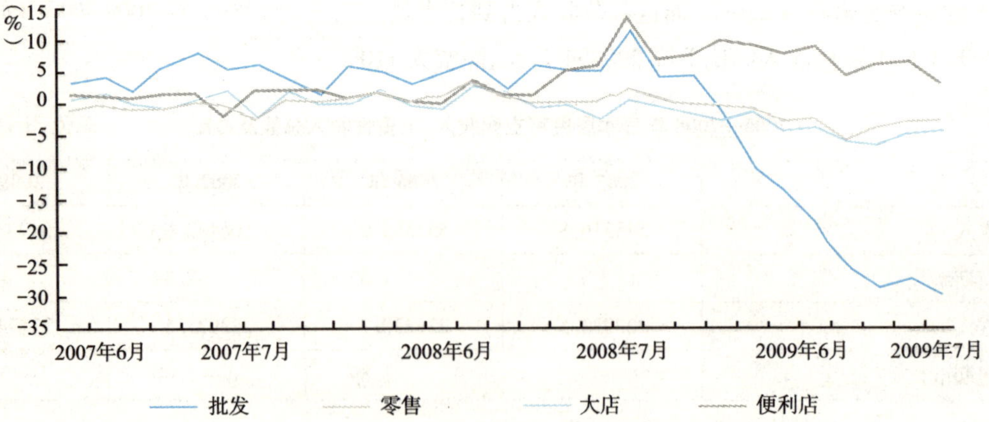

图 14－9　2007—2009 年日本商业交易额趋势

资料来源：日本经济产业省 2009 年度报告。

危机对零售业内各业态影响很不一致,百货店形势最为严峻,超市其次,便利店在危机中依然保持增长,而无店铺零售在日本发展迅速。零售市场份额中占比最大的仍是专业店。

2. 业态发展动向

(1)百货店持续走低

日本百货业自 2003 年以来行业内全面改革,但是表现一直不好,2006—2007 年各项指标均为负值,2008 年以来更是下降明显。店铺数量、营业额、营业面积、员工数都在下降。

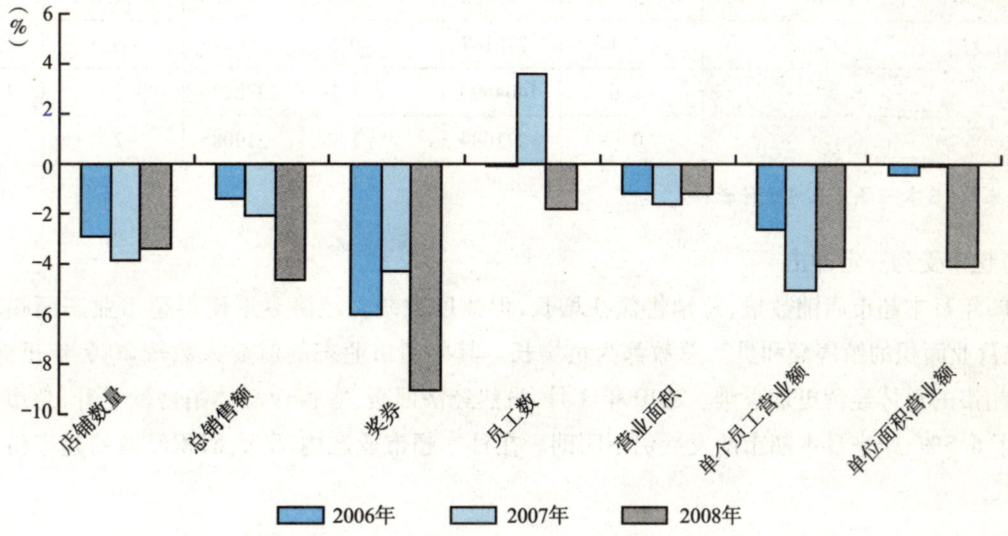

图 14－10　2006—2008 年日本百货业基本情况

资料来源:日本经济产业省统计资料。

2008 年百货业除食品以外的所有类别产品销售额全线下降,其中衣物类下降十分迅速。这除了经济本身不景气带来的消费下降,还有其他业态对百货业态主要商品的争夺。百货店的服装和饰品销售一直占总销售额的 50% 左右,但是以 2006—2008 年的趋势可以看出,服装的占比一直在下降,从 2006 年的 50.5% 下降为 2008 年的 49%。家居和家电降幅在 10% 以上,但是其所占比重较小,对整体影响贡献不大。

表 14－5　　2006—2008 年日本百货业态按产品分类的销售额及其增长率　　单位:百万日元,%

		2006 年		2007 年		2008 年	
		增长率	销售额	增长率	销售额	增长率	销售额
总销售额		－1.4	8643991	－2.1	8465218	－4.6	8078722
服装		－1.4	4365591	－2.9	4239563	－6.6	3960885
	男士	－2.2	647558	－2.6	630872	－6.1	592089
	女士及儿童	－1.6	2381129	－4	2286164	－6.7	2131930
	其他	－5.5	255402	－3	247621	－6.3	232082
	饰品	0.5	1081501	－0.6	1074906	－6.5	1004784

续表

		2006 年		2007 年		2008 年	
		增长率	销售额	增长率	销售额	增长率	销售额
食物和饮料		-0.6	2197208	-1.2	2170772	0.1	2173185
其他		-2	2081192	-1.3	2054883	-5.4	1944652
	家居	-9.9	140827	-2	138030	-12.4	120865
	家用电器	-5.9	43923	-5.5	41520	-11.6	36722
	家用设配	-0.4	270167	-0.8	268012	-5.3	253843
	其他	-1.6	1404590	-1.2	1388236	-5	1318595
	餐饮	0	221684	-1.2	219085	-2	214626

资料来源：日本经济产业省统计资料。

(2)超市受到一定冲击

2008 年日本超市店铺数量、总销售额在增长，但速度放缓。经济衰退使得超市业态面临较大压力，单位营业面积的销售额和员工总数都为负增长。其中超市业态的就业人数较 2007 年迅速下跌。2009 年超市的总体经营更加艰难。2010 年 3 月，虽然经济回暖、零售业总体销售额上升，超市销售额仍下降了 6.5%，未来日本超市的发展仍不明朗。在日本超市业态内部，大面积经营的超市份额连续几年增长。

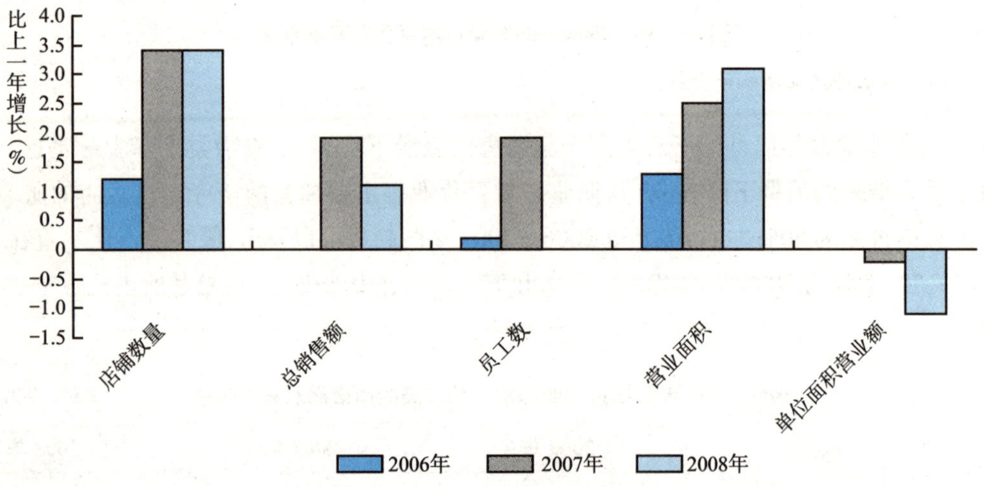

图 14-11　2006—2008 年日本超市业态基本情况

资料来源：日本经济产业省统计资料。

在超市销售额增速降低的过程中，服装、家居的下降最为严重。2008 年食品类销售占了日本超市销售额的 62%，这一比重较高，且比 2007、2006 年有增长趋势。超市家电的销售也有所增加。

(3)便利店发展良好

2008 年日本便利店销售额增长达到 6.1%，是满布阴霾的日本零售业中一道亮丽的风景。由于日本商业法规的限制，便利店具有营业时间上的绝对优势，并且深入社区，也符合日本人的消费行为习惯。便利店的发展已经成为日本零售业的标志之一。2008 年便利店的销售增长中非食品类商品增长比 2007 年增长 16.9%，而食品类增长速度较温和，非食品类商品中烟草的销售有很大贡献。

表 14－6　　2006—2008 年日本超市业态按产品分类的销售额及其增长率　　单位：百万日元，%

	2006 年		2007 年		2008 年	
	销售额	增长率	销售额	增长率	销售额	增长率
总销售额	12500985	－0.5	12733557	1.9	12872378	1.1
服装	2077024	－5.2	2024213	－2.5	1903242	－6
男士	426854	－4.2	421118	－1.3	409493	－2.8
女士、儿童	1060437	－5.8	1023857	－3.4	964990	－5.7
其他	222172	－6	217207	－2.2	184447	－15.1
饰品	367561	－3.7	362032	－1.5	344311	－4.9
食物和饮料	7471397	0.5	7696097	3	7983370	3.7
其他	2952563	0.4	3013248	2.1	2985766	－0.9
家居	127787	－8.5	118904	－7	110503	－7.1
家用电器	231930	－5	245455	5.8	249890	1.8
家用设配	466675	1	470197	0.8	477681	1.6
其他	2087139	1.7	2141293	2.6	2112666	－1.3
餐饮	39033	－9.7	37398	－4.2	35027	－6.3

资料来源：日本经济产业省统计资料。

表 14－7　　2006—2008 年日本便利店总体情况、各类交易额及其增长率　　单位：百万日元，%

	2006 年		2007 年		2008 年	
	销售额	增长率	销售额	增长率	销售额	增长率
店面总数	40183	1.50	40405	0.60	40745	0.80
总销售额	7399009	0.50	7489523	1.20	7942692	6.10
商品	7106507	0.90	7176708	1.00	7620274	6.20
快餐和日常餐	2676546	1.90	2708618	1.20	2755541	1.70
加工食品	2386596	－1.80	2385302	－0.10	2430733	1.90
非食品	2043365	2.90	2082788	1.90	2434000	16.90
服务	292502	－7.80	312815	6.90	322418	3.10

资料来源：日本经济产业省统计资料。

2009 年中，便利店增长出现下滑，销售额降低至 76200 亿日元，比 2008 年下降 4.1%。在 2009 年 6 月，便利店销售较上年同期出现轻微的下降，而在 2010 年 3 月则下降了 4.9%。下降的原因是连续的客流量降低和每客消费降低。从 2009 年 7 月开始，便利店客流量连续 9 个月降低，到 2010 年 3 月，比上年同期下降1.6%，同时，每客消费量仅为566.6日元，已经连续16个月降低。

便利店近几年在日本一直持续发展，并且日本便利店零售商开始向新兴经济体寻找扩张的市场，2009年4月有消息称日本最大便利店连锁集团SEVEN&ELEVEN计划在印度尼西亚开店。

(4)无店铺零售不断增长

日本有发达的无店铺零售市场，在2000年该市场销售总额超过20000亿日元，到2007年超过了40000亿日元，其中发展最迅速的当属网购市场，在8年的时间内增长了近10倍。在日本网购市场中，主要商品有书籍报刊、音像制品、个人电脑及其硬件、直接运送的地方土特产、食物、酒类、饮料以及化妆品类。

日本无店铺零售中的目录购物份额降绝对值和份额都在降低。在2009年，手机终端逐渐加入了多项功能，随着手机终端与网络的融合，移动电话购物未来潜力可观。

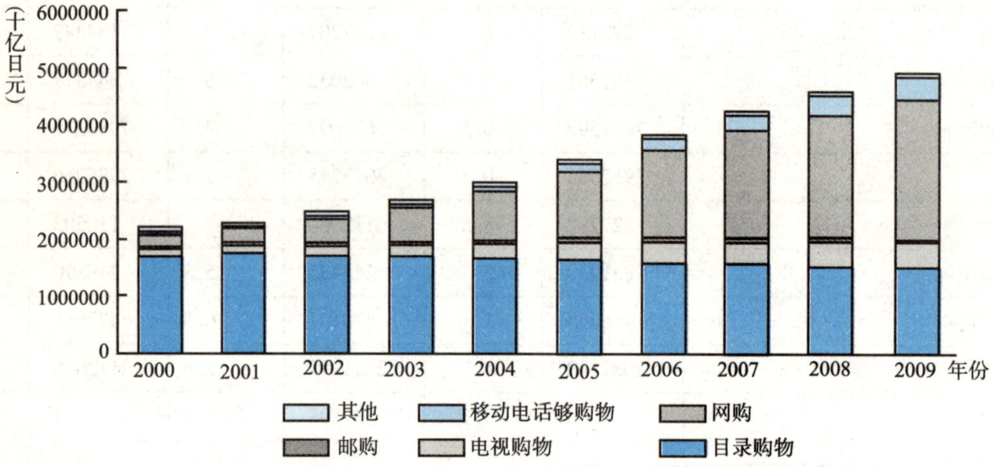

图14-12 2000—2009年日本各类别无店铺零售交易额

资料来源：www. investjapan. org《Attractive Sector：Retail》。

三、英国篇

(一)英国宏观经济概况

1. 2009—2010年英国经济经历最严重衰退后开始企稳回升

2008年开始的经济危机对英国影响颇为严重，英国的服务业占GDP的70%以上，其中金融部门在服务业中占比较高，2008年的金融危机很快就蔓延到了英国，使其经历了自“二战”以来最严重的衰退。从2009年7月开始，失业率一直徘徊在7.8%～7.9%，到2010年2月，甚至达到了8%，这是英国自1997年以来失业率的新高。但是，相比美国的9.7%和欧元区的10%失业率来说，情况稍好。

2009年，英国经济基本经历了从严重的衰退到开始走向复苏的过程。从2008年第二季度开始到2009年第三季度一年半的时间里，英国经济一直处于负增长，且下降的速度非常快，在2009年第一季度达到近2.6%，这对于经济长期增长较缓慢的英国来说，打击不小。从2009年第四季度开始，英国经济开始复苏,增长0.4%。

经济的复苏主要得益于英国政府的扩张性财政政策和货币政策。为了刺激消费和投资,政府部门一方面采取多种减税措施,一方面扩大公共支出,同时利率从2008年上半年的5%以上一直降到了0.5%,并且这样极低的利率保持了将近一年。从各部门看,2009年第四季度服务部门产出增长了0.5%,是自2008年第一季度以来最大增幅,工业增长了0.4%。从贡献上看,居民消费增长对GDP增长的贡献也是2008年第一季度以来最好的表现。而政府部门支出在这一季度增加了1.2%,相反的是固定资产投资降低了3.1%。

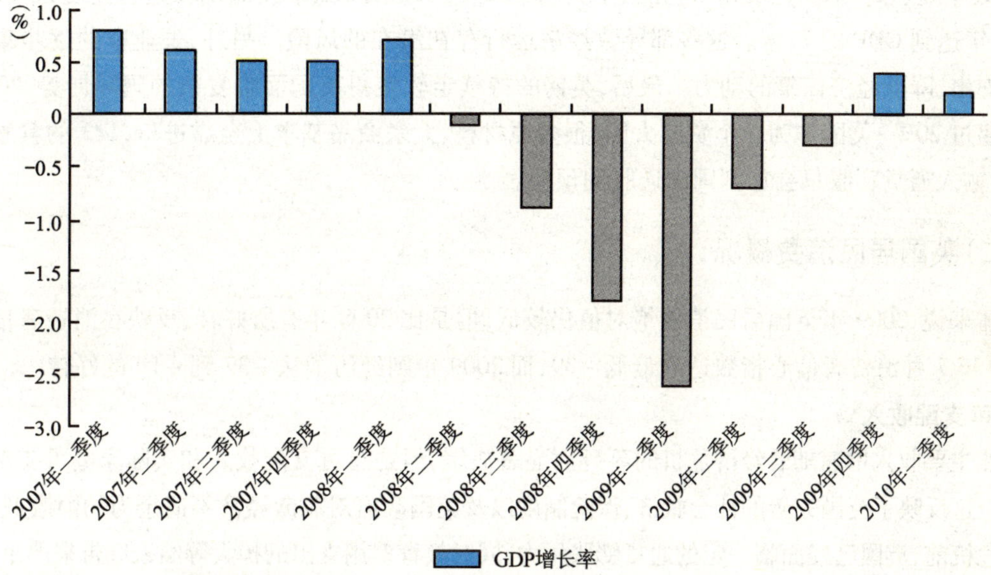

图14-13　英国2007年一季度到2010年一季度GDP增长率

数据来源:英国国家统计局。

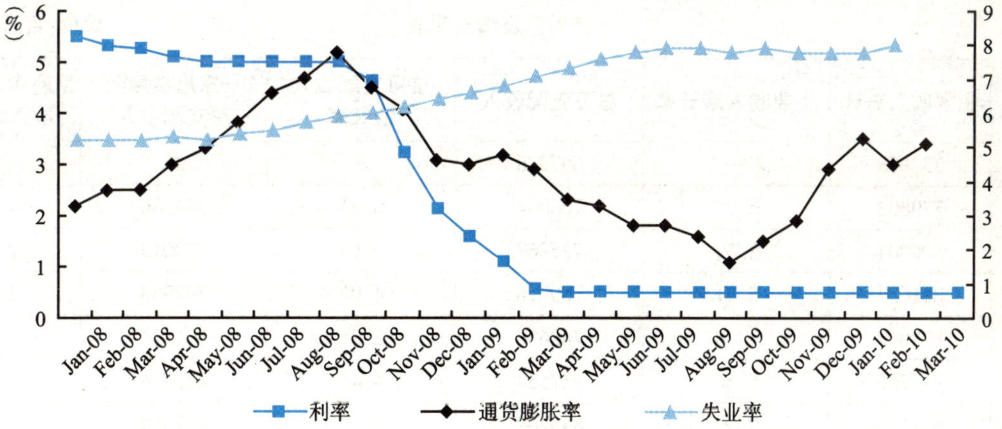

图14-14　2008年1月—2010年3月英国利率、通货膨胀率及失业率趋势

数据来源:英国国家统计局。

2. 经济复苏的增速放缓，且存在诸多问题

增速放缓表现在2010年一季度增长率仅为0.2%，较上一季度降低了0.2个百分点，也比各界估计的低了一半。占经济17%的制造部门增长了0.7%，而占经济76%的服务部门仅增长76%，工程建筑下降了0.7个百分点。

存在的问题有几个方面：首先，低利率政策的背后隐藏着通货膨胀的风险，0.5%的利率实施半年以后，也就是在2009年8月左右，通货膨胀率开始止跌回升，目前已经达到了3%以上，这超过了英国政府设定的目标，并且在2010年年初的三个月里就超过了两次。其次，据估计，英国公共购买将在2010财政年度达到1780亿英镑，这相当于英国GDP的12.6%，如果按照现在这种速度，财政负债将在2013年达到GDP的77%。这些都导致经济运行存在潜在的风险。另外，失业率的逐步攀升降低了消费支出，降低经济恢复的动力。最后，英镑的持续走软使得英国面临复杂的国际局势，2008年英镑贬值超过20%；英国作为一个贸易大国，很多原材料、大宗商品基本上全靠进口，1/3的食物也靠进口，英镑输入通货膨胀只会加剧国内通胀的预期。

（二）英国居民消费概况

总体来说，2009年英国居民消费绝对值仍较低，但是比2008年有所好转，反映在消费者信心指数上，2008年7月消费者信心指数达到最低-39，而2009年则经历了从-37到-19的好转。

1. 可支配收入

虽然主要收入增速随着经济危机的蔓延而显著放缓，但是总可支配收入和实际家庭可支配收入不减反增。这反映了英国完善的社会救济、保险制度以及英国政府对刺激经济不遗余力的财政政策支持。在金融危机前，英国已经面临一定的通货膨胀压力，同时教育费用支出的扩大等给家庭带来严重负担，名义偿债能力下降。在2008年金融危机出现后，英国政府逐渐采取减税等措施降低了家庭的支出、税负等，同时利率降低，导致家庭可支配收入增长率从2007年的0.46%增长到2009年的3.23%。

表14-8　2000—2009年英国居民主要收入、总可支配收入、家庭实际可支配收入的绝对额及增长率表

单位：百万英镑，%

年份	主要收入总计	主要收入增长率	总可支配收入	总可支配收入增长率	家庭实际可支配收入	家庭实际可支配收入增长率
2000	733678	—	657288	—	722515	—
2001	779808	6.29	700094	6.51	754606	4.44
2002	800004	2.59	725267	3.60	770013	2.04
2003	841654	5.21	760916	4.92	792958	2.98
2004	878067	4.33	782637	2.85	801321	1.05
2005	927760	5.66	817554	4.46	817554	2.03
2006	964120	3.92	845267	3.39	823364	0.71
2007	1008715	4.63	873883	3.39	827113	0.46
2008	1038360	2.94	915027	4.71	840543	1.62
2009	1039535	0.11	957093	4.60	867652	3.23

资料来源：英国国家统计局。

2. 消费支出

尽管可支配收入并没有显著降低，但是消费者对经济形势并不乐观。消费者信心指数仍然低于危机前的水平。2009年，英国居民的消费支出普遍削减，比2008年普遍降低；只有住宅、水、电、煤气支出，食品支出，服装鞋类等生活必需基本支出没有降低。这其中有英国能源价格持续上涨的原因。食品支出由于是生活必需支出，受到的影响并不大。服装鞋类支出未降低，在一定程度上受英镑贬值、进口价格上升的影响。

表14-9 2007—2009年英国家庭按最终用途区分的消费支出绝对额及其增长率表 单位：百万英镑，%

	2007年		2008年		2009年	
	支出额	增长率	支出额	增长率	支出额	增长率
家庭最终支出（国民）	859268	5.17	891371	3.74	875234	-1.81
家庭最终支出（国内）	847059	5.14	877883	3.64	866826	-1.26
食品和非酒类饮料	72313	4.03	78520	8.58	80893	3.02
服装鞋类	45597	2.49	46079	1.06	46882	1.74
住宅、水、电、煤气及其他燃料	171757	6.79	184485	7.41	196394	6.46
酒类和烟草	29845	2.00	30289	1.49	30507	0.72
健康	13775	7.95	13893	0.86	13420	-3.40
家具、家用设配等及其日常维护	46212	2.20	45889	-0.70	44780	-2.42
交通	130463	8.79	135324	3.73	128220	-5.25
通信	18496	1.26	18755	1.40	18557	-1.06
娱乐	99060	5.80	102000	2.97	98319	-3.61
教育	12443	5.76	12641	1.59	12458	-1.45
饭店和住宿	90816	3.68	94267	3.80	91883	-2.53
其他杂项服务与商品	116282	3.45	115741	-0.47	104513	-9.70

资料来源：英国国家统计局。

3. 消费信贷

受金融危机的影响，英国消费信贷显著降低。一方面银行信用紧缩，另一方面消费者对未来就业等不确定性预期导致消费信贷在2007—2008年持续走低，直到2009年初开始回暖，但是2009年四季度又开始下降。消费信贷的逐渐复苏可能给零售业带来积极影响。

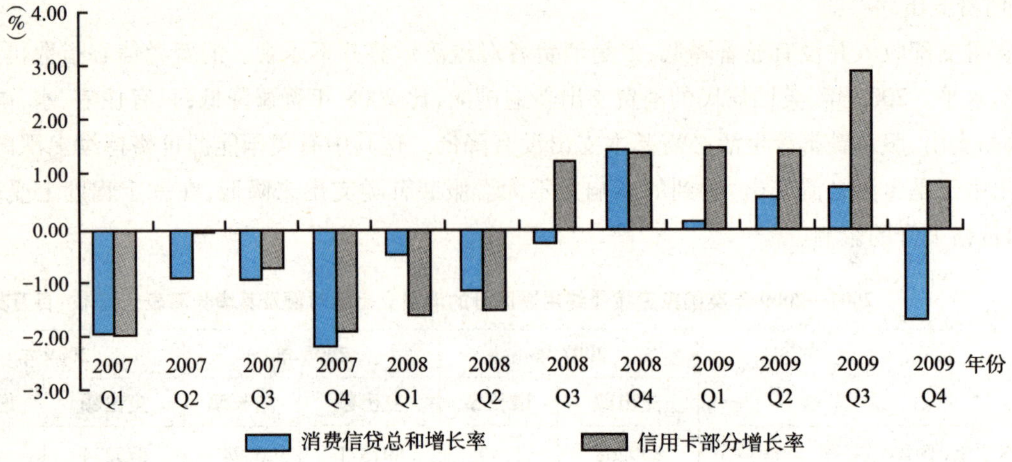

图 14－15　2007—2009 年英国消费信贷及其信用卡部分的增长率季度数据

数据来源：英国国家统计局。

（三）英国零售业情况

1. 零售销售额

2009 年，英国零售业经历了形势较为严峻的一年。从销售额上看，2009 年总体约为 2860 亿英镑，对 GDP 的贡献是 8%。除了食品类店铺和无店铺经营，其他都增长乏力甚至出现负增长。非食品类店铺按当期价格计算，2009 年比 2008 年整体下降了 1.9 个百分点，汽油销售受油价降低影响，下降了 11.9%。与此同时，食品类按照当期价格计算上涨了 6%，而无店铺经营增长了 6.3%，延续了英国无店铺零售的良好发展趋势。在无店铺销售领域，必需品对非必需品的替代是很明显的，无店铺销售，特别是网络购物的蓬勃发展也从一个侧面印证了这一趋势，因为无店铺网络购物更多地反映了廉价、打折的产品销售以及消费者理性的价格比较。

2010 年一季度，零售业开始出现回暖迹象，连续三个月零售总额稳步上升，3 月比上年同期增长 4.4%，比 2010 年 2 月增长 1%，除去燃油的销售，比 2 月上升 4.6%，其中最主要的增长来自于非食品零售店和非实体店增长。

表 14－10　　2006—2009 年英国零售额增长率表　　单位：%

	按不变价格计算			按当期价格计算		
	2006—2007 年	2007—2008 年	2008—2009 年	2006—2007 年	2007—2008 年	2008—2009 年
零售总体额	4	2.4	1.5	4.2	4.5	0.6
不包括燃料的零售额	4	3	1.9	3.8	3.7	1.9
汽油	4.3	-4.2	-2.3	8.3	12.3	-11.9
食品类店铺	1.3	0.2	1	4.6	6.4	6
非食品类店铺	6	4.6	1.8	3.2	1	-1.9
无店铺经营总和	7.4	11.5	11.6	4	7.9	6.3

资料来源：英国国家统计局。

2. 赢利及就业情况

2009 年英国零售业总共吸纳就业 290 万人，相当于英国就业总人数的 11%，与 2008 年相比，就业人数下降了 14.5 万人，加上批发、餐饮、住宿，整个流通行业就业人口减低 20 多万人。这比零售业的零售额表现更为糟糕，反映了零售行业 2009 年的经营环境非常艰难。

反映在公司层面，在面对金融危机的困难中，英国有十大零售商纷纷倒闭，包括拥有百年历史的英国老店 Woolworths、英国最大的家具零售商 MFI 集团、拥有 58 家品牌连锁店的 USC 公司所属的 45 家香水连锁店的 PassionforPerfume 等英国十大零售商。截至 2009 年上半期，大约有 2000 家零售商已经进入破产阶段。

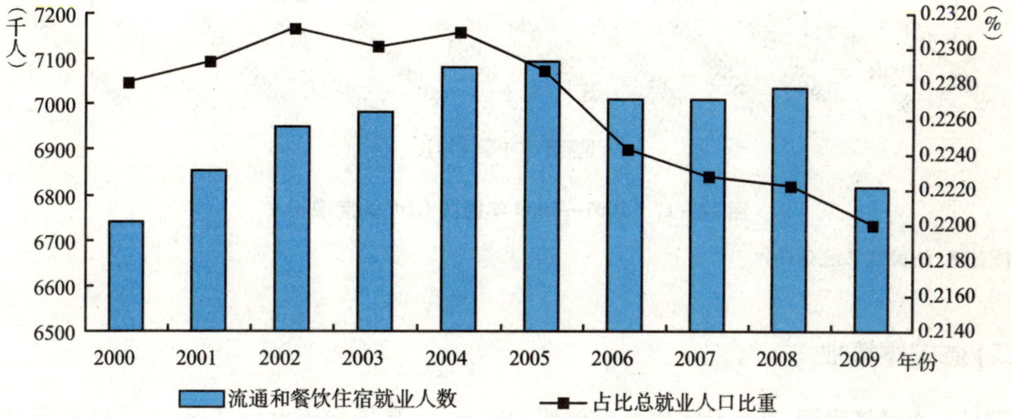

图 14-16 2000—2009 年英国流通和餐饮住宿就业人数及其占总就业人数比重趋势

数据来源：英国国家统计局。

四、德国篇

(一)宏观经济情况

从 2008 年二季度到 2009 年二季度，德国经济经历了一年的负增长，最严重的时期是 2008 年四季度和 2009 年一季度，到 2009 年二季度经济便开始回升，但并不稳定。

2008 年德国 GDP 负增长 0.43%，季度最低增长达到 -3.5%，这在欧盟国家中是幅度较大的。经济减速的最大助力是出口的下降。2008 年全年，出口仅增加 0.16%，远低于总的数据，从四季度开始，连续负增长，第四季度达到 -7.9%；出口对德国 GDP 增长的贡献平均在一半左右，出口放缓对德国经济极为不利。出口其次是企业投资的减少，2008 年后三个季度德国资本形成连续负增长，影响最小的。

2009 年 GDP 负增长 0.6%，总体来说比 2008 年进一步恶化，其中出口受到的影响更加明显，第一、二、三季度分别比 2008 年同期降低 17.1%、20%、15.2%；就连续季度增速看，三、四季度分别比上一季度增长 3.4%，3.0%；随着世界主要经济体的经济普遍回暖，出口有望继续增长。但企业投资开始好转，三、四季度资本形成分别比上一年同期增长 1.4%、3.3%。个人消费在 2009 年后半期出现下滑，与德国政府开始逐步退出政府刺激计划有关。

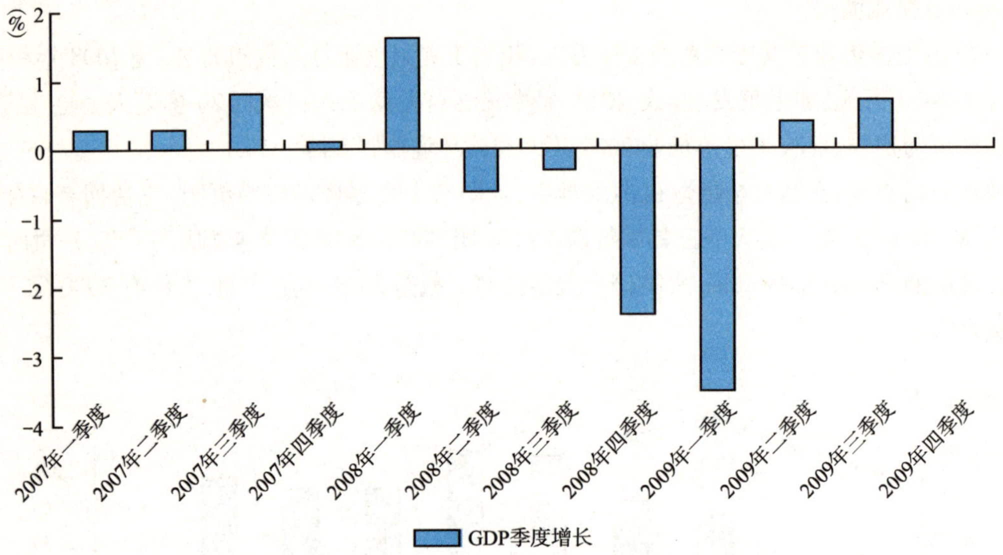

图 14－17　2007—2009 年德国 GDP 季度增长率

资料来源:德国国家统计局。

(二)德国零售业

德国是一个经济强国,其食品零售业有鲜明的特点,一是折扣店大行其道,二是自有品牌商品占比大。

德国的人口密度是欧洲平均水平的两倍,不断老龄化的人口结构正在改变德国家庭的数量和结构。尽管人口总数在不断下降,但德国的家庭数量却在稳步上升。目前,38% 的家庭只有一个人,34% 的家庭有两个人,单人和二人家庭的比例将会继续上升。这个趋势将会使便利店、折扣店、药店、在线销售从中受益。

1. 零售业销售额下降①

2009 年 1 月,德国零售销售意外下降,反映了消费需求仍受制。1 月零售销售经过工作日和季节的调整后月降 0. 6% ,年降 1. 3% ,经济学家预期中值为月升 0. 2% ,年降 0. 7% 。12 月零售销售修正后月升 0. 5% 年升 0. 4% 。

2009 年 2 月零售销售月比意外下降 0. 2% 。德国 2 月零售销售经通胀和季节性因素调整后月比下降 0. 2% ,此前接受调查的 26 位经济学家的预测中值为月比上升 0. 3% 。企业已加大减产及裁员举措的力度,因此次自“二战”以来最为严重的全球经济滑坡使得需求下降。德国 3 月商业信心值跌至 26 年多以来的最低水平,同时失业人数连续第五个月上升。

德国 2009 年 3 月零售销售月比意外下降 1% 。德国 3 月零售销售意外下降,因失业人数上升促使消费者削减支出。德国 3 月零售销售经通胀和季节性因素调整后月比下降 1% ,年比下降 1. 5% 。此前接受调查的 17 位经济学家的预测中值为月比上升 0. 2% 。

① 以下数据基于德国 7 个州的数字统计而成,这 7 个州占到总销售的 76% 左右。该数据并不包括汽车销售和加油站的汽油销售。

德国2009年4月零售销售月升0.5%，年降0.8%。4月零售销售出人意料地获得月比增长，这增加了人们对私人消费将缓和二季度国内生产总值收缩幅度所抱有的希望。4月经节日及季节性因素调整的零售销售月比上升0.5%，此前经济学家预期为下降0.1%，同期经通胀因素调整的零售销售年比下降0.8%。此外，4月份的实际购物天数因复活节而比2008年同期减少3~24天。

德国零售商协会HDE称德国2009年零售销售将下降1%之多；2009年上半年零售销售将差不多持平，下半年将出现下降。

2. 跨业态并购成为主旋律

和西欧其他市场相比，德国的零售市场集中度依然不高。但跨业态（包含折扣店、超市和药店）的并购，使得行业的集中趋势加速，并对零售业的发展产生些许变化。

（1）行业集中趋势加速

跨越多种业态的并购促使行业集中趋势加速。例如，埃德卡（Edeka）正在寻找机会完成对腾格曼（Tengelmann）旗下折扣店品牌Plus的并购。麦德龙将其麾下的Extra超市卖给了雷弗集团（Rewe），并有传言认为其将打算将40家业绩不佳的大卖场出卖。麦德龙集团估计将会进行更多的并购重组活动。除了合并和并购活动，在过去的几年里，同行间相互持股的现象也开始出现。

（2）主要零售商座次更替

德国的零售业正在发生着改变。通过合并，埃德卡已经成长为食品杂货市场最大的零售商。对Plus并购的成功将进一步增强其在行业的地位。Schwarz集团随着组织的成长，有望于2013年坐上第二把交椅。与此相对应的是，进一步的市场竞争将可能使麦德龙集团的规模缩减。据此，MVI预测几大巨头会运用他们日益增长的市场影响力寻求新的增长途径。

3. 自有品牌前景看好

由于折扣店市场份额很大，和其他欧洲国家相比，德国的自有品牌份额较高。而且目前在超市和大卖场中的自有品牌份额仍在提高。埃德卡的自有品牌销售份额从2005年的13%上升为2007年的16%。该增长主要归功于环保系列和蔬果系列，其在2005—2006年度分别增长57%和90%，2006—2007年度分别增长40%和50%。Rewe自有品牌销售额在2005—2007年从13%上升为17%，并将继续增长，该零售商计划在未来5年里将该数字提升为25%~30%。Real宣布其将于2008年年底新开发800个自有品牌的计划。

很明显，健康、有机和优质商品的自有品牌将占有越来越高的份额。大多数零售商都开发了健康系列的自有品牌商品。

4. 危机中各业态表现不一

在德国，折扣店在食品杂货零售业中所占的分量极重，欧洲还没有一个国家像德国一样，折扣店成为食品杂货零售业的渠道领军者。

较高的人口密度以及便利店的表现平平，为德国折扣店的蓬勃发展提供了良好的前提条件。同样的原因也使得主要出售健康和健美产品的药店兴旺起来。折扣店和药店在过去的5年里已经成为发展最为迅猛的渠道，并将在未来的几年有望继续推动食品杂货零售业的发展。

（1）折扣店：发展最快的零售渠道

折扣店业态拥有德国整个食品杂货零售业35%的市场份额。该业态是过去的几年里发展最快的渠道，这主要得益于欧元引进后的通货膨胀高峰。

由于趋于饱和及来自其他渠道日益激烈的竞争，这种增长可以预见将会趋缓。然而，通货膨胀的进一步加剧为未来销售额的增加提供了空间。折扣店将会继续作为食品杂货零售业增长的重要贡献者之一。MVI 预计，在 2008—2013 年，该渠道将会在零售总增加额中贡献 49%。

最近，埃德卡对 Plus 的并购可以说是近年来在德国折扣店渠道最大的剧变，而这也意味着该渠道内更进一步的巩固和更激烈的竞争。而这也使其他主要竞争者的发展更为困难。这个举措将会使得埃德卡在德国折扣零售商的排名榜上前进三名跃至第三，而市场份额也从 7% 上升为 2008 年的 19%，但其销售额及市场份额依然排在 Lidl 和 AldiSud 之后。

折扣零售商们大都在城市的边缘新开店铺以销售更多的品类。这也促进了汽车的销售，目前德国的家庭轿车增长率是欧洲最高的。

(2)超市：进一步整合

近年来，超市业态得到了进一步的整合。2004 年，Intermarche（法国五大超市集团之一）退出德国，2007 年麦德龙将其 Extra 超市出售给雷弗集团。雷弗集团和埃德卡是该业态当之无愧的领军者，未来的销售增长将来自店铺的扩张以及现有店铺的整合，而发展特许经营将依然是埃德卡核心的扩张方式。

面对大型零售商的竞争，其他的连锁超市如果想要获得成功，必须寻找合适的定位和进行营销创新。

(3)大卖场：竞争最为激烈

德国是欧洲大卖场业态最饱和的 10 个国家之一。主要大卖场零售商都在努力扩大市场份额，在该渠道中，由 Schzard 集团运营的 Kaufland 的表现最为优秀。Kaufland 除了经营标准的大卖场外，也开发了紧凑型大卖场。MVI 预测在未来的 5 年里，Kaufland 将会拥有该渠道增长总额中 59% 的份额。

众多大卖场零售商都试图复制 Kaufland 的商业模式，因为这样可以更好地适应消费多频率低客单价的购买习惯。

(4)现购自运：前景尚不明朗

在占食品杂货零售市场总额 5% 的现购自运业态中，除了麦德龙大规模经营外，其他由数量众多的小零售商分割。

麦德龙的商业模式是同时为家庭和饮食业提供服务，而其他大多数现购自运运营商都主要服务于后者。尽管麦德龙在该渠道一直占据统治地位，埃德卡的 Selgro 现购自运店已经迅速成长为有力的竞争者。

但该业态未来的发展并不乐观，因为德国的酒店和餐馆的营业状况过去的 8 年里（2006 年除外）一直在下滑，并且增开新店的可能性也不大。

(5)药店：未来 5 年发展最快的领域

药店专业店的发展受益于单身家庭以及无子女夫妇家庭的增长。MVI 预计这一专业店在未来的 5 年里将会是德国最快的增长领域。高成长将由新开店铺支持，如 DM 和 Rossmann 公司已经宣布了雄心勃勃的扩张计划。然而，该渠道要面对折扣店的激烈竞争，因为折扣店也增加了健康和健美产品经营的力度。

在德国，Schlecker 在该渠道拥有领袖地位，其营业额（服务收入除外）两倍多于 DM 和 Rossmann 的总额，在全德拥有 10500 家店铺，且布局合理。然而，Rossmann 和 DM 两家连锁商分别在德国南部和北部迅速扩张，这给 Schelecker 带来巨大的竞争压力。

(6)便利店：发展前景暗淡

独立便利店发展得并不充分，该渠道几乎全部由主要的德国石油巨头——埃克森美孚(ExxonMobil)、壳牌(Shell)和道达尔(Totalfina)垄断。而折扣店和药店在一定程度上占据了这一市场。

由于来自其他业态的竞争压力以及消费者的保守特点，将限制该业态的进一步发展。在未来的几年里，该渠道的高速增长可能性很小，而且折扣店和超市的一些功能可能取代便利店。

五、法国篇

(一)法国宏观经济概况

在席卷全球的金融危机中，法国以其经济的平稳性以及积极有效的政府措施平稳度过了经济最艰难的时刻。到了 2010 年年初，法国政府正在酝酿退出危机爆发时采用的刺激性经济政策，未来的经济增速可能会降低，仅保持一段温和的增长，但经济刺激措施带来的巨大财政赤字等问题也会逐渐缓和。

1. 2009 年连续三个季度 GDP 回升，显示经济复苏信号

在经历了几年的经济高速增长后，2007 年法国经济开始逐渐放缓，次贷危机爆发后，宏观经济迅速恶化，从 2008 年第二季度到 2009 年第一季度，实际 GDP 一直呈现负增长。从 2009 年第二个季度开始，GDP 连续三个月为正值，该信号显示了法国经济已经走出最低谷，开始迈向复苏。但与其他的发达国家相比，法国的经济衰退程度较轻微，最低谷时实际 GDP 增长率也仅下降 1.5%，美国经历了连续两个季度(2008 年四季度和 2009 年一季度)GDP 负增长超过 5%，而英国最低达到 -2.6%，德国 -3.5%。

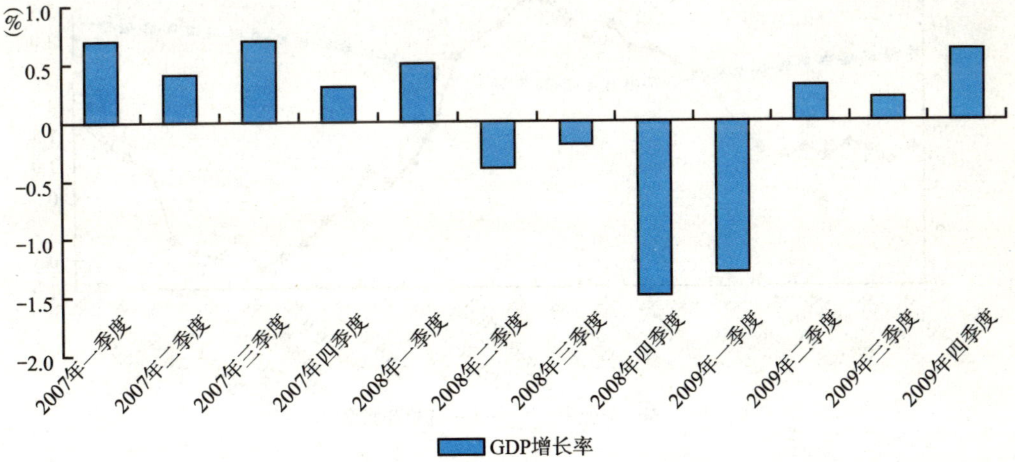

图 14-18　2007—2009 年法国 GDP 季度增长率

资料来源：法国国家统计局。

法国 2009 年造成经济减速的原因主要有两个：固定资产投资和出口的下滑。2009 年全年，法国新增固定资产投资降低 6.9%，出口下降了 11.2%。

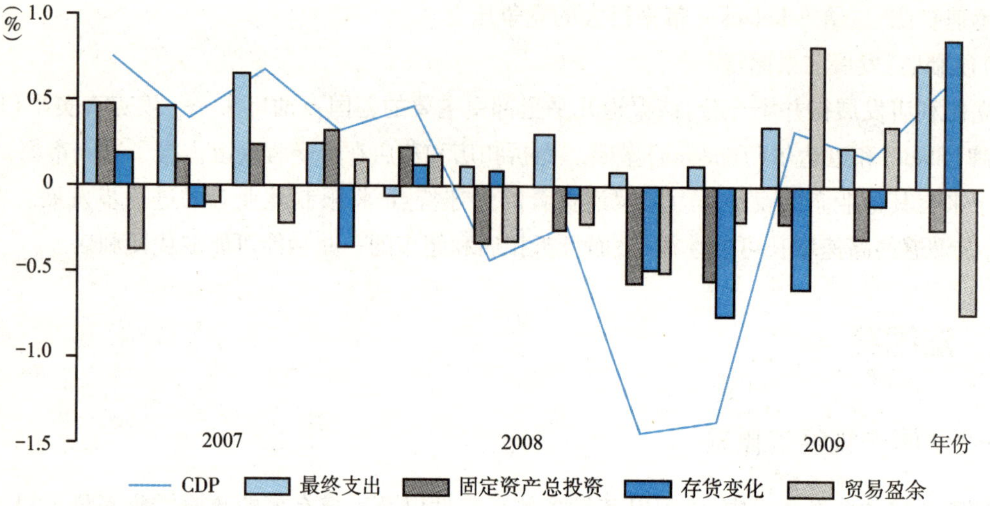

图 14－19　2007—2009 年法国 GDP 个构成部分对 GDP 的贡献

资料来源:法国国家统计局 2009 年经济分析年报。

2. 2009 全年通货膨胀率经历了近几年来最低水平,在年末逐步回升。

2009 年全年,法国通货膨胀率仅增长 0.1%,从 2009 年 5 月到 2009 年 11 月的半年内,通胀率甚至一直维持在负值,这在法国是很少见的,2009 年 12 月开始达到正值 0.9%。2008 全年通胀率徘徊在 3% 左右,而 2007 年前三个季度则一直维持在 1% ~1.5% 之间。2007—2009 年通胀率的下降与石油等燃料价格的大幅波动紧密相关,金融危机爆发后,油价下跌曾超过 70%,2009 年下半年,油价逐渐攀升,也反映在法国物价水平的变动上。但是,除油价的工业制成品价格在 2009 年并没有大的波动幅度,总的来说持续维持在较低水平。

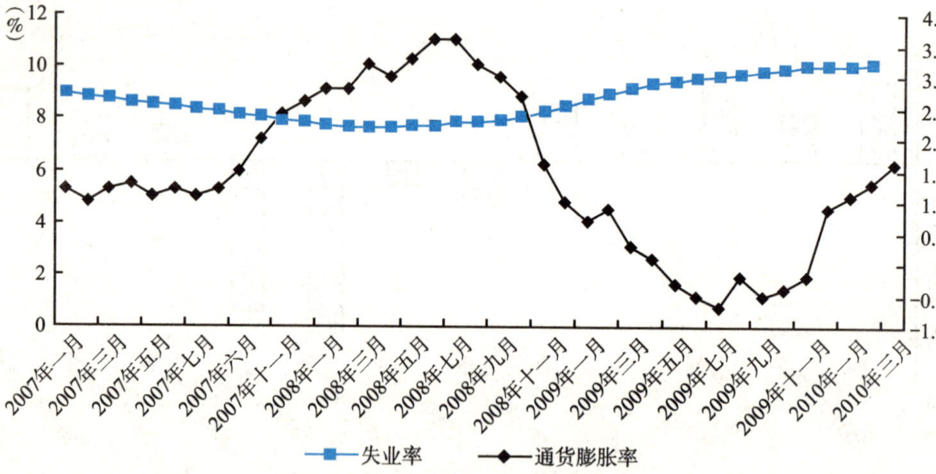

图 14－20　2007—2009 年法国失业率及通货膨胀率月度数据

资料来源:法国国家统计局。

3. 2009 全年失业率较高,但是后半期显示失业率上升的速度连续下降

失业率问题一直困扰着法国,2004 年法国失业率达到了 10%,2005 年为 9.6%,2006—2007 年间失业率连续下降，达到8%以下。2008年下半年，随着经济危机持续，失业率连续攀升，2009年年末达到10%。但是，失业率的变化程度相对于美国还是很轻的，这显示了欧洲经济不同于美国之处。从绝对值上看，2009年法国新增失业人口为35.76万人，从2008年二季度到2009年，总共新增失业人口约为60万。从趋势上看，工业部门的就业最为严峻，2009年总共新增失业人口为17.3万，相当于新增失业总人数的1/2，并且在经济显现复苏迹象后失业率还在上升。

4. 2009年年末出口环境逐渐改善

与以往的经济危机相同，2008年爆发的世界性经济危机蔓延到所有的发达国家，而目前法国产品和服务的主要出口国除中国外都是发达经济体，这对于出口占GDP很大比重的法国来说是很致命的。2009全年法国出口总额为3466.74亿欧元，而2008年出口额为4191.57亿欧元，降低了17.29%。

比较好的趋势是，从2009年下半年开始，主要经济体美国、德国、日本、英国开始全线复苏。2009年四季度，发达经济体GDP增长率达到0.8%，同时法国新兴经济体中的主要贸易伙伴——中国等仍然保持较高速的经济增长。

2010年年初，由于希腊、西班牙等欧元区国家爆发债务危机，再加上国际基金的大量做空，欧元出现连续走低趋势，汇率的变动也非常有利于法国出口部门。反映在数据上，2009年11月—2010年2月四个月中，法国出口按欧元计价的出口额出现连续增长，涨幅分别为1.57%、0.28%、2.53%、0.63%。

(二)法国的消费

如同所有主要的发达国家一样，危机中的法国并没有出现消费的大幅下滑，主要得益于政府积极的财政措施和完善的福利救济制度。

1. 可支配收入

(1)危机中法国居民可支配收入下降并不明显

从2002年到2008年的数据可以看出，总可支配收入只是在2008年降低了增长速度，从原来的5%左右降到3%，人均可支配收入购买力变化2008年仅增长0.1%，比2007下降了2.4个百分点，而家庭可支配收入购买力下降最多，出现负值。

表14－11　　2002—2008年法国居民收入及购买力变化率　　单位：%

	2002	2003	2004	2005	2006	2007	2008
总可支配收入变化	4.7	2.7	4.5	3.4	4.7	5.2	3.4
可支配收入购买力变化	3.6	0.8	2.6	1.6	2.6	3.1	0.6
人均可支配收入购买力变化	2.8	0.2	1.9	0.8	1.9	2.5	0.1
平均每户家庭可支配收入购买力变化	2.3	-0.4	1.3	0.2	1.1	1.7	-0.8
储蓄率占可支配收入的百分比	16.9	15.8	15.8	14.9	15.1	15.6	15.3

资料来源：法国国家统计局。

(2)2009年可支配收入和可支配收入购买力同时回升

2008年全年中总可支配收入与可支配收入购买力相差较大，原因在于2008年物价水平较高，而随着2009年通胀率持续走低，可支配收入购买力逐渐增强；同时较高的失业率和经济增长的不确定性导致消费者储蓄率在2009年前三个季度连续上升，在第四季度时有所回落。

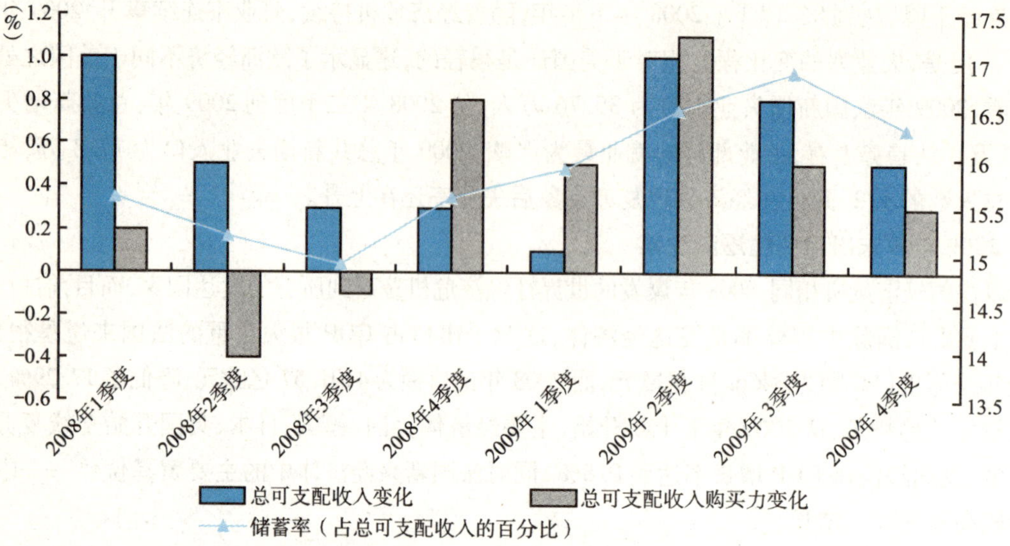

图 14－21　2008—2009 年法国总可支配收入、购买力变化及储蓄率季度数据

资料来源：法国国家统计局。

2. 家庭消费支出及其变化趋势

2009 年全年法国家庭总最终支出为：前三个季度支出几乎不变，季度增长率分别为 0.2%、0.3%、0.1%，到第四季度，法国家庭消费支出加力，比第三季度增长 0.9%，2009 年全年支出增长为 0.8%。根据下表来看，汽车、通信产品在 2008 年法国家庭消费支出中受影响最大，支出下降率在 3% 以上，用于贸易服务的支出下降也在 3%。同时消费品支出上升较多，设备产品增长迅速，与此同时，消费品、设备品都出现了价格的下跌。特别是设备品，价格下降达到 7.1%。

表 14－12　　2006—2008 年法国居民个消费项目支出增长及其价格增长率　　单位：十亿欧元，%

	消费支出额	消费支出增长率			消费项目价格增长率		
年　份	2008	2006	2007	2008	2006	2007	2008
总共	935.7	2.4	2.4	1.0	2.1	2.1	2.8
农林渔业产品	25.9	0.1	0.5	-0.3	3.7	2.0	1.8
工业产品（包括能源）	448.3	2.2	2.8	-0.2	1.0	0.6	3.3
食品、饮料、烟草	126.7	1.0	1.3	-0.1	1.1	1.4	5.0
消费品	144.1	4.6	4.7	0.3	-0.8	-1.0	-0.3
汽车	52.0	-0.8	3.6	-3.1	1.7	2.6	2.5
家用设配	35.2	15.1	14.5	6.9	-7.5	-7.5	-7.1
通信产品	35.9	2.7	3.4	-3.3	0.8	1.4	2.0
能源	62.6	-0.5	-1.4	0.6	5.8	2.1	10.5
建设	8.9	4.0	4.2	2.0	4.1	4.1	3.6
主要的市场服务	415.0	2.8	2.2	1.1	3.0	3.5	2.3

续表

	消费支出额	消费支出增长率			消费项目价格增长率		
年 份	2008	2006	2007	2008	2006	2007	2008
贸易	15.6	0.1	0.5	-3.0	4.0	4.3	4.8
交通	26.4	3.9	3.1	1.7	2.1	1.7	2.9
金融服务	52.3	4.9	-0.1	0.5	8.4	10.1	1.9
房地产服务	165.4	2.0	2.2	2.2	3.4	3.3	2.1
商业服务	52.3	4.6	4.7	1.7	-1.9	0.5	1.6
家庭和个人服务	103.9	2.4	2.1	0.0	2.1	2.4	2.5
重要的非市场服务	42.9	3.6	3.1	2.5	3.3	3.0	2.9

资料来源：法国国家统计局。

(1)危机中的消费亮点

汽车消费是2009年法国消费的亮点，这主要得益于法国政府推出的报废补贴(scrappage allowance)。这项措施本身是为了刺激消费和鼓励环保。在2010年该项措施退出之后，汽车消费出现了急速下跌。从效果上看，2009年的季度数据显示，法国汽车登记增长率在二、三、四季度分别达到10.4%、-1.7%、21.4%。而2010年一季度则为-11.2%，在一定程度上显示了刺激性政策退出后效应。另外健康类产品也没有受到影响，原因在于这类产品在法国基本纳入了社会保障体系，对收入变化并不敏感。

(2)危机中受影响最大的消费品

这类产品占据了家庭消费总体的63%，包括耐用品、食品和烟草。固定的家庭支出(租金、电信、保险、电、煤气)和个人服务以及休闲类服务(住宿、咖啡店、饭店、文化和体育运动以及个人或家庭服务)，这是造成消费下降的另一半原因。其中固定家庭支出大幅下降是从2007年年底开始的，当时次贷危机已经开始，但并未蔓延到实体经济。

(3)危机中的"牺牲品"

在危机爆发后，法国居民大量削减了纺织品、皮制品、自助用五金用品(hardware-DIY)、运输修理品等的消费，这些产品代表了23%的总体消费，是造成消费增速放慢的重要原因。

表14-13　　2009年4月—2010年3月法国居民部分消费品消费额增长率　　单位：%

	制造业产品总体	耐用品	汽 车	家用耐用品	纺织品及皮制品	其他制造业产品
2009年4月	0.60	2.00	3.80	0.50	-0.10	-0.10
2009年5月	-0.20	0.70	2.50	-0.80	-1.40	-0.40
2009年6月	1.40	1.30	-0.20	3.00	3.60	0.50
2009年7月	-1.10	-1.20	-2.90	0.10	-3.10	-0.20
2009年8月	-1.00	-0.90	-1.20	-0.50	-3.60	-0.20
2009年9月	2.30	4.8	10.20	0.20	2.90	0.30

续表

	制造业产品总体	耐用品	汽　车	家用耐用品	纺织品及皮制品	其他制造业产品
2009 年 10 月	0.90	1.00	0.00	2.00	2.20	0.40
2009 年 11 月	0.10	2.00	4.30	0.20	-1.5	-0.6
2009 年 12 月	2.10	4.30	9.10	-0.1	2.00	0.50
2010 年 1 月	-2.5	-7.7	-16.5	1.20	1.60	0.00
2010 年 2 月	-1.4	-0.9	-1.6	-0.5	-5.6	-0.1
2010 年 3 月	1.20	1.20	1.40	0.90	3.50	0.40

资料来源：法国国家统计局。

（三）法国的零售业

1. 零售总额

(1)总额增长减速

按照当期价格计算，2008 年法国零售总额为 4267 亿欧元，年增长 0.2 个百分点，远低于 2007 年、2006 年水平，这反映了零售业在金融危机中受到冲击。2007 年后半期法国零售总额增长开始减速，并逐渐变为负值，2008、2009 年零售额总体下降，月增长率一直在 -1% ~1% 之间徘徊，波动幅度大于前几年的水平，到 2009 年后半期时开始逐渐向正的增长率过渡，并逐渐平缓。

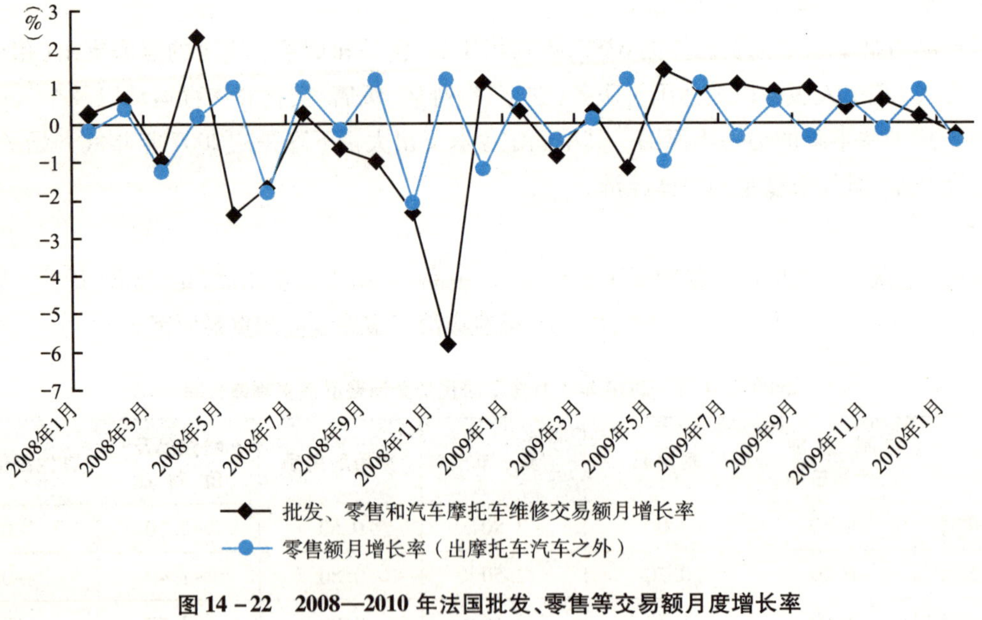

图 14-22　2008—2010 年法国批发、零售等交易额月度增长率

资料来源：法国国家统计局。

(2)行业信心逐渐回升

根据法国统计局对零售行业高管的调查，从 2009 年 8 月开始订单意向显著增加，超过实际销售额的增长，显示了零售商们逐渐看好未来零售业形势，也侧面反映了零售业投资增加的趋势。

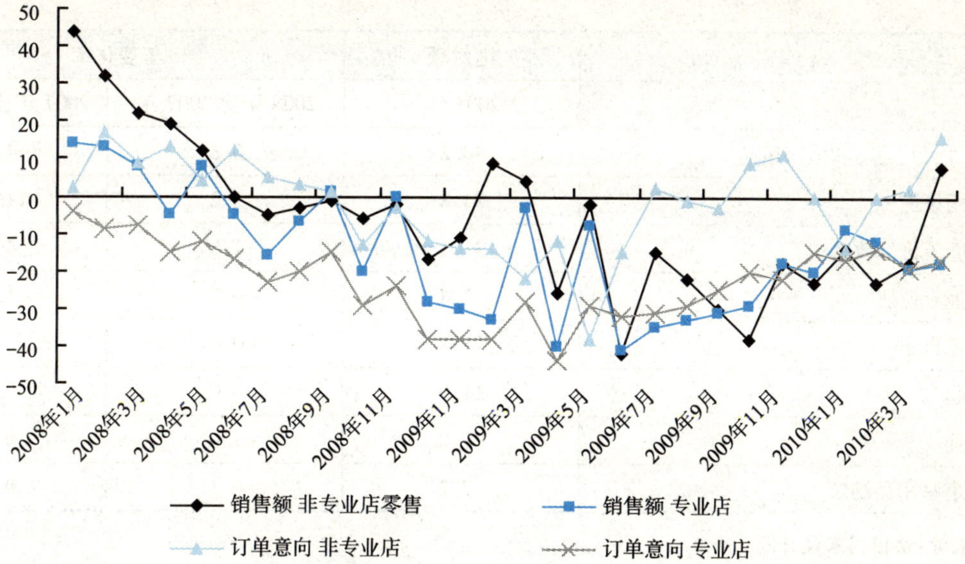

图 14－23　2008—2010 年法国零售业中专业店、非专业店分类销售额及订单意向

资料来源：法国国家统计局。

2. 各业态情况

(1) 销售额

2008 年大部分业态都受到经济危机影响，除了医药类、化妆品类专业店和家用设备类专业店增长迅速，达到 4% 和 5.2%，其他均表现惨淡。其中百货店表现为零增长，大众商店和迷你市场以及无店铺零售降低较少。

表 14－14　**2007—2008 年法国各零售业态销售额及增长率**　**单位：十亿欧元，%**

	绝对额	年变化率	
	2008 年	2008 年比 2007 年	2007 年比 2006 年
零售总额	462.7	0.2	3.4
食品、饮料和烟草专业店	35.5	－2.6	－0.4
面包、糕点、甜食店	10.9	－1.9	0.3
肉店	8.7	－1.6	－1.0
其他食物、饮料、烟草	15.9	－3.6	1.3
大众商店与迷你市场	16.2	－0.7	0.5
超市、便民店和大型综超	180.6	－1.2	2.2
百货店	7.2	0.0	4.6
药店、医疗器具店、化妆品店和卫浴用品店	38.5	4.0	5.2
其他专业店	161.4	1.5	5.6
纺织、服装、鞋类	31.6	－0.3	3.7
个人其他设备	16.4	－0.6	3.9

续表

	绝对额	年变化率	
	2008 年	2008 年比 2007 年	2007 年比 2006 年
书、报刊、运动和休闲用品	40.2	0.8	4.9
家用设配	34.8	5.2	11.2
家庭装修和改造	31.1	1.8	4.5
其他专业店	7.4	-0.7	-1.4
无店铺零售	21.1	-0.4	1.6
邮购	11.9	0.0	2.4
其他	9.2	-1.0	0.5
个人和家庭用品维修	2.2	-0.1	0.1

资料来源：法国国家统计局。

(2)市场份额

从近十年法国零售业各业态市场份额的变化来看，食品类仍然是超市和大型综超为主；非食品类零售仍然以专业店为主，其次是大型综超。无店铺零售在法国的市场份额出现倒退，从4.6%降到了3.9%，这在零售发展趋势中属特殊。

食品类的市场份额中，大型综超市场份额在降低，便利店和超市在增长。非食品类的市场份额中，超市份额下降明显，幅度为2.2%个百分点，百货店略有下降。大型综超市场份额近上升0.1%，其他专业店，如医药、化妆品专业店市场份额上升较多。

表 14－15　　1999、2008 年法国各零售业态所占市场份额　　单位：%

	食品(不包括烟草)		非食品类	
业　　态	1999 年	2008 年	1999 年	2008 年
专业店的食品、饮料和烟草	17.7	16.6	0.3	0.3
大众食品零售店和迷你市场	8.6	8.4	0.8	0.5
超市、邻家店(便利店)和大型综超	67.2	67.1	19.9	17.7
超市	30.8	33.0	6.1	3.9
邻家店(便利店)	1.0	1.4	0.4	0.3
大型综超	35.4	32.7	13.4	13.5
百货店	0.1	0.1	2.2	1.9
药品、医疗器械、化妆品和卫浴用品	0.2	0.2	9.4	10.3
专业店的其他新产品销售	0.2	0.3	41.1	42.8
无店铺零售	3.9	3.9	4.6	3.9
邮购	0.2	0.5	3.2	3.0
其他	3.7	3.4	1.4	0.9

续表

业　　态	食品(不包括烟草) 1999 年	食品(不包括烟草) 2008 年	非食品类 1999 年	非食品类 2008 年
个人和家庭用品维修	—	—	0.8	0.6
零售销售和手工品店	97.9	96.7	79.0	78.0
汽车摩托车零售	0.2	0.8	14.1	15.7
其他零售	1.9	2.6	6.9	6.4
总的零售	100.0	100.0	100.0	100.0

资料来源：法国国家统计局。

(者倩)

后　记

《中国零售业监测与分析报告2010》终于编写完毕，这是我们编写零售业产业报告的第二本，目的是全面监测中国零售业发展情况，分析中国零售业发展脉络，为社会各界包括政府宏观决策、企业运营管理、证券投资分析、科研教学工作和零售消费管理等提供翔实的监测数据和高水平的产业分析。

今年的报告监测思路和核心内容延续了上年的设计，但在体系结构上有了比较大的调整，详见绪论中的介绍。应该说，这些调整会给读者带来一定的不便，我们在此深表抱歉，并将尽快稳定在一个最佳编撰体系上。

本报告从2009年10月份开始准备，在前前后后半年多时间的准备和正式撰写过程中，得到了各方面的大力支持和鼎力帮助，很多人都为此付出了智慧、创意、汗水和辛劳。

我们要感谢中国人民大学校长纪宝成教授，他全力支持贸易系开展全方位的学术研究活动，为我们的系列报告撰写了序言，并一再嘱咐我们要关注社会、关注民生，努力做到“国有疑难问人大”，为中国社会经济的发展与进步作出贡献。

要感谢贸易系主任马龙龙教授，他作为学系的领导和学科带头人，大力支持本报告的数据监测、资料收集、分析研究和撰写工作，特别是他对本报告的组织、人员和工作的大力支持和指导。

要感谢中国人民大学商学院贸易系贸易经济专业和产业经济专业的6名硕士以及2007、2008、2009级贸易经济专业的20名本科生志愿者，他们协助我们进行资料的收集、整理和电子化，做了一定的基础工作。

全书各章的分工如下：第1章王强，第2章夏青，第3章吴旻，第4章喻宗亮，第5章成慧，第6章喻宗亮，第7章夏青，第8章施亮，第9章张雪梅，第10章马天也，第11章者倩，第12章朱珠、于剑，第13章者倩，第14章者倩。

要感谢中国经济出版社编辑崔清北同志，他为本报告的顺利出版做了大量辛勤的编辑、组稿和审核工作，在此一并致谢。

特别要感谢的是喻宗亮，他不仅协助我组织编写组的联络工作，而且由于学校工作安排，目前我在美国做访问学者，所以本报告最终成稿以后他又协助我和出版社联络，进行清样的校对等工作。

最后，本报告由于时间和能力所限，一定存在不少错误和漏失，敬请各位读者批评指正。

王　强

中国人民大学商学院

2010年7月12日